Lexikon Kennzahlen für Marketing und Vertrieb

Zweite Auflage

Willy Schneider · Alexander Hennig

Lexikon Kennzahlen für Marketing und Vertrieb

Das Marketing-Cockpit von A–Z

Zweite, vollständig überarbeitete
und erweiterte Auflage

 Springer

Prof. Dr. Willy Schneider
Dr. Alexander Hennig

Berufsakademie Mannheim
Coblitzweg 7
68163 Mannheim

schneid@ba-mannheim.de
alexander.hennig@gmx.net

Ursprünglich erschienen im Verlag Moderne Industrie, 2001

ISBN 978-3-540-79861-3   e-ISBN 978-3-540-79862-0

DOI 10.1007/978-3-540-79862-0

Bibliografische Information der Deutschen Nationalbibliothek
Die Deutsche Nationalbibliothek verzeichnet diese Publikation in der Deutschen Nationalbibliografie;
detaillierte bibliografische Daten sind im Internet über http://dnb.d-nb.de abrufbar.

© 2008 Springer-Verlag Berlin Heidelberg

Herstellung: le-tex publishing services oHG, Leipzig
Einbandgestaltung: WMXDesign GmbH, Heidelberg

Gedruckt auf säurefreiem Papier

9 8 7 6 5 4 3 2 1

springer.de

Vorwort

Sehr geehrte Leserinnen und Leser,

der verschärfte Wettbewerb, ein sich veränderndes Konsumentenverhalten und der technologische Fortschritt stellen den Erfolg eines Unternehmens und damit die Leistungen des Managements in immer kürzer werdenden Zyklen auf den Prüfstand. Angesichts der Chancen und Risiken, die von einem komplexeren und dynamischeren Umfeld ausgehen, werden diejenigen Unternehmen den Wettbewerb gewinnen, die unternehmerische Entscheidungen zeitnah beurteilen, Abweichungen frühzeitig feststellen und auf negative Entwicklungen rechtzeitig reagieren können. In diesem Zusammenhang gilt die Steuerung des Unternehmens anhand von Kennzahlen als wesentlicher Erfolgsgarant.

Die Steuerung mittels Kennzahlen ist in besonderem Maße auch für die Marketing- und Vertriebsprozesse eines Unternehmens relevant. Das vorliegende Lexikon stellt deshalb die wichtigsten Kennzahlen aus der Marketing- und Vertriebssphäre vor. Die Berechnungsformel, ein veranschaulichendes Praxisbeispiel, Informationen zur Quellenlage, eine Interpretation sowie die kritische Abwägung ermöglichen eine sofortige Anwendung der jeweiligen Kennzahl in der Praxis. Ein Verzeichnis mit Kontaktadressen hilft bei der systematischen Suche nach Datenquellen und externen Partnern, die bei der Ermittlung von Kennzahlen und Vergleichsziffern unterstützen. Damit bietet das vorliegende Lexikon anwendungsorientiertes Know-How für den effizienten Umgang mit Kennzahlen in der Marketing- und Vertriebspraxis. Dem Leser eröffnet sich die Möglichkeit, vergleichbar dem Piloten eines Flugzeugs sein individuelles Management-Cockpit zur Steuerung des Unternehmens zu entwickeln.

Das vielseitig anwendbare Buch richtet sich an Manager/innen aus allen Branchen, Verantwortungsebenen und Unternehmensgrößen, die entweder ein kompaktes, aussagekräftiges und praxiserprobtes Kennzahlensystem für Marketing- und Vertriebsprozesse in ihrem Unternehmen installieren möchten oder aber einfach nur punktuell nach dem Nutzenpotenzial einer bestimmten Kennzahl suchen.

Darüber hinaus bietet sich Studierenden und Dozenten/innen die Möglichkeit, einen fundierten Einblick in die praktische Ausgestaltung von Kennzahlen zu gewinnen. Ihnen allen möge das Buch ein nützlicher und verlässlicher Wegweiser sein.

Für die konstruktive und angenehme Zusammenarbeit danken wir dem Springer Verlag und besonders Frau Dipl-Volksw. Katharina Wetzel-Vandai, M.A., und Frau Gabriele Keidel, M.A.

Mannheim und Mainz am Rhein,
im April 2008

Willy Schneider
Alexander Hennig

Inhalt

Einführung in die Benutzung des Lexikons

Das vorliegende Buch enthält rund 300 für Marketing, Vertrieb und Service wichtige Kennzahlen. Daneben führt das Lexikon aber auch übergeordnete Begriffe auf, welche die erfolgreiche Entwicklung und Nutzung von Marketing-, Vertriebs- und Service-Kennzahlen erläutern.

Hinweise zur weiteren Sortierung von Kennzahlen finden Sie unter den lexikalischen Stichworten →Kennzahlen, →Marketing-Mix-Kennzahlen sowie →E-Commerce-Kennzahlen.

Der zusätzliche Erklärungs- und Steuerungswert, den mehrere Kennzahlen durch eine sachliche und/oder logische Verknüpfung erhalten, wird unter dem Stichwort →Kennzahlensysteme erläutert. Mit dem →Du-Pont-Kennzahlensystem und der →Balanced Scorecard werden zwei prominente und praxiserprobte Kennzahlensysteme unter eigenen lexikalischen Stichworten ausführlich dargestellt. Beide unterstützen den Leser darin, ein auf das eigene Unternehmen bezogenes Kennzahlensystem entwickeln zu können.

Das Lexikon bietet auch Informationen darüber, auf welche Art und Weise die für die Kennzahlenberechnung erforderliche Datenbasis geschaffen werden kann. Hierzu wird unter dem lexikalischen Stichwort →Schreibtischforschung vorgestellt, wie Unternehmen bereits vorhandene Daten nutzen, und woher sie diese beziehen können. Effiziente Wege, wie ein Unternehmen in Eigenregie oder mit Unterstützung externer Partner Informationen selbst erheben kann, werden unter dem lexikalischen Stichwort →Feldforschung aufgezeigt. Wertvolle Hilfe bei der Erstellung der Datenbasis bietet eine umfangreiche Sammlung von Kontaktadressen im Anschluss an den lexikalischen Teil.

Lexikalische Hinweise

Die Kennzahlen sind alphabetisch geordnet. Die Umlaute ä, ö und ü werden wie a, o und u behandelt; ß wird in ss aufgelöst. Besteht eine Kennzahl aus mehr als einem Wort (z. B. umsatzabhängige Bestellwegquote), so sind der Anfangsbuchstabe des letzten Wortes (hier: B) und damit der mutmaßlich wichtigste Bestandteil für die alphabetische Einordnung verantwortlich.

Setzt sich eine Kennzahl aus zwei oder mehr Wörtern zusammen und sind diese durch einen Bindestrich verknüpft, werden sie hintereinander abgearbeitet, als ob der Bindestrich nicht vorhanden wäre (Beispiel: Außendienst-Neukundenanteil vor Außendienstquote).

Zu Beginn einer Kennzahl werden – sofern vorhanden – die geläufigsten Synonyme aufgeführt. Diese Synonyme werden noch einmal separat an der entsprechenden Stelle im Alphabet und mit einem Hinweis auf die gebräuchlichste Bezeichnung angeführt (Beispiel: Rohgewinn →Handelsspanne).

Ob eine Kennzahl in der Ein- oder in der Mehrzahl verwendet wird, hängt von logischen Erfordernissen und sprachlichen Gepflogenheiten ab. Ob eine Kennzahl unter ihrer deutschen oder englischen Bezeichnung aufgeführt wird, hängt von der Gebräuchlichkeit der Bezeichnung ab. Querverweise sichern aber auf jeden Fall den raschen Zugriff (Beispiel: Kapitalrentabilität →Return on Investment).

Im Sprachgebrauch übliche Abkürzungen verweisen auf das ausgeschriebene Stichwort (Beispiel: RoI →Return on Investment).

Falls erforderlich, werden im Text verwendete Abkürzungen grundsätzlich an Ort und Stelle erklärt.

Verweispfeile (→) verbinden verwandte Kennzahlen (Beispiel: Preiselastizität der Nachfrage mit →Einkommenselastizität der Nachfrage, →Kreuz-

preiselastizität und →Werbeelastizität) oder schlagen Brücken zu benach-
barten Stichwortfamilien (Beispiel: Wiederkaufrate zu →Kundenzufrie-
denheit). Verweise innerhalb eines Artikels auf eine andere Kennzahl
erfolgen grundsätzlich nur bei seiner ersten Nennung.

A

ABC-Analyse

Diese Methode dient dazu, eine Menge von Objekten hinsichtlich ihrer Bedeutung zu strukturieren und zu klassifizieren, wobei A-Objekte als sehr wichtig, B-Objekte als weniger wichtig und C-Objekte als eher unwichtig beurteilt werden. Bei den Objekten kann es sich um Produkte, Kunden, Regionen, Mitarbeiter oder Lieferanten, aber auch um Aufgaben handeln. Die Strukturierung ist anhand unterschiedlicher Kriterien möglich. In der Unternehmenspraxis am häufigsten anzutreffen sind ABC-Analysen, die sich am →Umsatz ausrichten.

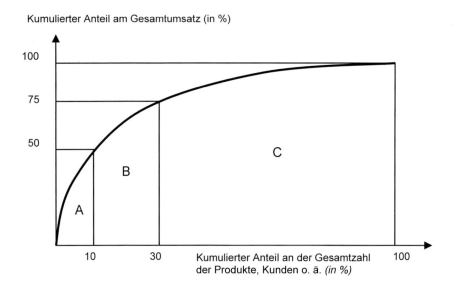

Abb. 1. Umsatzbetrachtung mit Hilfe der ABC-Analyse

Beispiel
Ein Unternehmen will mit Hilfe der ABC-Analyse die Umsatzbedeutung der einzelnen Produkte untersuchen. Zu diesem Zweck werden sämtliche Produkte zunächst nach ihrer Umsatzhöhe angeordnet, d. h. auf Rang 1 steht das umsatzstärkste Produkt, den letzten Platz nimmt das umsatzschwächste Produkt ein. In einem nächsten Schritt werden drei Produktklassen gebildet: In Klasse A befinden sich die ersten 10 %, d. h. die umsatzstärksten Produkte. Der Klasse B gehören die nächsten 20 % der Produkte an, und die restlichen 70 % der Produkte bilden Gruppe C.

Quelle
Die Daten für die Durchführung einer ABC-Analyse sind der Absatz- bzw. Vertriebsstatistik zu entnehmen.

Interpretation und Maßnahmen zur Beeinflussung
Als Konsequenz aus den Ergebnissen der ABC-Analyse lässt sich ableiten, dass die Ressourcen und Aktivitäten zukünftig noch stärker auf die A-Produkte konzentriert und die C-Produkte erheblich zurückgeschraubt bzw. eliminiert werden müssen.

Grenzen
Die Anwendung der ABC-Analyse birgt die Gefahr, aus den Ergebnissen falsche Schlussfolgerungen zu ziehen. Aus diesem Grund sollten folgende Überlegungen in die Entscheidungsfindung einbezogen werden:
- Umsatzstarke Produkte sind nicht unbedingt die ertragsstärksten. Deshalb sollten neben dem Umsatz noch andere Kriterien wie die Rendite (→Return on Investment, →Deckungsbeitrag) in die Überlegungen einbezogen werden.
- Umsatzschwache Produkte können dazu beitragen, umsatzstarke Produkte abzusetzen (sog. Verbundeffekte). In solchen Fällen wäre es fatal, die C-Produkte aus dem Sortiment zu streichen.
- Eine ausschließliche Konzentration auf A-Produkte birgt zwar Kostenvorteile, gleichzeitig aber auch erhebliche Risiken in sich. Erwirtschaftet ein Unternehmen beispielsweise 70 % des Umsatzes mit seinen A-Produkten, und kommt es in diesem Bereich zu Absatzproblemen, sind auch 70 % des Umsatzes gefährdet.
- Die üblicherweise durchgeführte ABC-Analyse ist gegenwarts- bzw. vergangenheitsbezogen. Demnach bleibt unberücksichtigt, wie sich einzelne Sortimentsteile in Zukunft entwickeln werden.
Trotz der geschilderten Einschränkungen hat die ABC-Analyse in der Praxis weite Verbreitung gefunden, was daran liegt, dass das Verfahren ein-

A

fach zu handhaben sowie flexibel einsetzbar ist und der Umsatz nach wie vor eine der wichtigsten Zielgrößen darstellt.

Absatz
(in Stück, Volumen, Fläche, Gewicht, Zeit)

Der Absatz ist das in Mengeneinheiten bewertete Verkaufsvolumen eines Unternehmens innerhalb eines bestimmten Zeitraums (z. B. Tages-, Quartals- oder Jahresabsatz). Der Absatz kann in Stück-, Flächen- (z. B. Quadratmeter im Falle von Bodenbelagherstellern), Volumen- (z. B. Liter im Falle von Getränkeherstellern), Gewichts- (z. B. Tonnen im Falle eines Zementherstellers) oder Zeiteinheiten (z. B. Stunden im Falle eines Beratungsdienstleisters) ausgedrückt werden.
Die Kennzahl lässt sich unter Bezugnahme auf entsprechende Kriterien weiter aufschlüsseln und gewinnt dadurch an Aussagekraft. Beispiele hierfür sind der Absatz pro Kunde (Ausgangspunkt für die →ABC-Analyse), der Absatz pro Auftrag oder pro Kauf sowie die Absatzquote. Letztere ist definiert als

$$= \frac{\text{Tatsächlicher Absatz}}{\text{Möglicher Absatz}} \times 100\,\%$$

Beispiel
Eine Brauerei konnte im ersten Quartal 180.000 Hektoliter absetzen. Eine Marktforschungsuntersuchung ergibt, dass der mögliche Absatz bei 360.000 Hektolitern liegt. Die Absatzquote beträgt mithin 50 %.

$$= \frac{180.000 \text{ Hektoliter}}{360.000 \text{ Hektoliter}} \times 100\,\% = 50\,\%$$

Quelle
Die erforderlichen Daten sind der Absatz- bzw. Vertriebsstatistik zu entnehmen.

Interpretation
Der Absatz ist leicht zu erfassen und bietet aufgrund der Mengenbetrachtung den Vorteil, frei von Bewertungseinflüssen (z. B. Preissteigerung) zu sein. Dadurch eignet sich diese Kennzahl hervorragend für eine Analyse der Produktivität (z. B. Entwicklung des Absatzes pro Kunde im Zeitablauf).
Der Absatz sollte aber nicht isoliert, sondern immer vor dem Hintergrund der Entwicklung des Gesamtmarktes betrachtet werden. So kann eine moderate Absatzsteigerung in einem stark wachsenden Umfeld leicht darüber hinwegtäuschen, dass ein Unternehmen nur unterdurchschnittlich erfolgreich agiert.

Maßnahmen zur Beeinflussung
Hierzu bietet sich das gesamte Spektrum an Marketingaktivitäten (Produkt-, Preis-, Vertriebs- und Kommunikationspolitik) an. Dazu zählen:
* Schaffung eines neuen Marktes durch eine Innovation
* Ausweitung des Absatzvolumens durch Eindringen in neue Absatzgebiete (z. B. im Zuge der Internationalisierung)
* Gewinnung neuer Zielgruppen
* Entdeckung neuer Einsatzgebiete
* Erhöhung der Verbrauchsintensität
* Stimulierung von Ersatzbedarf
* Substitution anderer Produkte
* Vergrößerung des →Marktanteils
* Sicherung des Erfolgs durch Kundenbindung
* Errichtung von Markteintrittsbarrieren (z. B. durch Abschluss langfristiger Lieferverträge)
* Kooperation mit anderen Unternehmen.

Grenzen
* Der Absatz lässt nur einen bedingten Rückschluss auf den ökonomischen Erfolg eines Unternehmens zu. So kann eine Absatzsteigerung mit unverhältnismäßig hohen Erlösschmälerungen (beispielsweise hervorgerufen durch Preissenkungen) und/oder Kostensteigerungen (z. B. durch Intensivierung der Werbeaktivitäten) einhergehen.
* Der Absatz kann nicht - wie z. B. der →Umsatz - produktübergreifend, d. h. über das Sortiment hinweg zusammengefasst werden.
* Bestehen Qualitätsunterschiede zwischen Wettbewerbern, lässt die Absatzbetrachtung keine zwischenbetrieblichen Vergleiche (z. B. im Zuge eines Benchmarking) zu.

A

- Bei längeren Produktionszeiten (z. B. im Maschinen- und Anlagebau) ermöglicht der Absatz nur einen unzureichenden Rückschluss auf den Verkaufserfolg. Deshalb bietet es sich insbesondere im Investitionsgütersektor an, flankierend das Auftragsvolumen heranzuziehen.
- Steigende Absätze bedeuten nicht zwangsläufig auch wachsende Umsätze. So stieg der Absatz von Farbfernsehgeräten in Deutschland von 5,59 Mio. Stück im Jahre 1998 auf 5,66 Mio. Stück im Jahre 1999. Gleichzeitig sank aber der Umsatz von 2.800 Mio. € auf 2.700 Mio. €.

Absatzelastizität

→Elastizität

Absatzpotenzial
(in Stück, Volumen, Fläche, Gewicht)

Das Absatzpotenzial umschreibt die maximal mögliche Absatzmenge eines Unternehmens, d. h. den Anteil am →Marktpotenzial, den ein Unternehmen als maximal erreichbar erachtet.

Beispiel
Ein Saunahersteller setzt 10.000 Saunen pro Jahr ab. Das gesamte Marktpotenzial in Deutschland wird auf 40.000 Saunen p. a. veranschlagt. Berechnungen deuten darauf hin, dass das Unternehmen rund die Hälfte dieses Markpotenzials für sich nutzen könnte. Das Absatzpotenzial des Herstellers liegt also bei 20.000 Stück pro Jahr.

Quelle
Die Ermittlung des Absatzpotenzials fällt in den Aufgabenbereich der Marktforschung und leitet sich aus der gestuften Abschichtung des →Marktpotenzials ab. Mittels Verbraucher- und Konkurrenzanalysen lässt sich der Anteil des Marktpotenzials ermitteln, der dem Unternehmen aufgrund von Marktwiderständen verschlossen bleibt. Als Rest verbleibt das Absatzpotenzial.

Interpretation
Der Quotient →Absatzvolumen durch Absatzpotenzial zeigt den →Marktausschöpfungsgrad an. Ein geringer Wert dieser Kennzahl deutet

darauf hin, dass das Unternehmen über ein Produkt mit erheblichem Wachstumspotenzial verfügt.

Maßnahmen zur Beeinflussung
- Im Falle des Absatzpotenzials gilt es zwei Fragestellungen zu beantworten: Wie können vorhandene Absatzpotenziale besser ausgeschöpft werden, und wie können neue Absatzpotenziale geschaffen werden?
- Im ersten Fall kann das gesamte Spektrum an Marketingaktivitäten genutzt werden.
- Im zweiten Fall können einmal neue Märkte erschlossen werden (sog. Markterschließungsstrategien). So bietet sich für ein Unternehmen beispielsweise die Möglichkeit, ein neues Produkt auf den Markt zu bringen, das vorhandene Bedürfnisse beim Verbraucher befriedigt oder neue Bedürfnisse weckt. Oder ein Unternehmen erschließt geographisch neue Märkte (Internationalisierung). Zum anderen kann versucht werden, der Konkurrenz einen Teil des Marktpotenzials abzuringen (z. B. durch Imageveränderungen).

Grenzen
In den meisten Fällen erscheint es betriebswirtschaftlich wenig sinnvoll, das Absatzpotenzial vollständig auszuschöpfen. Denn in aller Regel ist die zunehmende Erschließung des Absatzpotenzials mit überproportionalen Kostensteigerungen verbunden. Vor diesem Hintergrund scheint es geboten zu sein, die Marketingbemühungen auf diejenigen potenziellen Abnehmer zu konzentrieren, bei denen mit vergleichsweise geringen Kaufwiderständen zu rechnen ist.

Abschlagsspanne

→Handelsspanne, Spanne

Abschriftenquote
(in %)

Die Abschriftenquote gibt an, welche Warenwerte bezogen auf den insgesamt eingesetzten Warenwert abgeschrieben werden mussten.

$$
= \frac{\text{Warenwert der Abschriften (zum Einkaufspreis)}}{\text{Gesamter eingesetzter Warenwert (zum Einkaufspeis)}} \times 100\,\%
$$

A

Beispiel
Die Brotabteilung eines Discounters verzeichnet pro Monat im Durchschnitt eingesetzte Ware im Wert 200.000 € berechnet zu Einkaufspreisen. Infolge mangelnder Frische müssen Waren im Wert von 20.000 € entsorgt und damit abgeschrieben werden. Die Abschriftenquote beträgt 10 %.

$$
= \frac{20.000\ \text{€}}{200.000\ \text{€}} \times 100\,\% = 10\,\%
$$

Quelle
Der gesamte eingesetzte Warenwert ist dem Warenwirtschaftssystem zu entnehmen. Fehlt ein solches, muss eine Teilinventur durchgeführt werden. Der Warenwert der Abschriften lässt sich bei hoher Warenumschlagshäufigkeit nur über häufige Inventuren feststellen.

Interpretation
Der Abschriftenquote kommt in den Bereichen zentrale Bedeutung zu, in denen erhebliche Warenverluste infolge von Verfallsdaten bzw. Veralterung (Mindesthaltbarkeit, Mode, Saison) zu verbuchen sind. Insbesondere bei geringen Umsatzrenditen (z. B. im Lebensmitteleinzelhandel) beeinflusst die Abschriftenquote die Ertragslage eines Unternehmens erheblich.

Maßnahmen zur Beeinflussung
- Durch Verkürzung der Bestellzyklen und damit häufige Belieferungen lässt sich die Abschriftenquote reduzieren. Dies erfordert jedoch eine häufige Bestandsaufnahme.
- Durch fundierte Marktforschung lassen sich Einkaufszeit, Einkaufsmenge, Einkaufszyklen und gewünschte Produkte genauer bestimmen. Durch die höhere Prognosegenauigkeit können die Warenbestände genauer an der Nachfrage ausgerichtet werden.

- Durch Reduzierung der Preise bzw. Mengenrabatte bei von Verfall bzw. Veralterung gefährdeten Produkten lassen sich Warenverluste verringern.
- Durch Kommissionsgeschäfte kann das Risiko von Abschriften auf den Lieferanten verlagert werden.

Grenzen
- Die Abschriftenquote vernachlässigt beispielsweise Handlingkosten (z. B. Einräumen der Ware, Entsorgen unverkäuflicher Ware, Inventur).
- Premiumanbieter und Handelsunternehmen, deren Konzept auf One-Stop-Shopping basiert, können sich keine fehlenden Bestände erlauben. Die hierfür erforderlichen Pufferbestände bedingen im Regelfall höhere Abschriftenquoten, die es durch höhere Preise zu kompensieren gilt.

Absprünge je Internetseite

→ Absprungsrate

Absprungrate

Software- und Internettools zur Auswertung der Interneteffizienz (z. B. *Google Analytics*) sind in der Lage zu ermitteln, wie häufig der Besuch des Internetangebots eines Unternehmens auf einer bestimmten Seite begann (Einstiege) und wie häufig Besucher ihren Besuch des Internetangebots auf einer bestimmten Seite beendeten (Absprünge). Eine aufschlussreiche Kennzahl ist in diesem Zusammenhang die Absprungsrate, mit der die Bindungsqualität einer Internetseite bewertet werden kann.

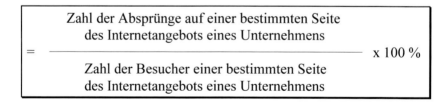

$$= \frac{\text{Zahl der Absprünge auf einer bestimmten Seite des Internetangebots eines Unternehmens}}{\text{Zahl der Besucher einer bestimmten Seite des Internetangebots eines Unternehmens}} \times 100\,\%$$

Die Absprungrate stellt die Zahl der Absprünge ins Verhältnis zur Zahl der Besucher einer Internetseite.

Beispiel
Wenn z. B. an einem Tag eine bestimmte Internetseite von 2.000 Besuchern angeschaut wird und anschließend 1.500 Besucher das Internetangebot des Unternehmens verlassen, ohne weitere Seiten anzuschauen, beträgt die Absprungrate dieser Internetseite 75 %.

$$= \frac{1.500}{2.000} \text{ x } 100 \% = 75 \%$$

Interpretation und Maßnahmen zur Beeinflussung
Bei einer hohen Absprungrate einer Internetseite sollte das Unternehmen untersuchen, warum die Seite einen Besucher nicht dazu motiviert, das Internetangebot des Unternehmens weiter zu durchsuchen. Gründe können z. B. eine unattraktive und komplizierte Gestaltung und Benutzerführung, die gewünschte Eingabe persönlicher Daten sowie fehlende Informationen sein. Bei Internetseiten, die durch einen anderen Werbebanner oder einen sonstigen Link erreicht werden, deutet eine hohe Absprungrate darauf hin, dass die Internetseite nicht gut auf Werbebanner oder Link abgestimmt ist. Internetnutzer klicken auf den Link und verlassen anschließend sofort wieder das Internetangebot.

Abverkaufsquote
(in %)

Die Abverkaufsquote gibt an, welcher Anteil der eingekauften bzw. bevorrateten Ware auch tatsächlich am Markt abgesetzt werden.

$$= \frac{\text{Abverkaufte Menge eines Artikels}}{\text{Eingekaufte (bevorratete) Menge eines Artikels}} \text{ x } 100 \%$$

Beispiel
Im Zuge seines Aktionssortiments beschafft ein Discounter 300.000 Pflanzen. Von diesen werden 240.000 abverkauft. Die Abverkaufsquote beläuft sich auf 80 %.

$$= \frac{240.000 \text{ verkaufte Pflanzen}}{300.000 \text{ angebotene Pflanzen}} \times 100\ \% = 80\ \%$$

Quelle
Die Abverkaufsquote lässt sich dem Warenwirtschaftssystem entnehmen. Fehlt ein solches, muss eine Teilinventur mit entsprechendem Aufwand durchgeführt werden.

Interpretation
Der Abverkaufsquote kommt bei Aktionen (temporäres Sortiment) sowie bei neu gelisteten Produkten hohe Bedeutung zu. Beim Standardsortiment spielt diese Kennzahl hingegen eine nachgeordnete Rolle.

Maßnahmen zur Beeinflussung
- Durch Verkürzung der Bestellzyklen und damit häufige Belieferungen lässt sich die Abverkaufsquote erhöhen. Dies erfordert jedoch eine häufige Bestandsaufnahme.
- Durch fundierte Marktforschung lassen sich Einkaufszeit, Einkaufsmenge, Einkaufszyklen und gewünschte Produkte genauer bestimmen. Durch die höhere Prognosegenauigkeit können die Warenbestände genauer an der Nachfrage ausgerichtet werden.
- Durch Reduzierung der Preise lässt sich die Abverkaufsquote erhöhen.
- Durch Kommissionsgeschäfte kann das Risiko einer geringen Abverkaufsquote auf den Lieferanten verlagert werden.
- Discounter versuchen, höherwertige Aktionsware nicht mehr im stationären Handel vorrätig zu halten. Vielmehr wird hier noch ein Muster präsentiert und die bestelle Ware aus einem Zentral- oder Regallager dem Kunden nach Hause geliefert. Hierdurch lassen sich die Bevorratungsmenge verringern und damit die Abverkaufsquote erhöhen.

Grenzen
- Premiumanbieter und Handelsunternehmen, deren Konzept auf One-stop-Shopping basiert, können sich fehlende Bestände kaum erlauben. Die hierfür erforderlichen Pufferbstände bedingen im Regelfall geringere Abverkaufsquoten, die es durch höhere Preise zu kompensieren gilt.
- Infolge der Mengenbetrachtung bleiben Ertragsaspekte außen vor.
- Durch Preisnachlässe initiierte Abverkäufe werden nicht gesondert erfasst.

Abwanderungsrate

→Kundenabwanderungsrate

AdClick
(auch Click Through)

Mit dem Begriff AdClick (Advertising Clicks = Anklicken von Werbung) wird der konkrete Klick eines Kunden auf ein Werbeobjekt im Internet, z. B. ein Banner, bezeichnet. Die Zahl der AdClicks ist damit ein Indikator für die Attraktivität eines Werbelinks im Internet.

AdClick-Rate

→ Click Through Rate

AdImpression
(auch AdView)

Unter dem Begriff der AdImpression wird im E-Commerce das Zeigen eines Werbelinks verstanden. Die Werbelink kann z. B. in Form eines Banners, eines sich öffnenden neuen Fensters (Pop-up) oder einer Werbeeinblendung im Suchmaschinenergebnis auf dem Bildschirm erscheinen. Die Zahl der AdImpressions gibt also an, wie oft ein Kunde eine Werbebotschaft im Internet grundsätzlich wahrnehmen könnte.
Auch wenn nicht jeder Zugriff auf eine Homepage (→PageImpression) den Sichtkontakt mit einer Werbebotschaft bedeutet, die auf der Homepage gezeigt wird, wird aus Gründen der Vereinfachung häufig eine AdImpression je Seitenzugriff angenommen. Die Zahl der Seitenzugriffe auf eine Homepage wird von Internetstatistiktools (z. B. *Google Analytics*) erfasst und kann jederzeit ausgewertet werden.

AdView

(→AdImpression)

Altersstruktur der Produkte

→Altersstruktur der Produktumsätze

Altersstruktur der Produktumsätze
(in %)

Die Altersstruktur der Produkte eines Unternehmens gibt an, welcher Anteil der Produktumsätze aktuell in welcher Produktaltersklasse erzielt wird. Sie verdeutlicht damit, wie abhängig der Umsatzerfolg von jungen und alten Produkten ist.

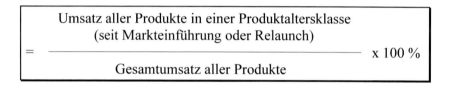

$$= \frac{\text{Umsatz aller Produkte in einer Produktaltersklasse (seit Markteinführung oder Relaunch)}}{\text{Gesamtumsatz aller Produkte}} \times 100\,\%$$

Wenn eine mengenmäßige statt einer wertmäßigen Betrachtungsweise eingenommen wird, lässt sich die Kennzahl Altersstruktur der Produkte bilden. Sie ist weniger aussagekräftig als die Altersstruktur der Produktumsätze und stellt nur die Anzahl der Produkte mit einem bestimmten Alter der Gesamtzahl der Produkte gegenüber:

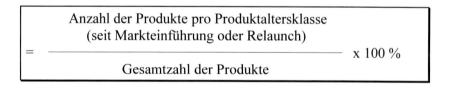

$$= \frac{\text{Anzahl der Produkte pro Produktaltersklasse (seit Markteinführung oder Relaunch)}}{\text{Gesamtzahl der Produkte}} \times 100\,\%$$

Beispiel
Ein Unternehmen macht mit seinen Produkten 600 Mio. € Umsatz im Jahr. Eine Analyse der Altersstruktur der Produktumsätze zeigt, dass 40 % des Gesamtumsatzes mit Produkten erzielt werden, deren Markteinführung länger als vier Jahre zurückliegt. Weitere 40 % des Gesamtumsatzes stammen aus dem Verkauf von Produkten, die vor zwei bis vier Jahren eingeführt wurden. Die restlichen 20 % des Gesamtumsatzes werden mit Produkten erzielt, die erst seit höchstens zwei Jahren auf dem Markt sind.

Quelle
- Der Gesamtumsatz sowie die Umsatzzuordnung für Produkte der verschiedenen Produktaltersklassen sind der Vertriebsabteilung bekannt.
- Vor Bestimmung der Kennzahl gilt es die Produktaltersklassen zu definieren. Die Unterteilung der Altersklassen (z. B. in einzelne Jahre, in Mehr-Jahres-Zeiträume oder in Monate) hängt von den Begebenheiten des jeweiligen Marktes ab, ist damit branchenspezifisch und kann nicht einfach vorgegeben werden. Produkte, die im Laufe ihres Lebenszyklus wesentlich verändert wurden, gelten ab dem Zeitpunkt der Markteinführung der veränderten Version als neue Produkte.

Interpretation
- Eine Altersstruktur der Produktumsätze, bei der Produkte in den jüngeren Produktaltersklassen vergleichsweise viel Umsatz erzielen, signalisiert, dass Produktinnovationen einen großen Anteil am →Umsatz auf sich vereinen. Dies verringert die Abhängigkeit des Unternehmens von seinen „Klassikern", den alten und lang anhaltend erfolgreichen Produkten in den höheren Altersklassen.
- Gleichzeitig spricht sie für die Leistungsfähigkeit der Forschung und Entwicklung, weil sich deren Produktinnovationen am Markt durchgesetzt haben und daher zur Produktpalette des Unternehmens gehören.
- Junge Produkte, die noch am Anfang ihres Produktlebenszyklus stehen, bieten dem Unternehmen die Gewähr, auch langfristig →Deckungsbeiträge zu erzielen und den Fortbestand des Unternehmens zu sichern. Andernfalls begibt sich das Unternehmen in die Gefahr, von alten Produkten, die u. U. am Ende ihres Lebenszyklus stehen, abhängig zu sein.
- Ein hoher Anteil der Produktumsätze in den jüngeren Produktaltersklassen spricht für die Flexibilität des Unternehmens, weil es schnell auf sich ändernde Markt- und Kundenansprüche reagiert.
- Die Kennzahl ist insbesondere aussagekräftig im Zeitvergleich und sollte daher regelmäßig ermittelt werden. So kann beispielsweise an Veränderungen der Altersstruktur der Produktumsätze abgelesen werden, dass eine Umschichtung von alten zu neuen Produkten vor sich geht.
- Auch Vergleiche mit dem Wettbewerber (- wenn Daten vorhanden sind oder realistisch geschätzt werden können -) sind aufschlussreich.

Maßnahmen zur Beeinflussung
Um die Altersstruktur der Produktumsätze in Richtung einer „Verjüngung der Umsätze" zu verändern, bieten sich folgende Optionen:
- Investition in Forschung und Entwicklung mit dem Ziel, neue Produkte zu entwickeln

- Verstärkte Marktforschung, um Kundenbedürfnisse und →Kundenzufriedenheit beurteilen zu können und die Produkte entsprechend auszurichten
- Weiterentwicklung alter Produkte, um diese an die aktuellen Kundenbedürfnisse anzupassen (Facelifting, Relaunch)
- Vermehrte Anstrengungen bei der Einführung neuer Produkte (z. B. durch Verkaufsförderung, Werbung, niedrige Einführungspreise), um die →Floprate möglichst gering zu halten

Grenzen
Ein hoher Umsatz von Produkten aus den älteren Produktaltersklassen muss nicht unbedingt nachteilig sein. Er kann auch ein Beleg dafür sein, dass ein Unternehmen über sog. „Klassiker" verfügt, die schon seit langem erfolgreich am Markt positioniert sind und bei denen eine Weiter- oder Neuentwicklung wegen der vorhandenen hohen Kundenbindung unnötig oder nachteilig ist.

Altersstruktur der Vertriebsmitarbeiter
(in %)

Die Altersstruktur der Vertriebsmitarbeiter gibt an, welcher Anteil der Vertriebsmitarbeiter sich aktuell in welcher Altersklasse befindet.

$$= \frac{\text{Anzahl der Vertriebsmitarbeiter pro Altersstufe}}{\text{Anzahl der Vertriebsmitarbeiter}} \times 100\,\%$$

Beispiel
Ein Unternehmen, das Spezialschrauben herstellt, vertreibt seine Güter mit Hilfe von 50 Außendienstmitarbeitern. Eine Analyse der Altersstruktur zeigt, dass 20 % der Vertriebsmitarbeiter unter 40 Jahren, 40 % der Vertriebsmitarbeiter zwischen 40 und 49 Jahren und 40 % zwischen 50 und 65 Jahren sind.

Quelle
- Die notwendigen Daten hält die Personalabteilung bereit.
- Sollte eine detaillierte Analyse erforderlich sein, können die Altersstufen auf einzelne Jahresgrößen herunter gebrochen werden (z. B. 29 Jah-

re alt, 30 Jahre alt, 31 Jahre alt). Im Regelfall ist die Altersstruktur aber bereits aussagekräftig genug, wenn Altersklassen in 5- oder 10-Jahres-Zeiträumen gebildet werden (z. B. 20 bis 29 Jahre, 30 bis 39 Jahre, 40 bis 49 Jahre).

Interpretation
- Die Altersstruktur informiert über den altersmäßigen Aufbau der Belegschaft im Vertrieb.
- Eine hohe Überalterung der Vertriebsbelegschaft deutet darauf hin, dass in den nächsten Jahren ein wesentlicher Anteil der Vertriebsmitarbeiter aus dem Erwerbsprozess ausscheiden wird und ersetzt werden muss. Der Rekrutierungsbedarf wird mithin frühzeitig erkannt. Außerdem belegen Studien, dass es bei einem Teil der älteren Mitarbeiter überdurchschnittlich häufig zu Motivationsproblemen kommt.
- Eine junge Vertriebsbelegschaft birgt zwei Risiken: Erstens kann dies für eine geringe Berufserfahrung unter den Vertriebsmitarbeitern sprechen, zweitens sind jüngere Mitarbeiter bei guten Angeboten und Weiterentwicklungsmöglichkeiten bei der Konkurrenz eher bereit, den Arbeitgeber zu wechseln.
- Vor dem Hintergrund klassischer Rollenverteilungen in Familien kann eine Aufspaltung in männliche und weibliche Vertriebsmitarbeiter durchaus sinnvoll sein.

Maßnahmen zur Beeinflussung
Die Altersstruktur wird durch Neueinstellungen, Beurlaubungen (z. B. Sabbaticals) und/oder Entlassungen von Vertriebsmitarbeitern verändert. Dabei sollte freilich nicht einfach nur auf das Alter der Bewerber geschaut werden, sondern es müssen der Personalbedarf auf der einen Seite und die Qualifikation sowie Motivation des Mitarbeiters auf der anderen Seite im Vordergrund stehen.

Grenzen
- Für die Kennzahl der Altersstruktur kann keine Empfehlung abgeben werden, da die optimale Altersstruktur stark von der Branche, der Unternehmenskultur und den Qualifikationen der einzelnen Vertriebsmitarbeiter abhängt. Der Vergleich mit der Altersstruktur der Mitarbeiter in anderen Branchen ist daher wenig sinnvoll.
- Es ist fehlerhaft und kann zu falschen Schlüssen führen, wenn das Alter der Vertriebsmitarbeiter als alleiniger Indikator für deren Qualifikation und Motivation angesehen wird.

Altproduktquote
(in %)

Die Altproduktquote misst den Anteil am Gesamtumsatz, der durch alte oder unveränderte Produkte erwirtschaftet wird.

$$= \frac{\text{Umsatz alter oder unveränderter Produkte}}{\text{Gesamtumsatz}} \times 100\,\%$$

Beispiel
Ein Unternehmen erzielt in einem Jahr einen →Umsatz in Höhe von 580 Mio. €. Davon entfallen 232 Mio. € auf Produkte, die das Unternehmen bereits seit mehr als vier Jahren anbietet (alte Produkte). Die Altproduktquote beläuft sich demnach auf 40 %.

$$= \frac{232 \text{ Mio. €}}{580 \text{ Mio. €}} \times 100\,\% = 40\,\%$$

Quelle
- Den Gesamtumsatz (ohne Umsatzsteuer und Erlösschmälerungen) kennt die Finanzbuchhaltung.
- Vor Bestimmung der Kennzahl gilt es festzulegen, was ein altes Produkt ist. Hierzu müssen branchenspezifische Erfahrungen genutzt werden.
- Produkte, die im Laufe ihres Lebenszyklus wesentlich verändert wurden (= Produktmodifikation), werden ab dem Zeitpunkt der Veränderung wieder als neue Produkte definiert.

Interpretation
Die Altproduktquote benennt den Anteil der alten Produkte am Gesamtumsatz.
- Eine hohe Altproduktquote bedeutet, dass Produktinnovationen lediglich einen kleinen Anteil am Gesamtumsatz haben. Somit begibt sich das Unternehmen in die Gefahr, von den alten Produkten abhängig zu sein und den Anschluss an neue Marktentwicklungen zu verlieren.
- Andererseits spricht eine hohe Altproduktquote auch für den lang anhaltenden Erfolg der Produkte eines Unternehmens. Trotzdem müssen

Marktentwicklungen und Kundenerwartungen im Auge behalten werden.

Die Kennzahl ist insbesondere aussagekräftig im Zeitvergleich, um negative Entwicklungen rechtzeitig zu erkennen und geeignet entgegenzuwirken.

Maßnahmen zur Beeinflussung
Um die Altproduktquote zu senken, kann ein Unternehmen folgende Maßnahmen ergreifen:

- Investition in Forschung und Entwicklung mit dem Ziel, neue Produkte zu entwickeln
- Verstärkte Marktforschung, um Kundenbedürfnisse und →Kundenzufriedenheit beurteilen und die Produkte entsprechend ausrichten zu können
- Weiterentwicklung alter Produkte, um diese an die aktuellen Kundenbedürfnisse anzupassen
- Vermehrte Anstrengungen bei der Einführung neuer Produkte (z. B. Verkaufsförderung, Werbung, niedrige Einführungspreise)

Grenzen
- Die Altproduktquote setzt nur Umsätze miteinander in Vergleich. Sie kann daher keine qualitative Aussage darüber treffen, ob die alten Produkte auf Dauer ihre Stellung im Markt behalten können.
- Da die Altproduktquote nur Umsatzgrößen miteinander vergleicht, sagt sie nichts über die Rentabilität aus. Zu diesem Zwecke empfiehlt es sich, die Altproduktquote mit →Deckungsbeiträgen als Bezugsgröße zu bilden.

Anfragequote

→Response

Angebotserfolgsquote
(in %)

Die Angebotserfolgsquote zeigt, wie viel Prozent der abgegebenen Angebote zu Aufträgen geführt haben. Mit Hilfe dieser Kennzahl lässt sich die Angebotspolitik des Unternehmens beurteilen.

$$= \frac{\text{Anzahl der erzielten Aufträge}}{\text{Anzahl der abgegebenen Angebote}} \times 100\,\%$$

Beispiel
In einem Monat gibt ein Unternehmen gegenüber seinen (potenziellen) Kunden insgesamt 500 Angebote in schriftlicher und mündlicher Form ab. Von diesen Angeboten nehmen die Kunden 300 an, so dass die Angebote zu Aufträgen werden. Folglich beträgt die Angebotserfolgsquote 60 %.

$$= \frac{300\ \text{Aufträge}}{500\ \text{Angebote}} \times 100 = 60\,\%$$

Quelle
- Die Zahl der erteilten Aufträge sollte die Vertriebsabteilung bereithalten.
- Weder die Finanzbuchhaltung noch die Kosten- und Leistungsrechnung erfassen üblicherweise die Zahl der abgegebenen Angebote. Deshalb sollte in der Vertriebsabteilung eine Datenbank eingerichtet werden, in der die Angebote dokumentiert und gegebenenfalls nach Mitarbeitern, Produkten und/oder Regionen unterschieden werden.
- Hierbei ist es wichtig, dass sowohl die Angebote in schriftlicher Form (Kostenvoranschläge) als auch die Angebote in mündlicher Form (z. B. beim Telefonat oder Besuch durch den Außendienstmitarbeiter) erfasst werden.

Interpretation
- Die Angebotserfolgsquote ist aussagekräftig
  - im Zeitvergleich sowie
  - zwischen verschiedenen Mitarbeitern.
- Diese Kennzahl kann sich beziehen auf:
  - das gesamte Unternehmen,
  - verschiedene Vertriebsschienen,
  - den gesamten Außendienst,
  - einzelne Vertriebs- und Außendienstmitarbeiter,
  - Produkte oder Produktgruppen und/oder
  - Absatzregionen.
- Bei der Angebotserfolgsquote gilt grundsätzlich der Zusammenhang „Je höher, desto besser". Insbesondere unter Ertragsgesichtspunkten ist eine

A

hohe Angebotserfolgsquote von Vorteil, da mit jeder erfolglosen Angebotsunterbreitung Kosten verbunden sind.

• Eine hohe Angebotserfolgsquote kann auf verschiedene Ursachen zurückgeführt werden. Hierzu zählen u. a.:
  - hohe Produktqualität,
  - guter Service,
  - günstiges Preis-Leistungs-Verhältnis,
  - leistungsfähiger Außendienst sowie
  - ein hoher Grad an Kundenbindung (treue Kunden, Stammkunden, →Wiederkäuferrate, →Wiederkaufrate).

Maßnahmen zur Beeinflussung

• Eine niedrige Angebotserfolgsquote kann in nicht marktgerechten Produkten bzw. Serviceleistungen, zu hohen Preisen, einem ineffizienten Außendienst und/oder mangelhaften Kundenbindungsmaßnahmen begründet liegen.

• Die Angebotserfolgsquote ist also ein geeignetes Controlling-Instrument, an der man den Erfolg von Optimierungsmaßnahmen bei der Vertriebs- und Angebotspolitik ablesen kann.

• Kürzere Lieferzeiten, besserer Kundenservice, Werbung und Verkaufsförderung, Strukturveränderungen im Vertrieb, Maßnahmen beim Außendienst sowie die Einführung innovativer Produkte schlagen sich bei entsprechendem Erfolg in einer Steigerung der Angebotserfolgsquote nieder.

Grenzen

Die Angebotserfolgsquote sagt nichts über das Volumen der erteilten Aufträge aus. So kann es durchaus sein, dass man bei Angeboten mit einem geringen Auftragswert vergleichsweise erfolgreich ist, wohingegen großvolumige Angebote kaum von Erfolg gekrönt sind. Vor diesem Hintergrund erscheint es zweckmäßig, die Angebote zunächst mit Hilfe der →ABC-Analyse nach ihrem Umsatzvolumen zu strukturieren. Im Anschluss sollte dann für die einzelnen Gruppen (A-, B- und C-Angebote) die jeweilige Angebotserfolgsquote berechnet werden.

Anlagenausbeute
(auch Quality Efficiency)

Einige Unternehmen produzieren ihre Werbemittel wie Kataloge, Prospekte oder Mailings selbst. Wesentliche Voraussetzung einer effizienten Produktion von Marketing-Medien ist eine hohe Anlagenausbeute (Quality Efficiency).

$$= \frac{\text{Fehlerfrei gefertigte Produktionsmenge einer Anlage je Zeiteinheit (Gut-Leistung)}}{\text{Produktionsmenge einer Anlage je Zeiteinheit (Ist-Leistung)}} \times 100\,\%$$

Beispiel
Ein Unternehmen fertigt mit einer Druck- und Leimbindeanlage pro Betriebsstunde 180 Versandkataloge. Neun davon müssen wegen Qualitätsmängeln aussortiert werden. Die Anlagenausbeute beträgt 95 %.

$$= \frac{180 \text{ Kataloge} - 9 \text{ Kataloge}}{180 \text{ Kataloge}} \times 100\,\% = 95\,\%$$

Quelle
- Die Daten hält die Produktionsabteilung bereit.
- Zur Berechnung der Anlagenausbeute müssen von der Gesamtzahl der produzierten Einheiten sämtliche Ausschussprodukte und Nacharbeitsprodukte sowie die Produkte der Anlaufphase von minderer Qualität abgezogen werden.

Interpretation
Die Anlagenausbeute (Quality Efficiency) setzt die Zahl der gefertigten Produkteinheiten, die den Qualitätsanforderungen des Unternehmens entsprechen, ins Verhältnis zur Gesamtzahl der produzierten Einheiten. Die Anlagenausbeute kann sowohl für eine einzelne Maschine als auch für eine ganze Fertigungsanlage berechnet werden. Sie gibt Aufschluss darüber, wie qualitativ hochwertig eine Anlage produziert und wie hoch der Effizienzverlust infolge defekter und zu überarbeitender Produkteinheiten ausfällt. Besonders aussagekräftig ist die Anlagenausbeute im Zeitvergleich (Qualitätsentwicklung).
Eine Anlagenausbeute von 100 % ist in der Praxis kaum zu erreichen, weil sie bedeuten würde, dass alle produzierten Teile dem gewünschten Standard entsprechen.

A

Maßnahmen zur Beeinflussung
Die Anlagenverfügbarkeit gibt frühzeitig Hinweise auf die Notwendigkeit, den Prozess verfahrenstechnisch zu untersuchen.
Als Einzelmaßnahmen kommen u. a. in Betracht:

• Wartung und Reparatur der Betriebsmittel (Maschinen, Werkzeuge usw.)
• Neuinvestition in Betriebsmittel, wenn diese nicht mehr die gewünschte Qualität produzieren
• Einweisung und verstärkte Schulung der Mitarbeiter
• Schaffung eines Qualitätsbewusstseins bei den Mitarbeitern
• Einführung variabler Entlohnungskomponenten in Abhängigkeit von der Qualität
• Aufbau eines Qualitätsmanagements mit regelmäßigen Qualitätskontrollen
• Änderung der Pausenregelung, wenn vor und/oder nach Pausen besonders niedrige Qualitätsquoten auftreten
• Änderung der Schichtpläne, wenn in bestimmten Schichten besonders niedrige Qualitätsquoten auftreten

Bei einer dauerhaft niedrigen Anlageausbeute muss das Unternehmen auch in Betracht ziehen, die Produktion der Marketing-Medien an einen unternehmensfremden Dienstleister zu übertragen (Outsourcing).

Grenzen
Bei Einzelanlagen sind die Ermittlung der Anlagenausbeute und die Zuordnung der Fehlerursachen zu einer Anlage recht einfach. Bei Kombination mehrerer Maschinen zu einer Fertigungsanlage aber wird die mangelnde Anlagenausbeute häufig nicht an der Maschine entdeckt, die sie verursacht hat. Dies gestaltet die Zuordnung mitunter schwierig.

Anlageneffizienz

→Overall Equipment Effectiveness

Anlagenleistung
(auch Performance Efficiency; in %)

Einige Unternehmen produzieren ihre Werbemittel wie Kataloge, Prospekte oder Mailings selbst. Wesentliche Voraussetzung einer effizienten Produktion von Marketing-Medien ist eine hohe Anlagenleistung (Performance Efficiency).

$$= \frac{\text{Tatsächliche Produktionsmenge einer Anlage je Zeiteinheit (Ist-Leistung)}}{\text{Geplante Produktionsmenge einer Anlage je Zeiteinheit (Soll-Leistung)}} \times 100\,\%$$

Beispiel
Ein Versandhandelsunternehmen plant im Durchschnitt für die Betriebsstunde einer Druck- und Leimbindeanlage die Soll-Leistung von 200 Katalogen pro Stunde. Tatsächlich aber werden nur 180 Kataloge hergestellt. Die Anlagenleistung beträgt 90 %.

$$= \frac{180\ \text{Kataloge}}{200\ \text{Kataloge}} \times 100\,\% = 90\,\%$$

Quelle
- Die Daten hält die Produktionsabteilung bereit.
- Dabei ist wichtig, dass die tatsächliche und nicht die geplante Betriebszeit für die Berechnung zugrunde gelegt wird (siehe Anlagenverfügbarkeit).
- In der Praxis gestaltet es sich häufig schwierig, die Soll-Leistung einer Anlage zu definieren. Liegen über die maximale Produktionskapazität keine Angaben des Anlagenherstellers vor, wird häufig die sog. „bestdemonstrierte Leistung" herangezogen: Als Soll-Leistung wird die beste Leistung definiert, die in der Vergangenheit mit einer Anlage erzielt werden konnte.

Interpretation
Unter der Anlagenleistung (Performance Efficiency) versteht man das Verhältnis des tatsächlichen zum geplanten Output einer Anlage je Betriebszeiteinheit. Die Anlagenleistung kann sowohl auf eine einzelne Maschine als auch auf eine ganze Fertigungsanlage bezogen sein. Die Anlagenleistung ist besonders aussagekräftig im Zeitvergleich.

Die Anlagenleistung zeigt mithin, wie gut eine Anlage ausgenutzt wird. Geringere Taktraten, reduzierte Geschwindigkeiten, nicht lückenlose Belegungen, Leerläufe und überschrittene Zykluszeiten können die Ursachen für Leistungsverminderungen sein. Bei einer Anlagenleistung von 100 % läuft die Anlage so gut, dass die Soll-Leistung und damit die bestmögliche Leistung erreicht werden.

Maßnahmen zur Beeinflussung
Die Anlagenverfügbarkeit gibt frühzeitig Aufschluss über eine verschlechterte Anlagenperformance. Eine Abnahme der Anlagenverfügbarkeit sollte zum Anlass für eine genaue Ursachenanalyse genommen werden. Als Einzelmaßnahmen kommen u. a. in Betracht:
- Einführung höherer Taktraten
- Erhöhung der Produktionsgeschwindigkeit
- Verbesserung der Maschinenbelegung
- Verbesserung der Aufbau- und Ablauforganisation in der Produktion
Bei einer dauerhaft niedrigen Anlagenleistung muss das Unternehmen auch in Betracht ziehen, die Produktion der Marketing-Medien an einen unternehmensfremden Dienstleister auszulagern (Outsourcing).

Grenzen
- Die Anlagenleistung sagt nichts über die Gründe der Leistungsschwächen aus.
- Die Berechnung der Anlagenleistung ist komplex, wenn auf einer Anlage mehrere Produkte hergestellt werden.

Anlagenverfügbarkeit
(auch Availability Efficiency; in %)

Einige Unternehmen produzieren ihre Werbemittel wie Kataloge, Prospekte oder Mailings selbst. Wesentliche Voraussetzung einer effizienten Produktion von Marketing-Medien ist eine hohe Anlagenverfügbarkeit (Availability Efficiency). Diese Kennzahl gibt Aufschluss darüber, in wie viel Prozent der geplanten Produktionszeit eine Anlage tatsächlich produziert hat.

$$= \frac{\text{Tatsächliche Laufzeit einer Anlage}}{\text{Geplante Betriebszeit einer Anlage}} \times 100\,\%$$

Beispiel
Ein Handelsunternehmen plant in einer Kalenderwoche für eine Druckanlage, auf der Versandkataloge hergestellt werden, eine Maschinenlaufzeit von 125 Stunden. Tatsächlich aber läuft die Anlage nur 120 Stunden. Die Anlagenverfügbarkeit beträgt 96 %.

$$= \frac{120 \text{ Stunden}}{125 \text{ Stunden}} \times 100\,\% = 96\,\%$$

Quelle
Die Anlagenverfügbarkeit kann sowohl für einzelne Maschinen als auch für ganze Fertigungsanlagen ermittelt werden. Die Produktionsabteilung sollte diese Daten bereithalten.

Interpretation
Eine Anlagenverfügbarkeit von 100 % bedeutet, dass die Anlage während der gesamten festgelegten Produktionszeit tatsächlich gelaufen ist. Niedrigere Werte und die damit einhergehenden Verfügbarkeitsverluste deuten auf ungeplante Stillstände hin. Deren Ursachen sind z. B. kurzfristig fehlendes Material oder Personal, ein Stromausfall, das Warten auf Freigaben oder Instandhaltungen, der komplette Ausfall der Anlage mit nachfolgender Reparatur und Testzeiten sowie längere Rüst- und Wartungszeiten, als sie bei der Festlegung der Produktionszeit geplant waren.

Maßnahmen zur Beeinflussung
• Die Anlagenverfügbarkeit gibt frühzeitig Aufschluss über eine Ausweitung der ungeplanten Stillstandszeiten. Eine Verschlechterung der Anlagenverfügbarkeit muss zum Anlass für eine genaue Ursachenanalyse genommen werden, um über eine Verbesserung des Störungsmanagements, veränderte Wartungs- und Inspektionszyklen, neue Maschinen und Weiterqualifikation der Mitarbeiter nachzudenken. Als Einzelmaßnahmen kommen u. a. in Betracht:
  - Erhöhung der Sicherheitsbestände an verarbeitetem Material
  - Verbesserung der Stromliefersicherheit
  - Realistischere Planung von Rüst- und Wartungszeiten

A

Bei einer dauerhaft niedrigen Anlageverfügbarkeit muss das Unternehmen auch in Betracht ziehen, die Produktion der Marketing-Medien an einen unternehmensfremden Dienstleister zu übertragen (Outsourcing).

Grenzen
Die Kennzahl der Anlagenverfügbarkeit sagt nichts über die Ursachen des Stillstands aus. Außerdem ist bei ihrer Ermittlung die geplante Betriebszeit vorgegeben, so dass sich auch über Effizienzpotenziale bei der Planung der Produktionszeit keine fundierten Aussagen treffen lassen.

Anlieferbeanstandungsquote
(in %)

Ein wesentliches Marketing-Versprechen liegt für zahlreiche Unternehmen in der hohen Qualität ihrer Produkte und Dienstleistungen. Eine wichtige Bedingung dafür ist die Hochwertigkeit der eingesetzten Materialien. Die Anlieferbeanstandungsquote gibt mit Blick auf die Beschaffung Aufschluss darüber, welcher Anteil der Anlieferungen von Roh-, Hilfs- und Betriebsstoffen sowie Vorleistungen nicht einwandfrei war und deswegen beim Lieferanten beanstandet werden musste.

$$= \frac{\text{Zahl der beanstandeten Lieferungen}}{\text{Zahl der erhaltenen Lieferungen}} \times 100\,\%$$

Beispiel
Ein Unternehmer erhält von seinen Lieferanten in einem Monat 200 Anlieferungen. 16 davon müssen wegen Mängeln beanstandet werden. Die Anlieferbeanstandungsquote beträgt 8 %.

$$= \frac{16 \text{ beanstandete Anlieferungen}}{200 \text{ erhaltene Anlieferungen}} \times 100\,\% = 8\,\%$$

Quelle
Die Daten zur Beanstandung von Anlieferungen hält die Lager- oder Produktionsabteilung bereit. Auch die Buchhaltung muss wegen der Kontrolle von Lieferantenrechnungen Kenntnis über Beanstandungen haben.

Interpretation
- Ursachen für die Beanstandung einer Anlieferung können die nicht eingehaltene Lieferzeit, die fehlerhafte Liefermenge, die Nichteinhaltung von vereinbarten besonderen Lieferbedingungen (z. B. besondere Verpackungsformen), die unzureichende Beschaffenheit der Lieferung (z. B. falsche Sorten oder Beschädigung durch Transport) und/oder Qualitätsmängel der angelieferten Güter sein.
- Fehlerhafte Anlieferungen sind für das Unternehmen kostenträchtig: durch Verlangsamung oder Unterbrechung des Produktionsprozesses, durch Sortimentslücken und daraus resultierende Fehlmengenkosten sowie durch vermehrte Kosten durch häufigere Qualitätskontrollen, Beschwerdekosten und Handlingskosten bei der Rückabwicklung der Anlieferung.
- Werden fehlerhafte Lieferungen nicht entdeckt, können Maschinenschäden, Qualitätsmängel der Fertigung, Ausschussprodukte und Lieferverzögerungen die Folge sein.
- Die Anlieferbeanstandungsquote ist besonders aussagekräftig im Zeitvergleich und in der Betrachtung einzelner Lieferanten.

Maßnahmen zur Beeinflussung
Um die Anlieferbeanstandungsquote zu verbessern, muss ein Unternehmen darauf hinwirken, dass beim Lieferanten die Lieferprozesse verbessert werden. Dabei muss es auch die Aufgaben beeinflussen, die nicht vom Lieferanten selbst, sondern von einem Logistik-Dienstleister (z. B. Paketdienst, Spedition) ausgeführt werden.
- Unzuverlässige Lieferanten können mit Hinweis auf eventuell vorhandene Alternativlieferanten zu einer besseren Anlieferqualität motiviert werden.
- Mit wichtigen Lieferanten können Konventionalstrafen vereinbart werden, um den Anreiz zu erhöhen, die vereinbarten Lieferbedingungen einzuhalten.

Grenzen
- Die Anlieferbeanstandungsquote gibt keine Auskunft über die Ursachen der Beanstandungen, deren Häufigkeit und deren Folgen für die Produktion.

A

- Außerdem sagt sie nichts über die Größe und Wichtigkeit der Anlieferungen, der angelieferten Materialien und der Lieferanten aus.

Aufschlagsspanne

→Handelsspanne, Spanne

Auftrags-Besuchs-Verhältnis

Das Auftrags-Besuchs-Verhältnis setzt die durch einen Außendienstmitarbeiter abgeschlossenen Aufträge zu der Zahl der Kundenbesuche ins Verhältnis. Diese Kennzahl verdeutlicht demnach, wie viele Kundenbesuche des Außendienstmitarbeiters mit einem erfolgreichen Abschluss verbunden sind.

$$= \frac{\text{Zahl der Aufträge eines Außendienstmitarbeiters}}{\begin{array}{c}\text{Zahl der Kundenbesuche}\\\text{eines Außendienstmitarbeiters}\end{array}} \times 100\,\%$$

Beispiel
Außendienstmitarbeiter A hat in einem Monat 120 Kunden besucht und dabei 72 Aufträge abschließen können. Das Auftrags-Besuchs-Verhältnis liegt demnach bei 60 %.

$$= \frac{72\ \text{Aufträge}}{120\ \text{Kundenbesuche}} \times 100\,\% = 60\,\%$$

Quelle
Die erforderliche Datenbasis bietet die Vertriebsabteilung, welche die nötigen Informationen im Rahmen der Verwaltung des Außendienstes erheben sollte.

Interpretation

- Je höher das Auftrags-Besuchs-Verhältnis ist, desto besser ist der Außendienstmitarbeiter einzustufen. Da er vergleichsweise wenige Besuche für einen Abschluss benötigt, kann er die eingesparte Zeit für andere Kunden und Abschlüsse nutzen. Außerdem verringern weniger Besuche die Reisekosten des Außendienstmitarbeiters.
- Im Idealfall beträgt das Auftrags-Besuchs-Verhältnis 100 %, d. h. der Außendienstmitarbeiter erzielt bei jedem Besuch einen Auftrag.

Das Auftrags-Besuchs-Verhältnis eines Außendienstmitarbeiters gewinnt an Aussagekraft durch den Vergleich

- mit vergangenen Zeitperioden und
- mit anderen Außendienstmitarbeitern.

Maßnahmen zur Beeinflussung

- Eine Erhöhung des Auftrags-Besuchs-Verhältnisses kann sowohl auf eine Steigerung der Aufträge als auch auf eine Verringerung der Besuchsintensität zurückzuführen sein. Beispielsweise nimmt das Besuchsverhältnis auch zu, wenn ein Mitarbeiter seine Kundenbesuche einschränkt, die Anzahl der Aufträge aber weniger stark absinkt.
- Ein abnehmendes Auftrags-Besuchs-Verhältnis signalisiert, dass die Zahl der erzielten Aufträge eines Mitarbeiters gesunken ist und/oder die Zahl der Kundenbesuche erhöht wurde.
- Eine Verbesserung des Auftrags-Besuchs-Verhältnisses wird durch verbesserte Ausbildung und/oder Unterstützung des Außendienstmitarbeiters erreicht.

Grenzen

- Die Kennzahl trifft keine Aussage über die Dauer der Kundenbesuche, die sich zwischen den Außendienstmitarbeitern durchaus unterscheiden kann.
- Außerdem sagt sie nichts über den Auftragswert aus, den ein Außendienstmitarbeiter erzielt. So kann ein Mitarbeiter zwar das schlechtere Auftrags-Besuchs-Verhältnis aufweisen, beim Wert seiner erzielten Aufträge aber deutlich besser als sein Kollege abschneiden.

Auftragsreichweite
(in Tagen)

Die Auftragsreichweite gibt den Zeitraum an, der bis zur Erledigung der bislang unbearbeiteten Aufträge benötigt wird. Hierbei handelt es sich um

A

eine einfach zu ermittelnde Kennzahl mit im Regelfall hohem Informationsgehalt.

$$= \frac{\text{Anzahl der Aufträge}}{\text{Durchschnittliche Bearbeitungszeit pro Auftrag}}$$

Beispiel
Ein Automobilzubehörteilegroßhandel wickelt am Tag durchschnittlich 60 Aufträge ab. Zurzeit liegen 360 Aufträge vor. Die Auftragsreichweite beträgt 6 Tage.

$$= \frac{360 \text{ Aufträge}}{60 \text{ Aufträge pro Tag}} = 6 \text{ Tage}$$

Quelle
Die erforderlichen Daten hält die Produktions- und/oder Vertriebsabteilung vor.

Interpretation
- Die Berechnung der Auftragsreichweite empfiehlt sich für Unternehmen, die Aufträge nicht sofort abwickeln können (Produktions- und Montageunternehmen, Versandhandelsunternehmen, Großhandelsunternehmen und Vertriebsniederlassungen).
- Eine kurze Auftragsreichweite weist auf eine unausgelastete Kapazität hin, was zu Leerzeiten und einer unwirtschaftlichen Auftragsabwicklung führen kann.
- Lange Auftragsreichweiten bieten dem Unternehmen einerseits einen Sicherheitspuffer bezüglich der Beschäftigung, können aber andererseits wegen der längeren Wartezeiten Unzufriedenheit beim Kunden hervorrufen.
- Stark schwankende Auftragsreichweiten erfordern eine entsprechende Kapazitätsplanung.

Maßnahmen zur Beeinflussung
- Bei häufig zu langen Auftragsreichweiten empfiehlt sich eine Kapazitätsausweitung und/oder Personalaufbau.

- Durch Workflow-Management kann die Bearbeitungszeit pro Auftrag reduziert werden.
- Bei stark schwankenden Auftragseingängen gilt es, durch antizyklisches Marketing (Preisnachlass, Verkaufsfördcrungsaktion; bei gewerblichen Kunden Bevorratungsaktion und Valuta) einen Kapazitätsausgleich zu schaffen.
- Falls sich die Auftragsreichweite nicht verkürzen lässt, sollte ein First-in/First-out-Prinzip durch eine Auftragsbearbeitung in Abhängigkeit vom Kundenwert ersetzt werden, um auf diese Weise die Zufriedenheit der wertvollen Kunden sicherzustellen.

Grenzen
- Da es sich um eine reine Zeitbetrachtung handelt, bleiben Erlös- und Kostenauswirkungen von der Betrachtung ausgeschlossen.
- Eine große Auftragsreichweite schafft zwar ein Sicherheitspolster für die Beschäftigung, kann aber durch lange Wartezeiten beim Kunden zu Unzufriedenheit führen.

Ausfuhranteil, Ausfuhrquote

→Exportquote

Ausschöpfungsquote

→Marktausschöpfungsgrad

Ausschussquote
(in %)

Die Ausschussquote gibt den Anteil der Produkte an der Gesamtproduktion an, der aufgrund mangelhafter Qualität während sowie am Ende des Produktionsprozesses aussortiert wurde.

$$= \frac{\text{Anzahl der fehlerhaften Produkte}}{\text{Anzahl der hergestellten Produkte}} \times 100\,\%$$

Beispiel
Ein Unternehmen produziert am Tag 3.000 Stück eines Produkts. Dabei wurden 90 Stück wegen Fehlern aussortiert. Die Ausschussquote beträgt 3 %.

A

$$= \frac{90 \text{ fehlerhafte Produkte}}{3.000 \text{ hergestellte Produkte}} \times 100\ \% = 3\ \%$$

Quelle
- Die Daten zu den aussortierten Stückzahlen und der Gesamtproduktion sollte die Produktionsabteilung erheben.
- Die Daten können entweder automatisch (durch Zählung) oder individuell (durch Berichte der zuständigen Mitarbeiter) gewonnen werden.

Interpretation
Die Ausschussquote zeigt an, wie viele Produkte einen Produktionsprozess verlassen, ohne den Qualitätsansprüchen des Unternehmens zu genügen. Durch Ausschussprodukte entstehen die gleichen Produktionskosten wie bei qualitativ einwandfreien Erzeugnissen, es werden damit jedoch keine Erlöse erzielt. Ausnahme sind Produkte zweiter und dritter Wahl, die über alternative Vertriebswege wie Fabrikverkauf oder Factory Outlets vermarktet werden. Daher sollte immer eine möglichst niedrige Ausschussquote angestrebt werden.
Interessant ist die Ermittlung und Analyse der Ausschussquote:
- an verschiedenen Stationen des Produktionsprozesses: Auf diese Weise kann der Entstehungsort von Minderqualität lokalisiert werden.
- zu verschiedene Zeiten: So kann ermittelt werden, ob tageszeitliche Schwankungen (vormittags, nachmittags, nachts) auftreten. Außerdem steigen insbesondere vor und nach Pausen die Ausschussquoten an.
- in verschiedenen Schichten: Dadurch kann die Sorgfalt die Mitarbeiter besser kontrolliert werden. Gleichzeitig bieten sich Ansatzpunkte zur Mitarbeitermotivation, wenn z. B. eine niedrige Ausschussquote über eine Lohnzusatzleistung honoriert wird.
- in festen Abständen (Zeitvergleich): So lassen sich frühzeitig Verschlechterungen bei der Ausschussquote erkennen und entsprechende Gegenmaßnahmen einleiten.

Maßnahmen zur Beeinflussung
Einer steigenden Ausschussquote kann entgegengewirkt werden durch:

- Wartung und Reparatur der Betriebsmittel (z. B. Maschinen, Werkzeuge)
- Anschaffung neuer Betriebsmittel, wenn diese nicht mehr die gewünschte Qualität gewährleisten
- Einweisung und verstärkte Schulung der Mitarbeiter
- Schaffung eines Qualitätsbewusstseins bei den Mitarbeitern
- Aufbau eines Qualitätsmanagements mit regelmäßigen Qualitätskontrollen (sog. Total Quality Management)
- Änderung der Pausenregelung, wenn vor und nach Pausen besonders hohe Ausschussquoten auftreten
- Änderung der Schichtpläne, wenn in bestimmten Schichten überdurchschnittliche Ausschussquoten festzustellen sind

Grenzen
Die Ausschussquote gibt keine Auskunft über die Kosten der fehlerhaften Produktion. Auch über grundsätzliche Konstruktionsmängel muss sie nichts aussagen.

Ausschussstruktur
(in %)

Für viele Unternehmen ist die Qualität ihrer Produkte ein wesentliches Unterscheidungsmerkmal gegenüber dem Wettbewerb, das im Marketing deutlich kommuniziert wird. Solche Anbieter sind darauf angewiesen, die fehlerhaft hergestellten und deshalb aussortierten Produkte auf Ausschussursachen und deren Wichtigkeit hin zu untersuchen.

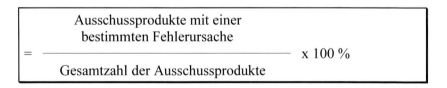

$$= \frac{\text{Ausschussprodukte mit einer bestimmten Fehlerursache}}{\text{Gesamtzahl der Ausschussprodukte}} \times 100\,\%$$

Beispiel
Am Ende eines Produktionsprozesses werden 900 Produkte wegen mangelhafter Qualität aussortiert. 90 wurden wegen eines Maschinenfehlers falsch bedruckt, 180 enthalten ein mangelhaftes Zulieferteil. Bei der Ermittlung der Ausschussstruktur wird festgestellt, dass Maschinenfehler ei-

A

nen Anteil von 10 % und mangelhafte Zulieferteile einen Anteil von 20 % an der Gesamtzahl der Ausschüsse auf sich vereinen.

$$= \frac{90 \text{ wegen Maschinenfehlers aussortierte Produkte}}{900 \text{ aussortierte Produkte}} \text{ x } 100 \text{ %} = 10 \text{ %}$$

Quelle
Die Daten zur Qualität und Quantität der Ausschussursachen müssen im Rahmen des Qualitätsmanagements erhoben werden. Wichtige Angaben in diesem Zusammenhang sind:
- Zeitpunkt
- Ausschussursache
- Prozessschritt (nach welcher Maschine)
- wenn möglich, Zuordnung der Ausschussursache zu einer Maschine
Dabei gilt es zu beachten, dass der Prozessschritt, an dem das Produkt aussortiert wird, nicht zwingend jener Prozessschritt sein muss, an dem der Fehler entstanden ist.

Interpretation
Die Ausschussstruktur gibt den Anteil an, den eine bestimmte Fehlerursache an der Gesamtzahl der fehlerhaften Produkte auf sich vereinigt. Durch aussortierte, weil fehlerhafte Produkte entstehen die gleichen Produktionskosten wie bei Erzeugnissen, die qualitativ in Ordnung sind. Mit aussortierten Produkten wird jedoch kein Erlös erzielt. Ausnahme sind Produkte zweiter und dritter Wahl, die über alternative Vertriebswege wie Fabrikverkauf oder Factory Outlets vermarktet werden.
Grundsätzlich kommen für Ausschussprodukte solche Ursachen in Betracht, die sich den sog. fünf M-Bereichen (Mensch, Maschine, Material, Methode und Mitwelt) zuordnen lassen:
- mangelnde Qualität des eingesetzten Materials
- mangelnde Qualität der maschinellen Verarbeitung
- mangelnde Qualität der verwendeten Werkzeuge
- Schwierigkeiten und Fehler im Prozess
- Fehlbedienung der Maschinen durch Mitarbeiter
- mangelhafte Verarbeitung durch Mitarbeiter
- Umweltbedingungen am Produktionsstandort (Maschinenbett, Erschütterung, Temperatur, Feuchtigkeit)
Besonders aussagekräftig ist diese Kennzahl in Verbindung mit einer ABC-Analyse, welche den Ausschuss nach den wichtigsten Ausschussur-

sachen ordnet. Auf diese Weise bieten sich Anhaltspunkte, welche häufigen Fehlerursachen im Rahmen des Qualitätsmanagement mit besonderem Augenmerk behandelt werden sollten.
Interessant ist die Analyse der Ausschussstruktur:

- zu verschiedenen Tages- und Nachtzeiten sowie an verschiedenen Wochentagen: Hierdurch lässt sich ermitteln, inwieweit qualitative Unterschiede in Abhängigkeit von Tageszeit (vormittags, nachmittags, nachts) und/oder vom Wochentag (sog. Montags- bzw. Freitagsprodukte) auftreten. Besonders die Zeiten vor und nach Pausen weisen häufig vergleichsweise niedrige Qualitäten auf.
- bei verschiedenen Schichten: So lassen sich Mitarbeiter besser bezüglich ihrer Sorgfalt kontrollieren und auch motivieren. Letzteres wird beispielsweise dadurch erreicht, dass man höhere Qualitäten über eine Lohnzusatzleistung honoriert.
- in festen Abständen (Zeitvergleich): Dadurch lassen sich Veränderungen bei der Ausschussstruktur frühzeitig erkennen und rechtzeitig Gegenmaßnahmen ergreifen.

Maßnahmen zur Beeinflussung
Die Ausschussstruktur gibt wesentliche Informationen, welche der folgenden Maßnahmen die Qualität verbessern werden:

- Wartung und Reparatur der Betriebsmittel (Maschinen, Werkzeuge usw.)
- Neuinvestition in Betriebsmittel, wenn diese nicht mehr die gewünschte Qualität produzieren
- Einweisung und verstärkte Schulung der Mitarbeiter
- Schaffung eines Qualitätsbewusstseins bei den Mitarbeitern
- Einführung variabler Entlohnungskomponenten in Abhängigkeit von der Qualität
- Aufbau eines Qualitätsmanagements mit regelmäßigen Qualitätskontrollen
- Änderung der Pausenregelung, wenn vor und/oder nach Pausen besonders niedrige Qualitätsquoten auftreten
- Änderung der Schichtpläne, wenn in bestimmten Schichten besonders niedrige Qualitätsquoten auftreten

Grenzen
Die Ausschussstruktur gibt keine Aussage über die Kosten der fehlerhaften Produktion. Auch über grundsätzliche Konstruktionsmängel muss sie nichts aussagen.

Außendienst-Auftragseingang, durchschnittlicher
(in € pro Mitarbeiter)

A

Der durchschnittliche Außendienst-Auftragseingang zeigt an, welches Auftragsvolumen ein durchschnittlicher Außendienstmitarbeiter erwirtschaftet.

$$= \frac{\text{Auftragseingang des Außendienstes}}{\text{Anzahl der Außendienstmitarbeiter}}$$

Beispiel
Ein Unternehmen beschäftigt 26 Außendienstmitarbeiter, die in einem Monat insgesamt 3.770.000 € an Auftragsvolumen erzielen. Somit beträgt der durchschnittliche Außendienst-Auftragseingang je Außendienstmitarbeiter 145.000 €.

$$= \frac{3.770.000 \text{ € Auftragsvolumen}}{26 \text{ Außendienstmitarbeiter}} = 145.000 \text{ €}$$

Quelle
• Die Zahl der Außendienstmitarbeiter liefert das Vertriebs- oder Personalwesen.
• Es ist für eine sachlich richtige Erfassung unerlässlich, dass Außendienstmitarbeiter, die nicht die volle Arbeitszeit (im Außendienst) leisten, mit einem entsprechend geringeren Anteil in die Berechnung eingehen. Beispiel: Ein Außendienstmitarbeiter, der statt der regulären 37,5 Stunden nur 30 Stunden in der Woche arbeitet, fließt mit einem Faktor von 0,8 = 30 Stunden : 37,5 Stunden in die Berechnung ein.
• Fehlzeiten, die durch Krankheit oder Urlaub entstehen, gleichen sich langfristig aus, müssen bei einer kurzfristigen Betrachtung des durchschnittlichen Außendienst-Auftragseingangs aber ebenfalls berücksichtigt werden.
• Die Vertriebsabteilung oder auch das entsprechend eingerichtete Rechnungswesen hält auch das Auftragsvolumen bereit, das der Außendienst insgesamt in dem betrachteten Zeitraum erzielt hat.

Interpretation

Die Kennzahl ist insbesondere interessant im Vergleich

• zu anderen Absatzbereichen des Unternehmens,

• im Zeitvergleich und

• (falls zugänglich) zum Branchendurchschnitt bzw. zu Wettbewerbern.

Ein Einblick in die Leistungsfähigkeit eines einzelnen Außendienstmitarbeiters eröffnet sich, wenn man die einzelnen Außendienstmitarbeiter und ihr individuelles Auftragsvolumen mit dem durchschnittlichen Außendienst-Auftragseingang vergleicht und eventuelle Abweichungen analysiert. Beispielsweise müssen plausible Gründe dafür gefunden werden, warum ein Außendienstmitarbeiter deutlich unter dem durchschnittlichen Außendienst-Auftragseingang liegt.

Maßnahmen zur Beeinflussung

• Sinkt der durchschnittliche Außendienst-Auftragseingang, muss bei in z. B. gleich bleibender Mitarbeiterzahl der Außendienstumsatz abgenommen haben. Hier muss den Ursachen für den Rückgang auf den Grund gegangen und gegebenenfalls mit z. B. Schulungen und Verkaufsförderungsmaßnahmen entgegengewirkt werden.

• Hat man dagegen neue Außendienstmitarbeiter eingestellt, weist ein fallender Durchschnitt des Außendienst-Auftrags eventuell darauf hin, dass die neuen Mitarbeiter noch nicht das Leistungsniveau der erfahrenen Kollegen erreicht haben.

• Wenn der durchschnittliche Außendienst-Auftragseingang steigt, zeugt dies grundsätzlich von der erhöhten Leistungsfähigkeit des Außendienstes insgesamt. Dennoch muss auch hier untersucht werden, ob die positive Veränderung dieser Kennzahl auf eine Verringerung der Außendienstmitarbeiter und/oder auf die Steigerung des Auftragseingangs zurückzuführen ist.

Grenzen

• In jedem Fall gilt es zu prüfen, ob saisonale oder konjunkturelle Schwankungen zum Steigen bzw. Sinken des Auftragsvolumens geführt haben.

• Gleichfalls können auch verstärkte Marketingmaßnahmen der Mitbewerber für sinkende Auftragseingänge verantwortlich sein.

• Außerdem muss beachtet werden, dass im Normalfall nicht alle Außendienstmitarbeiter die gleichen Chancen für eine Auftragserzielung haben. So können z. B. ein größeres Verkaufsgebiet mit längeren Reisezeiten und/oder eine ungünstigere Kundenstruktur für eine deutliche, aber akzeptable Abweichung nach unten verantwortlich sein.

Außendienst-Auftragseingangsquote
(in %)

A

Die Außendienst-Auftragseingangsquote setzt alle vom Außendienst akquirierten Aufträge ins Verhältnis zu den gesamten Aufträgen eines Unternehmens. Diese Kennzahl unterstützt bei der Beurteilung der Außendienstaktivitäten und der damit verbundenen Kosten.

$$= \frac{\text{Aufträge durch Außendienst}}{\text{Gesamtzahl der Aufträge}} \times 100\,\%$$

Beispiel
Ein Unternehmen erhält in einem Monat insgesamt 280 Aufträge. Davon akquirierte der Außendienst 210 Aufträge. Es ergibt sich eine Außendienst-Auftragseingangsquote von 75 %.

$$= \frac{210 \text{ Aufträge durch Außendienst}}{280 \text{ Aufträge insgesamt}} \times 100\,\% = 75\,\%$$

Quelle
Die Daten für die Ermittlung der Außendienst-Auftragseingangsquote sind in der Vertriebsabteilung und/oder dem allgemeinen Rechnungswesen zu finden.

Interpretation
Je höher die Außendienst-Auftragseingangsquote ausfällt, desto wichtiger sind der Außendienst und seine Aktivitäten für den Erfolg eines Unternehmens. Gleichzeitig steigt aber auch die Abhängigkeit eines Unternehmens von seinem Außendienstapparat.
Die Aussagekraft dieser Kennzahl kann erhöht werden durch den Vergleich
- zu Vorperioden,
- zu anderen Absatzbereichen des Unternehmens und/oder
- zu Mitbewerbern, falls man deren Daten erlangen kann.

Maßnahmen zur Beeinflussung
- Wenn man die Außendienstaktivitäten verstärkt (z. B. durch zusätzliche Außendienstmitarbeiter, mehr Kundenbesuche, höhere Rabatte), lässt sich der Erfolg dieser Maßnahmen an einer gestiegenen Außendienst-Auftragseingangsquote ablesen.
- Umgekehrt kann die Außendienst-Auftragseingangsquote frühzeitig auf rückläufige Außendiensterfolge hinweisen.
- Eine gestiegene Außendienst-Auftragseingangsquote ergibt sich auch, wenn die Zahl der über andere Kanäle erzielten Aufträge zurückgegangen ist.
- Möchte ein Unternehmen seine Abhängigkeit vom Außendienst verringern und verstärkt daher die Verkaufsaktivitäten außerhalb des Außendiensts, sinkt bei einer erfolgreichen Umsetzung der Maßnahmen die Außendienst-Auftragseingangsquote.

Grenzen
Um Fehlinterpretationen zu vermeiden, sollten bei der Analyse der Außendienst-Auftragseingangsquote insbesondere konjunkturelle und saisonale Einflüsse auf die Zahl der Aufträge beachtet werden. Letzteres kann durch den Vergleich zu Vorperioden erfolgen.

Außendienst-Besuchszahl pro Reisetag, durchschnittliche

Diese Kennzahl gibt an, wie viele Kunden ein Außendienstmitarbeiter an einem Reisetag durchschnittlich besucht hat.

$$= \frac{\text{Zahl der Kundenbesuche eines Außendienstmitarbeiters}}{\text{Reisetage eines Außendienstmitarbeiters}}$$

Beispiel
Ein Außendienstmitarbeiter hat im Laufe eines Monats insgesamt 18 Tage mit Reisetätigkeit verbracht. Dabei besuchte er 60 Kunden, 12 davon sogar zweimal. Insgesamt absolvierte er also 72 Kundenbesuche. Seine durchschnittliche Besuchszahl pro Reisetag liegt demnach bei 4 Kundenbesuchen pro Reisetag.

$$= \frac{72 \text{ Kundenbesuche}}{18 \text{ Reisetage}} = 4 \text{ Kundenbesuche pro Reisetag}$$

A

Quelle
- Die Besuchszahl ist in der Regel durch den Außendienstmitarbeiter zu dokumentieren und wird von der Vertriebsabteilung bereitgehalten.
- Die Anzahl der Reisetage lässt sich aus den Reiseaufzeichnungen der Außendienstmitarbeiter ersehen. Sollte dies nicht der Fall sein, müssen die Außendienstmitarbeiter veranlasst werden, entsprechende Unterlagen anzufertigen.
- Dabei sollte beachtet werden, dass es nicht auf die Anzahl der besuchten Kunden, sondern auf die Zahl der Kundenbesuche ankommt. Wird ein Kunde nämlich mehrfach besucht, muss diese intensivere Betreuung unbedingt in die durchschnittliche Besuchszahl pro Reisetag eingehen.

Interpretation
Besonders aussagekräftig wird diese Kennzahl im Vergleich
- zu Vorperioden
- zu anderen Außendienstmitarbeitern.

Grundsätzlich sind eine hohe Besuchsanzahl und damit eine hohe durchschnittliche Besuchszahl pro Reisetag als positiv zu bewerten. Wer viele Kunden (oft) besucht, eröffnet sich die Chance, entsprechend viele Aufträge zu akquirieren.

Allerdings muss gerade bei dieser Kennzahl besonders auf die individuelle Analyse und die Betrachtung des einzelnen Außendienstmitarbeiters geachtet werden. So hängt die durchschnittliche Besuchszahl eines Außendienstmitarbeiters in hohem Maße von den folgenden Faktoren ab:
- Größe des Verkaufsgebiets
- Anzahl der zu betreuenden Kunden
- Beratungsintensität der Produkte
- Beratungsintensität aufgrund des Kundenstatus (Stammkunde, gelegentlicher Kunde, Neukunde)
- Entfernung zwischen den einzelnen Kunden
- Verkehrsinfrastruktur (Autobahnen, Schnellstraßen, Umwege durch natürliche Hindernisse wie z. B. Flüsse und Berge)
- Verkehrsverhältnisse (Überlastung der Straßen, Staus, Baustellen, Umleitungen)
- Effizienz der Tourenplanung

Vor diesem Hintergrund ist es sinnvoll, zunächst die Kennzahlenergebnisse pro Außendienstmitarbeiter mit den Vorperioden zu vergleichen und zu analysieren. In einem späteren Schritt können dann Vergleiche zwischen verschiedenen Außendienstmitarbeitern angestellt werden.

Maßnahmen zur Beeinflussung
- Ist die durchschnittliche Besuchszahl pro Reisetag gestiegen, konnte der Reisende mehr Besuche in der gleichen Zeit absolvieren. Dies kann seine Ursache in einer Verbesserung des Verkehrsnetzes (z. B. Neubau einer Autobahn- oder Flussbrücke, Wegfall von Baustellen) und/oder in einer Optimierung der Routenplanung haben.
- Sollte die Zahl bzw. der Wert der erreichten Aufträge allerdings nicht in gleichem Maße wie die Besuche gestiegen sein, weist dies darauf hin, dass der Außendienstmitarbeiter zu viele Besuche pro Auftrag benötigt.
- Ähnlich verhält es sich bei einem Absinken der durchschnittlichen Besuchszahl pro Reisetag. Hat der Außendienstmitarbeiter die Besuche bei deckungsbeitragsschwachen oder sporadischen Kunden reduziert, um sich mehr auf die ertragsstarken Kunden zu konzentrieren, ist dies insgesamt positiv zu beurteilen.
- Des Weiteren kann auch eine Verschlechterung der Verkehrsinfrastruktur (z. B. durch eine neue Baustelle) zu einem Absinken der durchschnittlichen Besuchszahl pro Reisetag führen. In einem solchen Fall liegt die Ursache außerhalb des Verantwortungsbereichs des Außendienstmitarbeiters.

Grenzen
- Die durchschnittliche Besuchszahl pro Reisetag sagt etwas über die Kundenbesuche und damit nur über potenzielle Verkaufserfolge aus.
- Um das Bild zu vervollständigen, sollten daher auch das →Auftrags-Besuchs-Verhältnis und/oder der durchschnittliche →Umsatz bzw. →Deckungsbeitrag pro Reisetag ermittelt werden.

Außendienst-Durchschnittsalter
(in Jahren)

Das Außendienst-Durchschnittsalter vermittelt Hinweise auf eine Überalterung der Belegschaft und unterstützt damit die Personalpolitik. Neben dem Anwendungspotenzial im Außendienst lässt sich das Durchschnittsal-

A

ter für jede einzelne Abteilung und damit auch für Marketing, Verkauf und andere betriebliche Funktionen berechnen.

$$= \frac{\text{Summe der Alter sämtlicher Außendienst-Mitarbeiter (in Jahren)}}{\text{Anzahl der Außendienst-Mitarbeiter}}$$

Beispiel
Ein Großhändler der Kfz-Zubehörteilebranche beschäftigt zehn Reisende, deren Alter von 27 bis 62 Jahre reicht. Summiert man die Alter auf (z. B. 421 Jahre) und teilt diese durch die Anzahl der Mitarbeiter, errechnet sich ein Durchschnittsalter von 42,1 Jahren.

$$= \frac{421 \text{ Jahre}}{10 \text{ Außendienstmitarbeiter}} = 42,1 \text{ Jahre}$$

Quelle
Die erforderlichen Daten hält die Personalabteilung vor.

Interpretation
- Steigt das Durchschnittsalter des Außendienstes, kommen weniger junge Mitarbeiter hinzu als ältere ausscheiden. Ein Unternehmen, dass über eine längere Zeitspanne keine Mitarbeiterfluktuation und kein oder nur geringes Wachstum aufweist, verzeichnet ein steigendes Durchschnittsalter der Außendienstmitarbeiter.
- Dem Durchschnittsalter kommt in den Branchen Bedeutung zu, in denen das Alter der Außendienstmitarbeiter mit dem der Kunden korrespondieren sollte (z. B. Mode, Lifestyle). Ähnliches gilt für Unternehmen, deren Wettbewerbsvorteil auf Innovationskraft basiert (z. B. stark technisch geprägte Branchen wie Unterhaltungselektronik, EDV-Hardware und -Software).
- Diese Kennzahl liefert wichtige Hinweise im Zeitablauf sowie im Quervergleich (z. B. zwischen einzelnen Filialen oder gegenüber Wettbewerbern).

Maßnahmen zur Beeinflussung
- Das Durchschnittsalter des Außendienstes kann durch die Rekrutierung junger Mitarbeiter gesenkt werden.
- Können keine jüngeren Mitarbeiter rekrutiert und/oder ältere Mitarbeiter freigesetzt werden (z. B. aufgrund entsprechender Arbeitnehmerschutzgesetze), kann durch eine Umverteilung der zu betreuenden Klientel und/oder eine Umbesetzung der Stellen (z. B. Wechsel in den Innendienst) sichergestellt werden, dass das Alter von Außendienst-Mitarbeitern und Kunden korrespondiert.

Grenzen
- Die Durchschnittsbetrachtung verdeckt die Streuung der Altersangaben.
- Ein höheres Durchschnittsalter kann durchaus positiv sein, wenn damit erfolgsrelevante Erfahrungen der Mitarbeiter verknüpft sind.
- Vor dem Hintergrund der demographischen Entwicklung in den westlichen Industrienationen und des damit verbundenen zunehmenden Durchschnittsalters muss gewährleistet werden, dass das Alter der Mitarbeiter mit dem der Kunden korrespondiert.
- Der Kennzahl kommt wenig Bedeutung zu, wenn Alter und betriebliche Anforderungen weitgehend unabhängig voneinander sind.
- Wissenschaftliche Studien weisen darauf hin, dass das Außendienst-Durchschnittsalter nur bedingt Aussagen auf die Innovationsstärke des Unternehmens, Krankenquote und Gehaltsniveau der Mitarbeiter und nicht zuletzt verkäuferischen Erfolg zulässt.

Außendienst-Neukundenanteil
(in %)

Der Außendienst-Neukundenanteil misst das Verhältnis des Neukundenumsatzes am Gesamtumsatz des Außendienstes bzw. eines Außendienstmitarbeiters. Diese Kennzahl zeigt somit den Erfolg des Außendienstes bzw. eines Außendienstmitarbeiters bei der Akquisition neuer Kunden auf.

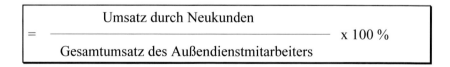

$$= \frac{\text{Umsatz durch Neukunden}}{\text{Gesamtumsatz des Außendienstmitarbeiters}} \times 100\,\%$$

A

Beispiel
Ein Außendienstmitarbeiter hat im letzten Monat einen →Umsatz von
320.000 € erzielt. Davon stammen 64.000 € aus Abschlüssen mit Kunden,
die erstmals Leistungen von dem Unternehmen beziehen. Der Außendienst-Neukundenanteil beträgt somit 20 %.

$$= \frac{64.000 \text{ € Neukundenumsatz}}{320.000 \text{ € Gesamtumsatz}} \times 100\,\% = 20\,\%$$

Quelle
Der Umsatz des Außendienstmitarbeiters mit Neukunden kann einer entsprechend eingerichteten Leistungsrechnung der Vertriebsabteilung entnommen werden. Diese enthält auch die gesamten Umsätze eines jeden
Außendienstmitarbeiters.

Interpretation
Diese Kennzahl gewinnt an Aussagekraft durch den Vergleich
• zu anderen Außendienstmitarbeitern
• zu Vorperioden.

Je höher der Außendienst-Neukundenanteil ist, desto fähiger ist ein Außendienstmitarbeiter in der Gewinnung von neuen Kunden. Gleichzeitig
verringert ein hoher Umsatz mit Neukunden die Abhängigkeit von einzelnen Stammkunden.

Maßnahmen zur Beeinflussung
• Es muss allerdings geprüft werden, ob der Außendienstmitarbeiter einen
  hohen Außendienst-Neukundenanteil mit Nachteilen für das Unternehmen erkauft. Dies ist der Fall, wenn der Mitarbeiter unverhältnismäßig
  hohe Rabatte gewährt und damit den Unternehmenserfolg gefährdet.
• Eine zu starke Konzentration auf neue Kunden kann zum Verlust von
  Stammkunden mit hohen →Deckungsbeiträgen führen, da sich diese
  nicht mehr ausreichend betreut fühlen (→Wiederkäuferrate).
• Ist der Außendienst-Neukundenanteil nur gestiegen, weil Umsätze von
  Stammkunden zu Neukunden gewandert sind, birgt dies erhebliche Gefahren in sich. Denn im Regelfall ist bei Neukunden die Bindung an das
  Unternehmen noch schwach ausgeprägt, so dass diese u. U. schon wie-
  der nach kurzer Zeit abwandern.

- Sinkt der Außendienst-Neukundenanteil, muss das nicht zwangsläufig negativ für das Unternehmen sein. Dies ist z. B. der Fall, wenn der Außendienstmitarbeiter umsatzstarke Aufträge bei Stammkunden akquirieren konnte, wodurch der →Umsatz und meist auch der →Deckungsbeitrag steigen.
- Konnte der Außendienstmitarbeiter weniger Neukunden zu Geschäftsabschlüssen bewegen, muss geprüft werden, ob weitere Preiszugeständnisse (z. B. Rabatte) möglich sind, ohne die Rentabilität zu gefährden.

Grenzen
- Der Außendienst-Neukundenanteil sollte vor dem Hintergrund der jeweiligen Marktgegebenheiten interpretiert werden. So kann es einem Mitarbeiter beispielsweise aufgrund eines hohen →Marktsättigungsgrades kaum mehr möglich sein, überhaupt neue Kunden zu gewinnen.
- Außerdem gilt es zu berücksichtigen, dass die Neukundenakquisition rund sechsmal kostenintensiver als die Stammkundenpflege ist.

Außendienstquote

→Vertriebswegquote, umsatzabhängige

Außendienst-Stornoquote
(in %)

Die Kennzahl gibt Auskunft darüber, wie groß der Anteil der stornierten Aufträge an dem Gesamtauftragswert eines Außendienstmitarbeiters ist.

$$= \frac{\text{Stornovolumen eines Außendienstmitarbeiters}}{\text{Gesamtumsatz eines Außendienstmitarbeiters}} \times 100\,\%$$

Beispiel
Ein Außendienstmitarbeiter erzielt in einem Monat Aufträge im Wert von 240.000 €. Hiervon stornieren die Kunden Aufträge in Höhe von 36.000 €. Die Stornoquote des Außendienstmitarbeiters beträgt demnach 15 %.

$$= \frac{36.000 \text{ € stornierter Auftragswert}}{240.000 \text{ € gesamter Auftragswert}} \times 100\,\%$$

A

Quelle
- Die für die Ermittlung dieser Kennzahl benötigten Daten werden üblicherweise in der Vertriebsabteilung erfasst. Ist dies nicht der Fall, sollte eine entsprechende Datenbank eingerichtet werden.
- Die Ermittlung dieser Kennzahl sollte erst eine gewisse Zeit nach Ablauf des betrachteten Zeitraums erfolgen. Dadurch wird gewährleistet, dass auch alle Stornierungen, die diesen Zeitraum betreffen, erfasst sind.

Interpretation
Die Stornoquote ist insbesondere interessant im Vergleich zu
- vergangenen Perioden und
- anderen Außendienstmitarbeitern.

Aus der Stornoquote eines Außendienstmitarbeiters lassen sich Rückschlüsse auf dessen Beratungsgüte und Seriosität ziehen:
- Eine hohe Stornoquote lässt im Normalfall vermuten, dass der Außendienstmitarbeiter seinen Kunden mit unseriösen Verkaufsmethoden Aufträge „aufschwatzt" (sog. High-Pressure-Selling), die diese anschließend stornieren, weil sie die Leistungen gar nicht benötigen oder möchten. Die mit solchen Verkaufspraktiken einhergehende Verärgerung des Kunden gefährdet →Kundenzufriedenheit und Kundenbindung.
- Selbst wenn der Kunde aus Scheu, Höflichkeit oder Verpflichtung den Auftrag nicht storniert, wird er spätestens nach Erbringung der Leistung dem Unternehmen den Rücken zuwenden. Solche Verkaufspraktiken führen somit letztlich zu Abwanderung des Kunden zur Konkurrenz.
- Das negative Image, das ein Unternehmen durch solche Außendienstpraktiken in der Öffentlichkeit erhält, schreckt von vornherein potenzielle Kunden ab.
- Auch unter Kostengesichtspunkten ist eine hohe Stornoquote negativ zu bewerten, da die nach Stornierung letztlich erfolglose Auftragserzielung sowohl beim Vertrieb als auch bei der Verwaltung mit Kosten verbunden ist. Besonders schädlich sind Stornierungen dann, wenn bereits innerbetriebliche Prozesse zur Bedienung des Auftrags in Gang gesetzt wurden.

Maßnahmen zur Beeinflussung
- Hohe Stornoquoten, die auf diese Weise zustande kommen, können mit Verkäuferschulungen verringert werden.
- Auch eine Veränderung des Außendienst-Vergütungssystems, das weniger mit umsatzabhängigen Provisionen arbeitet, senkt den Abschlussdruck auf die Vertriebsmitarbeiter.
- Das drastischste Mittel ist die Kündigung unseriöser Außendienstmitarbeiter.

Grenzen
Selbstverständlich finden sich auch andere Ursachen für eine steigende Stornoquote. So kann bereits ein umsatzstarker Großauftrag, der aus anderen als den beschriebenen Gründen vom Auftraggeber storniert wurde, zu einer Steigerung der Kennzahl führen.

Außendienst-Umsatz pro Reisetag
(in €)

Die Kennzahl zeigt, wie viel Umsatz ein Außendienstmitarbeiter an einem durchschnittlichen Reisetag erzielt. Diese Kennzahl dient als Bewertungsmaßstab für Erfolg und Leistungsfähigkeit eines Außendienstmitarbeiters.

$$= \frac{\text{Umsatz eines Außendienstmitarbeiters in einer Periode}}{\text{Reisetage eines Außendienstmitarbeiters in einer Periode}}$$

Beispiel
Ein Außendienstmitarbeiter verbringt in einem Monat 18 Tage mit Reisetätigkeit. Hierbei holt er Aufträge im Umsatzvolumen von 54.000 € ein. Damit beträgt sein durchschnittlicher Außendienst-Umsatz pro Reisetag 3.000 €.

$$= \frac{54.000\ \text{€ Umsatz}}{18\ \text{Reisetage}} = 3.000\ \text{€ Umsatz pro Reisetag}$$

A

Quelle
- Den erzielten Umsatz eines Außendienstmitarbeiters hält das entsprechend geänderte Rechnungswesen des Vertriebes bereit.
- Aus Gründen der Objektivität sollte der Netto-Umsatz zugrunde gelegt werden, d. h. die vom Außendienstmitarbeiter gewährten Skonti, Boni und Rabatte sind zuvor abzuziehen. Auf diese Weise sind nicht diejenigen Außendienstmitarbeiter im Vorteil, die durch Gewährung hoher Preisnachlässe viel →Umsatz auf Kosten des →Deckungsbeitrages erzielen.
- Die Anzahl der Reisetage sollte im Normalfall der Außendienstmitarbeiter dokumentieren, wenn er sich mit den Reisekostenabrechnungen befasst.

Interpretation
- Ein Vergleich der Kennzahlen ist ergiebig bezüglich
  - verschiedener Perioden
  - verschiedener Außendienstmitarbeiter.
- Grundsätzlich ist ein höherer Außendienst-Umsatz pro Reisetag besser als ein niedriger.
- Ein sinkender Außendienst-Umsatz pro Reisetag ist ein Warnsignal, dem umgehend auf den Grund gegangen werden sollte. Beispielsweise kann die Abwanderung von umsatzstarken Stammkunden oder der Wegfall vertriebspolitischer Maßnahmen wie z. B. Verkaufsförderung und Telefon-Marketing für den Rückgang verantwortlich sein.

Maßnahmen zur Beeinflussung
- Eine Erhöhung des durchschnittlichen Außendienst-Umsatzes pro Reisetag wird erreicht durch eine verbesserte Kundenbetreuung und/oder die Gewinnung von Neukunden. Ähnlich positiv können Verkaufsförderungsaktionen, Telefon-Marketing oder andere vertriebspolitische Maßnahmen wirken.
- In jedem Fall ist zu prüfen, ob Veränderungen der Umsatzgrößen auf saisonale oder konjunkturelle Schwankungen zurückzuführen sind, die außerhalb des Verantwortungsbereichs des Außendienstmitarbeiters liegen.

Grenzen
- Ein höherer Außendienst-Umsatz pro Reisetag sagt nicht immer aus, ob ein Außendienstmitarbeiter erfolgreicher als seine Kollegen agiert. Denn häufig sind die Rahmenbedingungen so unterschiedlich, dass ein sinnvoller Vergleich kaum möglich ist. Beispielsweise ist ein Außendienst-

mitarbeiter, der viele B- und C-Kunden (siehe hierzu →ABC-Analyse) in seinem Verkaufsgebiet hat, tendenziell benachteiligt gegenüber einem Kollegen, der schwerpunktmäßig A-Kunden betreut. Daher empfiehlt es sich, flankierend den →Kunden-Umsatzanteil und den →Umsatzanteil nach Regionen in die Analyse zu integrieren.

- Da hoher →Umsatz nicht gleichbedeutend mit hohem →Deckungsbeitrag ist, sollte der durchschnittliche Außendienst-Umsatz pro Reisetag mit dem durchschnittlichen Außendienst-Deckungsbeitrag pro Reisetag verglichen werden.

Automatisierungsgrad
(in %)

Einige Unternehmen produzieren ihre Werbemittel wie Kataloge, Prospekte oder Mailings selbst. Der Automatisierungsgrad zeigt in diesem Zusammenhang auf, wie hoch der Kostenanteil von automatisiert ausgeführten Produktionsschritten an den Gesamtkosten ist.

$$= \frac{\text{Kosten der automatisiert ausgeführten Funktionen}}{\text{Kosten der gesamten innerhalb eines Produktions-} \atop \text{systems ausgeführten Funktionen}} \times 100\,\%$$

Beispiel
Ein Versandhandelsunternehmen stellt seine Kataloge selbst her. Die Kosten der im Rahmen dieser Werbemittelproduktion von Maschinen ausgeführten Funktionen belaufen sich im Kalenderjahr auf 900.000 €. Sämtliche Füge-, Handhabungs-, Kontroll-, Justier-, und Sonderfunktionen, die von Maschinen und Menschen durchgeführt werden, verursachen Kosten von 1.500.000 €. Damit beträgt der Automatisierungsgrad 60 %.

$$= \frac{900.000\,\text{€ Kosten der automatisierten Funktionen}}{1.500.000\,\text{€ gesamte Produktionskosten}} \times 100\,\% = 60\,\%$$

Quelle
- Die Daten hält die Produktionsabteilung bereit.

A

- Neben der Möglichkeit, den Automatisierungsgrad über die im Produktionsprozess entstehenden Kosten zu ermitteln, bietet sich der funktionenorientierte Ansatz an. Dabei wird der Automatisierungsgrad als Verhältnis der Anzahl der automatisierten Fertigungsschritte zu der Gesamtzahl der automatisierten und manuellen Fertigungsschritte errechnet.

Interpretation und Maßnahmen zur Beeinflussung
- Ein steigender Automatisierungsgrad belegt eine zunehmende maschinelle Orientierung des Unternehmens.
- Die Möglichkeiten zur technischen Umsetzung erstrecken sich vom Einsatz einfacher Werkzeuge (Schrauber, Zange) bis hin zu hochautomatisierten Fertigungs- und Montagesystemen der Massenfertigung. Dabei steht entweder Substitution oder Unterstützung der menschlichen Arbeitskraft im Vordergrund. In der extremen Form wird die Arbeit ausschließlich von Maschinen durchgeführt. Vorteile eines hohen Automatisierungsgrades liegen in der meist qualitativ höherwertigen, schnelleren, präziseren und/oder kostengünstigeren Produktion.
- Der Automatisierungsgrad ist besonders aussagekräftig im Vergleich zu Wettbewerbern, um weitere Hinweise auf Kosteneinspar- und/oder Qualitätssteigerungspotenziale zu geben.

Grenzen
- Ein hoher Automatisierungsgrad ist im Regelfall mit abnehmender Flexibilität verbunden.
- Neben betriebswirtschaftlichen müssen auch gesellschaftliche Aspekte (Entlassungen, Durchführung gesundheitlich bedenklicher Aufgaben durch Menschen) in die Überlegungen einbezogen werden.

Availability Efficiency

→Anlagenverfügbarkeit

B

Balanced Scorecard

Ein Konzept, das sowohl die Prozess- als auch die Ergebnisperspektive miteinander vernetzt, ist die von *Kaplan* und *Norton* entwickelte Balanced Scorecard (= ausbalanciertes Kennzahlensystem). Hierbei handelt es sich um eine Management-Methode, mit deren Hilfe sich ein Unternehmen mittels weniger, aber entscheidender Kennzahlen flexibel und effizient steuern lässt.

Die Balanced Scorecard hat ihren Ausgangspunkt an der Kritik am traditionellen Umgang mit Kennzahlen. Die meisten Unternehmen nutzen bereits seit geraumer Zeit Kennzahlen, die sie über die eigene Entwicklung informieren sollen. In der überwiegenden Mehrzahl handelt es sich hierbei um Finanzkennzahlen wie Umsatz, Gewinn oder Rendite (→Return on Investment). Derartige Kennzahlen weisen jedoch zwei zentrale Nachteile auf:

- Bei Finanzkennzahlen handelt sich im Regelfall um sog. Spätindikatoren, d. h. um Kennzahlen, die erst mit erheblicher zeitlicher Verzögerung Hinweise über die Richtigkeit einer Entscheidung geben. Nachvollziehbar wird dies am Zusammenhang zwischen →Kundenzufriedenheit und →Gewinn. Die (Un-)Zufriedenheit der Kunden (als Frühindikator) schlägt sich erst nach geraumer Zeit im Gewinn (als Spätindikator) nieder. Die Balanced Scorecard tritt dieser Gefahr entgegen, indem sie das Augenmerk des Management verstärkt auf Frühindikatoren lenkt und so Fehlentwicklungen aufdeckt, bevor sie sich in den finanziellen Größen ausgewirkt haben.
- Finanzkennzahlen geben keine Auskunft über die Ursachen für eine bestimmte Entwicklung und bieten damit keine Ansatzpunkte für etwaig durchzuführende Maßnahmen. Deshalb interessiert man sich bei der Balanced Scorecard auch für diejenigen Prozesse, die für die Entwicklung der Finanzkennzahlen verantwortlich sind. Die Balanced Scorecard basiert auf dem Prinzip, dass der wirtschaftliche Erfolg eines Unternehmens von Einflussfaktoren abhängt, die hinter den rein finanziellen

Zielgrößen stehen, diese aber stark beeinflussen. Dabei wird folgender Zusammenhang unterstellt: fähige und motivierte Mitarbeiter → verbesserte Geschäftsprozesse → zufriedene Kunden → finanzieller Erfolg.

Konsequenterweise integriert die Balanced Scorecard daher folgende Perspektiven:

- Finanzperspektive
  Diese Dimension umfasst die klassischen finanziellen Kennzahlen über die Vermögens-, Finanz- und Ertragslage eines Unternehmens. Typische Vertreter dieser Kategorie sind →Deckungsbeitrag, →Gewinn, →Return on Investment sowie →Umsatz.
- Kunden- und Marktperspektive
  Hier wird die Positionierung eines Unternehmens im Konkurrenzumfeld sowie gegenüber dem Kunden betrachtet. Exemplarisch können aus diesem Bereich →Marktanteil, →Kundenzufriedenheit sowie →Kundenbindungsgrad genannt werden.
- Interne Prozessperspektive (Aufbau- und Ablauforganisation)
  Diese Kennzahlen umschreiben, wie gut bzw. schlecht die internen Prozesse ablaufen. Im vorliegenden Zusammenhang erscheint es sinnvoll, in einer leichten Abwandlung vom klassischen Konzept diese Perspektive auf die Marketingprozesse sprich den Marketing-Mix zu richten. Nach diesem Verständnis geht es im Wesentlichen um die Effizienz des Produkt- bzw. Sortimentsmanagement, des Kontrahierungsmanagement, des Distributionsmanagement sowie des Kommunikationsmanagement. →Floprate, →Preiselastizität der Nachfrage, →Distributionsquote und →Response sind Vertreter dieser Kategorie.
- Lern- und Entwicklungsperspektive (Mitarbeiter und Human Resources)
  Mit Hilfe dieser Kennzahlen beleuchtet man die Motivation und Qualifikation der Mitarbeiter. Im Vordergrund stehen dabei für unsere Zwecke die Marketing-, Vertriebs- und Servicemitarbeiter. Beispiele für diese Kategorie sind →Eigenkündigungsquote, →Krankenquote sowie →Verbesserungsvorschlagsquote.

Der Vollständigkeit halber sei erwähnt, dass es durchaus zweckmäßig sein kann, neben den vorgestellten Perspektiven noch weitere Bereiche einer Analyse zu unterziehen (z. B. Kreditgeber, Lieferanten, Zulieferer, Versicherungen, Forschung und Entwicklung, Unternehmensethik, interne Unternehmenskommunikation, Öffentlichkeit, Politik und Gesellschaft, Internationalität und Kooperationen).

B

Um die Balanced Scorecard nicht zu überfrachten, sollten je Perspektive nicht mehr als fünf Kennzahlen gebildet werden, so dass sich insgesamt 20 Kennzahlen ergeben. Selbst große Unternehmen arbeiten in der Praxis häufig nur mit wenigen Kennzahlen, die als sog. Schlüsselkennzahlen die wirklich relevanten Sachverhalte abbilden. Grund hierfür ist die Tatsache, dass umfangreiche „Kennzahlen-Friedhöfe" derart abschrecken, dass sie kaum gelesen, beurteilt und überwacht werden können.

Mit Hilfe der Balanced Scorecard können Ursache-Wirkungsketten erstellt und damit Querverbindungen zwischen sowie Abhängigkeiten von Kennzahlen aufgedeckt werden. Die Finanzkennzahlen stehen also nicht isoliert, sondern werden aus den anderen drei Kategorien abgeleitet. Ein Beispiel soll die Vorgehensweise verdeutlichen: In der Lern- und Entwicklungsperspektive wird das Ziel erreicht, die Verbesserungsvorschläge pro Mitarbeiter und Jahr von zwei auf vier zu erhöhen. Dadurch steigt die Qualität der Produkte, was sich wiederum an der sinkenden →Floprate zeigt (= interne Prozessperspektive). Die resultierende Erhöhung der →Kundenzufriedenheit (= Kunden- bzw. Marktperspektive) steigert ihrerseits schließlich →Umsatz und →Gewinn (= Finanzperspektive).

Abb. 2. Zusammenhang der Balanced-Scorecard-Perspektiven am Beispiel ausgewählter Kennzahlen

Durch die Integration der vorgestellten Perspektiven gelingt es, Management und Mitarbeitern einen ständigen Überblick über den Kurs des Unternehmens und seiner einzelnen Bereiche zu vermitteln. Insofern ist die Balanced Scorecard mit einem modernen Auto vergleichbar, das über Bordcomputer und Navigationssystem verfügt. Hier werden alle wichtigen Informationen über den Zustand des Autos sowie der Weg angezeigt, der eingeschlagen werden muss, um an das angesteuerte Ziel zu gelangen.

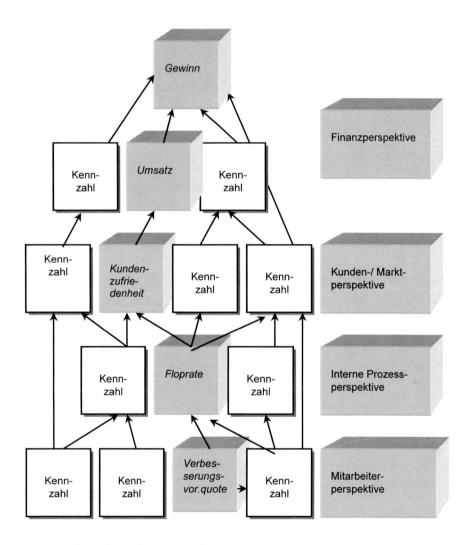

Abb. 3. Einbindung der Kennzahlen in Ursache-Wirkungs-Ketten

Ein konkretes Beispiel zur Ausgestaltung einer Balanced Scorecard findet sich in Abb. 4. Hierbei werden zunächst für jede der vier Perspektiven (Finanzen, Kunde, Prozesse, Mitarbeiter) strategische Ziele formuliert. Für jedes Ziel gilt es in einem nächsten Schritt, eine oder mehrere Kennzahlen sowie die entsprechenden Zielwerte festzulegen. Schließlich werden konkrete Maßnahmen zur Ereichung der anvisierten Ziele entwickelt.

Perspektive	Strategische Ziele	Kennzahlen	Zielwerte	Konkrete Maßnahmen
Finanzen	Rendite verbessern	→Return on Investment	> 5 %	Steigerung des Umsatzes Verringerung des Umlaufvermögens Kostenmanagement
	Wachstum beschleunigen	Steigerung des →Umsatzes	> 20 %	Kauf von Lizenzen Entdeckung neuer Einsatzgebiete der Produkte Internationalisierung
	Innenfinanzierungskraft und damit Kreditwürdigkeit erhöhen	→Cash-Flow	> 10 Mio. Euro	Erhöhung der Einzahlungen Verringerung der Auszahlungen
Kunde	Kundenwünsche identifizieren und erfüllen	Erhöhung des →Kundenzufriedenheitsindex	2,0 auf einer von 1 bis 6 reichenden Schulnotenskala	Kundenbefragung Beschwerdemanagement
	Kunden binden	Steigerung der →Wiederkäuferrate	>70 %	Aufbau persönlicher Verbindungen Unterhaltung von Kundenclubs Förderung der Abnehmertreue durch Rabatt- und Bonussysteme
	Neue Kunden gewinnen	Steigerung der →Neukundenquote	> 40 %	Ansprache neuer Zielgruppen Bearbeitung neuer Märkte

Abb. 4. Beispiel für eine Balanced Scorecard

Perspektive	Strategische Ziele	Kennzahlen	Zielwerte	Konkrete Maßnahmen
Prozesse	Innovationskraft steigern	Erhöhung der →Innovationsquote	> 25 %	Investitionen in Forschung und Entwicklung Benchmarking
	Erfolgreiche Produkte entwickeln	Senkung der →Floprate	< 15 %	Verstärkte Marktforschung, um Kundenbedürfnisse zu erkennen
	Höhere Preise am Markt durchsetzen	Senkung der →Rabattkundenquote	< 50 %	Verkäuferschulung
	Leistungsfähigkeit des Außendienstes steigern	→Angebotserfolgsquote	> 70 %	Außendienstschulung Verbesserung des Preis/ Leistungsverhältnisses
	Unternehmen und seine Produkte in der Öffentlichkeit bekannt machen	Bekanntheitsgrad	> 50 %	Intensivierung der Kommunikationspolitik (klassische Werbung, Online-Werbung, Verkaufsförderung, Öffentlichkeitsarbeit, Sponsoring)
Mitarbeiter	Motivation der Mitarbeiter erhöhen	→Mitarbeiterzufriedenheit	2,2 auf einer von 1 bis 6 reichenden Schulnotenskala	Mitarbeiterbefragung Einführung eines Prämiensystems
	Wissen der Mitarbeiter besser nutzen	→Verbesserungsvorschlagsquote	> 15 %	Einführung und Bekanntmachen eines Prämiensystems/ innerbetrieblichen Vorschlagswesens
	Qualifikation der Mitarbeiter steigern	Schulungsquote	> 40 %	Ermittlung des Schulungsbedarfs und Entwicklung des Weiterbildungsangebotes

Abb. 4. Beispiel für eine Balanced Scorecard (Fortsetzung)

Bekanntheitsgrad
(in %)

B

Der Bekanntheitsgrad gibt an, wie viel Prozent einer bestimmten Zielgruppe eine Marke, Werbebotschaft, Firma oder andere Meinungsgegenstände kennen. Ohne eine Gedächtnishilfe für die Befragungsperson spricht man vom aktiven bzw. ungestützten, mit Gedächtnishilfe (z. B. Vorlegen einer Namensliste) vom passiven bzw. gestützten Bekanntheitsgrad.

$$= \frac{\text{Anzahl der Befragten, die einen Gegenstand kennen}}{\text{Gesamtzahl der Befragten}} \times 100\,\%$$

Beispiel
Von 1.000 Befragungspersonen kannten 656 Personen eine Biersorte. Die Biersorte hat demnach einen Bekanntheitsgrad von 65,6 %.

$$= \frac{656 \text{ kundige Personen}}{1.000 \text{ befragte Personen}} \times 100\,\% = 65,6\,\%$$

Quelle
Die Erhebung des Bekanntheitsgrades erfolgt durch Befragungen. Hierbei werden drei Verfahren unterschieden:
- Beim ungestützten Erinnerungsverfahren (unaided recall) werden der Befragungsperson keinerlei Erinnerungsstützen (z. B. Listen von Marken, Produktverpackungen) an die Hand gegeben.
- Beim gestützten Erinnerungsverfahren (aided recall) erhält der Proband Erinnerungshilfen, die er jedoch selbständig ausbauen muss. Beispielsweise wird ihm der Anfang eines Slogans gezeigt und er muss diesen vervollständigen.
- Beim Wiedererkennungsverfahren (recognition) schließlich wird der Proband lediglich gefragt, ob er den Meinungsgegenstand kennt oder nicht. Dementsprechend häufig kommen hohe Werte aufgrund von Prestigeantworten zustande. Folglich sind die Erinnerungsverfahren als validere Verfahren einzustufen.

Interpretation
Diese Kennzahl ist insbesondere bei sog. Low-involvement-Produkten von Bedeutung, da Konsumenten in solchen Fällen in der Regel im Vorfeld des Kaufes keine Informationsanstrengungen unternehmen.

Maßnahmen zur Beeinflussung
Der Bekanntheitsgrad lässt sich mit sämtlichen Instrumenten der Kommunikationspolitik beeinflussen. Hierzu zählen u. a.:

- Klassische Werbung (also Anzeigen, Spots, Plakate)
- Online-Werbung über Internet
- Direktwerbung mittels Werbebriefen
- Telefonwerbung
- Verkaufsförderung (Sales Promotion)
- Öffentlichkeitsarbeit (Public Relations)
- Sport-, Kultur- und Sozio-Sponsoring
- Product Placement, d. h. die szenische Einbindung von Markenprodukten in Filme und Fernsehsendungen

Grenzen

- Durch die Messung des Bekanntheitsgrades wird lediglich die Kenntnis der Existenz eines Produkts, einer Ware usw. ermittelt, so dass es sich hier um eine trügerische Kennzahl handelt. Denn der Erfolg einer Werbekampagne hängt ebenso davon ab, ob der Bekanntheitsgrad des Produkts bzw. der Werbekampagne auch mit positiv bewerteten Merkmalen einhergeht.
- Der Bekanntheitsgrad sagt nichts über die Beurteilung eines Objektes aus. So kann beispielsweise ein Unternehmen einen hohen Bekanntheitsgrad in der Bevölkerung erzielen, da es gerade in einen Umweltskandal verwickelt ist. Der hohe Bekanntheitsgrad wäre dann eher mit negativen Assoziationen verknüpft, also für das Unternehmen nachteilig.
- Es ist festzustellen, dass die Zahlen für den passiven Bekanntheitsgrad (gestütztes Erinnerungsverfahren und Wiedererkennungsverfahren) in der Regel zu hoch ausfallen, weil unter den spezifischen Bedingungen des Interviews viele Befragte angeben, ihnen sei ein Produkt bzw. eine Anzeige bekannt, das bzw. die sie in Wirklichkeit gar nicht kennen (sog. Overreporting). Die Zahlen für den aktiven Bekanntheitsgrad (ungestütztes Erinnerungsverfahren) fallen hingegen normalerweise zu niedrig aus, weil sich einige Befragte im konkreten Fall der Befragung nicht an etwas erinnern, das ihnen im Übrigen bekannt ist (sog. Underreporting).

Beschwerdequote
(in %)

Die Beschwerdequote vermittelt einen ersten Einblick in die Unzufriedenheit der Kunden. Da es bereits vor einem Kaufabschluss Grund zur Klage geben kann (z. B. unfreundliche Bedienung, unzulängliche Beratung, ungünstige Öffnungszeit), überschreiten Beschwerden den Rahmen rechtlich begründeter Reklamationen.

$$= \frac{\text{Anzahl der sich beschwerenden Kunden}}{\text{Gesamtzahl der Kunden}} \times 100\%$$

Für Reklamationen ist charakteristisch, dass der Verkäufer für Sachmängel haftet. Die gesetzlich vorgeschriebenen Gewährleistungspflichten von Hersteller- oder Handelsunternehmen im Bereich von Ersatz-, Reparatur- oder Wartungsleistungen sind in den §§ 459 bis 492 und 633 bis 640 BGB geregelt. Darüber hinaus gewähren zahlreiche Unternehmen freiwillige Garantieleistungen, die über den gesetzlichen Anspruch hinausgehen. Diese werden dem Käufer auf Basis separater Garantieverträge eingeräumt und können sich auf verschiedene Leistungskomponenten, aber auch auf den Preis oder die →Kundenzufriedenheit beziehen (sog. Preis- oder Zufriedenheitsgarantie). Demnach sind →Garantiequote und →Reklamationsquote ein Teil der Beschwerdequote.

Mittels solcher freiwilligen Garantieleistungen verfolgen die Anbieter folgende Ziele:

• Verringerung von Unsicherheit und sog. Nachkaufdissonanzen beim Kunden
• Intensivierung des Kundenkontakts in der Nachkaufphase
• Sicherung von Kundenbindung bzw. langfristiger Markentreue
• Erzielung von Wettbewerbsvorteilen gegenüber der Konkurrenz
• Gewinnung von Informationen für die Kundendatenbank

Vor dem Hintergrund dieser Ausführungen wird deutlich, dass Reklamationen bzw. Garantiefälle einen Sonderfall der Beschwerde bilden. Demnach greift eine ausschließliche Fokussierung auf Reklamationen bzw. Garantiefälle, wie sie von den meisten Unternehmen praktiziert wird, viel zu kurz.

Beispiel

Ein Unternehmen weist einen durchschnittlichen Bestand von 5.000 Kunden auf. Die Beschwerdestatistik fördert zutage, dass sich im vergangenen Jahr 30 Kunden auf schriftlichem und 220 Kunden auf mündlichem Wege beschwert haben. Dies entspricht einer Beschwerdequote von 5 %.

$$= \frac{250 \text{ Kunden mit Beschwerden}}{5.000 \text{ Kunden}} \times 100\,\% = 5\,\%$$

Quelle

Die Berechnung der Beschwerdequote setzt voraus, dass die anfallenden Beanstandungen systematisch dokumentiert und ausgewertet werden. Die Vergleichbarkeit der in diesem Zuge anfallenden Daten kann sichergestellt werden, in dem eine entsprechende Prüfliste angefertigt wird. Um die spätere Auswertung und damit die Vergleichbarkeit der Angaben zu erleichtern, sollten hierbei möglichst detailliert Antwortkategorien zum Ankreuzen vorgegeben werden. Eine Prüfliste für die Dokumentation und Analyse der angefallenen Beschwerden sollte folgende Informationen enthalten:

- Datum der Beschwerde
- Adresse des sich beschwerenden Kunden
- Dauer der Beziehung zum Kunden, Umsatzvolumen des Kunden (falls möglich, Umsatzgrößenklassen vorgeben) und weitere entscheidungsrelevante Eigenschaften des Kunden
- Beschwerdeweg (Brief, Telefon, Internet-Formular, E-Mail, Gespräch)
- Grund der Beschwerde (Liste mit möglichen Gründen vorgeben, z. B. Funktionsfähigkeit des Produkts, Freundlichkeit des Personals, Wartezeiten)
- Verantwortungsbereich (Liste mit Abteilungen oder Zuständigkeiten vorgeben, aber keine Namen von Mitarbeitern nennen, da sonst unternehmensinterne Akzeptanzprobleme)
- Garantieanspruch (Ja/nein)
- Eingeleitete Maßnahme/n (mögliche Kategorien: Preisnachlass, Geld zurück, Umtausch, Reparatur, Schadensersatz; Beratungsleistungen, Entschuldigung)
- Zeitraum zwischen Beschwerde und Bearbeitung sowie Lösung des Problems (tagesgenau)
- Zufriedenheit des Kunden mit der Lösung des Problems (sog. Beschwerdezufriedenheit, die auf einer 7-stufigen Skala gemessen werden kann, die von -3 = sehr unzufrieden bis + 3 = sehr zufrieden reicht)

B

Interpretation

In der Praxis wird häufig fälschlicherweise unterstellt, dass eine geringe Beschwerdequote unmittelbar auf eine hohe →Kundenzufriedenheit schließen lässt. Hierbei gilt es jedoch zu bedenken, dass sich in der Regel nur ein Bruchteil der unzufriedenen Kunden auch tatsächlich gegenüber dem Unternehmen Luft macht („Spitze des Eisbergs").

Ob es bei Unzufriedenheit zu einer Beschwerde kommt oder nicht, hängt im Wesentlichen von drei Faktoren ab:

- Unzufriedene Kunden wägen ab, ob der mit einer Beschwerde voraussichtlich verbundene Erfolg (z. B. Wiederherstellung der Funktionsfähigkeit des erworbenen Produktes, Ersatz der Ware, Rückerstattung oder nachträgliche Minderung des Kaufpreises, in der Kritik an einem Mitarbeiter liegende Befriedigung) den damit einhergehenden Aufwand (z. B. Telefon-, Porto- und Fahrtkosten; physische und psychische Anstrengungen) rechtfertigt. Ist dies nicht der Fall, verzichtet man auf die Beschwerde. In diesem Zusammenhang wurde festgestellt, dass sich unzufriedene Kunden häufig von dem hohen zeitlichen und finanziellen Einsatz, dem Fehlen einer Erfolgsgarantie und dem mit der Äußerung einer Beschwerde verbundenen Ärger abschrecken lassen.

- Käufer beschweren sich um so eher, je bedeutsamer ihnen ein Problem erscheint, je klarer es sich um einen offenkundigen Mangel handelt und je genauer die Ursache der Unzufriedenheit eingegrenzt werden kann. Konsequenterweise beziehen sich Unmutsäußerungen überwiegend darauf, dass neue Produkte Mängel aufweisen oder bereits in Gebrauch befindliche nicht sachgemäß repariert bzw. gewartet wurden.

- Neben soziodemographischen Größen wie Alter, Geschlecht, Bildung und Beruf sind es vor allem psychische Faktoren, die das Beschwerdeverhalten von Verbrauchern beeinflussen. Es leuchtet ein, dass sich eher solche Menschen beschweren, die Selbstvertrauen besitzen, als Meinungsführer fungieren und über fundierte Produktkenntnisse sowie einschlägige Informationen und Erfahrungen im Umgang mit Kontrahenten verfügen.

Statt Beschwerden als Chance zu begreifen, neigen die meisten Unternehmen bzw. deren Mitarbeiter dazu, diese bewusst zu übersehen, nach außen hin abzuwehren und/oder nach innen hin zu vertuschen. Ein derartiges Verhalten ist auf folgende Befürchtungen zurückzuführen:

- Mitarbeiter empfinden Beschwerden als unangenehm, da sie Fehler sichtbar machen und zu negativen persönlichen Konsequenzen führen können.

- Niedrige Beschwerdequoten werden gemeinhin als Zeichen von Qualität, hohe Beschwerdequoten hingegen als negativer Imagefaktor angesehen.
- Die Kosten der Beschwerderegulierung (z. B. Zahlungen aus Kulanzgründen, Gewährung von Geschenken, Verzicht auf Berechnung von Werkstattleistungen) werden gefürchtet, während der Nutzen, der aus der Beschwerdehandhabung erwächst (z. B. Umsatzsicherung durch Kundenbindung, Mund-Propaganda zufriedener Kunden), auf den ersten Blick nicht erfassbar scheint.
- Unternehmen fürchten, dass ein aktiver Umgang mit Beschwerden sowohl die Ansprüche der Kunden als auch die Gefahr des Missbrauchs durch sog. Querulantentum erhöht.

Die skizzierten Ängste führen dazu, dass Mitarbeiter dazu neigen, Beschwerden mit Hilfe bestimmter Techniken in den Hintergrund zu drängen. Hierzu zählen:

- der Aufbau vom Beschwerdebarrieren (z. B. fehlende Ansprechpartner oder keine klaren Zuständigkeiten),
- das Bagatellisieren der Probleme im Gespräch mit dem Kunden und
- die kleinliche Regulierung der Beschwerde.

Durch derartige Verhaltensweisen werden zwar die sich aus der Unzufriedenheit des Kunden ergebenden Probleme beiseite geschoben, die möglichen negativen Folgen (stille Abwanderung, negative Mundpropaganda) jedoch nicht behoben.

Maßnahmen zur Beeinflussung

Eine zentrale Voraussetzung dafür, dass die Beschwerdequote überhaupt Aussagekraft besitzt, ist die Installation eines aktiven Beschwerdemanagements. Dieses bietet darüber hinaus die Möglichkeit, frühzeitig Unzufriedenheit aufzuspüren (sog. Frühwarnsignale) und durch Schaffung von Beschwerdezufriedenheit die Loyalität sowie die positive Mundpropaganda der Kunden zu erhöhen.

Ein aktives Beschwerdemanagement umfasst die folgenden vier Schritte:

- Beschwerdestimulierung und -kanalisierung
  Unzufriedenen Kunden muss die Möglichkeit geboten werden, ihrem Unmut Luft zu machen. Die Unternehmenspraxis zeigt, dass es einem guten Teil der unzufriedenen Kunden genügt, den Mitarbeitern des betreffenden Unternehmens „einmal die Meinung zu sagen" und ihnen das Versprechen auf Besserung abzunehmen. Deshalb muss dem Kunden diese Chance geboten werden. Es sollte alles daran gesetzt werden (was auf den ersten Blick paradox klingt), dass sich diejenigen Kunden, die mit den Leistungen unzufrieden sind, auch tatsächlich bei den Mit-

B

arbeitern beschweren. Denn nur so gelingt es zu verhindern, dass verärgerte Kunden still und leise abwandern.

Durch folgende Maßnahmen kann es dem Kunden erleichtert werden, sich bei Unzufriedenheit zu beschweren:

- Aktiver Hinweis der Mitarbeiter auf Beschwerdemöglichkeiten
- Installation sog. „Meckerkästen" im Verkaufsraum
- Einrichtung eines speziellen Beschwerdetelefons und Bekanntmachen dieser Einrichtung auf Rechnungsformularen, Gebrauchsanweisungen, Plakaten sowie in Anzeigen und Werbebriefen
- Anbieten einer Zufriedenheitsgarantie („Bei Unzufriedenheit Geld zurück")

• Beschwerdebearbeitung
In einem nächsten Schritt sollten die Mitarbeiter berechtigten Kundenklagen aktiv begegnen. Die Vielfalt möglicher Beanstandungsursachen und die damit verknüpfte Gefahr des Querulantentums erfordern in jedem Fall eine Prüfung, die sich auf spezielle Kriterien (z. B. →Kundenwert, bisheriges Umsatzvolumen, Verantwortlichkeit, Garantieanspruch) stützt. Falls eine Beschwerde als gerechtfertigt eingestuft wird, muss auf kürzestem Wege eine für alle Beteiligten zufriedenstellende Lösung gefunden werden, nicht zuletzt, um die Zeitspanne einer möglichen negativen Mundpropaganda zu begrenzen.

• Beschwerdeanalyse
Um zukünftiger Unzufriedenheit vorzubeugen, sollten die Beanstandungen des Weiteren systematisch ausgewertet werden. Die Vergleichbarkeit der in diesem Zuge anfallenden Daten kann dadurch sichergestellt werden, dass eine entsprechende Prüfliste angefertigt wird. Um die spätere Auswertung und damit die Vergleichbarkeit der Angaben zu erleichtern, sollten hierbei möglichst detailliert Antwortkategorien zum Ankreuzen vorgegeben werden.

• Beschwerdenutzung
Um schließlich die Nutzung der Beschwerdeinformationen vor Ort zu gewährleisten, sollten die gewonnenen Informationen an die betroffenen unternehmensinternen (z. B. Verkauf) und -externen Stellen (beispielsweise Lieferanten) weitergeleitet werden. Unternehmensintern können die Beschwerdeinformationen beispielsweise in Qualitätszirkeln oder Fokusgruppen als Basis von Schwachstellenanalysen dienen.

Grenzen
Nicht jede Beschwerde ist auf eine unbefriedigende Leistung des Unternehmens zurückzuführen. Einmal gibt es den notorischen Nörgler, der niemals zufrieden zu stellen ist. Zum anderen liegt so manche Unzufrie-

denheitsursache im Verantwortungsbereich des Kunden (z. B. unsachge-
mäße Bedienung des Produktes). Schließlich verzeichnen nahezu alle Unternehmen steigende Beschwerdequoten, was nicht zuletzt auf den Trend
zum kritischen Verbraucher, verstärkt durch Anleitungen in den Medien,
zurückzuführen ist.

Beschwerdezufriedenheit

→Beschwerdequote

Bestandsreichweite
(in Tagen)

Die Bestandsreichweite gibt an, wie lange der Bestand eines Artikels aus-
reicht, um die Verbrauchernachfrage zu befriedigen. Die Kennzahl sollte
stichtagsbezogen erhoben werden, um Zeit- (z. B. im Vergleich zu Vorjahr
oder zur Vorwoche) und Quervergleiche (z. B. zwischen Filialen) zu ermöglichen.

$$= \frac{\text{Aktueller Bestand (in Stück)}}{\text{Durchschnittlicher Verbrauch pro Tag (in Stück)}}$$

Beispiel
Ein Verbrauchermarkt hat zum Zeitpunkt der Betrachtung 356 Tüten
Gummibärchen auf Lager. Der durchschnittliche Tagesabsatz beläuft sich
auf 62 Stück. Der Bestand reicht mithin noch für 5,75 Tage.

$$= \frac{356 \text{ Tüten Bestand}}{62 \text{ Tüten Tagesabverkauf}} = 5,75 \text{ Tage}$$

Quelle
• Die erforderlichen Daten kennt die Lager- und/oder die Finanzbuchhaltung.

B

- Im Falle eines geschlossenen Warenwirtschaftssystems gestaltet sich die Ermittlung der Kennzahl unproblematisch.

Interpretation
Die Bestandsreichweite liefert wichtige Hinweise für die Verringerung der Kapitalbindung (durch Abbau der Lagerbestände), Reduzierung von Kosten (z. B. Reduzierung von Abschriften), Gewährleistung von →Kundenzufriedenheit (z. B. Warenfrische, Vermeidung von Out-of-Stock-Situationen) und Optimierung des Bestellwesens.

Maßnahmen zur Beeinflussung
Die Bestandsreichweite kann durch einen Abbau von Lagerbeständen reduziert werden. Um dabei Out-of-Stock-Situationen zu vermeiden, müssen gegebenenfalls die Bestellrhythmen verkürzt werden.

Grenzen
- Falls ein Unternehmen über kein geschlossenes Warenwirtschaftssystem verfügt, ist die Bestandsreichweite teilweise schwer zu ermitteln und/oder steht nur mit erheblicher zeitlicher Verzögerung zur Verfügung.
- Bei starken Nachfrageschwankungen (z. B. saisonal oder umfeldbedingt) verliert die Kennzahl an Aussagekraft.

Bestellquote

→Response

Bestellwert, durchschnittlicher
(in €)

Der durchschnittliche Bestellwert benennt den →Umsatz, den ein Kunde durchschnittlich mit einer Bestellung über einen bestimmten Bestellweg tätigt.

$$= \frac{\text{Umsatz der Bestellungen über einen bestimmten Bestellweg}}{\text{Anzahl der Bestellungen über diesen Bestellweg}}$$

Beispiel

Ein Weinversender erhält in einem Monat insgesamt 600 schriftliche Bestellungen mit einem Gesamtauftragswert von 48.000 €. Daneben gehen über das Internet-Portal des Unternehmens zusätzlich 200 Bestellungen ein, die einen Wert von 10.000 € haben. Der durchschnittliche Bestellwert schriftlicher Aufträge liegt demnach bei 80 €. Die Bestellungen über das Internet haben einen durchschnittlichen Wert von 50 €.

$$= \frac{48.000 \text{ € Umsatz über schriftliche Bestellungen}}{600 \text{ schriftliche Bestellungen}} = 80 \text{ €}$$

Quelle
- Die Umsätze (ohne Umsatzsteuer und Erlösschmälerungen) kennt die Finanzbuchhaltung.
- Sind die Umsätze nicht nach Bestellwegen aufgeschlüsselt, sollte die Finanzbuchhaltung mit entsprechenden Umsatzkonten ausgestattet werden. Die Eingruppierung der Umsätze in die verschiedenen Bestellwege sollte das Vertriebswesen oder die Außendienstabteilung vornehmen. Bestellwege können zum Beispiel sein:
  - das persönliche Erscheinen des Kunden beim Unternehmen (z. B. bei Ladengeschäft oder Factory-Outlet-Centern)
  - klassische Bestellwege wie Außendienst, schriftliche Bestellung des Kunden (Brief oder Postkarte), telefonische Bestellung (über ein Call Center), Bestellung über Telefax oder Order während eines Messebesuchs
  - moderne Bestellwege wie Internet und E-Mail

Interpretation
- Der durchschnittliche Bestellwert zeigt auf, mit welchem Umsatz eine durchschnittliche Bestellung verbunden ist. Ein jeder Bestellvorgang ist mit Kosten verbunden; zumeist unabhängig vom Bestellwert. Aus diesem Grund muss ein Unternehmen bestrebt sein, einen möglichst hohen Bestellwert zu erreichen.

B

- Die Kennzahl ist besonders im Zeitvergleich aussagekräftig, da sich in der Entwicklung der betrachteten Bestellwege die Veränderungen des Kundenbestellverhaltens widerspiegeln. Ein Unternehmen kann damit schnell und gezielt reagieren und sich den Bedürfnissen und Wünschen der Kunden, was die Bestellung an sich angeht, besser anpassen.
- Insbesondere bei der Einführung und Durchsetzung von modernen Bestellverfahren wie Internet-Shopping hilft der durchschnittliche Bestellwert zu erkennen, inwieweit sich die modernen Bestellwege bei den Kunden durchsetzen.
- Es empfiehlt sich, die Kennzahl auch für verschiedene Kundengruppen (z. B. Alter, Herkunft, Stammkunden, Neukunden) zu ermitteln, um so die Kundenbestellwege spezifischer auf die jeweiligen Kundenbedürfnisse ausrichten zu können.

Maßnahmen zur Beeinflussung
Um den durchschnittlichen Bestellwert eines bestimmten Bestellweges zu erhöhen, ist es nicht nur nötig, den Anteil dieser Bestellungen an den Gesamtbestellungen zu steigern, indem Bestellungen über andere Bestellwege nun auf diesen verlagert werden. Dazu sollten auch Maßnahmen ergriffen werden, welche den Bestellwert an sich erhöhen. Folgende Maßnahmen sind geeignet:

- Gewährung von Sonderkonditionen an Kunden, die über den gewünschten Bestellweg bestellt haben (z. B. in Form von besonderen Rabatten, Zugaben oder Liefervorteilen)
- Intensivierung der Werbemaßnahmen, um diesen Bestellweg und die für den Kunden damit verbundenen Vorteile bekannter zu machen
- Abbau und Wegfall anderer Bestellwege
- Erschließung neuer Kundengruppen, die bevorzugt über den gewünschten Bestellweg bestellen
- Einführung von Mindestbestellwerten oder Mindestmengen

Grenzen
Es gilt zu beachten, dass die reine Umsatzgröße noch nichts über die Rentabilität der Bestellungen aussagt. →Umsatz stellt aber in diesem Zusammenhang eine geeignete Hilfsgröße dar, die daher herangezogen werden kann.

Besuchszeit auf der Homepage, durchschnittliche

Diese Kennzahl gibt die Zeitdauer an, die Internetnutzer im Durchschnitt auf der Homepage des Unternehmens verweilen. Software- und Internettools zur Auswertung der Interneteffizienz (z. B. *Google Analytics*) ermitteln die durchschnittliche Besuchszeit und stellen Veränderungen im Zeitablauf grafisch dar.

Bei einer niedrigen durchschnittlichen Besuchszeit sollte die Tatsache, dass potenzielle Kunden die Homepage bereits nach kurzer Zeit wieder verlassen, das Unternehmen dazu veranlassen, die Ursachen zu ermitteln. Gründe für eine niedrige durchschnittliche Besuchszeit auf der Homepage können z. B. eine unattraktive oder komplizierte Gestaltung und Benutzerführung, fehlende Verlinkungen sowie fehlende Informationen sein.

Betragsspanne

→Handelsspanne, Spanne

Bonusquote
(in %)

Die Kennzahl stellt dar, wie hoch der Anteil des Gesamt-Bonuswerts am Bruttoumsatz ist. Anders ausgedrückt: Die Bonusquote gibt den prozentualen Durchschnittsbonus an, der den Kunden nachträglich gewährt wurde.

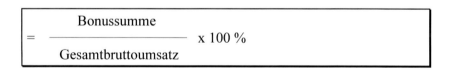

$$= \frac{\text{Bonussumme}}{\text{Gesamtbruttoumsatz}} \times 100 \, \%$$

Beispiel
Ein Unternehmen erzielt in einem Jahr Umsatzerlöse von 8.000.000 €. Nach Ablauf des Geschäftsjahres werden insgesamt Boni im Wert von 200.000 € gewährt. Die Bonusquote beträgt 2,5 %.

$$= \frac{200.000 \, \text{€ Bonussumme}}{8.000.000 \, \text{€ Umsatz}} \times 100 \, \% = 2,5 \, \%$$

B

Quelle
- Die Summe aller gewährten Boni hält die Finanzbuchhaltung bereit.
- Achtung: Rabatte und Skonti sind keine Boni.
- Zur eingehenden Analyse können die Boni auch je Produkt, je Kunde, je Verkaufsmitarbeiter oder nach Bonusart (Mengen-, Treue-, Jahresumsatzbonus o. ä.) erfasst werden.
- Den Bruttoumsatz (wichtig: vor Bonusgewährung) bietet die Finanzbuchhaltung.

Interpretation
- Die Bonusquote kann interpretiert werden als:
  - mittlerer Bonus bzw.
  - Durchschnittsbonus.
- Diese Kennzahl gewinnt an Aussagekraft, wenn sie aufgeschlüsselt wird nach:
  - Zeitperioden,
  - Produkten,
  - Verkaufsmitarbeitern,
  - Kunden und
  - Bonusarten (Mengen-, Treue-, Jahresumsatzbonus o. ä.).
  Somit können Abweichungen der aufgeschlüsselten Bonusquote vom durchschnittlichen Bonus aufgedeckt werden.
- Eine hohe Bonusquote kann aus mehreren Gründen problematisch sein:
  - Das Unternehmen schafft es nur durch die Gewährung von hohen Boni, seine Produkte am Markt zu verkaufen.
  - Die Listenpreise sind unrealistisch hoch angesetzt und können am Markt nicht erzielt werden.
  - Bei der Unternehmensplanung führen nicht eingeplante Boni zu negativen Planabweichungen beim Umsatz.

Maßnahmen zur Beeinflussung
Bei steigender Bonusquote gilt es folgende Aspekte zu beachten:
- Auswirkungen der hohen Boni auf die Rentabilität des Unternehmens
- Verteilung der Boni auf bestimmte Mitarbeiter, Kunden oder Produkte
- Gewinnung neuer Kunden durch Gewährung von hohen Boni
- Bonusgewährung als Reaktion auf verschärften Preiskampf

- Schulung der Verkaufsmitarbeiter (Verkaufstraining), um Verkauf über den Preis zu verringern
- Richtlinien zur Höhe der Bonusgewährung (Höchstbonus, Bonusrahmen)
- Entlohnung der Verkaufsmitarbeiter in Abhängigkeit von nicht gewährten Boni

Grenzen
Die Bonusquote allein lässt noch keinen endgültigen Schluss auf die Rentabilitätsveränderungen zu. Daher ist auch eine Analyse der Entwicklung von →Umsatz und →Gewinn einzubeziehen.

Brand Equity

→Markenwert

Break-Even-Point
(auch Deckungspunkt, Gewinnschwelle, Kostendeckungspunkt, Mindestabsatz, Nutzenschwelle; in Mengeneinheit)

Die Berechnung des Break-Even-Points dient dazu, jene Absatzmenge zu ermitteln, bei der ein Anbieter seine Kosten gedeckt hat und in die Gewinnzone eintritt. Dabei ist der Break-Even-Point derjenige Punkt, an dem die gesamten Erlöse den gesamten Kosten entsprechen. An dieser Stelle beträgt der →Gewinn folglich Null. Bei einer unter dem Break-Even-Point liegenden Absatzmenge werden Verluste, bei einer über diesem Punkt liegenden Absatzmenge werden Gewinne erwirtschaftet.

$$= \frac{\text{Fixkosten}}{\text{Deckungsbeitrag}}$$

Dabei berechnet sich der →Deckungsbeitrag aus Verkaufspreis abzüglich der variablen Stückkosten.

In diesem Zusammenhang spielt der Sicherheitsgrad eine bedeutende Rolle. Hierbei handelt es um eine umsatzbezogene Kennziffer, die zum Ausdruck bringt, um wie viel Prozent der →Umsatz bzw. →Absatz steigen muss bzw. sinken darf, bis die Gewinnschwelle erreicht wird.

B

$$\text{Sicherheitsgrad} = \left(\frac{\text{Fixkosten}}{\substack{\text{(Deckungsbeitrag je Stück)} \\ \text{x Menge}}} - 1 \right) \text{ x } 100$$

Die Break-Even-Analyse basiert am häufigsten - wie hier vorgestellt - auf Umsätzen bzw. Absatzmengen (= mengenabhängige Break-Even-Analyse). Daneben stößt man auf folgende Varianten:

- Die raumbezogene Break-Even-Analyse widmet sich der Frage, inwieweit eine Veränderung des Einzugsgebietes eines Firmenstandortes die Gewinnschwelle beeinflusst.
- Die zeitbezogene Break-Even-Analyse dient dazu, möglichst günstige Lieferfristen festzulegen. Dabei berechnet man die Break-Even-Zeit.

Beispiel
Ein Hot-Dog-Verkäufer hat monatliche fixe Kosten von 3.000 €. Die für einen Stückpreis von 0,40 € eingekauften Hot Dogs werden zu einem Preis von 1,60 € verkauft. Demnach beläuft sich der Deckungsbeitrag auf 1,20 €.

$$\text{Break-Even-Point} = \frac{3.000 \text{ € Fixkosten}}{1,60 \text{ € } - 0,40 \text{ € (Deckungsbeitrag)}} = 2.500 \text{ Stück}$$

Bei einem Absatz von 2.500 Würstchen wird die Gewinnschwelle erreicht. Das entspricht einem Break-Even-Umsatz von 4.000 € = 2.500 Stück à 1,60 €. Zurzeit verkauft der Hot-Dog-Verkäufer in einem Monat aber nur 2.000 Stück.

$$\text{Sicherheitsgrad} = \left(\frac{3.000 \text{ € Fixkosten}}{(1,60 \text{ € } - 0,40 \text{ €}) \text{ x } 2.000} - 1 \right) \text{ x } 100 = 25 \text{ \%}$$

Um die Gewinnschwelle zu erreichen, muss der Hot-Dog-Verkäufer seine Absatzmenge um 25 % (= 500 Stück) auf 2.500 Stück erhöhen.

Die folgende Grafik veranschaulicht den Break-Even-Point:

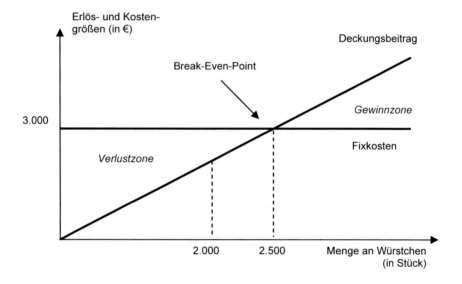

Abb. 5. Beispiel einer Break-Even-Analyse

Quelle
Im Rückblick lassen sich sowohl Erlöse als auch Kosten aus der Finanz-buchhaltung entnehmen. Schwieriger wird es, wenn die Break-Even-Ana-lyse zukunftsgerichtet eingesetzt wird. Hier müssen qualitative (z. B. Ex-pertenschätzungen im Falle der Einführung eines neuen Produktes) und/oder quantitative Prognoseverfahren (z. B. Trendextrapolation, d. h. das Fortschreiben von Vergangenheitswerten in die Zukunft) zum Einsatz kommen.

Interpretation
• Im Marketing am häufigsten anzutreffen ist die Break-Even-Analyse bei Neuproduktprojekten sowie anderen Investitionsentscheidungen (z. B. im Fuhrpark, Lager, bei Werbekampagnen). So gilt eine Produktinnova-

tion als akzeptabel, wenn die durch die Marktforschung prognostizierte Absatzmenge nicht kleiner ist als die Break-Even-Menge.

- Des Weiteren unterstützt die Break-Even-Analyse darin, mögliche Risiken zu begrenzen. Das Risiko beispielsweise einer Investition ist umso höher, je größer die Break-Even-Menge ist. Diese Gefahren lassen sich u. a. durch Preis- und/oder Kostenänderungen beeinflussen.
- Schließlich kann dieses Verfahren auch zum Vergleich von Entscheidungsalternativen mit unterschiedlicher Kostenstruktur (z. B. Fixkostensockel) genutzt werden. Hierfür typische Anwendungsfälle sind sog. Make-or-buy-Entscheidungen (z. B. Einsatz von Reisenden oder Handelsvertretern; Auftrag an Werbeagentur oder Unterhaltung einer eigenen Werbeabteilung).

Maßnahmen zur Beeinflussung
Der Break-Even-Punkt lässt sich auf drei Arten beeinflussen:
- Erhöhung des Verkaufspreises
- Senkung der variablen Kosten
- Senkung der Fixkosten

Grenzen
Bei genauerer Analyse wird offenkundig, dass die Break-Even-Analyse einige inhaltliche Unzulänglichkeiten aufweist:
- Es erscheint nicht zweckmäßig, einer Investition auch solche Fixkosten anzulasten, die ohnehin schon aufgrund früherer Entscheidungen anfallen und durch die jetzige Entscheidung überhaupt nicht beeinflusst werden. Man denke in diesem Zusammenhang z. B. an die anteiligen Gehälter der Vertriebsleitung. Gemäß dem Grundsatz der Veränderungsrechnung sind nur diejenigen Fixkosten in die Break-Even-Analyse einzubeziehen, die durch die Entscheidung effektiv verringert bzw. erhöht werden können, da ansonsten die Soll-Absatzmenge zu hoch ausfallen kann.
- Die Break-Even-Analyse stellt eine starke Vereinfachung der Realität dar, da Kosten und Erlöse in Abhängigkeit von nur einer einzigen Einflussgröße, nämlich der Ausbringungsmenge, gesehen werden. In der Praxis jedoch sind Kosten und Erlöse von einer Vielzahl von Faktoren (z. B. Aktivitäten der Wettbewerber, Kaufkraft der Kunden) abhängig.
- Es bereitet nicht zu unterschätzende Schwierigkeiten, die unterstellten Erlös- und Kostenfunktionen in der Praxis zu ermitteln, da entsprechende Daten fehlen. Hier muss man sich in der Regel mit einer Expertenschätzung (z. B. durch Mitarbeiter) begnügen.

- Die Break-Even-Analyse unterstellt, dass Erlös- und Kostenfunktion unabhängig voneinander sind, was in der Realität nur in den seltensten Fällen gegeben ist. So beeinflussen beispielsweise Werbeaktivitäten sowohl die Kosten- als auch die Erlösfunktion eines Unternehmens.
- Bei der Break-Even-Analyse bleibt die Entwicklung nach dem Erreichen der Gewinnschwelle unbeachtet. Infolge dieses Defizits kann es zu gravierenden Fehlentscheidungen kommen, wenn beispielsweise die Gewinnschwelle schnell erreicht wird, es daran anschließend jedoch zu Verlustperioden infolge von Erlösschmälerungen und/oder Kostensteigerungen kommt.

Bruttoertrag

→Spanne

Bruttogewinn

→Deckungsbeitrag

C

Cash Flow
(in €)

Im Falle der direkten Methode wird der Cash Flow auf Basis von Zahlungsströmen ermittelt:

> Cash Flow = Einzahlungen – Auszahlungen (eines Geschäftsjahres)

Da unternehmensexterne Personen bzw. Institutionen nur selten Einblick in die Zahlungsvorgänge eines Unternehmens erhalten, bedienen sich diese der indirekten Methode. Dabei wird auf Angaben der Gewinn- und Verlustrechnung zurückgegriffen, die um entsprechende Bilanzpositionsveränderungen bereinigt werden. Unter den zahlreichen Ansätzen zur Berechnung des Cash Flow hat folgende Methode in der Unternehmenspraxis weite Verbreitung gefunden (sog. Praktikerformel):

> Cash Flow = Jahresüberschuss bzw. Fehlbetrag
> + Abschreibungen
> – Zuschreibungen
> + Erhöhungen von langfristigen Rückstellungen
> – Verminderung von langfristigen Rückstellungen

Der Cash Flow (Geld- bzw. Kassenzufluss) bildet die zentrale Steuerungsgröße im Rahmen des Shareholder-Value-Ansatzes, der darauf ausgerichtet ist, den Wert eines Unternehmens für die Anteilseigner zu maximieren. Da der →Gewinn keine Zahlungsmittelbewegungen, sondern nur die erfolgswirksamen Teile der Vermögensänderungen betrachtet, kommt dem

Cash Flow, der auf den Zahlungsüberschuss abzielt, als Kennzahl im Marketing eine gewisse Bedeutung zu. Folglich wird der Cash Flow insbesondere zur Beurteilung der Finanz- und Ertragskraft eines Unternehmens herangezogen.

Der Cash Flow steht dem Unternehmen für Investitionen, zur Tilgung von Schulden und zur Gewinnausschüttung zur Verfügung. Dabei spielt es zunächst keine Rolle, ob der Rückfluss an Zahlungsmitteln aus betrieblich bedingten oder anderen Quellen stammt. Die Aussagekraft des Cash Flow kann durch die Bildung von Verhältniskennzahlen gesteigert werden. Hierzu zählen:

$$\text{Cash Flow pro Mitarbeiter} = \frac{\text{Cash Flow}}{\text{Anzahl der Mitarbeiter}}$$

$$\text{Cash Flow-Rate} = \frac{\text{Cash Flow}}{\text{Umsatz}} \times 100\,\%$$

$$\text{Cash Flow-Return-on-Investment} = \frac{\text{Cash Flow}}{\text{Investiertes Kapital}} \times 100\,\%$$

Der dynamische Verschuldungsgrad gibt an, in wie vielen Jahren die Verbindlichkeiten durch den Cash Flow zurückgezahlt werden können. Diese Kennzahl liefert wichtige Hinweise auf die Schuldendeckungsfähigkeit eines Unternehmens. Ein dynamischer Verschuldungsgrad von 3,5 Jahren wird in der Praxis als Grenzwert für ein solides Unternehmen angesehen. Sinkt der Cash Flow bei gleichzeitigem Ansteigen der Verbindlichkeiten, deutet dies auf eine Unternehmenskrise hin. Aus diesem Grund wird der dynamische Verschuldungsgrad als Krisenindikator herangezogen.

$$\text{Dynamischer Verschuldungsgrad} = \frac{\text{Fremdkapital}}{\text{Cash Flow}}$$

C

Verfügt ein Unternehmen beispielsweise über Verbindlichkeiten von 3 Mio. € und weist einen Cash Flow von 1 Mio. € pro Jahr auf, liegt der dynamische Verschuldungsgrad bei 3 Jahren. Das Unternehmen kann als solide eingestuft werden.

Weiteren Aufschluss ermöglicht die Modifikation des Cash Flow. Hierbei lassen sich drei Arten unterscheiden:

- Der betriebliche Cash Flow umfasst alle Zahlungen, die aus der normalen Geschäftstätigkeit stammen. Er berechnet sich nach folgender Formel:

  Betriebliche Einzahlungen
  − betriebliche Auszahlungen
    (inkl. Auszahlungen für Ersatzinvestitionen)

- Der freie Cash Flow (Free Cash Flow) ist der Teil des betrieblichen Cash Flow, der den Kapitalgebern, also sowohl den Fremd- als auch den Eigenkapitalgebern, zur Verfügung steht. Er berechnet sich folgendermaßen:

  Betriebliche Einzahlungen
  − betriebliche Auszahlungen
    (inkl. Auszahlungen für Ersatzinvestitionen)
  − Steuerzahlungen
  − Auszahlungen für Erweiterungsinvestitionen

- Der Netto Cash Flow schließlich ist die Größe, die vom Free Cash Flow übrig bleibt, nachdem die Ansprüche der Fremdkapitalgeber befriedigt wurden. Er zeigt die tatsächlich noch für Ausschüttungen an die Eigenkapitalgeber verfügbaren Mittel und berechnet sich auf folgende Weise:

Betriebliche Einzahlungen
– betriebliche Auszahlungen
  (inkl. Auszahlungen für Ersatzinvestitionen)
– Steuerzahlungen
– Auszahlungen für Erweiterungsinvestitionen
– Zinszahlungen

Beispiel
Im Betrachtungszeitraum stehen bei einem Kfz-Händler Einzahlungen von 30 Mio. € Auszahlungen von 28 Mio. € gegenüber. Demnach beträgt der Cash Flow 2 Mio. € (= 30 Mio. € - 28 Mio. €). Dieses zunächst erfreuliche Ergebnis wird getrübt, wenn man einen Blick auf den betrieblichen Cash Flow wirft. Hier zeigt sich nämlich, dass der zunächst berechnete Cash Flow von 2 Mio. € um 1,5 Mio. €, die aus dem Verkauf eines Firmengrundstücks und damit aus nicht normaler Geschäftstätigkeit stammen, bereinigt werden muss. Der Brutto Cash Flow beläuft sich demnach auf 0,5 Mio. €.

Quelle
• Die Zahlen können im Falle der Berechnung nach der direkten Methode, die den Cash Flow auf Basis von Zahlungsströmen ermittelt, der Buchhaltung entnommen werden.
• Im Falle der indirekten Methode bedient man sich den Positionen der Gewinn- und Verlustrechnung, die um entsprechende Bilanzpositionsveränderungen korrigiert werden.

Interpretation
Der Cash Flow gibt Auskunft über die Innenfinanzierungskraft eines Unternehmens. Ziel ist es, einen nachhaltig positiven Cash Flow zu erzielen, der für neue Investitionen, Schuldentilgung und/oder Ausschüttungen genutzt werden kann. Demnach spielt der Cash Flow nicht zuletzt in wachsenden Märkten, die Investitionen erfordern, eine zentrale Bedeutung.
Ein zunehmender Cash Flow bei gleichzeitig sinkendem Jahresüberschuss wird im Regelfall als positiv eingestuft. Ein Sinken des Cash Flow bei einem Zuwachs der Verbindlichkeiten weist auf eine Unternehmenskrise hin. Ein negativer Cash Flow ist ein erstes Zeichen drohender Zahlungsun-

fähigkeit. Daher verringert ein abnehmender Cash Flow die Kreditfähigkeit eines Unternehmens.

Maßnahmen zur Beeinflussung
Der Cash Flow lässt sich grundsätzlich dadurch erhöhen, dass Einzahlungen erhöht und/oder Auszahlungen verringert werden.
Weitere Ansatzpunkte zur Beeinflussung des Cash Flow bieten die bekannten PIMS-Studien (Profit Impact of Market Strategies) des *Strategic Planning Institute*, bei denen seit Beginn der siebziger Jahren rund 300 Unternehmen aus verschiedenen Wirtschaftszweigen auf die Ursachen ihres (Miss-)Erfolgs untersucht werden. Hier konnte nachgewiesen werden, dass mit zunehmendem →Marktanteil ein höherer Cash Flow einhergeht. Als Ursachen hierfür können die von einem steigenden Absatzvolumen ausgehenden Wirkungen angeführt werden:

• Abnahme der Fixkosten pro Stück
• Zunahme des Know-Hows der Mitarbeiter (sog. Erfahrungskureneffekt)
• Kostenvorteile im Einkauf aufgrund höherer Mengenrabatte
• Einsatz effektiverer Technologien ab einem bestimmten Absatzvolumen
Neben dem Ausbau des Marktanteils wirken sich eine Verbesserung der Qualität der erstellten Produkte bzw. Dienstleistungen sowie eine Optimierung des Herstellungsprozesses positiv auf den Cash Flow aus.

Grenzen
Bei der alleinigen Beurteilung des Cash Flow gilt es zu berücksichtigen, dass dieser z. B. vergleichsweise positiv ausfallen kann, weil dringend erforderliche Investitionen und damit Auszahlungen zurückgestellt werden. Eine solche Vorgehensweise kann die Zukunft eines Unternehmens gefährden, da nun die Cash Flows der nächsten Perioden niedriger ausfallen werden.

Churn Rate

→Kundenabwanderungsrate

Click Through

→ AdClick

Click Through Rate
(in %; auch AdClick-Rate)

$$= \frac{\text{AdClicks}}{\text{AdImpressions}} \times 100\%$$

Die AdClick-Rate bezeichnet das Verhältnis von →AdClicks zu →AdImpressions. Sie misst, wie viele Wahrnehmungen einer eingeblendeten Online-Werbung tatsächlich zu einem Anklicken der Online-Werbung geführt haben. Eine AdClick-Rate von 1 % bedeutet z. B., dass eine Werbebotschaft 100 Mal angezeigt und einmal angeklickt wurde.

Die AdClickRate ist damit ein zentraler Gradmesser für den Erfolg einer Werbeschaltung im Internet. Tools zur Internetstatistik helfen bei seiner Erfassung und Auswertung.

Bei klassischer Bannerwerbung im Internet liegt die Click-Through-Rate meistens nur im Promillebereich. Die Überblendung von neuen Werbebotschaften über der eigentlichen Homepage oder das automatische Öffnen neuer Fenster, die eine Werbebotschaft enthalten (Pop-ups), erreicht im Regelfall höhere Click-Through-Raten. Diese bessere Werbewirkung wird aber dadurch relativiert, dass sich viele Kunden durch die aufspringenden Fenster gestört fühlen und es häufig nur aus Versehen zum Anklicken kommt, weil der Kunde eigentlich das Fenster schließen möchte. Zahlreiche Kunden konfigurieren ihre Webbrowser mittlerweile derart, dass sich keine zusätzlichen Werbefenster mehr ohne ausdrückliche Zustimmung öffnen (Pop-up-Blocker).

Conversion Rate

(→Konversionsrate)

Cost-per-Click
(in €/Click)

Cost-per-Click bezeichnet ein im Online-Marketing übliches Abrechnungsmodell, bei dem die Leistung pro →AdClick abgerechnet wird.

$$= \frac{\text{Gesamtkosten aller AdClicks (in €)}}{\text{Anzahl der AdClicks pro Abrechnungsperiode}}$$

Beispiel
Ein im Internet werbender Automobilhersteller entrichtet an den Vermittler 1.430,17 € pro Monat an Vermittlungsgebühren für insgesamt 15.216 Werbeklicks. Auf den einzelnen AdClick heruntergerechnet entstehen Kosten von 9 Cent.

$$= \frac{1.430,17\ €}{15.216\ \text{AdClicks}} = 0,09\ €$$

Quelle
Die Zahlen übermittelt der Vermittler der Bannerwerbung.

Interpretation
- Die Leistung des Vermittlers besteht darin, dass er auf seiner Internetpage eine verlinkte Werbemitteleinblendung eines anderen Unternehmens zeigt. Klickt nun ein Besucher dieser Seite die Werbeeinblendung an, muss der Werbetreibende an den Vermittler dieses Klicks eine festgelegte Vergütung entrichten.
- Bezieht man den Cost-per-Click auf 1.000 AdClicks, korrespondiert diese Kennzahl mit dem →Tausend-Kontakte-Preis.
- Grundsätzlich können Provisionen für Vermittler auf der Anzahl der Werbemitteleinblendungen (Cost-per-View), der vermittelten Besucher der Werbemitteleinblendung (Cost-per-Click) sowie der daraus resultierenden Registrierungen (Cost-per-Lead) und Verkäufe (Cost-per-Sale), auf einem Fixbetrag pro Abrechnungsperiode (Cost-per-Period) oder auf einer turnusmäßigen Umsatzbeteiligung (Cost-per-Lifetime) basieren.
- *Google AdWords*, *adlink*, *zanox* und andere Affiliate-Programme bedienen sich solcher Abrechnungsmodelle.

Maßnahmen zur Beeinflussung
Die Kosten pro AdClick können lediglich durch den Wechsel zu einem Vermittler, der geringere Gebühren verlangt, reduziert werden. Hingegen hängt die Häufigkeit, mit der eine Werbemitteleinblendung angeklickt wird, im Wesentlichen von drei Faktoren ab:

- Attraktivität der Internetseite des Vermittlers und damit Anzahl der Besucher
- Attraktivität der Werbemitteleinblendung in sowohl inhaltlicher als auch formaler Sicht
- Zielgruppenaffinität zwischen Vermittler und werbendem Unternehmen

Grenzen

Bei der Kennzahl Cost-per-Click werden nur die Kosten, nicht aber der ökonomische Erfolg der Werbung ins Kalkül gezogen. Höhere Aussagekraft besitzen demnach Abrechnungsmodelle, die auf der Zahl der Registrierungen (Cost-per-Lead) oder Verkäufe (Cost-per-Sale) basieren.

Customer Lifetime Value

→Kundenwert

D

Deckungsbeitrag
(auch Bruttogewinn; in €)

Bei der Deckungsbeitragsrechnung wird der Kostenblock in mengenab-hängige variable Kosten und zeitabhängige fixe Kosten aufgeteilt. Der Deckungsbeitrag ist jener Betrag, der von den Erlösen nach Abzug der variablen Kosten übrig bleibt. Unter variablen Kosten versteht man alle einem Bezugsobjekt (z. B. Produkt, Bezirk, Reisender, Absatzweg) direkt zurechenbare Kosten. Der Deckungsbeitrag steht dem jeweiligen Kostenträger (z. B. Produkt, Kunde, Verkaufsregion) zur Abdeckung der fixen Kosten sowie gegebenenfalls zur Erwirtschaftung eines Gewinns zur Verfügung.

= Umsatzerlöse – variable Kosten

Die Aussagekraft des Deckungsbeitrages kann durch die Bildung von Verhältniskennzahlen gesteigert werden. Ein Beispiel hierfür ist der Deckungsbeitrag pro Mitarbeiter.

Beispiel
Ein Produkt wird zum Preis von 100 € verkauft. Bei der Produktion fallen für Material und Löhne variable Kosten in Höhe von 37 € an. Demnach beträgt der Deckungsbeitrag 63 € je Stück.

Quelle
Der Umsatz ist der Summen- und Saldenliste zu entnehmen. Die Bestimmung der variablen Kosten erfordert grundsätzlich eine Trennung in variable und fixe Kosten.

Interpretation

Der Deckungsbeitrag wird beispielsweise zur Berechnung von Preisunter-grenzen oder der abzusetzenden Menge herangezogen. Muss ein Unter-nehmen z. B. bei seiner Kalkulation von dem im Markt erzielbaren Preis ausgehen, so gilt es festzustellen, ob diese Preise eine Gewinnmarge ent-halten bzw. zumindest kostendeckend sind. Dazu muss man zunächst die Kosten des Produkts genau kennen. Dies sind einmal die variablen Kosten, also die Kosten, die lediglich bei den tatsächlich produzierten Produkten oder den tatsächlich erbrachten Leistungen anfallen, beispielsweise für Material, Löhne und Vertrieb. Zum anderen sind dies die fixen Kosten, die unabhängig von der produzierten Menge anfallen, also beispielsweise für Entwicklung und Mieten sowie Zinsen und Abschreibungen für Betriebs- und Geschäftsausstattung.

Der Preis eines Produkts muss mindestens so gewählt sein, dass er die va-riablen Kosten deckt und einen positiven Deckungsbeitrag für die fixen Kosten bringt. Der Deckungsbeitrag pro Stück wird nach folgendem Schema berechnet:

> Geplanter Verkaufspreis pro Stück
> – variable Herstellungs- und Vertriebskosten

Darüber hinaus müssen mittel- bis langfristig die fixen Kosten ganz ge-deckt sein, und das Unternehmen sollte einen Gewinn erwirtschaften.

Maßnahmen zur Beeinflussung

Der Deckungsbeitrag kann erhöht werden, indem die Umsätze gesteigert und/oder die variablen Kosten gesenkt werden.

Grenzen

Ein positiver Deckungsbeitrag sagt nichts darüber aus, ob die fixen Kosten komplett gedeckt sind und darüber hinaus ein Einnahmenüberschuss er-wirtschaftet wird. Aus diesem Grund sollte flankierend der →Gewinn un-tersucht werden.

Deckungspunkt

→Break-Even-Point

Direkte Produkt-Profitibalität

→Direkte Produkt-Rentabilität

Direkte Produkt-Rentabilität
(auch direkte Produkt-Profitabilität; in €)

D

Die direkte Produkt-Rentabilität dient dazu, die Vorteilhaftigkeit einzelner Sortimentsteile zu beurteilen, in dem alle entstandenen Kosten vom Einkauf bis zum Verkauf des Artikels in die Rentabilitätskennzahl eingerechnet werden.

> = (modifizierter) Deckungsbeitrag zur Abdeckung der nicht
> zurechenbaren Kosten und des Gewinns

Für die Berechnung der Kennzahl gilt das folgende Schema:

Netto-Verkaufspreis	= Endverbbraucherabgabepreis, um die Mehrwertsteuer sowie alle Nachlässe und Erlösschmälerungen reduziert
abzüglich	
Netto-Netto-Einkaufspreis	= Einkaufspreis, um alle Rabatte, Werbekostenzuschüsse und sonstige Vergütungen bereinigt
abzüglich	
Direkte Produktkosten	= direkt zurechenbare Handelskosten

Demnach stellt die Direkte Produkt-Rentabilität einen modifizierten →Deckungsbeitrag dar, der dazu dient, die nicht zurechenbaren Handlungskosten (= Restkosten) und den Gewinn zu decken.

Quelle
Zur Berechnung der Direkten Produkt-Rentabilität müssen die entsprechenden Daten aus dem Rechnungswesen und anderen Fachabteilungen

herangezogen sowie Flächen-, Volumen- und Kontaktstreckenmessungen durchgeführt werden.

Interpretation

Die Direkte Produkt-Rentabilität wird insbesondere herangezogen, wenn es gilt, die →Handelsspanne zu überprüfen. Außerdem dient sie dazu, die Wirkung alternativer Warenbestückungspläne zu analysieren und damit das Sortiment sowie die Logistik ergebnisorientiert zu steuern.

Die Besonderheit der DPR-Rechnung liegt darin, dass sie sich von dem in Handelsbetrieben üblichen Verfahren löst, mit Ausnahme der Warenkosten sämtliche Kosten als nicht direkt zurechenbare Kosten zu behandeln und nur mit Hilfe mehr oder weniger globaler Zuschlagssätze dem einzelnen Artikel zuzurechnen. Dies gewinnt insbesondere vor dem Hintergrund an Bedeutung, dass in Handelsbetrieben ein extrem hoher Anteil an Fixkosten vorherrscht.

Dabei werden die Kosten den einzelnen Produkten entsprechend der tatsächlichen Nutzung der Kapazitäten (z. B. Personalkosten entsprechend der tatsächlich in Anspruch genommenen Zeit, Raumkosten für wirklich genutzte Palettenplätze im Lager) zugerechnet. Sog. Leerkosten, die durch ungenutzte Kapazitäten entstehen, werden nicht berücksichtigt.

Allerdings ist mit dem DPR-Konzept ein immenser Erhebungsaufwand verbunden, welcher wiederum Kosten verursacht. Im Handelsbetrieb ist vor allem die schwierige Aufgabe zu lösen, das Mengengerüst der Kosten möglichst präzise zu erfassen. Hierfür sind umfangreiche Zeitmessungen und Arbeitsablaufstudien erforderlich. Hinzu kommen die Flächen-, Volumen- und Kontaktstreckenmessungen sowie schließlich das Sammeln der Daten aus dem Rechnungswesen und ergänzender Informationen aus verschiedenen Fachabteilungen. Das daraus resultierende Mengengerüst der Kosten wird nun mit Faktorpreisen (z. B. Lohnstundensätze, Quadratmetermietpreise und ähnliche Geldfaktoren) multipliziert. Man erhält dann die wertmäßigen direkten Produktkosten.

Grenzen

- Selbstverständlich muss ein Unternehmen auch die sog. Restkosten, die durch die Direkt-Kostenrechnung nicht berücksichtigt werden, über die →Umsätze decken. Ansonsten besteht die Gefahr, dass Verluste erwirtschaftet werden und die Unternehmenssubstanz ausgezehrt wird.
- Des Weiteren ist die DPR-Rechnung – wie bereits angeführt – mit einem erheblichen Erhebungs- und Kostenaufwand verbunden. Dieser wird von den Befürwortern allerdings mit dem Nutzen dieses Konzepts gerechtfertigt.

Distributionsgrad

→Distributionsquote, gewichtete
→Distributionsquote, numerische

Distributionsquote, gewichtete

D

(auch Distributionsgrad; in %)

Im Gegensatz zur numerischen Distributionsquote (→Distributionsquote, numerische) werden die Verkaufsstätten bei dieser Kennzahl mit ihrer warengruppenspezifischen Umsatzbedeutung gewichtet.

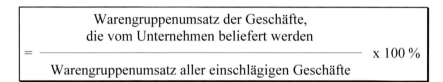

$$= \frac{\text{Warengruppenumsatz der Geschäfte, die vom Unternehmen beliefert werden}}{\text{Warengruppenumsatz aller einschlägigen Geschäfte}} \times 100\,\%$$

Die gewichtete Distributionsquote setzt also den Warengruppenumsatz der Verkaufsstellen, die ein bestimmtes Produkt vertreiben, ins Verhältnis zum Warengruppenumsatz aller Geschäfte, die das entsprechende Produkt tatsächlich verkaufen und potenziell verkaufen könnten (z. B. alle Lebensmitteleinzelhandelsgeschäfte).

Beispiel
Ein Produzent von Tiefkühlkost vertreibt in einem festgelegten Gebiet seine Produkte über insgesamt 40 Verkaufsstellen. Diese erzielen im Betrachtungszeitraum einen Umsatz in der Warengruppe Tiefkühlkost von 120.000 €. Weitere 20 Geschäfte im Gebiet gehören nicht zum Kundenkreis, verkaufen aber gleichartige Produkte von Konkurrenzunternehmen. Sie erzielen insgesamt einen Warengruppenumsatz von 30.000 €. Die gewichtete Distributionsquote des Produzenten beträgt 80 %.

$$= \frac{120.000 \text{ € Umsatz der belieferten Geschäfte}}{150.000 \text{ € Umsatz aller einschlägigen Geschäfte}} \times 100\,\% = 80\,\%$$

Im Vergleich hierzu beläuft sich die numerische Distributionsquote in diesem Beispiel lediglich auf 66 % (Zur Rechnung für diese Beispiel siehe →Distributionsquote, numerische).

Quelle
Da der Warengruppenumsatz aller einschlägigen Handelsunternehmen für einen Produzenten nur schwerlich zu ermitteln sein dürfte, bedient man sich bei der Berechnung der gewichteten Distributionsquote zumeist der externen Marktforschung. Als Datenquelle im Konsumgüterbereich dienen beispielsweise die Handelspanels der *GfK* und *Nielsen*. Diese Marktforschungsunternehmen bieten ihren Kunden monatliche Berichte über die ermittelten Distributionsquoten an.

Interpretation
- Eine niedrige gewichtete Distributionsquote ist ein Indiz dafür, dass der Umsatz eines Produktes noch deutlich erhöht werden kann, indem umsatzstarke Vertriebspartner hinzugewonnen werden.
- Eine hohe gewichtete Distributionsquote bedeutet, dass das Produkt eines Unternehmens bereits über die meisten umsatzstarken Verkaufsstellen vertrieben wird.

Maßnahmen zur Beeinflussung
Um die gewichtete Distributionsquote zu erhöhen, können folgende Maßnahmen ergriffen werden:
- Fokussierung der Marketingaktivitäten auf umsatzstarke Vertriebspartner
- Preiszugeständnisse kurzfristiger Art (z. B. attraktive Einführungskonditionen), um eine Listung des Produkts bei großen Vertriebspartnern zu erreichen
- Schulung der Außendienstmitarbeiter, um den umsatzstarken Handelsunternehmen einen gleichwertigen Verhandlungspartner gegenüberzustellen
- Verstärkung der Endverbraucherwerbung, die bei den Kunden einen Nachfragesog auslöst, der auch die umsatzstarken Handelsunternehmen zwingt, das entsprechende Produkt zu listen (sog. Pull-Effekt)

Aus Logistik- und Kostengründen kann auch eine Konzentration der Marketingbemühungen ausschließlich auf die umsatzstarken Vertriebswege sinnvoll sein. Dies kann beispielsweise durch sog. Mindestabnahmemengen erreicht werden.

Grenzen

In jedem Fall gilt es zu prüfen, ob eine hohe gewichtete Distributionsquote auch mit der gewünschten →Rentabilität einhergeht. Denn umsatzstarke Vertriebspartner werden nicht selten mit großen Marketingbemühungen und/ oder Preiszugeständnissen und damit zu Lasten der Rendite gewonnen.

D

Distributionsquote, numerische
(auch Distributionsgrad; in %)

Die numerische Distributionsquote setzt die Verkaufsstellen, die ein bestimmtes Produkt vertreiben, ins Verhältnis zu allen Geschäften, die das entsprechende Produkt verkaufen und verkaufen könnten.

$$= \frac{\text{Zahl der Geschäfte, die vom Unternehmen beliefert werden}}{\text{Gesamtzahl der einschlägigen Geschäfte}} \times 100\,\%$$

Beispiel

Ein Produzent von Tiefkühlkost vertreibt in einem festgelegten Gebiet seine Produkte über insgesamt 40 Verkaufsstellen. Weitere 20 Geschäfte im Gebiet gehören nicht zum Kundenkreis, verkaufen aber gleichartige Produkte von Wettbewerbern. Damit beläuft sich die numerische Distributionsquote auf 66 %.

$$= \frac{40 \text{ belieferte Verkaufsstellen}}{60 \text{ einschlägige Verkaufsstellen}} \times 100\,\% = 66\,\%$$

Quellen

- Bei einem für das Unternehmen überschaubaren Absatzgebiet können die Daten der Vertriebsabteilung über die Vertriebswege als Grundlage herangezogen werden.
- In großen Absatzräumen, in denen dem einzelnen Unternehmen die komplette Marktübersicht fehlt, muss für die Ermittlung der Kennzahl auf externe Marktforschung zurückgegriffen werden. Als Datenquelle

im Konsumgüterbereich kommen beispielsweise die Handelspanels der *GfK* und der *Nielsen* in Frage. Diese Marktforschungsunternehmen bieten ihren Kunden monatliche Berichte über die ermittelten Distributionsquoten an.

Interpretation
- Ein niedriger Kennzahlenwert ist Indiz dafür, dass der Absatz eines Produktes noch erhöht werden kann, indem weitere Vertriebspartner hinzugewonnen werden.
- Eine hohe numerische Distributionsquote hingegen bedeutet, dass das Produkt eines Unternehmens bereits über relativ viele Verkaufsstellen vertrieben wird und damit für die Kunden flächendeckend erhältlich ist (sog. Ubiquität).

Maßnahmen zur Beeinflussung
Bei einer zu niedrigen numerischen Distributionsquote können folgende Maßnahmen ergriffen werden:
- Verstärkung der Werbemaßnahmen, um Händler zu mobilisieren, das Produkt zu listen
- Preiszugeständnisse kurzfristiger Art (Einführungspreise), um eine Aufnahme des Produkts bei Vertriebspartnern zu erreichen
- Schulung der Außendienstmitarbeiter
- Verstärkung der Endverbraucherwerbung: Dadurch wird bei den Kunden ein Nachfragesog ausgelöst, der die umsatzstarken Handelsunternehmen zwingt, das entsprechende Produkt zu listen (sog. Pull-Effekt).

Grenzen
- Die numerische Distributionsquote bezieht sich nur auf die Anzahl der Geschäfte, die ein Produkt vertreiben bzw. vertreiben könnten. Sie behandelt also alle Verkaufsstellen gleich und folglich unabhängig davon, ob es sich nun um einen kleinen Tante-Emma-Laden oder um ein großes Einkaufszentrum handelt. Insofern empfiehlt es sich, flankierend die →Distributionsquote, gewichtete zu bilden, welche die Geschäfte, die ein Produkt führen, nach ihren Umsätzen gewichtet.
- In jedem Fall gilt es zu prüfen, ob eine hohe numerische Distributionsquote auch mit der gewünschten →Rentabilität einhergeht. Denn neue Vertriebspartner werden nicht selten unter kostenintensiven Marketinganstrengungen und/oder Preiszugeständnissen und damit zu Lasten der Rendite gewonnen.

Du-Pont-Kennzahlensystem

Das Du-Pont-Kennzahlensystem (Du Pont System of Financial Control) ist das älteste Kennzahlensystem der Welt. Das System von Unternehmenskennzahlen zur Bilanzanalyse und der Unternehmenssteuerung ist an rein monetären Größen orientiert und wurde bereits im Jahre 1919 von dem amerikanischen Chemie-Konzern *Du Pont de Nemours and Co.* entwickelt. Das System ist in verschiedenen Versionen und Ergänzungen als Steuerungs-, Planungs- und Kontrollinstrument verbreitet.

D

Im Mittelpunkt des Kennzahlensystems steht die Gesamtkapitalrendite (→Return on Investment). Oberstes Ziel der Unternehmensführung ist somit nicht die Gewinnmaximierung, sondern die Maximierung des Ergebnisses pro eingesetzte Kapitaleinheit. Die Orientierung an der Schlüsselgröße RoI soll im Sinne eines Performance Managements eine wertorientierte Unternehmensführung ermöglichen.

Beim Du-Pont-Kennzahlensystem handelt es sich um ein geschlossenes Modell von sich gegenseitig bedingenden Zielgrößen. Auf diese Weise lassen sich Abgängigkeiten und Wechselwirkungen analysieren. Dies bietet den Vorteil, von bloßen Sammlungen isolierter Kennzahlen abzukommen, da diese bezüglich der Analyseergebnisse häufig zu Inkonsistenzen führen.

Das Du-Pont-Kennzahlensystem hat den formalen Aufbau eines Rechensystems in Gestalt einer Kennzahlen-Pyramide. Der →RoI wird aus dem Produkt der Kennzahlen →Umsatzrentabilität und →Kapitalumschlag ermittelt. In den folgenden Stufen werden die in den Zähler und Nenner dieser Verhältniskennzahlen (Ratios) eingehenden Größen in ihre absoluten Aufwands- und Ertragskomponenten sowie Vermögensbestandteile untergliedert. Die →Umsatzrendite ist →Gewinn durch →Umsatz, der Kapitalumschlag berechnet sich aus dem Umsatz durch das durchschnittlich investierte Kapital (betriebsnotwendiges Vermögen). Diese Aufspaltung lässt sich fast unbegrenzt weitertreiben. Durch die mathematische Zerlegung der übergeordneten Zielgröße werden die verschiedenen Einflussfaktoren auf den Unternehmenserfolg übersichtlich dargestellt.

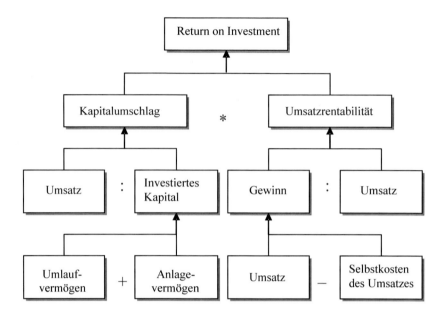

Abb. 6. Du-Pont-Kennzahlensystem – in verkürzter Form

Ein Vorteil des Du-Pont-Systems ist, dass die notwendigen Kennzahlen überwiegend aus dem betrieblichen Rechnungswesen entnommen werden können. Dies ermöglicht u. a. Vergleiche mit anderen Betrieben (sog. Betriebsvergleich) bzw. Best-Practice-Lösungen (sog. Benchmarking).

Als Nachteile werden angeführt:
- Bei den hier ausschließlich verwendeten Finanzkennzahlen handelt sich im Regelfall um sog. Spätindikatoren, d. h. um Kennzahlen, die erst mit erheblicher zeitlicher Verzögerung Hinweise über die Richtigkeit einer Entscheidung geben.
- Die Finanzkennzahlen geben nur bedingt Auskunft über die Ursachen für eine bestimmte Entwicklung und bieten damit nur begrenzte Ansatzpunkte für etwaig durchzuführende Maßnahmen.
- Die Ausrichtung an dem kurzfristigen Rentabilitätsziel lässt u. U. langfristige Aspekte zur Unternehmenswertsteigerung außen vor.
- Der RoI lässt keinen unmittelbaren Rückschluss auf die Produktivität eines Unternehmens zu, da auch der Bilanzpolitik Einfluss zukommt.

- Die Ausrichtung an einem einzigen Ziel, nämlich der Maximierung des RoI, wird nicht allen Anspruchsgruppen eines Unternehmens gerecht, z. B. Mitarbeitern, sofern sie nicht am Gewinn beteiligt sind.
- Bereichsorientierte RoI-Ziele können zu suboptimalen Lösungen für das ganze Unternehmen führen.

D

Durchlaufzeit
(in Minuten, Stunden, Tagen)

Die Durchlaufzeit bemisst die Dauer, die ein Unternehmensprozess von Anfang bis Ende benötigt.

> = Zeitpunkt des Prozessendpunktes
> − Zeitpunkt des Prozessstartpunktes

Beispiel
Ein Kunde bestellt am 1. Februar 2008 einen Personenkraftwagen im Autohaus. Am 31. Mai 2008 bekommt er das bestellte Fahrzeug ausgeliefert. Die Durchlaufzeit beträgt 121 Tage: 29 Tage (Februar) + 31 Tage (März) + 30 Tage (April) + 31 Tage (Mai).

Quelle
Die Daten können von der Vertriebs- und/oder der Produktionsabteilung bereitgehalten werden.

Interpretation und Maßnahmen zur Beeinflussung
- Die Durchlaufzeit ist die Zeitspanne, die für die Bearbeitung eines Objektes von der Annahme des Auftrages bis zur Fertigstellung notwendig ist. Die Durchlaufzeit kann sich also auf einen einzelnen Fertigungsschritt (Arbeitsplatzdurchlaufzeit) oder auf einen Produktionsauftrag bzw. Kundenauftrag (Auftragsdurchlaufzeit) beziehen.
- In der Fertigung setzt sich die Durchlaufzeit zusammen aus Rüstzeit (Zeit, um die Ressource in den richtigen Zustand zu versetzen), Bearbeitungszeit (Zeit, die technologisch für die Herstellung des Produktes benötigt wird) und Liegezeit (ungewollte Wartezeit des Erzeugnisses innerhalb des Produktionssystems).
- Das Ziel in Fertigung und Dienstleistung sollte es immer sein, die Kosten eines Auftrages so gering wie möglich zu halten. Dies kann auch

durch Reduzierung der Durchlaufzeit erreicht werden, wobei die Verringerung die Qualität der Fertigung nicht negativ beeinträchtigen darf. Durch eine Reduzierung der Durchlaufzeiten lassen sich Umlaufbestände, damit verbundene Kapitalbindung sowie Lager- und Transportkosten abbauen. Bei homogenen Produkten mit ähnlichen Preisen kann eine verkürzte Wartezeit der Kunden außerdem als zentraler Wettbewerbsvorteil genutzt werden.

Grenzen
Eine Verkürzung der Durchlaufzeiten durch Kapazitätsausbau kann durchaus mit höheren Kosten verbunden sein.

E

E-Commerce-Kennzahlen

Der Werbeträgerkontakt im Internet kann anhand folgender spezieller Kennzahlen erhoben werden:

→ AdClick
→ AdImpression
→ Click Through Rate
→ PageImpression
→ Unique Visit
→ Unique Visitors
→ Visits per Visitor
→ Konversionsrate
→ Absprungrate
→ Besuchszeit auf der Homepage, durchschnittliche
→ Neubesucherquote im Internet
→ Einstiegswege auf Internetseite
→ PageImpression per Visit

Eigenkündigungsquote
(in %)

Die Eigenkündigungsquote zeigt an, wie hoch der Anteil der ausgeschiedenen Arbeitnehmer ist, die von sich aus gekündigt haben. Sie gilt daher als Indiz für das Betriebsklima und die Qualität des Beschäftigungsverhältnisses.

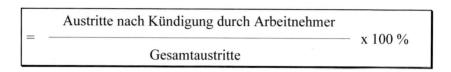

$$= \frac{\text{Austritte nach Kündigung durch Arbeitnehmer}}{\text{Gesamtaustritte}} \times 100\,\%$$

Beispiel

In einem Jahr scheiden aus der Vertriebsorganisation eines Unternehmens insgesamt 40 Mitarbeiter aus, von denen 10 von sich aus gekündigt haben. Die Eigenkündigungsquote in der Vertriebsorganisation beträgt 25 %.

$$= \frac{10 \text{ Mitarbeiter mit Eigenkündigung}}{40 \text{ ausgeschiedene Mitarbeiter}} \times 100\,\% = 25\,\%$$

Quelle

Die Anzahl sowohl der Gesamtaustritte als auch der Selbstkündigungen liefert das Personalwesen.

Interpretation

- Die Kennzahl ist insbesondere interessant im Vergleich zu:
  - vorangegangenen Perioden,
  - anderen Unternehmensbereichen und
  - Wettbewerbern (falls Daten bekannt).
- Neben den Kündigungen durch den Arbeitgeber und sonstigen Austrittsgründen wie beispielsweise Tod, Verrentung und Versetzung kann es auch der Arbeitnehmer selbst sein, der das Arbeitsverhältnis beendet. Die Ursachen hierfür können selbstverständlich auch außerhalb des Unternehmens zu finden sein (z. B. familiäre Gründe, Wohnortwechsel, zu große Entfernung zwischen Wohnung und Arbeitsplatz oder gesundheitliche Probleme). Oft spielen aber aus der Sicht des Mitarbeiters folgende Argumente eine Rolle:
  - zu geringer Verdienst
  - Schichtarbeit
  - mangelnde Fortbildungsmöglichkeiten im Unternehmen
  - fehlende Entwicklungsperspektiven im Unternehmen
  - Schwierigkeiten mit anderen Mitarbeitern
  - Schwierigkeiten mit Vorgesetzten
  - Mobbing

- Eine hohe Eigenkündigungsquote kann demnach Indiz für die Unzufriedenheit der Mitarbeiter mit den Umständen und Bedingungen ihrer Beschäftigung sein.
- Jede Eigenkündigung ist mit hohen Kosten verbunden, die sowohl die organisatorischen Schwierigkeiten durch die oft kurzfristige Kündigung als auch die Neubesetzung des Arbeitsplatzes umfassen. Zudem sind es oft qualifizierte und damit wertvolle Mitarbeiter, die das Unternehmen von sich aus verlassen, wenn sie nicht (mehr) zufrieden sind.

E

Maßnahmen zur Beeinflussung
Nach eingehender Analyse der Ursachen für die Eigenkündigungen der Mitarbeiter sollte über folgende Abhilfen nachgedacht werden:
- leistungsgerechte und -abhängige Bezahlung
- Neuorganisation der Arbeitszeiten mit dem Ziel, Schicht- und Nachtarbeit zu verringern
- Einrichtung von Feedback-Instanzen, um Probleme mit Vorgesetzten und Kollegen anzusprechen
- Systematische Karriereplanung im Rahmen von Mitarbeitergesprächen
- Fortbildungsangebote im Zuge einer systematischen Mitarbeiterentwicklung

Eigentransportquote

→Vertriebswegquote, umsatzabhängige

Einheiten pro Kauf
(in Stück)

Die Kennzahl gibt an, wie viele Einheiten (Produkte und Leistungen) durchschnittlich pro Einkauf erworben werden.

$$= \frac{\text{Gekaufte Einheiten}}{\text{Anzahl der Einkäufe}}$$

Beispiel

Ein Drogeriemarkt analysiert mit Hilfe seiner Kundenkarte das Einkaufsverhalten seiner Kunden. Kunde X hat im vergangenen Jahr 18 Einkäufe getätigt und insgesamt 92 Artikel erworben. Im Durchschnitt hat er demnach 5,1 Einheiten pro Einkauf erworben.

$$= \frac{92 \text{ Artikel}}{18 \text{ Artikel}} = 5,1 \text{ Einheiten pro Einkauf}$$

Quelle

- Bei elektronischen Kassensystemen können die Daten dem Warenwirtschaftsystem entnommen werden. Ist dies nicht der Fall, müssen die Kassenbons manuell ausgewertet werden.
- Die Zuordnung zu einzelnen Kunden setzt im Regelfall voraus, dass der Kunde eine Kundenkarte besitzt und diese auch einsetzt. Ansonsten ist nur eine Durchschnittsbetrachtung über sämtliche Kunden hinweg möglich.

Interpretation

- Die Einheiten pro Kauf können in Verbindung mit Clusteranalysen dazu genutzt werden, lukrative Kundensegmente herauszudestillieren und diese gezielt zu bearbeiten. Außerdem liefert diese Kennzahl wichtige Hinweise auf die Qualität eines Unternehmens, seines Sortiments und Angebotsprogramms sowie seiner Mitarbeiter. Nicht zuletzt lässt sich damit der Erfolg von Cross-Selling-Maßnahmen sowie Aktivitäten zur Steigerung der Nutzungsintensität überprüfen.
- Die Kennzahl besitzt insbesondere im Längsschnitt- (über mehrere Perioden) und/oder im Querschnittvergleich (z. B. zwischen einzelnen Filialen) Aussagekraft.

Maßnahmen zur Beeinflussung

- Zum einen empfiehlt sich die Erschließung von sog. Cross-Selling-Potenzialen. Hierunter versteht man die bessere Ausschöpfung des Kundenpotenzials durch Angebot der gesamten Produktpalette und damit das Denken in Geschäftsbeziehungen. Konkret versucht man, einem Kunden, der Produkt A erwirbt, auch die Produkte B und C aus dem eigenen Sortiment bzw. Angebotsprogramm zu verkaufen.

- Zum anderen lassen sich die Einheiten pro Kauf durch eine Steigerung der Nutzungsintensität eines Produkts beim einzelnen Kunden vergrößern. Dies kann u. a. erreicht werden durch:
  - Senkung des Preises,
  - Vergrößerung der Packungseinheiten,
  - frühzeitige modische und/oder funktionale Veralterung der Produkte sowie
  - Aufzeigen neuer Einsatzmöglichkeiten für das Produkt (z. B. Joghurt in kleinen Verpackungseinheiten als Eis im Sommer).

E

Grenzen
Die Kennzahl ermöglicht keinen Einblick in den Einkaufswert bzw. den Ertrag pro Kauf.

Einkaufsbetrag, durchschnittlicher
(in €)

In der Unternehmenspraxis werden folgende Varianten ermittelt:
- durchschnittlicher Einkaufsbetrag pro Kunde (sog. Einkaufsbonanalyse)
- durchschnittlicher Einkaufsbetrag pro Besucher

$$= \frac{\text{Umsatz}}{\text{Zahl der Kunden bzw. Besucher}}$$

Die Kennzahl ist im Lebensmittelhandel weit verbreitet, wobei im Regelfall der Tages- oder Wochenumsatz zugrunde gelegt wird. Der durchschnittliche Einkaufsbetrag steht im Regelfall in einer positiven Beziehung zur Betriebsgröße: Je größer die Verkaufsfläche, desto höher der durchschnittliche Einkaufsbetrag pro Kunde. Der durchschnittliche Einkaufsbetrag steht auch in einem Abhängigkeitsverhältnis zur durchschnittlichen Einkaufshäufigkeit (→Einkaufshäufigkeit, durchschnittliche). Mit abnehmender Einkaufshäufigkeit ist eine Zunahme des durchschnittlichen Einkaufsbetrages pro Kaufakt anzunehmen.

Beispiel
Die Filiale eines Lebensmitteleinzelhandelsunternehmens erwirtschaftet in einer Kalenderwoche einen Umsatz von 240.000 €. Die Zahl der Kunden

lag im gleichen Zeitraum bei 9.600. Damit belief sich der durchschnittliche Einkaufsbetrag pro Kunde auf 25 €.

$$= \frac{240.000 \text{ € Umsatz}}{9.600 \text{ Kunden}} = 25 \text{ € pro Kunde}$$

Quelle
Die für die Berechnung des durchschnittlichen Einkaufsbetrags erforderlichen Daten können entweder dem Warenwirtschaftssystem entnommen oder im Zuge einer Kassenbonanalyse ermittelt werden.

Interpretation
Der durchschnittliche Einkaufsbetrag wird festgelegt durch:
- die Menge, die von einem Artikel erworben wird,
- den Preis pro Packungseinheit eines Artikels sowie
- die Zahl der gemeinsam gekauften Artikel (sog. Verbundkäufe).

Der durchschnittliche Einkaufsbetrag pro Kunde vermittelt erste Hinweise auf die Sortimensstruktur. Fällt diese Kennzahl im Vergleich zu anderen Unternehmen zu niedrig aus, muss dies als Hinweis auf Schwächen im Sortiment interpretiert werden. Offensichtlich kann der Kunde nicht zu Spontankäufen angeregt werden und/oder nicht alle geplanten Käufe realisieren. Letzteres lässt darauf schließen, dass das Sortiment nicht an den Bedürfnissen der Kunden ausgerichtet ist oder aber Regallücken infolge zahlreicher Fehlartikel bestehen.

Maßnahmen zur Beeinflussung
Um den durchschnittlichen Einkaufsbetrag zu erhöhen, bieten sich grundsätzlich zwei Ansatzpunkte:
- Einmal kann das geplante Kaufverhalten positiv beeinflusst werden durch
  - die Vermeidung von Regallücken,
  - die Erweiterung (z. B. um Non-Food-Produkte) und/oder Umstrukturierung des Sortiments nach den Bedürfnissen der Kunden sowie
  - die Erhöhung der durchschnittlichen Einkaufsmenge durch Mengenrabatte und Veränderung der Verpackungsgrößen (→Einkaufsmenge, durchschnittliche).
- Zum anderen können die Impuls- bzw. Spontankäufe durch entsprechende Verkaufsförderungsaktionen (z. B. Probierstände mit Verkostungen, Events, Sonderpreisaktivitäten) positiv beeinflusst werden.

Grenzen
Der durchschnittliche Einkaufsbetrag basiert auf dem →Umsatz und vermittelt demnach keinen Einblick in die Gewinnsituation eines Unternehmens.

Einkaufsdauer, durchschnittliche
(in Minuten)

E

Nach zeitlichen Kriterien lässt sich das Einkaufsverhalten weiterhin nach der durchschnittlichen Einkaufshäufigkeit (→Einkaufshäufigkeit, durchschnittliche) und der →Einkaufszeit charakterisieren.

> = durchschnittlicher Zeitdauer, in der sich ein Kunde pro Einkaufsakt in einer Einkaufsstätte befindet

Beispiel
In einer Untersuchung der *GfK* wurde das Einkaufsverhalten von privaten Haushalten untersucht. Die durchschnittliche Einkaufsdauer, gemessen vom Betreten bis zum Verlassen des Verkaufsraumes, beträgt in Supermärkten 13 Minuten und in großen Verbrauchermärkten 21 Minuten.

Quelle
Die Verweildauer wird bei Handelsbetrieben im Regelfall im Zuge von Kundenlaufstudien erhoben. Dabei registrieren als Mitarbeiter getarnte Beobachter Weg, Warenkontakt und Kauf des Kunden. Am Ende des Einkaufs wird der Kunde um seine Zustimmung zur Nutzung der erhobenen Daten gebeten. Alternativ bieten sich elektronische Erfassungssysteme an. Hierbei wird der Lauf des Kunden über Sendevorrichtungen am Einkaufswagen bzw. vom Kunden zu tragende Minisender und an der Decke angebrachte Empfänger aufgezeichnet.

Interpretation
Die Verweildauer wird im Rahmen des Handelscontrolling als Maßstab für den Erfolg von Ladengestaltungsmaßnahmen (z. B. Umbauten) und Verkaufsförderungsaktivitäten (z. B. Verkostungen) herangezogen. Dabei wird zwischen der Verweildauer und der Anzahl der gekauften Artikel bzw. dem Einkaufsbetrag ein positiver Zusammenhang unterstellt.

Maßnahmen zur Beeinflussung

- Die Verweildauer lässt sich zunächst durch Verkaufsförderungsaktionen (z. B. Probierstände) erhöhen.
- Des Weiteren bieten sich Ladengestaltungsmaßnahmen (z. B. Umbauten) an, die u. a. dazu dienen, die Ladenatmosphäre zu verbessern und den Kundenlauf zu beeinflussen.
- Schließlich können Faktoren, welche die Verweildauer negativ beeinflussen, ausgeschaltet werden. Zu diesem Maßnahmenbündel zählen die Betreuung der Kinder während des Einkaufs (z. B. in Einkaufszentren und Möbelhäusern) und die Einrichtung eines Restaurants, in dem man(n) eine Verschnaufpause einlegen kann.

Grenzen

- Bei der Interpretation dieser Kennzahl muss einschränkend berücksichtigt werden, dass sich Wartezeiten (z. B. im Thekenbereich, an der Kasse) zwar positiv auf die Verweildauer, aber negativ auf die Kaufbereitschaft des Kunden auswirken.
- Solche Wartezeiten lassen sich durch Ausbau der Kapazitäten (z. B. Kassenplätze und deren Besetzung) sowie eine nachfrageorientierte Personaleinsatzplanung verringern.
- Außerdem kann der Kassiervorgang durch eine Optimierung des Kassenplatzes beschleunigt werden. Als herausragendes Beispiel hierfür können die Scanner-Kassenplätze von *ALDI Süd* dienen.
- Schließlich räumen einige Unternehmen ihre Kunden eine Wartezeitgarantie ein (Zahlung von 3 € bei Wartezeiten von mehr als zehn Minuten an der Kasse).

Einkaufsfrequenz

→Einkaufshäufigkeit

Einkaufshäufigkeit
(auch Einkaufsfrequenz, Kauffrequenz, Kaufhäufigkeit)

Die Einkaufshäufigkeit ist eine wichtige Kennzahl der Handelsbetriebe, kann aber auch in anderen Branchen Erkenntniswert haben.

> = Häufigkeit, in der in einer bestimmten Zeitspanne bestimmte Güter (einzelne Artikel, Artikel aus einer Produkt- oder Warengruppe) gekauft oder Käufe in einem bestimmten Unternehmen oder einer Gruppe von Unternehmen (z. B. Einkaufszentrum) durchgeführt werden

Alternativ zur Einkaufshäufigkeit kann auch die Wartezeit zwischen zwei Einkäufen ermittelt werden. Häufig werden auch Einkaufsfrequenz-Verteilungen aufgestellt (sog. *Lorenz*-Kurven). In diesen Fällen versteht man unter Einkaufshäufigkeit die Anzahl der Käufer, die während des Betrachtungszeitraums einmal, zweimal, dreimal usw. im Produktfeld gekauft haben. Dabei hat es sich als zweckmäßig erwiesen, die Käufergruppen der einzelnen Häufigkeitsklassen nach weiterführenden Merkmalen zu analysieren (z. B. nach Käuferstrukturen, Wahl der Einkaufsstätten bzw. Marken, Wahl der Packungsgrößen).

Beispiel
Im Rahmen einer Marktforschungsstudie ermittelt ein Verbrauchermarkt, dass die Kunden im Durchschnitt alle sechs Tage das Unternehmen aufsuchen und im Durchschnitt alle 18 Tage ein Produkt aus dem Sortimentsbereich Kosmetik kaufen.

Quelle
Angaben über die in der Unternehmenspraxis anzutreffenden Einkaufshäufigkeiten lassen sich folgenden Quellen entnehmen:
- Verbraucherpanels (beispielsweise der *GfK*): Häufigkeit des Kaufs einer Marke, Zahl der Besuche in einer Einkaufsstätte, Zeitraum zwischen zwei Besuchen
- Typologie der Wünsche-Studie des *Burda-Verlages*: Häufigkeit des Kaufs von Produkten eine bestimmten Warengruppe
- Kundenverkehrsanalyse der *Bundesarbeitsgemeinschaft der Mittel- und Großbetriebe des Einzelhandels*: Zeitraum zwischen Befragungszeitpunkt in einer Einkaufsstätte und letztem Besuch derselben
- Media-Analyse (MA) der *Arbeitsgemeinschaft Media-Analyse*: Häufigkeit, mit der die Befragten in welchen Ladentypen einkaufen

Außerdem bietet sich die Möglichkeit, die Einkaufshäufigkeit mittels Kundenbefragungen oder auf elektronischem Wege unter Einsatz von Kundenkarten zu erheben.

Interpretation

Die Einkaufshäufigkeit hängt vor allem von folgenden Faktoren ab:

- Marketingaktivitäten von Hersteller und Handel
- Verbrauchs- und Verwendungsgewohnheiten der Konsumenten
- Durchschnittliche Einkaufsmenge (→Einkaufsmenge, durchschnittliche)

Die Kennzahl der Einkaufshäufigkeit unterstützt u. a. bei folgenden Fragestellungen:

- Wann müssen Direct-Mails (= Werbebriefe) geschaltet werden, um den Kunden bedarfsgenau anzusprechen?
- Zu welchem Zeitpunkt sollen neue Produkte eingeführt oder Verkaufsförderungsaktionen durchgeführt werden?
- Welche Mengen müssen vorrätig gehalten werden?
- Können durch eine Reduzierung der Einkaufshäufigkeit eine Vergrößerung der Einkaufsmenge und damit ein früheres Einkaufen des Kunden erzielt werden? Hierzu kann man sich einer Vergrößerung der Verpackung oder eines Mengenrabatts bedienen.

Außerdem können mit Hilfe dieser Kennzahl auch Käufer charakterisiert und weiter untersucht werden. So lässt sich anhand der Einkaufshäufigkeit die relative Bedeutung der Intensivkäufer am Umsatz erfassen.

Maßnahmen zur Beeinflussung

Um die Einkaufshäufigkeit zu steigern, bieten sich im Wesentlichen drei Ansatzpunkte:

- Erhöhung der Einkaufsfrequenz, indem die →Kaufintensität eines Produkts gesteigert wird. Man denke in diesem Zusammenhang beispielsweise an Eiscreme, die durch geschickte Marketingaktivitäten von einem Artikel, den Verbraucher lediglich in der warmen Jahreszeit konsumierten, zu einem Ganzjahresprodukt umpositioniert wurde.
- Motivation des Kunden, ein Produkt zu erwerben, bevor der eigentlich notwendig wäre (sog. Stimulierung von Ersatzbedarf). Hierzu zählen beispielsweise zeitlich begrenzte Sonderaktionen (Sondermodelle, Sonderpreise, Sonderkonditionen im Falle von Finanzierungen), die Inzahlungnahme des noch gebrauchsfähigen alten Produktes bei Kauf eines neuen Produktes (z. B. bei Rasierapparaten, Pkws) und die modische Veralterung eines Produkts.
- Verkürzung von Aktionsintervallen, so dass der Kunde häufiger die Einkaufsstätte aufsuchen muss. Beispiel hierfür ist *Aldi Süd*, das seine Aktionsintervalle von einmal wöchentlich (Mittwoch) auf zweimal wöchentlich (Montag und Donnerstag) verkürzt hat.

Grenzen
Da grundsätzlich eine wachsende Bedeutung von Großeinkäufen festzustellen ist, müssen Haushalte, die selten einkaufen, nicht zwangsläufig i-
dentisch sein mit Haushalten, die wenig einkaufen. Aus diesem Grund ist
anzunehmen, dass mit sinkender Einkaufshäufigkeit der durchschnittliche
Einkaufsbetrag (→Einkaufsbetrag, durchschnittlicher) und die durchschnittliche Einkaufsmenge (→Einkaufsmenge, durchschnittliche) steigen.

E

Einkaufsintensität

→Kaufintensität

Einkaufsmenge, durchschnittliche
(in €)

Die durchschnittliche Einkaufsmenge kann auf zwei Arten definiert werden:

= durchschnittliche Kaufmenge pro Käufer und Kaufakt

oder

= durchschnittliche Kaufmenge pro Zeiteinheit

Ausgehend von dieser Kennzahl lassen sich Käufer nach ihrer Einkaufsmenge für das betrachtete Produkt sortieren. Bei den sog. Intensivkäufern
liegt die Einkaufsmenge über dem Durchschnitt der Warengruppe. Nor-
malkäufer liegen im Durchschnitt, Extensivkäufer unter der durchschnittlichen Einkaufsmenge der jeweiligen Warengruppe. Es bietet sich an, diese
Kundentypen nach weiteren Kriterien (z. B. Soziodemographika, Markenverwendung) zu untersuchen, um hierdurch Ansatzpunkte für eine ziel-
gruppengenaue Ansprache zu gewinnen.

Beispiel
Ein Marktforschungsinstitut ermittelt für einen Verbrauchermarkt im
Rahmen einer Untersuchung, dass die Kunden bei einem Einkauf im
Durchschnitt 2 Liter Milch und Milchmischgetränke einkaufen. Auf einen
Monat gerechnet kauft ein Kunde im Durchschnitt 8 Liter ein.

Quelle
Angaben über die Einkaufsmenge können folgenden Quellen entnommen werden:
*   Firmeninterne Statistiken (z. B. Kundenbonanalyse)
*   Verbraucher- und Einzelhandelspanels (z. B. der *GfK*)
*   Wirtschaftsrechnungen des *Statistischen Bundesamtes*

Interpretation
Aus einer auf Basis der durchschnittlichen Einkaufsmenge durchgeführten
→ABC-Analyse lassen sich folgende, u. U. sich gegenseitig ausschließen-
de Konsequenzen ableiten:
*   Zukünftig noch stärkere Konzentration der Ressourcen und Aktivitäten auf die Intensivkäufer (A-Kunden)
*   Gegebenenfalls Identifikation und Ausschöpfung bislang nicht genutz-ten Potenzials bei den Durchschnitts- und Extensivkäufern (B- und C-Kunden)
*   Ansonsten erhebliches Zurückschrauben der Bemühungen um die Ex-tensivkäufer (C-Kunden)

Maßnahmen zur Beeinflussung
Die Einkaufsmenge lässt sich in gewissen Grenzen durch die Gewährung von Mengenrabatten und/oder die Verpackungsgestaltung (größere Pa-ckungseinheiten) beeinflussen.
Wichtige Faktoren, welche die Einkaufsmenge beeinflussen, sind:
*   die Haushaltsgröße,
*   die Verwendungsintensität,
*   das für den Transport zur Verfügung stehende Verkehrsmittel sowie
*   die Dichte des Versorgungsnetzes.

Grenzen
Grundsätzlich besteht die Möglichkeit, dass mit Zunahme der durch-schnittlichen Einkaufsmenge die durchschnittliche Einkaufshäufigkeit ab-nimmt. Dies birgt letztlich die Gefahr in sich, dass eine Steigerung der durchschnittlichen Einkaufsmenge zu einem Ausbau bestimmter Kapazitä-ten (z. B. Warenbestände) bei gleichzeitig höheren Kapazitätsschwankun-gen (z. B. bezüglich der Kundenfrequenz) führt, was letztlich die Kosten erhöht.

Einkaufsstättentreue

→Wiederkaufrate, Wiederkäuferrate

Einkaufszeit
(in Uhrzeit oder Datum)

Die Einkaufszeit definiert den Einkauf eines Kunden in zeitlicher Hinsicht.

E

| = Zeitpunkt, zu dem Kunden ihre Einkäufe durchführen |

Die getätigten Einkäufe können sich beziehen auf:
- den Besuch einer bestimmten Abteilung eines Betriebes, den Betrieb insgesamt oder eine Ansammlung von Betrieben (z. B. Einkaufszentrum)
- einzelne Artikel (Wann kauft der Kunde ein Produkt?) oder Zusammenfassungen von Artikeln (z. B. Warengruppen, Sortimente eines Geschäfts; z. B. wann kauft der Kunde seine Güter des täglichen Bedarfs ein?)
Als Zeitabschnitte können Jahre, Monate, Wochen, Tage oder Stunden herangezogen werden.

Quelle
- Bezieht sich die Einkaufszeit auf einzelne Warenbereiche oder Abteilungen bzw. einzelne Betriebe und/oder werden stundengenaue Angaben benötigt, bieten sich Kundenlaufstudien bzw. -beobachtungen an. Aus diesen lässt sich dann die Kundenfrequenz ableiten.
- Wie sich die Umsätze von Einzelhandelsunternehmen im Jahresverlauf entwickeln, ist den Betriebsvergleichen (z. B. des *Instituts für Handelsforschung*) sowie dem Berichtssystem des *Statistischen Bundesamtes* zu entnehmen.
- Frequenzdaten in Form der Zahl der Besucher der untersuchten Einkaufszentren pro Zeiteinheit bietet die *Bundesarbeitsgemeinschaft der Mittel- und Großbetriebe des Einzelhandels*.
- Inwieweit die Nachfrage nach Produkten jahreszeitlichen Schwankungen unterworfen ist, kann monatsgenau den Wirtschaftsrechnungen des *Statistischen Bundesamtes* entnommen werden.

- Die Einkaufszeit von einzelnen Artikeln bzw. Marken kann auch mit Hilfe von Panels erhoben werden. Verbraucherpanels bieten hier tagesgenaue, Einzelhandelspanels zweimonatsgenaue Angaben.

Interpretation
Die Berechnung der Einkaufszeit dient in erster Linie die Planung von Kapazitäten. Bei Herstellern ist dies in erster Linie die Produktionskapazität, von der letztlich die Produktionsmenge abhängt. Im Handel dient die Einkaufszeit der Dimensionierung von Kassenplätzen, Personal (u. a. Personaleinsatz- und Urlaubsplanung), Lagermenge und Parkplätzen sowie der Gestaltung der Öffnungszeiten. Letzteres gewinnt infolge der Liberalisierung des Ladenschlussgesetzes zunehmend an Bedeutung.

Maßnahmen zur Beeinflussung
Grundsätzlich bietet es sich an, in auslastungsschwachen Zeiten zusätzliche Serviceleistungen und/oder zeitlich befristetet Rabatte anzubieten. Denkbar wäre es beispielsweise, nach Wegfall des Rabattgesetzes durch zeitbezogene Preisnachlässe Käufe von auslastungsstarken in auslastungsschwache Zeiten zu verschieben und dadurch Kapazitätsengpässe bzw. Kapazitätsspitzen abzubauen.

Einkommenselastizität der Nachfrage
(siehe auch →Elastizität, →Kreuzpreiselastizität, →Preiselastizität der Nachfrage und →Werbeelastizität)

Die Einkommenselastizität der Nachfrage gibt darüber Auskunft, um wie viel Prozent der Absatz eines Produktes steigt bzw. sinkt, wenn sich das Einkommen der Käufer um ein Prozent ändert. Mit dieser Kennzahl lässt sich nachvollziehen, wie sich eine Einkommensänderung (unabhängige Variable) auf die Nachfrage nach einem bestimmten Produkt (abhängige Variable) auswirkt.

$$= \frac{\text{Relative Nachfrageänderung}}{\text{Relative Einkommensänderung}}$$

Die relative Nachfrageänderung ist definiert als:

$$= \frac{\text{Neue Nachfragemenge} - \text{Alte Nachfragemenge}}{\text{Alte Nachfragemenge}} \times 100\,\%$$

Die relative Einkommensänderung ist definiert als:

E

$$= \frac{\text{Neues Einkommen} - \text{Altes Einkommen}}{\text{Altes Einkommen}} \times 100\,\%$$

Bei der Einkommenselastizität unterscheidet man vier Ausprägungen:
- Einkommenselastizität kleiner als 0:
  Nimmt die nachgefragte Menge nach einem Produkt bei steigendem Einkommen ab (sog. inferiore Güter), weist die Einkommenselastizität einen Wert von kleiner als 0 auf. Beispielsweise kaufen Haushalte bei steigendem Einkommen weniger Billigprodukte, weil sie auf qualitativ höhere und damit teurere Produkte umsteigen.
- Einkommenselastizität gleich 0:
  In diesem Fall hat eine Veränderung des Einkommens keinerlei Einfluss auf die nachgefragte Menge. So hat die Erhöhung des Einkommens keinerlei Einfluss auf den Absatz von rezeptpflichtigen Medikamenten.
- Einkommenselastizität zwischen 0 und 1:
  Hier handelt es sich um sog. superiore Güter, d. h. die Nachfrage nach einem Produkt steigt mit zunehmendem Einkommen. Die relative Zunahme der nachgefragten Menge ist jedoch kleiner als die Einkommenssteigerung. Dies ist normalerweise der Fall bei Bedarfsgütern wie Lebensmitteln. So könnte deine Steigerung des Einkommens der Nachfrager um 4 % zu einer Erhöhung des Absatzes von Schokolade um 1 % führen. In diesem Fall würde die Einkommenselastizität der Nachfrage 0,25 betragen.
- Einkommenselastizität größer 1:
  Dies ist ebenfalls bei superioren Gütern der Fall. Allerdings steigt die nachgefragte Menge prozentual stärker an als die prozentuale Einkommensänderung, was im Regelfall bei Luxusgütern zu beobachten ist.

Beispiel
Ein Anbieter von Luxusfahrzeugen beliefert einen ausländischen Markt. Eine Analyse der Abverkaufszahlen zeigt, dass der dortige Absatz im vergangenen Jahr von 150.000 Stück auf 75.000 Stück zurückgegangen ist. Eine flankierende Analyse fördert zutage, dass das durchschnittliche Pro-Kopf-Einkommen im gleichen Zeitraum von 50.000 $ auf 45.000 $ zurückgegangen ist.

Es ergibt sich eine relative Nachfrageänderung von − 50 %:

$$= \frac{75.000 \text{ Stück} - 150.000 \text{ Stück}}{150.000 \text{ Stück}} \times 100 \% = -50 \%$$

Die relative Einkommensänderung beträgt − 10 %.

$$= \frac{45.000 \text{ \$} - 50.000 \text{ €}}{50.000 \text{ €}} \times 100 \% = -10 \%$$

Die Einkommenselastizität der Nachfrage beträgt mithin 5.

$$= \frac{-50 \%}{-10 \%} = 5$$

Der Einkommensrückgang führt zu einem überproportional starken Einbruch bei den Abverkaufszahlen, was typisch für Luxusgüter ist.

Quelle
Die Abverkaufszahlen erhält man aus der Vertriebsabteilung. Die Daten über die Einkommensänderungen können von den jeweiligen Statistischen Bundes- bzw. Landesämtern oder von Marktforschungsinstituten bezogen werden. Gegebenenfalls muss auf die Einschätzung von Experten (z. B. erfahrene Mitarbeiter, Unternehmensberater, Wissenschaftler) zurückgegriffen werden.

Interpretation
Die Einkommenselastizität macht deutlich, in welchem Maße der Absatz eines Produktes von Einkommensänderungen der potenziellen Kunden abhängt. Man denke in diesem Zusammenhang z. B. an Tarifabschlüsse oder Steuererhöhungen bzw. -senkungen.

Maßnahmen zur Beeinflussung
Die Einkommenselastizität lässt sich u. a. durch die Option der Kreditfinanzierung beeinflussen. Räumt ein Möbelhersteller seinen Kunden beispielsweise die Möglichkeit ein, seine Produkte über Ratenzahlung zu erwerben, wird dies in aller Regel zu einer Reduzierung der Einkommenselastizität führen, da der Kunde nicht sofort den vollen Kaufpreis erstatten muss.

E

Grenzen
- Bei der Berechnung der Einkommenselastizität darf keinesfalls vernachlässigt werden, dass hier nur Erlös- und damit Umsatzveränderungen betrachtet werden. Demnach lässt sich daraus kein Rückschluss auf die Gewinnveränderung ziehen.
- Beispielsweise können durch eine Einkommenserhöhung durchaus der →Absatz und damit der →Umsatz eines Produktes steigen, gleichzeitig führt aber die höhere Absatzmenge zu überproportionalen Kostensteigerungen (z. B. durch den Ausbau von Kapazitäten), was in Extremfällen zu einem Gewinnrückgang führen kann. Folglich lässt sich eine gewinnoptimale Lösung nur durch eine flankierende Einbeziehung der Kosten berechnen.
- Außerdem ist eine Umsatzsteigerung bzw. –senkung niemals ausschließlich auf eine Einkommensänderung der potenziellen Kunden zurückzuführen, da hier ein ganzes Bündel von Faktoren einwirkt (z. B. Aktivitäten der Konkurrenz).

Einstiege je Internetseite

→ Absprungrate

Einstiegswege auf Internetseite
(in %)

Software- und Internettools zur Auswertung der Interneteffizienz (z. B. *Google Analytics*) können heute ermitteln, wie oft über welche Einstiegswege auf das Internetangebot eines Unternehmens zugegriffen wird. In diesem Zusammenhang kann die folgende Kennzahl berechnet werden:

$$= \frac{\text{Einstieg auf die Internetseite des Unternehmens über einen bestimmten Weg}}{\text{Alle Einstiege auf die Internetseite des Unternehmens}} \times 100\,\%$$

Grundsätzlich kommen drei Einstiegswege in Frage:
- Direkter Zugriff: Der Besucher wollte direkt auf die Homepage zugreifen und hat daher unmittelbar die Adresse der Internetseite eingegeben. In diesem Falle kannte der Besucher die Internetadresse durch Erfahrung mit dem Internetangebot, Weiterempfehlung eines anderen Kunden und/oder eine Unternehmenspublikation oder Werbemaßnahme außerhalb des Internets.
- Verweisende Internetseiten: Der Internetnutzer ist über einen Link einer anderen Internetseite auf das Internetangebot gestoßen. Diese Links finden sich z. B. in Internet-Meinungsforen, wo Nutzer über Produkte sprechen, und auf Testseiten, wo Konsumenten bestimmte Internetangebote oder Produkte bewerten und weiterempfehlen.
- Suchmaschinen: Der Besucher hat nach Eingabe eines Suchbegriffs in einer Suchmaschine einen Link oder eine Werbeanzeige gesehen und ist über diese Verknüpfung auf die Homepage des Unternehmens gelangt. Ein hoher Anteil der Suchmaschinen als Einstiegsweg deutet darauf hin, dass Unternehmen dafür sorgen müssen, dass potenzielle Kunden ihr Internetangebot bei der Eingabe typischer Suchbegriffe auch an vorderen Stellen angezeigt bekommen (Suchmaschinenoptimierung). Dies kann auch durch die Schaltung von Werbeanzeigen bei Eingabe bestimmter Suchbegriffe geschehen.

Einzelbesuch einer Homepage

→Unique Visit

Einzelbesuche je Einzelbesucher einer Homepage

→ Visits per Visitor

Einzelbesucher einer Homepage

→Unique Visitor

Einzelhandelsquote

→Vertriebswegquote, umsatzabhängige

Einzelhandelszentralität
(in %)

Die Einzelhandelszentralität einer Region (z. B. einer Stadt oder eines Landkreises) ergibt sich aus der Gegenüberstellung des vor Ort erzielten Umsatzes im Einzelhandel zu der am Ort vorhandenen einzelhandelsrelevanten →Kaufkraft. Die Einzelhandelszentralität ist demnach ein wichtiger Indikator dafür, wie weit es einer Region gelingt, Kaufkraft zugunsten des jeweils niedergelassenen Einzelhandels anzuziehen.

$$= \frac{\text{Einzelhandelsumsatz}}{\text{Einzelhandelsrelevante Kaufkraft}} \times 100\,\%$$

Beispiel

Die Innenstadtlage von Trier hat laut *GfK* mit einem Wert von 190 % die höchste Einzelhandelszentralität in Deutschland. Während die einzelhan-

delsrelevante Kaufkraft in Trier bei nur 495,2 Mio. € liegt, beträgt der tatsächliche Einzelhandelsumsatz 941,8 Mio. €.

$$= \frac{941,8 \text{ Mio. € Umsatz}}{495,2 \text{ Mio. € einzelhandelsrelev. Kaufkraft}} \times 100\,\% = 190\,\%$$

Quelle
- Marktforschungsunternehmen wie die *GfK* berechnen die Einzelhandelszentralität für einzelne Regionen, Kommunen oder sogar Stadtteile.
- Die einzelhandelsrelevante Kaufkraft ist das verfügbare Nettoeinkom-
  men zuzüglich der Entnahme aus Ersparnissen und aufgenommener
  Kredite abzüglich der Bildung von Ersparnissen und Tilgung von
  Schulden sowie Aufwendungen für Wohnen, Versicherungen und priva-
  te Altersvorsorge sowie für Kraftfahrzeuge, Brennstoffe und Reparaturen sowie Reisen und sonstige Dienstleitungen. Die Berechnung der
  zugrunde liegenden Einkommen erfolgt aus der Lohn- und Einkommensteuerstatistik unter Berücksichtigung staatlicher Transferzahlungen
  (z. B. Renten, Sozialhilfe, Arbeitslosengeld und Arbeitslosenhilfe, Aus-
  bildungsförderung).

Interpretation
- Der Neutralwert der Einzelhandelszentralität liegt bei 100 %. Wenn die
  Zentralität einen Wert von über 100 % einnimmt, fließt mehr Kaufkraft
  zu als Kaufkraft abfließt. Liegt die Zentralität unter 100 %, so existieren
  Abflüsse von Kaufkraft, die nicht durch entsprechende Zuflüsse kompensiert werden können. Per Saldo fließt demnach einzelhandelsrelevante Kaufkraft an andere Standorte bzw. in den Versandhandel oder E-
  Commerce ab.
- Je größer die Zentralität einer Kommune ist, desto größer ist ihre Sog-
  kraft auf die Kaufkraft im Umland. Die Einzelhandelszentralität unterstützt demnach bei Umsatzpotenzialschätzungen sowie der Standortana-
  lyse und Außendienststeuerung. Außerdem lassen sich mit Unterstützung der Einzelhandelszentralität bundesweit attraktive Zielgebiete
  für spezielle Marketing- und Verkaufsaktionen am Point of Sale identifizieren.

Maßnahmen zur Beeinflussung
Die Zentralität einer Kommune wird z. B. durch die Qualität und Quantität
an Verkaufsfläche, den Branchenmix, die Verkehrsanbindung und die

Kaufkraft im Marktgebiet beeinflusst und kann von einem einzelnen Unternehmen nicht verändert werden.

Grenzen
- Da es sich um eine prozentuale Kennzahl handelt, sollte flankierend die absolute Kaufkraft einer Kommune/Region ins Kalkül gezogen werden.
- Die Einzelhandelszentralität lässt nur bedingte Rückschlüsse auf die Attraktivität eines spezifischen Standorts (z. B. konkrete Immobilie, Lage) zu.
- Eine hohe Einzelhandelszentralität sagt noch nichts darüber aus, welche Kaufkraft einzelnen Branchen bzw. dem einzelnen Unternehmen zufließt.

E

Einzelreichweite

→Reichweite

Elastizität
(siehe auch →Einkommenselastizität der Nachfrage, →Kreuzpreiselastizität, →Preiselastizität der Nachfrage und →Werbeelastizität)

$$= \frac{\text{Relative Änderung einer abhängigen Größe}}{\text{Relative Änderung der sie beeinflussenden Größe}}$$

Bei der Elastizität handelt es sich um eine im Marketing häufig verwendete Kennzahl. Dabei wird die relative Änderung einer abhängigen Größe (Zähler) zur relativen Änderung der sie beeinflussenden unabhängigen Größe (Nenner) in Beziehung gesetzt. Häufige Anwendungsformen von Elastizitäts-Kennzahlen sind die →Einkommenselastizität der Nachfrage, die →Kreuzpreiselastizität, die →Preiselastizität der Nachfrage und die →Werbeelastizität.
Im Regelfall bezieht man sich auf eine einprozentige Veränderung der beeinflussenden unabhängigen Größe. In diesem Fall besagt beispielsweise eine Elastizität von +3, dass eine Veränderung der Einflussgröße von + 1 % eine Veränderung der abhängigen Größe von + 3 % bewirkt.

Erinnerungswert

→Bekanntheitsgrad

Erlös

→Umsatz

Erstkäuferrate
(in %)

Die Erstkäuferrate bestimmt den Anteil der Kunden, die ein Produkt zum ersten Mal erwerben, an der Zahl der Gesamtkunden. Damit dient diese Kennzahl wesentlich zur Erfolgskontrolle der Neukundenakquisition.

$$= \frac{\text{Anzahl der Erstkäufer}}{\text{Anzahl der Gesamtkunden}} \times 100\,\%$$

Beispiel
Ein Automobilhersteller verzeichnet im Jahr 25.000 Privatkunden. Von diesen erwerben 5.000 zum ersten Mal ein Modell dieses Produzenten. Damit beträgt die Neukundenquote 20 %.

$$= \frac{5.000\ \text{Erstkäufer}}{25.000\ \text{Kunden}} \times 100\,\% = 20\,\%$$

Quelle
- Der Einsatz dieser Kennzahl ist an die Voraussetzung geknüpft, dass Erst- und Wiederholungskäufer in der betrieblichen Praxis identifiziert werden können. Entsprechende Daten können bei Vorhandensein auch einer Kundendatenbank entnommen werden, die eventuell vom Einsatz einer Kundenkarte flankiert wird.

- In der Marktforschung lassen sich die erforderlichen Daten mittels Haushaltspanels erheben. Als Panel bezeichnet man einen bestimmten, gleich bleibenden Kreis von Adressaten (im vorliegenden Fall Haushalte), bei dem wiederholt (in regelmäßig zeitlichen Abständen) Erhebungen zum (im Prinzip) gleichen Untersuchungsgegenstand durchgeführt werden. Hierbei werden mündliche, schriftliche oder telefonische Befragung oder Beobachtung eingesetzt. Haushaltspanels werden z. B. von den Marktforschungsunternehmen *GfK* und *Nielsen* durchgeführt.

Interpretation
Mit der Erstkäuferrate lässt sich auf der einen Seite der Erfolg der Neukundenakquisition berechnen, was insbesondere in wachsenden Märkten von Bedeutung ist. Auf der anderen Seite kann eine hohe Erstkäuferrate darauf hinweisen, dass Kunden ein Produkt nur einmal erwerben und dann zu Wettbewerbern abwandern, weil ihre Erwartungen nicht erfüllt wurden. Dies hat insbesondere in stagnierenden bzw. schrumpfenden Märkten fatale Folgen, da hier die Neukundengewinnung mit einem vergleichsweise hohen Kostenaufwand verbunden ist. Vor dem Hintergrund dieser „Januskörpfigkeit" der Kennzahl gilt es also immer zu beachten, ob die Anzahl der Kunden zunimmt, stagniert oder abnimmt.

Maßnahmen zur Beeinflussung
Neue Kunden lassen sich durch folgende Maßnahmen gewinnen:
- Umwandlung von Nicht-Käufern zu Käufern, indem diese von den Vorteilen des jeweiligen Produkts überzeugt werden
- Gewinnung von neuen Zielgruppen in demselben Markt (z. B. kann ein Anbieter von Kinderschokolade versuchen, mit seinen Produkten zunehmend auch Erwachsene anzusprechen)
- Abwerben von Kunden der Wettbewerber
- Erschließung neuer geographischer Gebiete (z. B. ausländischer Märkte im Zuge einer Internationalisierungsstrategie)

Grenzen
- Der Erstkäuferrate kommt in stagnierenden bzw. schrumpfenden Märkten nachgeordnete Bedeutung zu, da hier die Kundenbindung im Vordergrund stehen sollte. Vor diesem Hintergrund muss die Entwicklung der Kundenzahl sowie des Marktwachstums berücksichtigt werden.
- Diese Kennzahl berücksichtigt weder Kosten noch Erträge. Dabei gilt es zum einen ins Kalkül zu ziehen, dass Kundenakquisition im Regelfall deutlich teurer als Kundenbindung ist. Zum anderen sollten flankierend die mit den Kunden erzielten Erträge berechnet werden.

Erstkaufrate
(in %)

Die Erstkaufrate bestimmt den Anteil des Absatzes bzw. Umsatzes der Kunden, die ein Produkt zum ersten Mal erwerben, am Gesamtabsatz bzw. Umsatz. Damit dient diese Kennzahl wesentlich zur Erfolgskontrolle der Neukundenakquisition.

$$= \frac{\text{Von Erstkäufern gekaufte Menge (in Stück)}}{\text{Gesamtabsatz (in Stück)}} \times 100\,\%$$
$$\frac{\text{bzw. getätigter Umsatz (in €)}}{\text{bzw. Gesamtumsatz (in €)}}$$

Beispiel
Ein Automobilhersteller setzt im Jahr 25.000 Fahrzeuge an gewerbliche Kunden ab. Von diesen gehen 10.000 Stück an Neukunden. Damit beträgt die mengenmäßige oder absatzbezogene Erstkaufrate 40 %.

$$= \frac{10.000 \text{ Fahrzeuge an Erstkäufer}}{25.000 \text{ Fahrzeuge (Gesamtabsatz)}} \times 100\,\% = 40\,\%$$

Quelle
- Der Einsatz dieser Kennzahl ist an die Voraussetzung geknüpft, dass Erst- und Wiederholungskäufer und deren Kaufmengen bzw. Umsatz in der betrieblichen Praxis identifiziert werden können. Entsprechende Daten können bei Vorhandensein auch einer Kundendatenbank entnommen werden, die eventuell vom Einsatz einer Kundenkarte flankiert wird.
- In der Marktforschung lassen sich die erforderlichen Daten mittels Haushaltspanels erheben. Als Panel bezeichnet man einen bestimmten, gleich bleibenden Kreis von Adressaten (im vorliegenden Fall Haushalte), bei dem wiederholt (in regelmäßig zeitlichen Abständen) Erhebungen zum (im Prinzip) gleichen Untersuchungsgegenstand durchgeführt werden. Hierbei werden mündliche, schriftliche oder telefonische Befragung oder Beobachtung eingesetzt. Haushaltspanels werden z. B. von den Marktforschungsunternehmen *GfK* und *Nielsen* durchgeführt.

Interpretation

- Mit der Erstkaufrate lässt sich auf der einen Seite der Erfolg der Neukundenakquisition berechnen, was insbesondere in wachsenden Märkten
  von Bedeutung ist. Auf der anderen Seite kann eine hohe Erstkaufrate
  darauf hinweisen, dass Kunden ein Produkt nur einmal erwerben und
  dann zu Wettbewerbern abwandern, weil ihre Erwartungen nicht erfüllt
  wurden. Dies hat insbesondere in stagnierenden bzw. schrumpfenden
  Märkten fatale Folgen, da hier die Neukundengewinnung mit einem
  vergleichsweise hohen Kostenaufwand verbunden ist. Vor dem Hintergrund der „Janusköpfigkeit" dieser Kennzahl gilt es also immer zu beachten, ob der gesamte Absatz bzw. Umsatz zunimmt, stagniert oder
  abnimmt.
- Im Vergleich zur →Erstkäuferrate ermöglicht die Erstkaufrate Aussagen
  darüber, ob Erstkunden im Vergleich zu Wiederholungskäufern vergleichsweise viel/wenig bzw. billigere/teurere Produkte erwerben. Damit lassen sich zum einen Erkenntnisse über die Kaufintensität gewinnen. Zum anderen werden Einblicke über Cross- und Up-Selling im
  Zeitablauf möglich. Schließlich wird deutlich, ob neue Kunden nur dadurch gewonnen werden konnten, weil ihnen vergleichsweise günstige
  Konditionen eingeräumt wurden.

Maßnahmen zur Beeinflussung

Neue Kunden lassen sich durch folgende Maßnahmen gewinnen:

- Umwandlung von Nicht-Käufern zu Käufern, indem diese von den
  Vorteilen des jeweiligen Produkts überzeugt werden
- Gewinnung von neuen Zielgruppen in demselben Markt (z. B. kann ein
  Hersteller von Kinderschokolade versuchen, auch Erwachsene für seine
  Produkte zu gewinnen)
- Abwerben von Kunden der Wettbewerber
- Erschließung neuer geographischer Gebiete (z. B. ausländischer Märkte
  im Zuge einer Internationalisierungsstrategie)

Grenzen

- Der Erstkaufrate kommt in stagnierenden bzw. schrumpfenden Märkten
  nachgeordnete Bedeutung zu, da hier die Kundenbindung im Vordergrund stehen sollte. Vor diesem Hintergrund muss die Entwicklung der
  gesamten Absätze bzw. Umsätze sowie des Marktwachstums berücksichtigt werden.
- Diese Kennzahl berücksichtigt keine Kosten. Dabei gilt es ins Kalkül zu
  ziehen, dass Kundenakquisition im Regelfall deutlich teurer als Kundenbindung ist.

Ertragskraft

→Spanne

Exportanteil

→Exportquote

Exportkundenquote
(in %)

Die Exportkundenquote setzt die Zahl der Auslandskunden ins Verhältnis zur Gesamtzahl der Kunden und ist somit Ausdruck der Bedeutung des Auslandsgeschäfts für ein Unternehmen.

$$= \frac{\text{Anzahl der Exportkunden}}{\text{Gesamtzahl der Kunden}} \times 100\,\%$$

Beispiel
Ein Unternehmen hat im Betrachtungszeitraum insgesamt 400 Kunden. Davon haben 80 ihren Sitz im Ausland. Die Exportkundenquote beträgt somit 20 %.

$$= \frac{80 \text{ Kunden mit Sitz im Ausland}}{400 \text{ Kunden insgesamt}} \times 100\,\% = 20\,\%$$

Quelle
Exportkunden sind solche Kunden, die ihren Sitz im Ausland haben. Das Datenmaterial hierüber liefert das Vertriebswesen und/oder die Finanzbuchhaltung. Diese geben auch Auskunft über die Gesamtzahl der Kunden.

Interpretation
- Ihre volle Aussagekraft gewinnt die Exportkundenquote im Vergleich zu
  - Wettbewerbern (falls bekannt),
  - dem Branchendurchschnitt sowie
  - vorangegangenen Perioden, also im Zeitvergleich.
- Mit Hilfe der Exportkundenquote lässt sich der Erfolg vertriebspolitischer Aktivitäten, die auf die Ausweitung oder Eingrenzung des Absatzgebietes gerichtet sind, überprüfen.
- Eine expansive Vertriebspolitik, die eine Erschließung bzw. Durchdringung ausländischer Märkte anstrebt, zielt auf eine steigende Exportkundenquote.
- Will ein Unternehmens hingegen das Inlandsgeschäft intensivieren, zeugt eine sinkende Exportkundenquote vom Erfolg der durchgeführten Maßnahmen. Eine solche Strategie kann beispielsweise angeraten sein, wenn es darum geht, Abhängigkeiten von ausländischen Nachfragefaktoren (u. a. rechtliche, wirtschaftliche und politische Risiken wie z. B. Einfuhrkontingente) und Wechselkursen zu verringern.

Grenzen
- Es gilt zu beachten, dass nach obiger Definition nur diejenigen ausländischen Kunden in die Exportkundenquote eingehen, mit denen direkte Handelskontakte bestehen. Der indirekte Export, bei dem Produkte über den inländischen Großhandel an ausländische Kunden abgesetzt werden, bleibt hingegen unbeachtet.
- Die Exportkundenquote betrachtet ausschließlich die Anzahl der Kunden. Um ein vollständiges Bild zu erhalten, sollte auch die Kennzahl →Exportquote analysiert werden, bei der die Kunden nach ihren Umsätzen (→Umsatz) gewichtet werden.

Exportquote
(auch Exportanteil, Ausfuhranteil, Ausfuhrquote; in %)

Die Exportquote gibt den prozentualen Anteil des Exportumsatzes am Gesamtumsatz an.

$$= \frac{\text{Exportumsatz}}{\text{Gesamtumsatz}} \times 100\,\%$$

Beispiel

Ein Unternehmen erzielt im Jahr einen Gesamtumsatz von 60 Mio. €. Auf den Umsatz mit Abnehmern mit Sitz im Ausland entfallen 24 Mio. €. Folglich beläuft sich die Exportquote auf 40 %.

$$= \frac{24 \text{ Mio. € Umsatz im Ausland}}{60 \text{ Mio. € Gesamtumsatz}} \times 100\,\% = 40\,\%$$

Quelle

Unter Exportumsatz versteht man den Umsatz, den ein Unternehmen mit Abnehmern mit Sitz im Ausland erzielt. Das Datenmaterial hierüber liefert die (entsprechend eingestellte) Finanzbuchhaltung, die auch Auskunft über den Gesamtumsatz gibt.

Interpretation

- Ihre volle Aussagekraft gewinnt die Exportquote im Vergleich zu:
  - Wettbewerbern,
  - dem Branchendurchschnitt sowie
  - vorangegangenen Perioden.
- Mit Hilfe der Exportquote lässt sich der Erfolg vertriebspolitischer Aktivitäten, die auf die Ausweitung oder Eingrenzung des Absatzgebietes gerichtet sind, überprüfen.
- Eine expansive Vertriebspolitik, die auf eine Erschließung bzw. Durchdringung ausländischer Märkte gerichtet ist, zielt auf eine steigende Exportquote.
- Will ein Unternehmens hingegen das Inlandsgeschäft intensivieren, zeugt eine sinkende Exportquote vom Erfolg der durchgeführten Maßnahmen. Eine solche Strategie kann beispielsweise angeraten sein, wenn es darum geht, die Abhängigkeit von ausländischen Nachfragefaktoren (u. a. rechtliche, wirtschaftliche und politische Risiken) und Wechselkursen zu reduzieren.
- Die Exportquote gewichtet die Kunden nach ihren →Umsätzen und besitzt demnach mehr Aussagekraft als die →Exportkundenquote, die ausschließlich die Anzahl der Kunden betrachtet.
- Für eine hohe Exportquote sprechen:
  - Öffnen eines Absatzventils, wenn der heimische Markt gesättigt ist
  - Partizipation an Wachstumsmärkten
  - Erschließen von Preisspielräumen

- Realisierung von Kostenvorteilen (u. a. durch Erzielung von Erfahrungskurveneffekten)
- Risikostreuung
• Häufig verzeichnen (Handels-)Unternehmen aus kleinen Ländern eine höhere Exportquote als (Handels-)Unternehmen aus größeren Ländern.

Maßnahmen zur Beeinflussung
Im Zuge eines erfolgreichen „Going-International" gilt es, folgende Entscheidungstatbestände zu optimieren an:
• Marktauswahl: Welcher Markt bzw. welche Märkte sollen bearbeitet werden?
• Marktbearbeitung: Mit welcher Strategie soll auf den Märkten agiert werden?
• Timing: Wann soll in einen ausländischen Markt eingetreten werden, und wie soll bei mehreren Märkten die länderspezifische Abfolge der Eintritte vonstatten gehen?
• Markteintritt: Mit welcher Organisationsform soll in den ausländischen Markt eingetreten werden?

Grenzen
• Nach obiger Definition geht in den Exportumsatz nur der direkte Export ein, während der indirekte Export (über exportierende Großhandelsabnehmer im Inland) unbeachtet bleibt.
• Soll auch der im Ausland erzielte Umsatz von unternehmenseigenen Tochtergesellschaften und Auslandsniederlassungen, die keine Waren aus dem Inland beziehen, betrachtet werden, muss die Kennzahl →Internationalisierungsgrad gebildet werden.
• Außerdem fließen Wechselkursschwankungen in den Exportumsatz ein. Dies birgt die Gefahr in sich, dass die Exportquote ein falsches bzw. verzerrtes Bild über die Abhängigkeit eines Unternehmens von ausländischen Märkten zeichnet.

F

Fehlmengenquote

→Out-of-Stock-Quote

Feldanteil
(auch Marktdurchdringung, Marktpenetration, Penetration; in %)

Diese Kennzahl dient dazu, die Reichweite oder Marktpenetration eines Produktes in der relevanten Zielgruppe festzustellen.

$$= \frac{\text{Anzahl der Abnehmer, die ein Produkt mindestens einmal gekauft haben}}{\text{Anzahl der möglichen Abnehmer}} \times 100\,\%$$

Beispiel
Eine Untersuchung der *Lebensmittelzeitung* zeigt beispielhaft die Feldanteile verschiedener Lebensmittel in Deutschland (siehe Tabelle 1).

Quelle
Die für die Berechnung des Feldanteils erforderlichen Daten sind entweder Kundendatenbanken, evtl. flankiert von einem Kundenkartensystem, oder Haushaltspanels zu entnehmen.
Als Panel bezeichnet man einen bestimmten, gleich bleibenden Kreis von Adressaten (im vorliegenden Fall Haushalte), bei dem wiederholt (in regelmäßigen zeitlichen Abständen) Erhebungen zum (im Prinzip) gleichen Untersuchungsgegenstand durchgeführt werden. Das kann durch mündli-

che, schriftliche oder telefonische Befragung oder durch Beobachtung geschehen.

Tabelle 1. Feldanteil ausgewählter Lebensmittel in Deutschland

Produkt	Feldanteil in %
Milch	98,0
Käse	97,4
Gemüsekonserven	96,0
Säfte allgemein	95,5
Fertiggerichte	94,5
Fruchtkonserven	88,5
Nudeln	88,3
Joghurt	65,5
Bier	44,5
Wein	40,4
Spirituosen	29,0

Interpretation

- Dem Feldanteil kommt insbesondere bei der Einführung neuer Produkte
  sowie in wachsenden Märkten zentrale Bedeutung zu. Im Falle von neu-
  en Produkten und damit in einer frühen Phase des Produktlebenszyklus
  müssen möglichst viele Verbraucher zu einem Erstkauf angeregt werden, um überhaupt erst einmal Erfahrungen mit dem Produkt sammeln
  zu können.
- In wachsenden Märkten wiederum könnte es fatale Folgen haben, wenn
  sich ein Unternehmen ausschließlich auf seine Stammkunden konzentriert, da so automatisch →Marktanteile verloren gehen. In einer solchen
  Situation gilt es, neue Kunden zu gewinnen, was sich u. a. an einem
  steigenden Feldanteil ablesen lässt.

Maßnahmen zur Beeinflussung
Der Feldanteil kann durch erstkaufanregende Maßnahmen erhöht werden. Hierzu zählen neben der Bekanntmachungswerbung, die in erster Linie auf eine Steigerung des →Bekanntheitsgrades abzielt, vertriebspolitische Maßnahmen (z. B. Listung bei den Handelspartnern).

Grenzen
Eine Marke kann einen hohen Feldanteil aufweisen. Die Verbraucher kaufen das Produkt in den Folgeperioden aber nicht mehr bzw. nur in verschwindend kleinen Mengen, so dass der Misserfolg abzusehen ist. Demnach sind für den Erfolg einer Marke, der sich u. a. am →Marktanteil ablesen lässt, neben dem Feldanteil die →Wiederkaufrate sowie die →Kaufintensität ausschlaggebend.

F

Feldforschung

Bei der Ermittlung von Kennzahlen stellt sich die Aufgabe, die hierfür erforderlichen Daten zu ermitteln. Hierfür bieten sich grundsätzlich zwei Wege an: Entweder kann auf bereits vorhandenes Datenmaterial zurückgegriffen werden (sog. Schreibtischforschung bzw. Desk Research), oder die entsprechenden Informationen müssen erst erhoben werden (sog. Feldforschung bzw. Field Research).

Liegen die für die Berechnung der Kennzahl erforderlichen Daten weder innerhalb noch außerhalb des Unternehmens vor, müssen diese Informationen erhoben werden (sog. Feldforschung).

Hierfür bieten sich grundsätzlich drei Möglichkeiten an:
- die Befragung (z. B. im Falle von →Bekanntheitsgrad, →Kundenzufriedenheit),
- die Beobachtung (z. B. bei →Kundenverweildauer, →Reichweite) und
- das Experiment (beispielsweise bei der Ermittlung der →Preiselastizität der Nachfrage).

Die am weitesten verbreitete Form der Feldforschung ist die Befragung. Die nachfolgende Abbildung verdeutlicht ihre verschiedenen Ausprägungen.

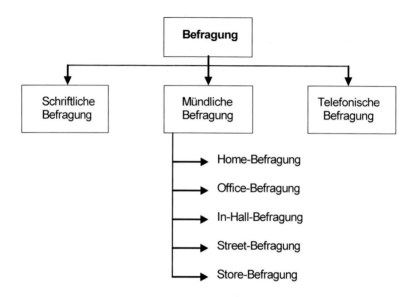

Abb. 7. Formen der Befragung im Überblick

Bei der schriftlichen Befragung wird ein Fragebogen entwickelt, der nach einem sog. Pretest (Vorabtest) an die Auskunftspersonen verteilt oder verschickt wird. Diese füllen den Fragebogen eigenständig aus und schicken ihn an das betreffende Unternehmen oder ein eingebundenes Marktforschungsinstitut zurück. Eine vergleichsweise innovative Form der schriftlichen Befragung, die in Zukunft an Bedeutung gewinnen wird, repräsentiert die Datenerhebung via Internet.

Als Vorteile der schriftlichen Befragung sind zu nennen:
- Man erhält schnelle Auskunft bei einer Vielzahl von Auskunftspersonen.
- Befragte haben ausreichend Zeit zum Nachdenken.
- Es sind keine Interviewer notwendig, d. h. die Befragung ist leichter zu organisieren.
- Es entsteht kein Interviewer-Einfluss, d. h. sozial erwünschtes Antwortverhalten ist nahezu vollständig ausgeschlossen.
- Da keine Interviewer beschäftigt werden müssen, entstehen vergleichsweise geringe Kosten, was insbesondere in großen Befragungsgebieten zu Buche schlägt.

Als Nachteile der schriftlichen Befragung gelten:

- Mit steigendem Fragebogenumfang sowie bei heiklen Fragen (z. B. nach dem Einkommen) sinkt die Akzeptanz bei den Befragten.
- Es ist keine Abfrage spontaner Antworten möglich.
- Es besteht keine Sicherheit, dass auch wirklich der Adressat antwortet. Zum Beispiel wird der Fragebogen an den Vater verschickt, dieser hat aber wenig Zeit und bittet seinen Sohn (Schüler) oder seine Mutter (Rentnerin), den Fragebogen stellvertretend für ihn auszufüllen.
- Schriftliche Befragungen haben meist relativ geringe Rücklaufquoten (abhängig vom Interesse am Befragungsgegenstand).

Geringe Rücklaufquoten und damit Stichprobenausfälle können je nach Ursache erhebliche Gefahren in sich bergen. Die sog. unechten oder stichprobenneutralen Ausfälle (z. B. Kunden, die aus dem Einzugsgebiet eines Unternehmens weggezogen sind) stellen nichts anderes als eine Bereinigung des Adressmaterials dar und sind im Regelfall unproblematisch. Anders sieht es bei den echten Ausfällen (sog. Antwortverweigerungen) aus, die zu einer erheblichen Verzerrung der Befunde führen können (sog. Non-Response-Problem). Aus diesem Grund sollte man versuchen, eine möglichst hohe Rücklaufquote zu erzielen.

Bei der mündlichen Befragung stehen sich Interviewer und Auskunftsperson unmittelbar gegenüber (sog. Face-to-Face-Interview). In Bezug auf die Erhebungssituation sind folgende Spielarten möglich:

- Home-Befragung: Der Interviewer sucht die Auskunftsperson zu Hause auf und führt dort die Befragung durch.
- Office-Interview: Die Auskunftsperson wird an ihrem Arbeitsplatz befragt. Diese Befragungsvariante empfiehlt sich bei gewerblichen Kunden und einer vergleichsweise hohen Hierarchiestufe der Ansprechpartner.
- In-Hall-Befragung: Die Erhebung wird in einem Testlokal durchgeführt, z. B. einem angemieteten Raum in einem Einkaufszentrum.
- Street-Interview: Die Befragung wird an einer beispielsweise viel frequentierten Straßenkreuzung oder in einer Fußgängerzone durchgeführt.
- Store-Test: Das Interview findet in der Einkaufsstätte statt.

Als Vorteile der mündlichen Befragung sind zu nennen:

- Die Auskunftsbereitschaft ist größer als bei der schriftlichen Befragung, nicht zuletzt deshalb, weil der Interviewer psychologische Hemmschwellen und Zweifel der Befragten im direkten Gespräch ausräumen kann.

- Die Gesprächssituation ist kontrollierbar.
- Rückfragen sowohl des Interviewers als auch des Befragten sind möglich, so dass die Gefahr von Missverständnissen verringert werden kann.

Als Nachteile dieses Verfahrens gelten:
- Der Kostenaufwand ist vergleichsweise hoch.
- Es muss mit erhöhtem Zeitaufwand gerechnet werden.
- Die Interviewer üben (ungewollt) einen Einfluss auf den Befragten aus, was sozial erwünschtes Antwortverhalten fördert (sog. Interviewer-Bias).

Hinsichtlich der Befragungsstrategie haben sich zwei Methoden etabliert:
- Beim standardisierten Interview sind Inhalt und Reihenfolge der Fragen genau festgelegt. Der Interviewer muss die Fragen lediglich vorlesen und die Antworten detailliert dokumentieren, so dass er kaum einen Einfluss auf den Befragten ausüben kann. Diese Methode eignet sich insbesondere dann, wenn bei einer größeren Anzahl von Auskunftspersonen eine repräsentative Untersuchung mit vergleichbaren Ergebnissen angestrebt wird.
- Beim freien Interview liegen Formulierung und Reihenfolge der Fragen sowie das Hinzufügen von Erläuterungen weitgehend im Ermessensspielraum des Interviewers. Ihm steht lediglich ein Gesprächsleitfaden zur Verfügung, der Ablauf und Inhalt des Interviews grob festlegt. Ein zentraler Vorteil dieser Vorgehensweise liegt im stärkeren Eingehen auf den Befragten. Demnach eignet sich das freie Interview insbesondere für die Befragung von Experten sowie Vertretern höherer Hierarchieebenen. Außerdem können mit dieser Methode neuere und tiefere Einsichten in einen Problemkreis gewonnen werden.

Nachteilig zu nennen sind die vergleichsweise hohen Kosten, die im Wesentlichen auf folgende Gründe zurückzuführen sind:
- Hoher Aufwand für die Auswertung der Daten aufgrund der Nichtstandardisierung der erhobenen Informationen und der daraus folgenden Möglichkeit offener Antworten
- Hohe Anforderungen an die Interviewer
- Evtl. Einsatz mehrerer Interviewer, um systematische Fehler und Verzerrungen (Gefahr des Interviewer-Bias) zu verringern bzw. zu vermeiden

Die telefonische Befragung schließlich eignet sich immer dann, wenn nur wenige, leicht zu beantwortende Fragen gestellt werden, in deren Mittelpunkt eher Fakten denn die persönliche Sphäre des Befragten stehen. Dabei ist jedoch die zunehmende Skepsis der Bevölkerung gegenüber telefonischer Befragung zu berücksichtigen, da zahlreiche Direktvertreiber via Telefon vermeintliche Marktforschungsfragen als Einstieg in ein Verkaufsgespräch nutzen.

Bei telefonischen Befragungen findet seit geraumer Zeit der Computer Anwendung (sog. CATI = Computer Aided Telephone Interviewing). Mittels Software können so Stichprobenauswahl, Instruktionen für den Interviewer sowie die Dokumentation der Antworten via Bildschirm gesteuert werden.

Computer können grundsätzlich auch für die schriftliche und persönliche Befragung genutzt werden, wobei grundsätzlich zwei Varianten zu unterscheiden sind:

- CAPI (= Computer Assisted Personal Interviewing): Eingabe durch Interviewer
- CSAQ (= Computerized Selfadministered Questioning): Eingabe durch die Auskunftsperson

Im Zuge der Feldforschung kommt des Weiteren die Beobachtung zum Einsatz. Besonders beliebt ist hier die sog. Kundenbeobachtung, bei der – wie der Name schon zum Ausdruck bringt – die Klientel beim Einkaufsvorgang beobachtet wird, ohne das diese das bemerkt. So lassen sich Kennzahlen wie →Kundenverweildauer oder →Reichweite (z. B. bei einem Werbemittel) ermitteln.

Schließlich bedient man sich im Rahmen der Feldforschung des Experiments. Will man beispielsweise die →Preiselastizität der Nachfrage ermitteln, werden in zwei Testbetrieben oder zu zwei Zeitpunkten im Zuge eines Experimentes zwei unterschiedliche Preise für ein und dasselbe Produkt verlangt. Im Anschluss daran wird analysiert, welche Umsatzveränderungen sich aus den Preisvariationen ergeben.

Abschließend stellt sich die Frage, ob ein Unternehmen eine Feldstudie in Eigenregie durchführen oder besser den Auftrag an ein versiertes Marktforschungsunternehmen vergeben soll. Grundsätzliche Empfehlungen können hier aufgrund der unternehmens- und brancheneigenen Besonderheiten nicht ausgesprochen werden. Entscheidungshilfe können aber die im Folgenden aufgeführten Vor- und Nachteile der Fremd- und Eigenforschung bieten.

Als Vorteile von Marktforschungsinstituten bei der Durchführung von Feldstudien gelten:
- keine Betriebsblindheit der Forschenden
- geringere Gefahr interessengefärbter Ergebnisse und damit höhere Objektivität
- Einsatz von Spezialisten (z. B. bei Fragebogengestaltung, bei statistischer Auswertung der Ergebnisse)
- Aktualität des Fachwissens

Für die Durchführung einer Studie in Eigenregie dagegen sprechen diese Vorteile:
- größere Vertrautheit mit dem Problem
- höhere Praxisrelevanz der Analyse
- größere Einfluss- und Kontrollmöglichkeiten der Geschäftsführung auf den Ablauf der Untersuchung
- geringere Kommunikationsprobleme
- Job-Enrichment für die eingesetzten Mitarbeiter
- höhere Diskretion über die Untersuchungsergebnisse
- uneingeschränkter Verbleib der Kenntnisse, Forschungserfahrungen und Erste-Hand-Informationen im eigenen Haus

Flächenproduktivität
(in € pro qm)

Die Flächenproduktivität gibt an, wie viel Umsatz pro Quadratmeter Verkaufsfläche erwirtschaftet wurde.

$$= \frac{\text{Umsatz pro Periode (in €)}}{\text{Verkaufsfläche (in qm)}}$$

Beispiel
Eine Warengruppe erzielt im Jahr einen Umsatz von 30.000 €. Die Ware nimmt die gesamte Regalhöhe in einer Regallänge von 180 cm und einer Regaltiefe von 50 cm ein. Der Gang vor dem Regal ist 200 cm breit. Die Verkaufsfläche errechnet sich im Regelfall als Produkt aus Regallänge mit

der Summe aus Regaltiefe und halber Gangbreite. Die Flächenproduktivität beträgt demnach 11.111,11 € pro qm.

$$= \frac{30.000 \text{ € Umsatz}}{1,8 \text{ m Regallänge x} \atop (0,5 \text{ m Regaltiefe} + 0,5 \text{ x } 2,0 \text{ m Gangbreite})} = 11.111,11 \text{ € pro qm}$$

Quelle
* Der Umsatz kann der Finanzbuchhaltung (Summen- und Saldenliste) entnommen werden.
* Die Verkaufsfläche errechnet sich im Regelfall aus der Regallänge mal die Regaltiefe plus die halbe Gangbreite.

Interpretation
* Der deutsche Lebenseinzelhandel liegt rund 30 bis 40 % unter der Flächenproduktivität in Großbritannien oder Frankreichs. Im Baumarkt-Segment beträgt der Rückstand z. B. 15 bis 20 Prozent. Die schwache Flächenproduktivität, bedingt durch zu viel Fläche und zu geringen Pro-Kopf-Ausgaben, gilt als eine wesentliche Ursache für die niedrigen Gewinnspannen im deutschen Einzelhandel.
* Die Flächenproduktivität ist stark von der Branche sowie der Geschäftsgröße abhängig. Bedingt durch den Trend zu großflächigen Einzelhandelsimmobilien prognostizieren Experten, dass die durchschnittliche Flächenproduktivität von heute 3.300 € auf 2.900 € im Jahr 2010 absingen wird (vgl. *KPMG*-Studie zu Trends im Handel 2010).
* Wie wichtig eine hohe Flächenproduktivität ist, wird u. a. deutlich, wenn man die in Deutschland erfolgreichen Handelsunternehmen betrachtet. *Aldi* zum Beispiel ist zwar berühmt für sein striktes Kostenmanagement, aber eine durchschnittliche *Aldi*-Filiale erwirtschaftet mit rund 9.000 € auch z. B. 80 % mehr Umsatz pro Quadratmeter als ein durchschnittlicher Supermarkt. *Media-Markt* und *H&M* sind weitere Beispiele auf dem deutschen Markt für hohe Flächenproduktivitäten.

Maßnahmen zur Beeinflussung
* Zur Erhöhung des Umsatzes bietet sich das gesamte Spektrum an Marketing-Instrumenten (Produkt bzw. Sortiments-, Preis-, Distributions- und Kommunikationspolitik) an.
* Eine Verringerung der Fläche dürfte nur in Ausnahmefällen möglich sein.

Grenzen
Die Flächenproduktivität sagt nichts über die erwirtschafteten Gewinne
bzw. Roherträge aus.

Floprate
(in %)

Die Floprate setzt die Zahl der gescheiterten Produkte ins Verhältnis zur
Gesamtzahl der Innovationen und ist damit ein Maßstab für den Erfolg der
Forschungs- und Entwicklungsabteilung. Gleichzeitig lassen sich anhand
der Kennzahl aber auch die Aktivitäten der Marketing- und Vertriebsabteilung beurteilen.

$$= \frac{\text{Anzahl der Innovationen, die nach einem bestimmten Zeitraum nicht mehr am Markt sind}}{\text{Anzahl der gesamten Innovationen}} \times 100\,\%$$

Beispiel
Ein Produzent von Fertigmahlzeiten hat in den vergangenen Jahren fünf
Jahren 15 neue Gerichte auf den Markt gebracht. Davon befinden sich
zehn Gerichte nicht mehr in den Regalen des Handels. Dies entspricht einer Floprate von 66,6 %

$$= \frac{10 \text{ gefloppte Innovationen}}{15 \text{ Innovationen}} \times 100\,\% = 66,6\,\%$$

Quelle
- Über die für die Berechnung der Floprate erforderlichen Daten verfügt
  die Vertriebsabteilung.
- Um die Floprate zu berechnen, muss der Zeitraum festgelegt werden, in
  dem ein Produkt als gescheitert gilt. Dies ist von der jeweiligen Branche
  abhängig.

Interpretation

- An der Floprate lässt sich der (Miss-)Erfolg von Innovationen ablesen. Dieser ist im Regelfall auf zwei Faktoren zurückführen, nämlich den relativen Nutzen des Produktes und die Marktkommunikation.
- Scheitert ein Produkt, weil es nicht gelungen ist, die Partner bzw. Kunden mit Kommunikationsmitteln zu überzeugen, so lässt sich dies an der →Erstkäuferrate (= Anzahl der Käufer, die ein Produkt zum ersten Mal kaufen) bzw. →Erstkaufrate (= Anzahl der Produkte, die von Erstkäufern erworben werden) ablesen.
- Bietet ein Produkt hingegen keinen Nutzenvorteil, lässt sich dies an der →Wiederkäuferrate bzw. →Wiederkaufrate erkennen.
- Die Floprate ist insbesondere aussagekräftig im Zeitablauf sowie im Vergleich zu Wettbewerbern.
- Einschlägige Untersuchungen belegen, dass die Floprate im Durchschnitt zwischen 60 und 70 % liegt. Sämtliche Untersuchungen weisen in die gleiche Richtung: Über die Hälfte der Innovationen erreicht niemals die Wachstumsphase, und die Floprate hat in der Vergangenheit immer zugenommen. Die Gründe hierfür sind vielfältig. Häufig können sich Produkte nicht gegen die Vielzahl alternativer Angebote durchsetzen (z. B. bei Parfums). Anderen Produkten gelingt es nicht, neue technische Standards zu setzen (z. B. Videosysteme *Beta* und *Video 2000*), oder ihre Akzeptanz bleibt gering, da zu wenige Nutzungsmöglichkeiten angeboten werden (z. B. CDI-Videogeräte).
- Verschärfend kommt hinzu, dass Unternehmen sich im Dilemma des Zeitwettbewerbs befinden: Innovationen müssen angesichts immer kürzerer Produktlebenszyklen in immer kleineren Abständen auf den Markt gebracht werden, was das Floprisiko erhöht.
- Die Ursachen für Flops müssen jedoch nicht unbedingt in Schwächen des Produktes liegen: Gerade im internationalen Marketing ist das Scheitern von Produkten häufig auf die mangelnde Anpassung von Markenname und Kommunikationsstrategie an die sprachlichen und kulturellen Besonderheiten des Auslandsmarktes zurückzuführen.

Maßnahmen zur Beeinflussung

Die Floprate lässt sich verringern, in dem die einzelnen Phasen des Innovationsmanagement kritisch überprüft werden. Dies sind im Einzelnen:

- Ideenentwicklung: Der Anstoß für eine Idee kann aus dem Unternehmen selbst (sog. Technologie-Push-Innovation) oder vom Verbraucher her kommen (sog. Market-Pull-Innovation).
- Selektion: In dieser Prozessphase gilt es, Beurteilungskriterien zu entwickeln, anhand derer die schlechten Ideen aussortiert werden.

- Technische Realisation: Nun wird die Idee in ein Produkt umgesetzt.
- Test: Hier werden einmal die Funktion des Produktes und zum anderen die Akzeptanz bei zukünftigen Kunden überprüft.
- Markteintritt: Jetzt kommen die Marketing-Instrumente zum Zuge, mit deren Hilfe das Produkt in den Markt eingeführt wird. Dabei können die Absatzstrategien bei den Vertriebspartnern (sog. Push-Marketing) oder bei den Endverbrauchern (sog. Pull-Marketing) ansetzen.
- Der Erfolg einer Innovation hängt nicht zuletzt auch davon ab, welcher Anbieter mit seinem Produkt als erster auf den Markt kommt (sog. Zeitwettbewerb). Vor diesem Hintergrund gilt es, den Zeitraum von der Ideenentwicklung bis zum Markteintritt zu verringern.

Grenzen
Eine geringe Floprate sagt noch nichts über den finanziellen Erfolg eines Unternehmens aus.

Forderungsausfallquote
(in %)

Die Forderungsausfallquote bringt zum Ausdruck, wie hoch der Anteil nicht erfüllter und daher abgeschriebener Forderungen an der Summe der insgesamt fälligen Forderungen innerhalb eines Zeitraumes ist.

$$= \frac{\text{Nicht gezahlte Forderungen (in €)}}{\text{Summe der fälligen Forderungen (in €)}} \times 100\,\%$$

Beispiel
Ein Großhandelunternehmen verbucht im Betrachtungszeitraum Forderungen in Höhe von 500.000 €. Rechnungen in Höhe von 5.000 € werden nicht beglichen und müssen daher abgeschrieben werden. Die Forderungsausfallquote beläuft sich demnach auf 1 %.

$$= \frac{5.000\,€ \text{ ausgefallene Forderungen}}{500.000\,€ \text{ Forderungen}} \times 100\,\% = 1\,\%$$

Quelle
Sämtliche die Forderungen betreffenden Informationen finden sich in der Finanzbuchhaltung.

Interpretation
Die Forderungsausfallquote ist von erheblichem Stellenwert bei Betriebstypen, bei denen nicht bar bezahlt wird. Dies gilt insbesondere für den Versandhandel. Eine hohe Forderungsausfallquote geht mit dem Verlust von Warenwerten einher, der durch Erträge aus dem Verkauf anderer Artikel kompensiert werden muss.

F

Maßnahmen zur Beeinflussung
- Die Forderungsausfallquote lässt sich zunächst durch die Einschätzung der Bonität der Vertragspartner reduzieren. Hierbei unterstützen Auskunfteien sowie Ratings, die durch Agenturen erstellt werden. Außerdem bieten sich Bilanz- und Jahresabschlussanalysen sowie Branchenanalysen an. Die aktuell in Kreditinstituten diskutierten Ansätze zur Kreditportfoliosteuerung, die sich auch auf die Forderungsbestände von Unternehmen anwenden lassen, finden bei Unternehmen bislang nahezu keine Beachtung.
- Des Weiteren lässt sich das Forderungsausfallrisiko durch Kundenlimite begrenzen. Hierbei bieten sich Nominallimite an, bei denen die Höhe der Forderungen von vorneherein begrenzt wird, sowie Stop-Loss-Limite, bei denen ab einer gewissen Höhe ausstehender Rückzahlungen keine weiteren Lieferantenkredite mehr gewährt werden. Um internationale Risiken, die durch eine zu starke Konzentration auf einzelne Länder entstehen, zu vermeiden, können Länderrisikolimite zum Einsatz kommen. Die Risiken einzelner Länder kommen in Indizes zum Ausdruck, die speziell für diese Zweck erstellt werden (z. B. BERI = Business Environment Risk Index).
- Außerdem haben sich Instrumente wie Akkreditive, Dokumenteninkasso und (Export-)Kreditversicherungen in der Praxis bewährt. Nicht zuletzt lässt sich das Forderungsausfallrisiko durch den Verkauf von Forderungen (Forfaitierung, Factoring) reduzieren. Moderne Finanzderivate zur Forderungsausfallrisikosteuerung werden noch selten eingesetzt.

Grenzen
Eine Minimierung der Forderungsausfallquote kann dazu führen, dass zu hohe Bonitätsanforderungen an Kunden gestellt werden, so dass zahlreiche Geschäftsabschlüsse überhaupt nicht zustande kommen.

Fremdtransportquote

→Vertriebswegquote, umsatzabhängige

Frühabgangsquote der Vertriebsmitarbeiter
(in %)

Die Frühabgangsquote der Vertriebsmitarbeiter ist eine wichtige Personal-
kennzahl aus dem Bereich des Vertriebs, die der Bewertung von Rekrutie-
rungs- und Einstellungsentscheidungen dient.

$$= \frac{\text{Zahl der Abgänge von Vertriebsmitarbeitern innerhalb eines bestimmten Zeitraumes nach Einstellung}}{\text{Zahl der Zugänge an Vertriebsmitarbeitern (Einstellungen)}} \times 100\,\%$$

Beispiel
Ein Unternehmen hat in einem Jahr 40 neue Vertriebsmitarbeiter eingestellt. 4 davon verlassen das Unternehmen innerhalb von sechs Monaten
nach der Einstellung wieder, weil sie entweder selbst kündigen oder das
Unternehmen den Arbeitsvertrag in der Probezeit aufgelöst hat. Die Frühabgangsquote der Vertriebsmitarbeiter beträgt 10 %.

$$= \frac{\text{4 Vertriebsmitarbeiter mit Abgang in den ersten sechs Monaten der Beschäftigung}}{\text{40 neue Vertriebsmitarbeiter}} \times 100\,\% = 10\,\%$$

Quelle
- Die Zahl der Einstellungen und Abgänge hält die Vertriebs- oder die
  Personalabteilung bereit.
- Bei den Abgängen werden sowohl freiwillige als auch unfreiwillige Ab-
  gänge gezählt.
- Werden befristete Verträge planmäßig nicht verlängert oder nicht in ein
  unbefristetes Beschäftigungsverhältnis umgewandelt, so sind die daraus

resultierenden Abgänge nicht mit in die Kennzahlenberechnung einzubeziehen.

- Bei einer großen Zahl von Teilzeitkräften im Vertriebsbereich ist es sinnvoll, nicht die bloße Zahl der Zu- und Abgänge nach Personen zu berechnen, sondern die jeweiligen Arbeitszeiten nach Vollzeitäquivalenten zu berechnen. So ginge z. B. die Einstellung einer Vertriebsmitarbeiterin mit einer halben Stelle nur mit dem Wert 0,5 in die Zahl der Zugänge ein. Die fehlende Bemessung der Zu- und Abgänge nach Vollzeitäquivalenten führt z. B. dann zu einer Unterschätzung der Frühabgangsquote, wenn viele Teilzeitkräfte eingestellt würden, gleichzeitig aber viele Vollzeitkräfte abgehen.
- Bei der Bemessung des Zeitraums sollte kein Zeitraum gewählt werden, der länger als ein Jahr ist. In der Praxis orientieren sich Unternehmen zumeist an der vereinbarten Probezeit.

Interpretation

- Die Frühabgangsquote zeigt an, welcher Anteil von neu eingestellten Vertriebsmitarbeitern innerhalb kurzer Zeit nach der Einstellung den Arbeitsplatz im Vertrieb wieder verlässt oder verlassen muss. Sie ist damit Ausweis einer mangelhaften Rekrutierung, schlechter Einarbeitung, unzureichender Arbeitsbedingungen und/oder nicht zufrieden stellender Entlohnungssysteme.
- Eine hohe Frühabgangsquote bedeutet für das betroffene Unternehmen zusätzliche Kosten hinsichtlich Verwaltung, Organisation und Neurekrutierung.

Maßnahmen zur Beeinflussung

Eine hohe Frühabgangsquote sollte zum Anlass genommen, folgende Bereiche zu durchleuchten:
- Prozess der Rekrutierung,
- Einstellungskriterien,
- Integrationsvermögen des Unternehmens,
- Einarbeitung neuer Mitarbeiter,
- Arbeitsbedingungen,
- Entlohnungssystem.

Grenzen

Die Frühabgangsquote trifft keine Aussage über die Ursachen der Fluktuation. Sind die Ursachen bekannt, kann die Quote noch nach den Gründen differenziert werden, z. B. freiwilligen gegenüber unfreiwilligen Abgängen.

G

Garantiequote
(in %)

Die Garantiequote setzt den Wert der erbrachten Garantieleistungen ins Verhältnis zum Gesamtumsatz und ist somit Ausweis der nachträglichen Umsatz- und damit Gewinnverluste, die durch Garantieverpflichtungen hervorgerufen werden.

$$= \frac{\text{Wert der Garantieleistungen}}{\text{Gesamtumsatz}} \times 100\%$$

Beispiel
Ein Unternehmen verbucht in einem Jahr Umsätze in Höhe von 3.400.000 €. Gleichzeitig muss es Garantieleistungen im Wert von 68.000 € erbringen. Daraus ergibt sich eine Garantiequote von 2 %.

$$= \frac{68.000\ \text{€ Garantieleistungen}}{3.400.000\ \text{€ Umsatz}} \times 100\% = 2\%$$

Quelle
- Den Gesamtumsatz hält die Finanzbuchhaltung bereit. Dabei dürfen sämtliche Erlösschmälerungen wie Boni, Skonti oder nachträgliche Gutschriften nicht herausgerechnet werden. Einzig die Umsatzsteuer muss abgezogen werden.
- Werden obige Erlösschmälerungen im Rahmen des Rechnungswesens automatisch vor der Verbuchung abgezogen, müssen sie dem Gesamtumsatz wieder hinzugerechnet werden.

- Garantieleistungen sind solche Leistungen, die ein Unternehmen aufgrund rechtlicher Verpflichtungen erbringt. Dabei lassen sich zwei Gründe für Garantien unterscheiden:
  - gesetzliche Gewährleistungen gemäß §§ 459 bis 493 BGB und §§ 633 bis 640 BGB
  - freiwillige Gewährleistungen durch eine verlängerte Garantie oder einen speziellen Garantievertrag mit dem Kunden. Freiwillige Garantien intensivieren den Kundenkontakt in der Nachkaufphase. So kann es Ziel freiwilliger Garantieleistungen sein, die Produkt- und Markentreue der Kunden durch großzügige Garantiezusagen zu sichern und damit eine langfristige Kundenbindung zu erzielen.
- Wichtig für die richtige Ermittlung dieser Kennzahl ist, dass der Zusammenhang zwischen →Umsatz und Garantieleistung gewährleistet wird. Das bedeutet, dass die Garantieleistungen mit denjenigen Umsatzvorgängen verglichen werden müssen, aus denen heraus die Garantieansprüche erwachsen sind. Aus diesem Grund kann die Garantiequote erst nach Ablauf der Garantiefrist gebildet werden.
- Ist eine Zurechnung aufgrund des Rechnungswesens nicht exakt möglich, kann die Garantiequote nur näherungsweise ein Abbild der Wirklichkeit liefern, so dass es zu Fehlinterpretationen kommen kann.
- Die Garantieleistungen sollten auf einem separaten Konto des Rechnungswesens erfasst werden, das auch den Zeitpunkt des Umsatzes und damit die Basisgröße für die Ermittlung der Garantiequote dokumentiert. Werden die Garantieleistungen gemeinsam mit anderen Gutschriften verbucht, müssen die nicht auf Garantien zurückzuführenden Gutschriften vor Bildung der Kennzahl herausgerechnet werden, da ansonsten die →Gutschriftenquote gebildet würde.

Interpretation

- Die Garantiequote zeigt dem Unternehmen, welchen Anteil des Umsatzes es infolge von Garantieleistungen wieder verliert.
- Grundsätzlich ist vom Unternehmen eine niedrige Garantiequote anzustreben. Diese spricht für die Qualität der Unternehmensleistungen (Produkte, Service) und bietet die Chance einer hohen →Kundenzufriedenheit.
- Allerdings muss beachtet werden, dass auch freiwillige Garantieleistungen und damit eine hohe Garantiequote aktives Instrument im Kundenzufriedenheits- und Kundenbindungsmanagement sein können.
- Insbesondere bei Erhöhungen der Garantiequote muss hinterfragt werden, welche Ursachen verantwortlich sind.

- Die Garantiequote ist insbesondere interessant:
  - im Zeitvergleich,
  - im Vergleich zu anderen Unternehmen (falls Daten bekannt) sowie
  - geordnet nach Produktgruppen, Produkten, Verkaufsgebieten und Ursachen für die Gewährleistungen sowie genaueren Ursachen für die Gewährleistungspflichten (gesetzlich oder freiwillig)

Maßnahmen zur Beeinflussung
Stellt sich bei der Ursachenanalyse heraus, dass die Anzahl der Garantiefälle und daher die Garantiequote gestiegen sind, gilt es, die Störanfälligkeit und/oder Funktionsunfähigkeit von Produkten wieder abzusenken. In diesem Fall muss der mangelhaften Produktqualität als Garantieursache durch Einführung eines aktiven Qualitätsmanagements entgegengewirkt werden.

G

Gesamtanlageneffizienz

→Overall Equipment Effectiveness

Gewinn
(in €)

Gewinn drückt den Erfolg unternehmerischen Handelns aus und ist damit das Gegenteil von Verlust (negatives Ergebnis). Die meisten Unternehmen ziehen den Gewinn als Grad der Zielerreichung heran. Die Gewinnbestimmung kann in Abhängigkeit von den jeweiligen Rechnungslegungsvorschriften oder der Ausgestaltung der Kosten- und Leistungsrechnung höchst unterschiedlich sein.

= Umsatzerlöse / Leistung − Aufwand / Kosten

Im Marketing wird der Gewinn aus pragmatischen Gründen häufig auch gleichbedeutend mit dem →Deckungsbeitrag (= Umsatzerlöse − variable Kosten) verwendet, was jedoch eine grobe Vereinfachung darstellt.

Gewinnschwelle

→Break-Even-Point

Großhandelsquote

→Vertriebswegquote, umsatzabhängige

Gutschriftenquote
(in %)

Die Gutschriftenquote setzt den Wert der an Kunden gegebenen Gutschriften ins Verhältnis zum Gesamtumsatz. Sie weist somit die nachträglichen Umsatzverluste aus, die auf Gutschriften zurückzuführen sind.

$$= \frac{\text{Wert der Gutschriften}}{\text{Gesamtumsatz}} \times 100\,\%$$

Beispiel
Ein Unternehmen verbucht in einem Jahr Umsätze in Höhe von 3.400.000 €. Gleichzeitig werden wegen verschiedener Ursachen Gutschriften an Kunden im Wert von 102.000 € ausgestellt. Das ergibt eine Gutschriftenquote von 3 %.

$$= \frac{102.000\,\text{€ Wert der Gutschriften}}{3.400.000\,\text{€ Umsatz}} \times 100\,\% = 3\,\%$$

Quelle
- Den Gesamtumsatz hält die Finanzbuchhaltung bereit. Dabei dürfen sämtliche Erlösschmälerungen wie Boni, Skonti und eben Gutschriften nicht herausgerechnet werden. Einzig die Umsatzsteuer muss abgezogen werden.

- Werden obige Erlösschmälerungen im Rahmen des Rechnungswesens automatisch vor der Verbuchung abgezogen, müssen sie dem Gesamtumsatz wieder hinzugerechnet werden.
- Um einen direkten Zusammenhang herzustellen, müssen die Gutschriften mit den sie verursachenden Umsätzen (gegebenenfalls des Vor- bzw. Vorvormonats) in Beziehung gesetzt werden. Hierzu muss die Frage beantwortet werden, wie lange nach dem eigentlichen Geschäft eine Gutschrift normalerweise gewährt wird.

Interpretation
- Gutschriften erhalten Kunden, die von einem Fehler des Unternehmens betroffen sind. Gutschriften sind demnach Leistungen, zu denen ein Unternehmen rechtlich verpflichtet ist. Hierzu zählen Geld- und/oder Sachleistungen aus folgenden Gründen:
  - Garantieverpflichtungen
  - Mängel an der Qualität der Produkte
  - fehlerhafte Lieferungen in Form von mangelhafter Lieferung, Fehlmengenlieferung, Überlieferung oder Nichteinhaltung des Liefertermins (bei vereinbarter Konditionalstrafe)
- Grundsätzlich sollte eine niedrige Gutschriftenquote angestrebt werden. Sie spricht für die Qualität der Produkte sowie die Effizienz der Vertriebsorganisation und bietet die Chance, eine hohe →Kundenzufriedenheit zu gewährleisten.
- Die Kennzahl gewinnt an Aussagekraft:
  - im Zeitvergleich,
  - im Vergleich zu anderen Unternehmen, falls entsprechende Daten zugänglich sind, sowie
  - geordnet nach Produkten, Produktgruppen, Verkaufsgebieten und Ursachen für die Gutschriften.

Maßnahmen zur Beeinflussung
Um die Gutschriftenquote zu senken, kann das Unternehmen zwei Ansätze verfolgen:
- Verbesserung des Versand- und Vertriebswesens, um die Zahl der fehlerhaften Lieferungen zu verringern
- Einführung eines Qualitätsmanagements, um mangelhafte Produktqualität als Gutschriftenursache zu reduzieren

Grenzen
- Werden auch freiwillige Kulanzleistungen des Unternehmens auf dem Konto der Gutschriften geführt, kann eine hohe Gutschriftenquote durch

eine besonders kundenfreundliche Kulanzpolitik bedingt sein. Deshalb empfiehlt es sich, die Kulanzzahlungen separat von den Gutschriften zu erfassen. Dadurch erhält man eine genauere und aussagefähigere Gutschriftenquote.

- Zur Analyse der Kulanzleistungen sollte die →Kulanzquote gebildet werden.

G-Wert

Grundlage für die Leistungsbewertung einer Plakatfläche ist der G-Wert, d. h. die Zahl der Passanten, welche die Werbefläche passieren, in Abhängigkeit von ihrer Standortgegebenheit, also der Wahrnehmbarkeit einer Plakatstelle. Die Wahrnehmbarkeit ist dabei abhängig von mehreren Faktoren, wie z. B. Stellwinkel, Entfernung der Plakatstelle zur Straße, Konkurrenz durch andere visuelle Reize in der Umgebung.

> = Anzahl der Passanten pro Stunde, die sich an ein angebrachtes Plakat erinnern können

Bei der Erhebung des G-Wertes werden drei Passantengruppen berücksichtigt:
- Fußgänger
- Fahrzeuginsassen und Zweiradfahrer
- Fahrgäste in öffentlichen Verkehrsmitteln

Die Definition des G-Wertes wird durch zusätzliche Anforderungen festgelegt:
- Der G-Wert gilt für eine durchschnittliche Tagesstunde zwischen 7.00 und 19.00 Uhr.
- Es muss sich um ein durchschnittlich aufmerksamkeitsstarkes Plakat handeln.
- Unter „Erinnern" wird die richtige Antwort in einem speziellen Wiedererkennungstest verstanden.

H

Halbwertzeit

> = bestimmter Zeitpunkt im Ablauf der Reaktionen
> auf eine Aussendung

Der Halbwertzeitpunkt liegt zwei Tage nach Erreichen des höchsten Tageseingangs (zum Beispiel an Bestellungen). Die Halbwertzeit erlaubt ein annähernd genaues Vorausbestimmen des Gesamtergebnisses einer Direct-Mail-Aktion (→Response). Zu diesem Zweck addiert man die bis zum Halbwertzeitpunkt eingegangenen Rückläufe. Die Verdoppelung dieses Wertes ergibt einen brauchbaren Schätzwert (+/– 5 %) für den Gesamtrücklauf.

Beispiel
Ein Weinhandelshaus schaltet eine ganzseitige Coupon-Anzeige in einer großen Tageszeitung. Der höchste Tageseingang an Bestellungen wird nach 7 Tagen erreicht. Zwei Tage nach Erreichen dieses Höhepunkts sind insgesamt 1.200 Bestellungen eingegangen. Verdoppelt man diesen Wert, hat man einen Schätzwert über die Gesamthöhe der Bestellungen, die sich voraussichtlich auf 2.400 +/- 5 % belaufen wird.

Handelsaufschlag

→Handelsspanne, Spanne

Handelsspanne
(auch Rohgewinn; in €)

Diese Kennzahl spielt sowohl im Einzel- als auch im Großhandel eine bedeutsame Rolle, da sie gleichsam das Entgelt der Handelsleistung darstellt.

= (Netto-)Verkaufspreis – (Netto-)Einstandspreis

Aus der Handelsspanne müssen die Handlungskosten und ein Gewinn erwirtschaftet werden. Weder die Vorsteuer noch die Mehrwertsteuer gehen in die Berechnung der Handelsspanne ein. Im Gegensatz dazu werden sowohl gewährte als auch erhaltene Skonti, Boni und Rabatte berücksichtigt, und zwar als Erlösschmälerungen bzw. als Verminderung des Einstandspreises.

Die Handelsspanne kann sich auf drei Größen beziehen:
- Gesamtumsatz (Betriebshandelsspanne)
- Umsatz einer Warengruppe (Warengruppenspanne)
- einzelnes Stück eines Artikels (Stückspanne)

Des Weiteren lassen sich Betrags-, Abschlags- und Aufschlagsspanne (Handelsaufschlag) unterscheiden (siehe auch →Spanne).

Beispiel
Eine Ware wird, bereinigt um Mehrwertsteuer, für 180 € verkauft, der Einstandspreis beläuft sich abzüglich Vorsteuer auf 120 €. Die Handelsspanne, berechnet als Betragsspanne, beträgt demnach die Differenz von 180 € und 120 €, also 60 €. Die Abschlagspanne beläuft sich auf 33,3 %, die Aufschlagsspanne auf 50 %.

Quelle
Alle Daten, also (Netto-)Verkaufspreis und (Netto-)Einstandspreis, können der Gewinn- und Verlustrechnung entnommen werden.

Interpretation
Sinkende Handelsspannen weisen auf falsch kalkulierte Verkaufspreise und/oder verschlechterte Einkaufskonditionen hin.

Maßnahmen zur Beeinflussung
Die Handelsspanne lässt sich auf zwei Arten positiv beeinflussen:

- über eine Durchsetzung höherer Verkaufspreise
- durch eine Verbesserung der Einkaufskonditionen.

Grenzen
Die Handelsspanne kann als Entgelt für die Handelsleistung interpretiert werden. Sie vermittelt jedoch keinen Aufschluss darüber, ob die Handlungskosten gedeckt sind, geschweige denn, ob ein →Gewinn erwirtschaftet wird.

Hit

> = ursprüngliches Messkriterium für die Akzeptanz
> einm Website durch den Nutzer

Mittlerweile gilt diese →E-Commerce-Kennzahl, die schon immer umstritten war, als überholt, da bei jedem Zugriff auf eine Online-Seite je nach Zusammensetzung aus Text-, Bild und Tondateien auch unterschiedlich viele Hits erzeugt werden. Beispielsweise entspricht der Abruf einer Internetseite mit vier integrierten Grafiken fünf Hits.

Innovationsquote, mengenabhängige
(auch mengenabhängige Neuproduktquote; in %)

Die mengenabhängige Innovationsquote setzt die neuen Produkte ins Verhältnis zur Gesamtzahl der Produkte und bietet einen Einblick in die Innovationsfähigkeit des Unternehmens.

$$= \frac{\text{Zahl der neuen oder veränderten Produkte}}{\text{Gesamtzahl der Produkte}} \times 100\,\%$$

Beispiel
Ein Unternehmen hat zu zurzeit 120 Produkte in seinem Produktprogramm. Davon gelten 30 Produkte als Innovationen. Die mengenabhängige Innovationsquote beträgt 25 %.

$$= \frac{\text{30 Produkte mit Innovationscharakter}}{\text{120 Produkte im Produktprogramm}} \times 100\,\% = 25\,\%$$

Quelle
- Die Gesamtzahl der Produkte sowie ihre Einordnung in neue und alte Produkte sind der Produktionsabteilung bekannt.
- Vor Bestimmung der Kennzahl gilt es zu definieren, was ein neues Produkt ist. Hierbei müssen auch branchenspezifische Erfahrungen eingearbeitet werden.
- Ein neues Produkt hat ein zu bestimmendes Lebensalter ohne wesentliche Veränderung noch nicht überschritten.

- Produkte, die im Laufe ihres Lebenszyklus wesentlich verändert wurden, gelten ab dem Zeitpunkt der Veränderung als neue Produkte.

Interpretation
- Eine hohe mengenabhängige Innovationsquote signalisiert, dass Produktinnovationen einen großen Anteil an allen Produkten haben. Dies verringert die Abhängigkeit des Unternehmens von seinen alten und lang anhaltend erfolgreichen Produkten.
- Gleichzeitig spricht eine hohe mengenabhängige Innovationsquote für die Leistungsfähigkeit der Forschung und Entwicklung, weil sich deren Produktinnovationen am Markt durchgesetzt haben und daher zur Produktpalette des Unternehmens gehören.
- Neue Produkte, die noch am Anfang ihres Produktlebenszyklus stehen, bieten dem Unternehmen die Gewähr, auch langfristig →Deckungsbeiträge zu erzielen und den Fortbestand des Unternehmens zu sichern.
- Eine hohe mengenabhängige Innovationsquote spricht für die Flexibilität des Unternehmens, weil es schnell auf sich ändernde Markt- und Kundenansprüche reagiert.
- Eine geringe mengenabhängige Innovationsquote hingegen bedeutet, dass Produktinnovationen nur einen kleinen Anteil an den Produkten ausmachen. Somit begibt sich das Unternehmen in die Gefahr, von alten Produkten, die u. U. am Ende ihres Lebenszyklus stehen, abhängig zu sein.
- Die Kennzahl ist insbesondere aussagekräftig im Zeitvergleich und sollte daher regelmäßig ermittelt werden. So kann beispielsweise an einer stetigen Erhöhung der mengenabhängigen Innovationsquote abgelesen werden, dass eine Umschichtung von alten zu neuen Produkten vor sich geht.
- Auch der Vergleich mit Wettbewerbern ist aufschlussreich.

Maßnahmen zur Beeinflussung
Um die mengenabhängige Innovationsquote zu steigern, kann ein Unternehmen folgende Maßnahmen ergreifen:
- Investition in Forschung und Entwicklung mit dem Ziel, neue Produkte zu schaffen
- verstärkte Marktforschung, um Kundenbedürfnisse und →Kundenzufriedenheit beurteilen zu können und die Produkte entsprechend auszurichten
- Weiterentwicklung alter Produkte, um diese an die aktuellen Kundenbedürfnisse anzupassen

- Vermehrte Anstrengungen bei der Einführung neuer Produkte (Verkaufsförderung, Werbung, niedrige Einführungspreise), um die →Floprate möglichst gering zu halten

Grenzen

- Die mengenabhängige Innovationsquote basiert nur auf absoluten Zahlen. Um auch deren wertmäßigen Anteil zu berechnen, empfiehlt sich die Ermittlung von →Altproduktquote und umsatzabhängiger Innovationsquote (→Innovationsquote, umsatzabhängige).
- Eine niedrige Innovationsquote muss nicht unbedingt nachteilig sein. Sie kann auch ein Beleg dafür sein, dass ein Unternehmen über sog. „Klassiker" verfügt, die schon seit langem erfolgreich am Markt positioniert sind. Man denke in diesem Zusammenhang an Markenartikel wie z. B. *Odol, Nivea, Maggi* oder *Tempo*.

Innovationsquote, umsatzabhängige
(auch umsatzabhängige Neuproduktquote; in %)

Die umsatzabhängige Innovationsquote setzt den Umsatz der neuen Produkte ins Verhältnis zum Gesamtumsatz und bietet einen Einblick in die Innovations- und Zukunftsfähigkeit des Unternehmens.

$$= \frac{\text{Umsatz der neuen oder veränderten Produkte}}{\text{Gesamtumsatz}} \times 100\,\%$$

Beispiel
Ein Unternehmen erzielt einen Jahresumsatz von 6.000.000 €. Davon werden 1.200.000 € mit Produkten und Dienstleistungen erzielt, die als Innovationen gelten. Die umsatzabhängige Innovationsquote beträgt 20 %.

$$= \frac{1.200.000\,\text{€ Umsatz mit Innovationen}}{6.000.000\,\text{€ Umsatz}} \times 100\,\% = 20\,\%$$

Quelle
- Der Gesamtumsatz sowie die Umsatzzuordnung für neue und alte Produkte sind der Vertriebsabteilung bekannt.
- Vor Bestimmung der Kennzahl gilt es zu definieren, was ein neues Produkt ist. Hierbei müssen auch branchenspezifische Erfahrungen eingearbeitet werden.
- Ein neues Produkt hat ein zu bestimmendes Lebensalter ohne wesentliche Veränderung noch nicht überschritten.
- Produkte, die im Laufe ihres Lebenszyklus wesentlich verändert wurden, gelten ab dem Zeitpunkt der Veränderung als neue Produkte.

Interpretation
- Eine hohe umsatzabhängige Innovationsquote signalisiert, dass Produktinnovationen einen großen Anteil am →Umsatz haben. Dies verringert die Abhängigkeit des Unternehmens von seinen „Klassikern", alten und lang anhaltend erfolgreichen Produkten.
- Gleichzeitig spricht eine hohe umsatzabhängige Innovationsquote für die Leistungsfähigkeit der Forschung und Entwicklung, weil sich deren Produktinnovationen am Markt durchgesetzt haben und daher zur Produktpalette des Unternehmens gehören.
- Neue Produkte, die noch am Anfang ihres Produktlebenszyklus stehen, bieten dem Unternehmen die Gewähr, auch langfristig →Deckungsbeiträge zu erzielen und den Fortbestand des Unternehmens zu sichern.
- Eine hohe umsatzabhängige Innovationsquote spricht für die Flexibilität des Unternehmens, weil es schnell auf sich ändernde Markt- und Kundenansprüche reagiert.
- Eine geringe umsatzabhängige Innovationsquote hingegen bedeutet, dass Produktinnovationen nur einen kleinen Anteil am Gesamtumsatz haben. Somit begibt sich das Unternehmen in die Gefahr, von alten Produkten, die u. U. am Ende ihres Lebenszyklus stehen, abhängig zu sein.
- Die Kennzahl ist insbesondere aussagekräftig im Zeitvergleich und sollte daher regelmäßig ermittelt werden. So kann beispielsweise an einer stetigen Erhöhung der umsatzabhängigen Innovationsquote abgelesen werden, dass eine Umschichtung von alten zu neuen Produkten vor sich geht.
- Auch Vergleiche mit dem Wettbewerber sind aufschlussreich.

Maßnahmen zur Beeinflussung
Um die umsatzabhängige Innovationsquote zu steigern, kann ein Unternehmen folgende Maßnahmen ergreifen:

- Investition in Forschung und Entwicklung mit dem Ziel, neue Produkte zu schaffen
- Verstärkte Marktforschung, um Kundenbedürfnisse und →Kundenzu-friedenheit beurteilen zu können und die Produkte entsprechend auszu-richten
- Weiterentwicklung alter Produkte, um diese an die aktuellen Kundenbe-dürfnisse anzupassen
- Vermehrte Anstrengungen bei der Einführung neuer Produkte (Ver-kaufsförderung, Werbung, niedrige Einführungspreise), um die →Flop-rate möglichst gering zu halten

Grenzen
Eine niedrige umsatzabhängige Innovationsquote muss nicht unbedingt nachteilig sein. Sie kann auch ein Beleg dafür sein, dass ein Unternehmen über sog. „Klassiker" verfügt, die schon seit langem erfolgreich am Markt positioniert sind. Man denke in diesem Zusammenhang an Markenartikel wie z. B. *Odol, Nivea, Maggi* oder *Tempo*.

Instore Decision Rate
(in %)

Die Kennzahl bringt zum Ausdruck, wie viel Prozent der Kaufentschei-dungen erst im Verkaufsraum getroffen werden.

$$= \frac{\text{Anzahl der im Geschäft getroffenen Kaufentscheidungen}}{\text{Anzahl der insgesamt getätigten Käufe}} \times 100\,\%$$

Experten gehen davon aus, dass bis zu 80 % der Kaufentscheidungen erst im Verkaufraum getroffen werden. Angesichts dieser Höhe gewinnt die Verkaufsförderung vor Ort einen zunehmenden Stellenwert, wohingegen der Werbung eine abnehmende Bedeutung zugesprochen wird.

Beispiel
- Der Durchschnittskunde eines Supermarktes kauft zwölf verschiedene Produkte ein. Im Falle von neun Produkten handelt es sich um geplante

Käufe, bei drei Produkten fällt die Kaufentscheidung erst vor Ort. Die Instore Decision Rate beträgt 25 %.

- Eine Studie der Marketingberatung *Behle, Koch & Steinmaurer* untersuchte die Kaufumstände von Heimwerker-Klebstoffen in deutschen Baumärkten. Dabei fand sie u. a. heraus, dass 89 % der Kleber-Einkäufe geplant waren, 11 % der Kunden sich aber erst spontan im Heimwerkermarkt entschieden, Klebstoff zu kaufen.

Quelle

Die Instore Decision Rate muss durch eine Befragung der Kunden ermittelt werden, am besten im unmittelbaren Anschluss an den Kaufvorgang. Hierfür bietet sich beispielsweise eine Befragung im Laden (sog. Instore-Befragung) nach dem Kassiervorgang an.

Interpretation

- Eine hohe Instore Decision Rate kann einmal auf Impulskäufe hinweisen, die normalerweise nur bei Selbstbedienung möglich sind. Hierunter versteht man Käufe, die ungeplant, spontan und sehr schnell ablaufen. Impulskäufe treten insbesondere bei nicht gewohnheitsmäßigen Produkten auf (z. B. bei Bekleidung, Süßigkeiten), wohingegen sie bei höherwertigen Produkten (z. B. Haushaltsgeräte, Unterhaltungselektronik) selten zu beobachten sind. Neben der Produktart wird das impulsive Kaufverhalten durch die am Verkaufsort (= Point of Sale) auftretenden Reize (Verpackung, Produktpräsentation, Geschäftsausstattung) gesteuert.
- Weiterhin kann eine hohe Instore Decision Rate darauf hindeuten, dass der Kunde bereits mit einem konkreten Bedürfnis (z. B. Kauf eines Waschmittels) in das Geschäft kommt, die Entscheidung für ein konkretes Produkt (z. B. *Persil*) aber erst vor Ort fällt. Neben Verpackung und Präsentation sind hierfür Verkaufsförderungsaktionen (z. B. Sonderpreisaktionen, Probierstände) verantwortlich.

Maßnahmen zur Beeinflussung

Eine Erhöhung der Instore Decision Rate kann u. a. erreicht werden durch:

- Warenpräsentation (u. a. Zweitplatzierungen, ansprechende Verpackungen und Displays)
- Verkaufsförderungsaktionen (z. B. Sonderpreisaktionen, Probierstände mit Verkostungen, Merchandising-Aktionen wie Preisausschreiben, Incentives)

Grenzen

Da Impulskäufe in der Regel nicht bei höherwertigen Artikeln auftreten, lässt eine hohe Instore Decision Rate keinen Rückschluss auf →Umsatz und →Gewinn zu. Außerdem ist eine Berechnung dieser Kennzahl nur im Falle von Selbstbedienung sinnvoll.

Intensitätsfaktor

→Kaufintensität

Internationalisierungsgrad
(in %)

Der Internationalisierungsgrad gibt an, wie viel Prozent des Umsatzes ein Unternehmen mit unternehmenseigenen Niederlassungen und Tochtergesellschaften im Ausland erwirtschaftet.

$$= \frac{\text{Umsatz im Ausland}}{\text{Gesamtumsatz}} \times 100\,\%$$

Beispiel

Ein Großhandelsunternehmen erwirtschaftet insgesamt 5,55 Mio. €. Umsatz. Davon setzt es 2,73 Mio. € durch Auslandsniederlassungen um. Der Internationalisierungsgrad beträgt damit 49,2 %.

$$\frac{2,73 \text{ Mio. } € \text{ Auslandsumsatz}}{5,55 \text{ Mio. } € \text{ Gesamtumsatz}} \times 100\,\% = 49,2\,\%$$

Quelle

Der →Umsatz lässt sich der Finanzbuchhaltung (Summen- und Saldenliste) der einzelnen Ländergesellschaften entnehmen.

Interpretation

Beim Internationalisierungsgrad handelt es sich um eine einfach zu ermittelnde Kennzahl, die insbesondere im Vergleich zu Wettbewerbern und im Zeitablauf Aussagen über den Erfolg cincr internationalen Geschäftstätigkeit zulässt. Für einen hohen Internationalisierungsgrad sprechen:

- Öffnen eines Absatzventils, da der heimische Markt gesättigt ist
- Partizipation an Wachstumsmärkten
- Erschließen von Preisspielräumen
- Realisierung von Kostenvorteilen (u. a. durch Erzielung von Erfahrungskurveneffekten)
- Risikostreuung

Häufig verzeichnen (Handels-)Unternehmen aus kleinen Ländern einen höheren Internationalisierungsgrad als (Handels-)Unternehmen aus größeren Ländern.

Maßnahmen zur Beeinflussung

Im Zuge eines erfolgreichen „Going-International" gilt es folgende Entscheidungstatbestände zu optimieren an:

- Marktauswahl: Welcher Markt bzw. welche Märkte sollen bearbeitet werden?
- Marktbearbeitung: Mit welcher Strategie soll auf den Märkten agiert werden?
- Timing: Wann soll in einen ausländischen Markt eingetreten werden, und wie soll bei mehreren Märkten die länderspezifische Abfolge der Eintritte vonstatten gehen?
- Markteintritt: Mit welcher Organisationsform soll in den ausländischen Markt eingetreten werden?

Grenzen

Indirekte Exporte, bei denen Produkte über den inländischen Großhandel an ausländische Kunden abgesetzt werden, sowie Umsätze mit Ausländern, die im Inland erzielt werden, bleiben außer Betracht.

Internet-Kennzahlen

→ E-Commerce-Kennzahlen

Inventurdifferenzquote

(in %)

Die Inventurdifferenzquote gibt das Verhältnis zwischen Inventurdifferenz und Gesamtumsatz an, jeweils in Einkaufspreisen bewertet.

$$= \frac{\text{Inventurdifferenz zu Einkaufspreisen}}{\text{Umsatz zu Einkaufspreisen}} \times 100\,\%$$

Beispiel
Ein Discounter erzielt mit seinem Sortiment an Obst und Gemüse in einem Monat einen Umsatz zu Einkaufspreisen von 38.000 €. Die Inventurdifferenzen zu Einkaufspreisen belaufen sich in diesem Zeitraum auf 500 €. Die Inventurdifferenzquote beläuft sich demnach auf 1,3 %.

$$= \frac{500\,\text{€ Inventurdifferenz zu Einkaufspreisen}}{38.000\,\text{€ Umsatz zu Einkaufspreisen}} \times 100\,\% = 1,3\,\%$$

Quelle
- Voraussetzung für die Ermittlung einer Inventurdifferenz ist eine fortlaufende Bestandsrechnung. Bei Gegenüberstellung der Bestandsrechnung und der durch die Inventur ermittelten Bestände zeigt sich, ob eine Inventurdifferenz vorliegt oder nicht.
- Der Umsatz zu Einkaufspreisen kann meist in der Finanzbuchhaltung einfach ermittelt werden. Sollte dies nicht der Fall sein, kann auch der Umsatz zu Verkaufspreisen herangezogen werden. Dabei gilt aber zu beachten, dass nicht immer davon ausgegangen werden kann, dass der Inventurverlust tatsächlich auch realisierter Umsatz gewesen wäre.

Interpretation
- Inventurdifferenz ist die Differenz zwischen dem Sollbestand (Wert des buchmäßig errechneten Warenbestandes = Buchbestand) und dem Istbestand von Waren (am Inventurtag tatsächlich festgestellter Warenbestand). Ursachen für Inventurdifferenzen liegen in Diebstahl durch Kunden, Mitarbeiter und Lieferanten sowie in Fehlern und Organisationsmängeln bei der Warenbestandserfassung, bei der Preisauszeich-

nung, beim Kassiervorgang sowie im Schwund, dem Verderb oder dem Bruch von Waren.

- Hohe Inventurdifferenzen stellen Kosten dar und wirken sich negativ auf Gewinn sowie Umatzrentabilität aus.
- Die Inventurdifferenzquote ist besonders aufschlussreich im Längsschnittvergleich (zwischen mehreren Perioden) und/oder im Querschnittvergleich (z. B. zwischen mehreren Filialen).

Maßnahmen zur Beeinflussung
Die Inventurdifferenzquote lässt sich senken durch:
- Maßnahmen zur Prävention von Diebstählen (Überwachungskameras; Schulung des Kassenpersonals; Positionierung Diebstahl gefährdeter Ware im Kassenbereich; forensische Testkäufe)
- Stichprobenkontrollen bei Personal und gegebenenfalls Lieferanten
- Optimierung der Wareneinstandskontrolle, Warenbestandserfassung und Preisauszeichnung
- nachfrageorientiertes Bestellwesen und konsequente Wälzung von Vorräten nach Mindesthaltbarkeit zur Verringerung von Warenverderb
- Einführung von Scannerkassen zur Vermeidung von Fehlern beim Kassiervorgang
- Abstimmung mit Lieferanten zur Entwicklung bruch- und diebstahlsicherer Verpackungen

Grenzen
- Die Ermittlung der Inventurdifferenz muss physisch ermittelt werden und ist demnach mit einem entsprechend hohen Aufwand verbunden.
- Erst durch die Gegenüberstellung der Kosten, die mit den Maßnahmen zur Reduzierung von Inventurdifferenzen (z. B. Diebstahlsicherung) verbunden sind, können ökonomisch sinnvolle Entscheidungen getroffen werden.

K

K$_1$-Wert

→Reichweite

Kalkulationsaufschlag, Kalkulationsspanne, Kalkulationszuschlag

→Handelsspanne, Spanne

Kapitalrentabilität

→Return on Investment

Kapitalumschlag

→Umsatz

Kartenzahlerquote
(in %)

Die Kennzahl gibt den Anteil der Käufer, die mit EC- oder Kreditkarte bezahlen, an der Gesamtzahl der Käufer an.

$$= \frac{\text{Kartenzahler}}{\text{Gesamtzahler}} \times 100\,\%$$

Beispiel
Ein Discounter verzeichnet in einem Monat 5.466 Zahler, von denen 1.964 den Rechnungsbetrag per Karte begleichen. Die Kartenzahlerquote beläuft sich auf 35,9 %.

$$= \frac{1.964\ \text{Kartenzahler}}{5.466\ \text{Zahlungsvorgänge}} \times 100\,\% = 35,9\,\%$$

Quelle
Bei elektronischen Kassensystemen und dem entsprechenden IT-Support können die Daten problemlos dem Warenwirtschaftssystem entnommen werden.

Interpretation
Die einschlägigen Untersuchungen belegen, dass Kunden, die mit Kredit-karte oder EC-Karte bezahlen, einen durchschnittlich höheren Einkaufsbon aufweisen als Barzahler. Neben der unmittelbaren Umsatzsteigerung bietet das Zahlverhalten demnach Ansatzpunkte für die Strukturierung des Kundenstamms nach dessen Wertigkeit. Nicht zuletzt können die Daten der Kartenzahler für zukünftige Maßnahmen im Direkt-Marketing genutzt werden.

Maßnahmen zur Beeinflussung
Ansatzpunkte bieten die Bereitstellung benutzerfreundlicher Hardware sowie die offensive Propagierung der Möglichkeit, bargeldlos zu bezahlen, z. B. in den Medien oder über Incentive-Programme.

Grenzen
Ein Unternehmen kann die Anzahl der Kartenzahler nur in sehr begrenztem Maße erhöhen.

Kauffrequenz, Kaufhäufigkeit

→Einkaufshäufigkeit, durchschnittliche

Kaufintensität
(auch Intensitätsfaktor, Mengenintensität; in %)

Die Kaufintensität gibt an, ob ein durchschnittlicher Käufer einer bestimmten Marke weniger oder mehr als ein durchschnittlicher Käufer irgendeiner Marke des betreffenden Produktes kauft.

$$
= \frac{\text{durchschnittliche Kaufmenge einer bestimmten Marke pro Käufer bzw. Haushalt und Zeiteinheit}}{\text{durchschnittliche Kaufmenge eines Produkts pro Käufer bzw. Haushalt und Zeiteinheit im Gesamtmarkt}} \times 100\,\%
$$

Genauso kann die durchschnittliche Kaufintensität auch als relative Bedeutung der Intensiv-, Normal- und Extensivkäufer am →Umsatz betrachtet werden. Die Käufer werden nach ihrer Einkaufsmenge für das ausgewählte Produkt sortiert. Kumuliert man Mengen und Käufer in dieser sortierten Tabelle und setzt man sie ins Verhältnis zur Gesamtmenge bzw. zu den Gesamtkäufern, so erhält man die Mengenverteilungskurve (sog. Lorenzkurve, siehe hierzu auch →ABC-Analyse). Anhand der Analyse können Käufer in Intensiv-, Normal- und Extensivkäufer eingeteilt und weiter analysiert werden, z. B. nach Soziodemographika, Markenverwendung usw.
In Analogie zur ABC-Analyse lassen sich Kaufintensitäten auch grafisch darstellen. Abb. 8 kann wie folgt erläutert werden:
- 10 % der Käufer einer Marke kaufen die Hälfte der insgesamt verkauften Menge der Marke (Intensivkäufer).
- 70 % der Käufer einer Marke kaufen nur 25 % der gesamten Einkaufsmenge (Extensivkäufer).

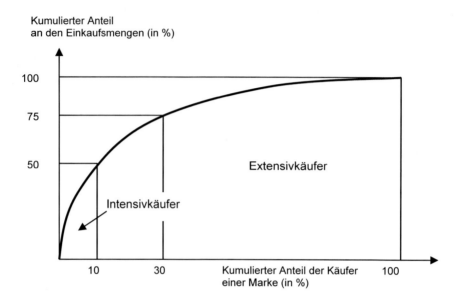

Kumulierter Anteil
an den Einkaufsmengen (in %)

Abb. 8. Betrachtung der Kaufintensitäten mit Hilfe der ABC-Analyse

Beispiel
Der durchschnittliche Vier-Personen-Haushalt kauft pro Jahr sechs Pakete Waschmittel á 2,5 kg ein. Bei der Marke A beträgt die durchschnittliche Einkaufsmenge eines Vier-Personen-Haushalts im gleichen Zeitraum neun Pakete. Damit beträgt die Kaufintensität 150 %. Die betrachteten Käufer der Waschmittelmarke A erwerben die anderthalbfache Menge eines durchschnittlichen Waschmittelkäufers. Sie sind demnach als Intensivkäufer einzustufen.

$$= \frac{9 \text{ Pakete}}{6 \text{ Pakete}} \times 100\,\% = 150\,\%$$

Quelle
Die für die Berechnung der Kaufintensität erforderlichen Daten sind entweder Kundendatenbanken, evtl. flankiert von einem Kundenkartensystem, oder Haushaltspanels zu entnehmen. Als Panel bezeichnet man einen bestimmten, gleich bleibenden Kreis von Adressaten (im vorliegenden Fall

Haushalte), bei dem wiederholt (in regelmäßig zeitlichen Abständen) Erhebungen zum (im Prinzip) gleichen Untersuchungsgegenstand durchgeführt werden. Das kann durch mündliche, schriftliche oder telefonische Befragung oder durch Beobachtung geschehen.

Interpretation
Eine geringe Kaufintensität kann auf unausgeschöpftes Potenzial pro Kunde hinweisen, dass es zu erschließen gilt.

Maßnahmen zur Beeinflussung
Um die Kaufintensität zu erhöhen, muss die Intensität des Konsums pro Kunde gesteigert werden. Hierfür bieten sich im Wesentlichen zwei Ansatzpunkte:
- Steigerung der Verwendungsintensität. Beispiele hierfür sind:
  - Einführung kalorienreduzierter Produkte
  - Einführung alkoholfreier oder -reduzierter Getränke
  - Aufzeigen neuer Anwendungsmöglichkeiten für ein Produkt (z. B. *Aspirin* nicht nur als Schmerzmittel, sondern auch als blutverdünnendes Medikament zur Herzinfarktprophylaxe)
  - größere Verpackungseinheiten
  - Erweiterung der Verwendungszeit (z. B. bei Eiscreme, die durch geschickte Marketingaktivitäten von einem Artikel, den Verbraucher lediglich in der warmen Jahreszeit konsumierten, zu einem Ganzjahresprodukt umpositioniert wurde)
- Stimulierung von Ersatzbedarf, d. h. Motivation des Kunden, ein Produkt zu erwerben, bevor es eigentlich notwendig wäre:
  - zeitlich begrenzte Sonderaktionen (Sondermodelle, -preise und -konditionen im Falle von Finanzierungen)
  - Inzahlungnahme des noch gebrauchsfähigen alten Produktes bei Kauf eines neuen Produktes (z. B. bei Rasierapparaten, Pkws)
  - modische Veralterung eines Produkts

Grenzen
Bei der Betrachtung der Kaufintensität konzentriert man sich auf bereits vorhandene Kunden und lässt die Kundenakquisition außen vor. Dies kann insbesondere in jungen bzw. wachsenden Märkten fatale Folgen haben. Um dieser Schwäche entgegenzuwirken, sollte flankierend zur Kaufintensität der →Feldanteil in die Betrachtung einbezogen werden.

Kaufkraft
(in €)

Unter Kaufkraft versteht man den Geldbetrag, der den Nachfragern für Konsumzwecke zur Verfügung steht.

> Bruttoeinkommen
> + Vermögensverzehr (z. B. Auflösung von Sparguthaben)
> + Kreditaufnahme
> − Steuern
> − Sparbeträge
> − Kredittilgung

Für die Berechnung der einzelhandelsrelevanten Kaufkraft werden darüber hinaus sämtliche Verbrauchsausgaben, die nicht den Einzelhandel betreffen, abgezogen. Hierzu zählen z. B. Aufwendungen für Mieten, Versorgungsleistungen, Versicherungen und Reisen.
Als vagabundierende sprich frei verfügbare Kaufkraft schließlich bezeichnet man den Teil des Einkommens, der nicht für elementare Bedürfnisse aufgewendet wird und demnach für den Kauf verschiedener Güterarten genutzt werden kann. In diesem Zusammenhang stellt sich beispielsweise die Frage, ob der Konsument mit einem bestimmten Teil seines Einkommens eine neue Krawatte für sich selbst oder aber ein Geschenk für seine Ehefrau erwirbt.

Beispiel
Die *GfK* ermittelt jährlich Kaufkraftkennziffern für Städte und Gemeinden in Deutschland. So haben z. B. alle Einwohner der Stadt Köln im Jahr 2008 eine Kaufkraft von 20,22 Mrd. €. Die durchschnittliche Kaufkraft pro Einwohner beträgt in Köln 20.430 €.

Quelle
- Die Daten für die Berechnung der Kaufkraft sind der Einkommensteuerstatistik sowie der Mehrwertsteuerstatistik zu entnehmen. Daneben bieten Marktforschungsgesellschaften wie *Nielsen* und *GfK* aussagefähige Statistiken über Kaufkraftkennziffern und Kaufkraftkarten an.
- Die *GfK* beispielsweise berechnet auf Basis des Lohn- und Einkommensteueraufkommens der deutschen Landkreise Kaufkraftkennziffern für unterschiedliche Gebiete. Sie werden in Prozent der Durchschnitts-

kaufkraft ausgewiesen und auf sog. Kaufkraftkarten aufbereitet. Bei letzteren werden die einzelnen Regionen entsprechend ihrer Kaufkraft eingefärbt.

Interpretation

- Kaufkraftkennziffern können einmal im Zuge der räumlichen bzw. regionalen Preisdifferenzierung genutzt werden. Weisen beispielsweise zwei Regionen deutliche Kaufkraftunterschiede auf, kann es durchaus zweckmäßig sein, in der Region mit einer höheren Kaufkraft einen höheren Preis zu verlangen.
- Zum anderen spielen Kaufkraftkennziffern im Zusammenhang mit der →Einkommenselastizität der Nachfrage eine wichtige Rolle. Mit dieser Kennzahl lässt sich nachvollziehen, wie sich eine Einkommens- sprich Kaufkraftänderung auf die Nachfrage nach einem bestimmten Produkt auswirkt.

Maßnahmen zur Beeinflussung

Unternehmen können die Kaufkraft der Konsumenten auf folgende Arten positiv beeinflussen:

- Bereitstellung von Konsumentenkrediten
- Einräumung von Ratenzahlungen
- Stundung des Kaufpreises („Kaufen Sie das Auto heute, bezahlen Sie ihn erst in 6 Monaten!")
- Leasingangebote

Grenzen

Die Kaufkraft hat auf die verschiedenen Konsumbereiche einen unterschiedlich starken Einfluss. So dürfte eine Kaufkraftveränderung auf den Erwerb von Grundnahrungsmitteln eine vernachlässigbare Wirkung ausüben, sich beim Kauf von Luxusartikeln hingegen sehr stark bemerkbar machen.

Kennzahlen

Bei Kennzahlen handelt es sich um eine Zusammenfassung von quantitativen, d. h. in Zahlen ausdrückbaren, betrieblichen Informationen. Synonyme Begriffe sind Kennziffer, Kontrollzahl, Messzahl, Messziffer und Schlüsselgröße. Mit Hilfe von betriebswirtschaftlichen Kennzahlen können die im Unternehmen anfallenden, häufig kaum mehr überschaubaren Datenmengen auf wenige, aussagekräftige Größen verdichtet werden.

Kennzahlen lassen sich grundsätzlich nach statistisch-methodischen, inhaltlichen und zeitlichen Kriterien untergliedern. Unter statistisch-methodischen Gesichtspunkten unterscheidet man:

- Grund- bzw. Absolutzahlen
  - Einzelzahlen (z. B. Absatz Produkt X),
  - Summen (z. B. Gesamtumsatz),
  - Differenzen (z. B. Gewinn) und
  - Mittelwerte (z. B. durchschnittlicher Tagesumsatz).

- Verhältniskennzahlen. Diese untergliedern sich in:
  - Beziehungszahlen (= Verhältniszahlen, die sachlich unterschiedliche, aber logisch zusammenhängende Größen miteinander verknüpfen; z. B. Umsatz pro Kopf),
  - Gliederungszahlen (= Verhältniszahlen, die Teile zum Ganzen in Verbindung setzen; z. B. Anteil der Stammkunden an sämtlichen Kunden) sowie
  - Indexzahlen (= Verhältniszahlen, die mehrere sachverwandte Größen in Beziehung setzen und die jeweilige Veränderung angeben. Dabei werden eine Größe gleich 100 % gesetzt und die andere an ihr gemessen; z. B. Gewinnzunahme in % zum Vorjahr).

Nach dem Inhalt lassen sich Kennzahlen unterscheiden in:
- Mengengrößen (z. B. Absatz, Mitarbeiterzahl, Zahl der Filialen)
- Wertgrößen (z. B. Umsatz, Kosten, Gewinn)
- Zeitgrößen (z. B. Termine und Fristen)

Schließlich lassen sich Kennzahlen nach Maßgabe ihres zeitlichen Horizonts gruppieren. Hierbei unterscheidet man:
- Zustandskennzahlen (Berechnung zu einem Zeitpunkt; z. B. Mitarbeiterzahl am 31. Dezember 2008)
- Bewegungskennzahlen, die sich ihrerseits differenzieren lassen in:
  - Ergebniskennzahlen (Berechnung für einen Zeitraum; z. B. Gewinn für das Jahr 2008) und
  - Entwicklungskennzahlen (Berechnung zwischen mehreren Zeiträumen oder -punkten; z. B. Gewinnveränderung von 2008 auf 2009).

Kennzahlen erhalten zusätzlichen Aussagegehalt, wenn sie Vergleichsgrößen gegenübergestellt werden. Neben den bereits vorgestellten Zeitvergleichen durch Entwicklungskennzahlen dienen hierzu:

- Soll-Ist-Vergleiche (z. B. tatsächlich realisierter Absatz eines Produktes im Vergleich zum geplanten Absatz) sowie
- Sachvergleiche wie die Gegenüberstellung von Mitarbeitern, Abteilungen, Filialen, Unternehmen und/oder Branchen (z. B. Gewinn der Filiale A im Vergleich zum Gewinn der Filiale B).

In der betrieblichen Praxis kommen Kennzahlen folgende Funktionen zu:
- Entscheidungsunterstützung:
  Kennzahlen vermitteln einen schnellen Überblick über die (wirtschaftliche) Situation eines Unternehmens, erleichtern die Bewertung anstehender Möglichkeiten und dienen der eindeutigen Formulierung sowie Vermittlung von Zielvorgaben (sog. Management by Objectives).
- Steuerung:
  Mittels Kennzahlen lassen sich betriebliche Maßnahmen kontinuierlich auf ihre richtige Durchführung hin überprüfen.
- Kontrolle:
  Kennzahlen dienen dazu, die Ergebnisse von Strategien sowie Maßnahmen und damit den Grad der Zielerreichung festzustellen.

K

Kennzahlensysteme

Zweifellos haben auch Kennzahlen, die einzeln und regelmäßig erhoben werden, ihren Wert für das Controlling von Unternehmensvorgängen. Einen ungleich höheren Nutzen aber bieten Kennzahlen, wenn sie mit anderen Größen verknüpft in ein Kennzahlensystem eingearbeitet werden.

Bei Kennzahlensystemen handelt es sich um eine Zusammenstellung von Kennzahlen, die auf ein übergeordnetes Ziel (z. B. Rentabilität) ausgerichtet sind. Damit verdichten Kennzahlensysteme Informationen, zeigen Zusammenhänge zwischen Kennzahlen auf und ermöglichen somit Simulationen (Was wäre wenn?). Zu den bekanntesten Vertretern zählen das →Du-Pont-Kennzahlensystem sowie die →Balanced Scorecard.

Kombinierte Reichweite

→Reichweite

Kontakthäufigkeit

> = Menge der Kontakte eines Werbemediums
> = Maßstab für die Wirkungsstärke eines Mediaplans

Unterschieden wird zwischen Erstkontakt und Wiederholungskontakt, weil eine einzelne Person von einem Werbeträger bzw. Werbemittel oft mehr als nur einmal erreicht wird. Aus der Summe der Erst- und Wiederholungskontakte ergibt sich die Zahl der Gesamtkontakte.

Die beiden Kriterien →Reichweite und Kontakthäufigkeit stehen einander entgegengesetzt gegenüber, und es ist nicht möglich, beide Größen gleichzeitig zu maximieren. Ein Ziel, das sowohl der Reichweite wie der Kontakthäufigkeit Rechnung trägt, stellt die qualifizierte Reichweite (→Reichweite) dar. Dabei werden nur Personen gezählt, die mindestens mit einer bestimmten Kontaktzahl erreicht werden. Man spricht in diesem Fall auch von einer Reichweite in der offenen Kontaktklasse. Werden nur jene Personen gerechnet, die mit einer nach unten und oben begrenzten Kontaktzahl erreicht werden, so spricht man von einer Reichweite in einer geschlossenen Kontaktklasse.

Konversionsrate
(auch Conversion Rate, Umwandlungsrate; in %)

Konversionsraten sind wichtige Kennzahlen im E-Commerce-Bereich, welche die Zahl der Kunden, die eine bestimmte Handlung durchführen, ins Verhältnis zur Zahl aller Besuche eines bestimmten Internetangebots setzen.

$$= \frac{\text{Anzahl bestimmter Aktionen von Besuchern einer Internetseite}}{\text{Gesamtzahl der Einzelbesuche}} \times 100\,\%$$

Die häufigste Definition der Konversionsrate bezieht sich dabei auf die Frage, wie viele Internetbesuche zu einer Bestellung führen. Wenn z. B. fünf von 100 Besuchern einer Homepage tatsächlich eine Bestellung aufgeben, beträgt die entsprechende Konversionsrate 5 %.

Die Konversionsrate des Einkaufswagens (im Internet) gibt an, wie viele Besucher, die Ware in den Warenkorb für eine Bestellung legen, diese am Ende auch tatsächlich bestellen. Andere Konversionsziele können die vollständige Registrierung eines Kunden, die Bestellung von Informationsmaterial und der Besuch einer Homepage nach Erhalt eines Newsletters sein.

Konzentrationsgrad

→Marktanteil

Kostendeckungspunkt

→Break-Even-Point

Krankenquote der Vertriebsmitarbeiter
(in %)

Die Krankenquote zeigt auf, wie hoch der Anteil der kranken Vertriebsmitarbeiter im Durchschnitt ist. Sie erlaubt damit Rückschlüsse auf den Gesundheitszustand sowie die Motivation der Belegschaft.

$$= \frac{\text{Anzahl der kranken Vertriebsmitarbeiter}}{\text{Anzahl der Vertriebsmitarbeiter}} \times 100\,\%$$

Beispiel
In einem Monat waren in einem Betrieb mit 200 Vertriebsmitarbeitern im Durchschnitt 10 krank. Die Krankenquote für diesen Monat beträgt 5 %.

$$= \ \frac{10 \text{ kranke Vertriebsmitarbeiter}}{200 \text{ Vertriebsmitarbeiter}} \ \text{x } 100\,\% \ = \ 5\,\%$$

Quelle
Die erforderlichen Daten zur Berechnung dieser Kennzahl hält die Personalabteilung bereit.

Interpretation
Die Interpretation der Krankenquote bietet sich im Zusammenhang mit der →Krankheitsquote sowie den durchschnittlichen Krankentagen (→Krankentage, durchschnittliche) an. Denn dann wird deutlich, ob die Zahl der Krankheitstage auf wenige Mitarbeiter mit durchschnittlich vielen Krankheitstagen oder aber auf viele Mitarbeiter mit durchschnittlich wenigen Krankheitstagen zurückzuführen ist.

Maßnahmen zur Beeinflussung
• Eine zu hohe oder gestiegene Krankenquote sollte zum Anlass genommen werden zu überprüfen, ob neben dem allgemeinen Gesundheitszustand die mangelnde Motivation der Mitarbeiter oder das schlechte Betriebs- und Arbeitsklima eine Rolle spielen.
• Ein flankierender Blick in die Unfallstatistik des Unternehmens verdeutlicht, inwieweit durch eine Verbesserung des Arbeitsschutzes die Krankenquote gesenkt werden kann.

Grenzen
Saisonale Schwankungen, die z. B. auf Witterungsverhältnisse und Epidemien zurückzuführen sind, sollten bei der Beurteilung der Krankenquote beachtet werden.

Krankentage der Vertriebsmitarbeiter, durchschnittliche
(in Tagen)

Die durchschnittlichen Krankentage der Vertriebsmitarbeiter zeigen auf, wie lange ein kranker Vertriebsmitarbeiter dem Unternehmen im Durchschnitt nicht zur Verfügung stand. Sie sagt somit etwas zum Gesundheitszustand der Belegschaft, aber auch zur Motivation der Vertriebsmitarbeiter aus.

$$= \frac{\text{Anzahl der krankheitsbedingten Fehltage}}{\text{Anzahl der Krankenfälle}}$$

Beispiel
Im Monat April waren die 25 kranken Vertriebsmitarbeiter insgesamt 100 Tage krankgeschrieben. Somit fehlte jeder kranke Mitarbeiter im Schnitt 4 Tage.

$$= \frac{\text{100 krankheitsbedingte Fehltage}}{\text{25 Krankenfälle}} = 4 \text{ Tage pro Krankheitsfall}$$

Quelle
- Die erforderlichen Daten zur Berechnung dieser Kennzahl hält die Personalabteilung bereit.
- Bei der Ermittlung der Arbeitstage ist grundsätzlich keine Unterscheidung nach Teilzeit- und Vollzeitkräften nötig, da die Bemessungsgröße Tage sind.
- Da aber die Krankheitskosten einer Vollzeitkraft an einem Fehltag höher sind als die einer Teilzeitkraft, kann auch eine nur anteilige Anrechnung der Teilzeitkräfte sinnvoll sein. Beispiel: Eine Kraft, die nur 20 % der regelmäßigen Vollarbeitszeit tätig ist, wird bei der Anzahl der Fehltage lediglich mit 0,2 gewichtet.
- Bei der Berechnung der durchschnittlichen Krankentage sollte beachtet werden, dass das Unternehmen nach der siebten Krankheitswoche keine Lohnfortzahlung mehr leisten muss. Aus diesem Grund können Mitarbeiter, die mehr als sechs Wochen ununterbrochen krank sind, nur mit sechs Wochen Fehlzeit in die Berechnung eingehen.

Interpretation
- Kranke Mitarbeiter sind für ein Unternehmen mit erheblichen Kosten verbunden. Obwohl das Unternehmen den Lohn des Mitarbeiters aufgrund der Lohnfortzahlung im Krankheitsfall weiter leisten muss, erhält es keine Arbeitsleistung.
- Hinzu kommt, dass das Fehlen eines Mitarbeiters oft mit organisatorischen Schwierigkeiten verbunden ist, die u. a. zu Überstunden von Kollegen und diese wiederum zu zusätzlichen Kosten aufgrund von Zuschlägen führen.

- Eine kurze Krankheitsdauer ist im Regelfall mit geringeren Zusatzkosten für das Unternehmen verbunden, da hier Ausfälle durch provisorische Lösungen überbrückt werden können.
- Die Analyse der Kennzahl ist interessant im Vergleich zu:
  - vorherigen Perioden,
  - anderen Unternehmensbereichen,
  - anderen Unternehmen (falls Daten bekannt) und/oder
  - branchenüblichen Größen (Auskünfte beim jeweiligen Unternehmerverband oder den Krankenkassenverbänden).
- Je geringer die Zahl der durchschnittlichen Krankentage ausfällt, desto besser und kostengünstiger ist es für das Unternehmen.

Maßnahmen zur Beeinflussung
Eine gestiegene bzw. zu hohe Zahl der durchschnittlichen Krankentage sollte zum Anlass genommen werden zu überprüfen, ob neben dem allgemeinen Gesundheitszustand mangelnde Motivation der Mitarbeiter und ein schlechtes Betriebs- und Arbeitsklima dafür verantwortlich sind.

Grenzen
- Die Kennzahl kann durch besonders drastische Einzelfälle mit Krankheitsdauern von mehreren Wochen zum negativen verfälscht werden. Hier ist eine genaue Betrachtung des Datenmaterials nötig.
- Es empfiehlt sich, zu fundierten Analyse auch die →Krankenquote sowie die →Krankheitsquote heranzuziehen.

Krankheitsquote
(in %)

Die Krankheitsquote zeigt auf, wie hoch der Anteil an Arbeitstagen ist, an denen Vertriebsmitarbeiter krank waren und nicht zur Arbeit erschienen sind. Sie sagt somit etwas zum Gesundheitszustand, aber auch zur Motivation der Belegschaft aus.

$$= \frac{\text{Anzahl der krankheitsbedingten Fehltage}}{\text{Anzahl der Soll-Arbeitstage}} \times 100\,\%$$

Beispiel
Die Belegschaft eines Unternehmens soll im Monat April insgesamt 2.000 Manntage leisten. 100 Manntage werden aufgrund von Krankheit nicht erbracht. Die Krankheitsquote beläuft sich auf 5 %.

$$= \frac{100 \text{ krankheitsbedingt nicht erbrachte Manntage}}{2.000 \text{ Manntage}} \times 100\% = 5\%$$

Quelle
- Die erforderlichen Daten zur Berechnung dieser Kennzahl hält die Personalabteilung bereit.
- Bei der Ermittlung der Arbeitstage ist grundsätzlich keine Differenzierung nach Teilzeit- und Vollzeitkräften nötig, da die Bemessungsgröße Tage sind.
- Da aber die Krankheitskosten einer Vollzeitkraft an einem Fehltag höher sind als die einer Teilzeitkraft, kann auch eine nur anteilige Anrechnung der Teilzeitkräfte mit Hilfe von Vollzeitäquivalenten sinnvoll sein. Beispiel: Eine Arbeitskraft, die nur 20 % der regelmäßigen Vollarbeitszeit arbeitet, wird bei der Anzahl der Fehl- und Soll-Arbeitstage nur mit 0,2 gewichtet.

K

Interpretation
- Krankheit der Mitarbeiter ist für das Unternehmen mit erheblichen Kosten verbunden. Obschon das Unternehmen den Lohn bzw. das Gehalt des Mitarbeiters aufgrund der Lohnfortzahlung im Krankheitsfall weiter leisten muss, erhält es keine Arbeitsleistung.
- Hinzu kommt, dass das Fehlen eines Mitarbeiters oft mit organisatorischen Schwierigkeiten verbunden ist, die u. a. zu Überstunden von Kollegen führen. Diese müssen im Regelfall mit Zuschlägen abgegolten werden (siehe hierzu →Überstundenquote).
- Die Analyse der Kennzahl ist interessant im Vergleich zu:
  - vorherigen Perioden,
  - anderen Unternehmensbereichen,
  - anderen Unternehmen (falls Daten bekannt) und/oder
  - branchenüblichen Größen (Auskünfte beim jeweiligen Unternehmerverband oder den Krankenkassenverbänden).
- Grundsätzlich ist eine niedrige Krankheitsquote anzustreben.

Maßnahmen zur Beeinflussung
• Eine hohe oder gestiegene Krankheitsquote sollte zum Anlass genommen werden, neben dem allgemeinen Gesundheitszustand die Motivation der Mitarbeiter sowie das Betriebs- und Arbeitsklima auf den Prüfstand zu stellen.
• Ein flankierender Blick in die Unfallstatistik des Unternehmens zeigt, inwieweit die Krankheitsquote durch einen verbesserten Arbeitsschutz gesenkt werden kann.

Grenzen
• Bei der Beurteilung der Krankheitsquote müssen selbstverständlich auch saisonale Schwankungen (beispielsweise ausgelöst durch Witterungsverhältnisse und/oder Grippewellen) beachtet werden.
• Die Krankheitsquote sagt nichts darüber aus, wie viele Mitarbeiter wie lange krankgeschrieben waren. Für diesen Zweck müssen flankierend die →Krankenquote sowie die durchschnittlichen Krankentage (→Krankentage, durchschnittliche) ermittelt werden.

Kreuzpreiselastizität
(siehe auch →Einkommenselastizität der Nachfrage, →Elastizität, →Preiselastizität der Nachfrage und → Werbeelastizität)

Die Kreuzpreiselastizität gibt darüber Auskunft, um wie viel Prozent der Absatz von Produkt B steigt oder sinkt, wenn der Preis von Produkt A um ein Prozent steigt bzw. sinkt. Mit dieser Kennzahl lässt sich nachvollziehen, wie sich eine Preisänderung bei einem Produkt (= unabhängige Variable) auf die Nachfrage bei einem anderen Produkt (= abhängige Variable) auswirkt.

$$= \frac{\text{Relative Nachfrageänderung des Produktes B}}{\text{Relative Preisänderung des Produktes A}}$$

Die relative Nachfrageänderung des Produktes B ist definiert als:

$$= \frac{\text{Neue Nachfragemenge} - \text{Alte Nachfragemenge}}{\text{Alte Nachfragemenge}} \times 100\,\%$$

Die relative Preisänderung des Produktes A ist definiert als:

$$= \frac{\text{Neuer Preis} - \text{Alter Preis}}{\text{Alter Preis}} \times 100\,\%$$

Bei der Kreuzpreiselastizität unterscheidet man drei Ausprägungen:

- Kreuzpreiselastizität größer als 0:
  Substituierbare, d. h. sich gegenseitig ersetzende Produkte weisen eine positive Kreuzpreiselastizität auf. Falls beispielsweise eine Steigerung des Butterpreises um 4 % zu einem Absatzzuwachs bei Margarine von 2 % führt, beträgt die Kreuzpreiselastizität 0,5. In diesem Fall weichen die Konsumenten der teuer gewordenen Butter aus, indem sie Margarine kaufen. Eine positive Kreuzpreiselastizität führt bei einer Preissteigerung zu einem Rückgang des Gesamtumsatzes, weil die Kunden sich einem preisgünstigeren Produkt aus dem eigenen Hause bzw. der Konkurrenz zuwenden werden. Bei einer Preissenkung hingegen wird der entgegengesetzte Fall eintreten, d. h. der Gesamtumsatz wird ansteigen.
- Kreuzpreiselastizität gleich 0:
  In diesem Fall handelt es sich um sog. neutrale Produkte, da völlige Unabhängigkeit zwischen beiden besteht. Steigt bzw. sinkt der Preis von Produkt A, so hat dies keinerlei Einfluss auf den Absatz von Produkt B.
- Kreuzpreiselastizität kleiner als 0:
  Hierbei handelt es sich um sog. komplementäre Produkte, die sich gegenseitig ergänzen (z. B. Benzin/Pkw oder Fotofilm/Fotoapparat). Demnach werden eine Preissteigerung und der daraus resultierende Absatzrückgang bei Produkt A zu einem geringeren Absatz bei Produkt B führen. Bei einer Preissenkung hingegen wird der entgegengesetzte Fall eintreten, d. h. die Absatzmengen von Produkt A und B werden wachsen.

Beispiel

Ein Anbieter steigert die Preise des Produkts A von durchschnittlich 20 € auf 22 €. Infolge dieses Preiswachstums beim Produkt A steigt der Absatz von Produkt B seines Konkurrenten von 20.000 auf 30.000 Stück.

Die relative Preisänderung bei Produkt A beträgt 10 %.

$$= \frac{22\,€ - 20\,€}{20\,€} \times 100\,\% = 10\,\%$$

Die relative Nachfrageänderung bei Produktes B beträgt 50 %.

$$= \frac{30.000\ \text{Stück} - 20.000\ \text{Stück}}{20.000\ \text{Stück}} \times 100\,\% = 50\,\%$$

Die Kreuzpreiselastizität der Nachfrage beträgt mithin 5.

$$= \frac{50\,\%}{10\,\%} = 5$$

Also handelt es sich bei diesen Produkten um substitutionale Güter. Die Preissteigerung bei Produkt A bewirkt, dass der Absatz von Produkt B zunimmt.

Quelle

Um die Kreuzpreiselastizität zu ermitteln, bieten sich zwei Ansatzpunkte:

- Einschätzung durch Experten (z. B. Wirtschaftswissenschaftler, erfahrene Mitarbeiter, Unternehmensberater)
- Ermittlung der Kreuzpreiselastizität der Nachfrage mittels Produkt-, Laden- und/oder Markttests. Beispielsweise kann ein Unternehmen in einer seiner Filialen innerhalb von zwei Zeiträumen (z. B. für jeweils eine Woche) für ein Produkt A zwei unterschiedliche Preise verlangen. Können Störgrößen weitgehend ausgeschlossen werden, dann ist eine etwaige unterschiedliche Nachfrage nach Produkt B auf die unterschiedlichen Preise von Produkt A zurückzuführen. Damit kann die Kreuzpreiselastizität gemessen werden.

- Die entsprechenden Daten erhalten Groß- und Einzelhandelsunternehmen aus den Abverkaufszahlen, die dem Warenwirtschaftssystem zu entnehmen sind. Schwieriger wird es für Hersteller, die Konkurrenzprodukte in die Berechnung einbeziehen wollen. Da diese entweder keinen unmittelbaren Einblick in die Abverkaufszahlen des Handels haben oder nur schwer an die Daten der Konkurrenz herankommen, müssen sie sich die Daten aus sog. Panels (= Längsschnittuntersuchungen) beschaffen. Solche Panels werden beispielsweise von der *GfK* und *Nielsen* durchgeführt.

Interpretation
- Betrachten wir zunächst den Fall substituierbarer, d. h. sich gegenseitig austauschbarer Produkte (Kreuzpreiselastizität größer 0). Führt beispielsweise ein Unternehmen eine Preiserhöhung bei Produkt A durch, werden Kunden zum Produkt B der Konkurrenz wechseln. Je höher die Kreuzpreiselastizität ausfällt, umso mehr Kunden werden zum Wettbewerber abwandern.
- Die Kreuzpreiselastizität ermöglicht auch interessante Einblicke in die unternehmensinterne Konkurrenz zwischen Produkten. Führt ein Unternehmen beispielsweise ein Produkt A (= Qualitäts- bzw. Premiummarke) und ein Produkt B (= Billig- bzw. Preismarke) in seinem Sortiment und besteht zwischen diesen eine positive Kreuzpreiselastizität, so wird eine Preissteigerung bei A zu einem Rückgang des Absatzes von A und gleichzeitig zu einer Absatzsteigerung bei Produkt B führen. Da Produkt B preisgünstiger als Produkt A ist, wird dies einen sinkenden Gesamtumsatz bewirken.
- Führt ein Unternehmen im Falle komplementärer, d. h. sich gegenseitig ergänzender Produkte (Kreuzpreiselastizität kleiner 0) eine Preiserhöhung bei Produkt A durch, wird nicht nur der Absatz von Produkt A, sondern auch der Absatz vom auch im Sortiment geführten komplementären Produkt B zurückgehen. Je negativer die Kreuzpreiselastizität ausfällt, umso stärker wird der Absatz sinken. Lässt man die Kreuzpreiselastizität unberücksichtigt, besteht die Gefahr, dass ein Absatzrückgang infolge von Preissteigerungen weit höher als ursprünglich angenommen ausfällt.

Maßnahmen zur Beeinflussung
- Ob eine positive oder negative Kreuzpreiselastizität für ein Unternehmen von Vorteil ist, hängt von der jeweils verfolgten Marketingstrategie ab. So zielen preisaggressive Unternehmen darauf ab, den Preis in den Mittelpunkt ihrer Marketingstrategie zu stellen (sog. Preis-Mengen-

Strategie). Dies erhöht die Preissensibilität der Verbraucher, was letztlich zu einer Erhöhung der Kreuzpreiselastizität führt.

- Positioniert sich ein Anbieter hingegen im Premium- und damit im Hochpreissegment (sog. Differenzierungsstrategie), wird er versuchen, die Kreuzpreiselastizität möglichst kleiner bzw. gleich 0 zu halten. In diesem Zusammenhang bietet sich zum Beispiel die Möglichkeit, der Austauschbarkeit durch den Verbraucher mittels entsprechender Zusatznutzenkomponenten (z. B. Image) entgegenzuwirken.

- Außerdem gibt es in der Praxis den Ansatzpunkt, den Verbraucher eher auf der gefühlsmäßigen und damit weniger auf der rationalen Ebene anzusprechen. Man denke in diesem Zusammenhang z. B. an Bekleidungsbereich, in dem der Preis nur selten im Mittelpunkt der Kaufentscheidung steht.

- Schließlich können eine geringe Kreuzpreiselastizität durch →Kundenzufriedenheit sowie den Einsatz der ökonomischen, juristischen, technologischen und sozialen Instrumente der Kundenbindung gewährleistet werden. Hierzu zählen u. a. der Aufbau persönlicher Verbindungen, die Unterhaltung von Clubs, der Abschluss langfristiger Lieferverträge, die Förderung der Abnehmertreue durch entsprechende Rabattsysteme, die Einführung von Systemkonzepten und die Erschwernis des Lieferantenwechsels durch technische Vorkehrungen.

Grenzen

Bei der Berechnung der Kreuzpreiselastizität darf keinesfalls vernachlässigt werden, dass hier nur Erlös- und damit Umsatzveränderungen betrachtet werden. Demnach lässt sich aus der aus der Kreuzpreiselastizität kein Rückschluss auf Gewinnveränderungen ziehen. Beispielsweise kann durch eine Preissenkung bei Produkt A durchaus der Absatz und damit Umsatz von Produkt B steigen; gleichzeitig führt aber die höhere Absatzmenge zu überproportionalen Kostensteigerungen (z. B. durch den Ausbau von Kapazitäten), was in Extremfällen zu einem Gewinnrückgang führen kann. Folglich lässt sich eine gewinnoptimale Lösung nur durch eine flankierende Einbeziehung der Kosten berechnen.

Kulanzquote

(in %)

Die Kulanzquote setzt den Wert der Kunden gewährten Kulanzleistungen ins Verhältnis zum Gesamtumsatz. Diese Kennzahl weist damit die nachträglichen Umsatz- bzw. Gewinnverluste aus, die durch kulantes Verhalten verursacht wurden.

$$= \frac{\text{Wert der Kulanzleistungen}}{\text{Gesamtumsatz}} \times 100\,\%$$

Beispiel
Ein Unternehmen verbucht in einem Jahr Umsätze in Höhe von 3.400.000 €. Gleichzeitig erbringt es gegenüber seinen Kunden Kulanzleistungen im Wert von 68.000 €. Daraus ergibt sich eine Kulanzquote von 2 %.

$$= \frac{68.000\,\text{€ Wert der Kulanzleistungen}}{3.400.000\,\text{€ Umsatz}} \times 100\,\% = 2\,\%$$

K

Quelle
• Den Gesamtumsatz hält die Finanzbuchhaltung bereit. Dabei dürfen sämtliche Erlösschmälerungen wie Boni, Skonti oder nachträgliche Gutschriften nicht herausgerechnet werden. Einzig die Umsatzsteuer muss abgezogen werden.
• Werden obige Erlösschmälerungen im Rahmen des Rechnungswesens automatisch vor der Verbuchung abgezogen, müssen sie dem Gesamtumsatz wieder hinzugerechnet werden.
• Um einen direkten Zusammenhang herzustellen, ist es erforderlich, die Kulanzleistungen eines Monats mit den Umsätzen des Vormonats bzw. der Vorvormonate zu verknüpfen. Wie hier genau vorgegangen werden muss, ist davon abhängig, wie lange nach dem eigentlichen Geschäft eine Gutschrift erfahrungsgemäß gewährt wird.
• Die Kulanzleistungen sollten auf einem separaten Konto des Rechnungswesens erfasst werden. Werden sie gemeinsam mit den Gutschriften verbucht, müssen die Gutschriften vor Bildung der Kennzahl herausgerechnet werden (vergleiche hierzu →Gutschriftenquote).

Interpretation
• Die Kulanzquote zeigt dem Unternehmen, welchen Anteil des Umsatzes in Folge von Kulanzleistungen wieder verloren geht.

- Kulanzleistungen sind immer Leistungen, die das Unternehmen ohne jede rechtliche Verpflichtung erbringt. Beispiele hierfür sind:
  - Rücknahme der Ware nach Ende der Garantiezeit und Erstattung des Kaufpreises
  - Beteiligung an den oder ganze Übernahme der Kosten für eine Reparatur des Produkts nach Ende der Garantiezeit
  - Aushändigung eines Warengutscheins, eines Präsents oder eines Betrages in Geld, um den Kunden wieder zufrieden zu stellen
- Gutschriften sind keine Kulanzleistungen (siehe hierzu →Gutschriftenquote).
- Grundsätzlich ist vom Unternehmen eine niedrige Kulanzquote anzustreben, da diese für die Qualität der Unternehmensleistungen (Produkte, Service) spricht.
- Insbesondere bei Veränderungen der Kulanzquote muss hinterfragt werden, welche Ursachen verantwortlich sind. In diesem Zusammenhang ist zu klären, ob sich beispielsweise die Beschwerden der Kundschaft gehäuft haben (→Beschwerdequote), oder ob die Kunden im Rahmen eines Kundenbindungsprogramms durch Kulanzleistungen stärker an das Unternehmen gebunden werden sollen. Im letzteren Fall ist der →Kundenwert in die Überlegungen miteinzubeziehen.
- Die Kulanzquote ist insbesondere interessant:
  - im Zeitvergleich
  - im Vergleich zu anderen Unternehmen, falls entsprechende Daten zugänglich sind
  - geordnet nach Produkten, Produktgruppen, Verkaufsgebieten und Ursachen für die Kulanzleistungen.

Maßnahmen zur Beeinflussung
Ist die Kulanzquote dadurch gestiegen, dass sich die Anzahl der aus Kundenbeschwerden resultierenden Kulanzanträge erhöht hat, gilt es die Beschwerdeursachen zu beheben. Dies kann beispielsweise geschehen durch:

- Einführung eines Qualitätsmanagements, um mangelhafte Produktqualität als Kulanzursache auszuschalten
- Verbesserung des Versand- und Vertriebswesens

Grenzen
Eine hohe bzw. gestiegene Kulanzquote muss nicht in allen Fällen als negativ eingestuft werden. So können Kulanzleistungen ein Instrument im Zuge des Managements von →Kundenzufriedenheit und Kundenbindung (→Wiederkäuferrate, →Wiederkaufrate) sein. Beispielsweise ist bekannt, dass manche Automobilhersteller die Zufriedenheit ihrer Kunden zu stei-

gern versuchen, indem sie sich bei Schäden, die nach Ende der Garantie-zeit auftreten, besonders kulant zeigen.

Kumulierte Reichweite

→Reichweite

Kundenabwanderungsrate
(auch Churn Rate, Kundenverlustintensität; in %)

Diese Kennzahl bringt zum Ausdruck, wie viel Prozent der Kunden dem Unternehmen im Betrachtungszeitraum den Rücken kehren, und ist damit das Gegenteil der →Neukundenquote.

$$= \frac{\text{Zahl der verlorenen Kunden im Betrachtungszeitraum}}{\text{Durchschnittlicher Kundenbestand}} \times 100\,\%$$

K

Da es im Regelfall deutlich kostengünstiger ist, Kunden an das Unterneh-men zu binden, als neue Kunden zu gewinnen, müssen den Ursachen der Abwanderung auf den Grund gegangen und entsprechende Gegenmaßnah-men eingeleitet werden.

Beispiel
Ein Unternehmen hat einen durchschnittlichen Bestand von 2.000 Kunden und verliert hiervon im Jahr 300 Kunden. Die Kundenabwanderungsrate beträgt 15 %.

$$= \frac{300 \text{ abgewanderte Kunden}}{2.000 \text{ Kunden insgesamt}} \times 100\,\% = 15\,\%$$

Quelle
Im Regelfall wird die Kundenabwanderungsrate bestimmt, indem man feststellt, wie viele Kunden auf Folgeaufträge verzichten. Erste Anhalts-

punkte hierfür bieten die Kündigungsrate (z. B. bei Zeitschriftenanbietern, Versicherungen) oder der Verzicht auf die Befriedigung von Ersatzbedarf (z. B. bei Bürofachgeschäften, Kopiergeräteherstellern). Die Informationen sind der Kundendatenbank zu entnehmen.

Interpretation
Neben unvermeidbaren Ursachen wie Tod von Kunden oder Erlöschen des Bedarfs sind in diesem Zusammenhang im Wesentlichen drei Ursachen für Abwanderung zu nennen:

*   Räumliche Abwanderung:
    Der Kunde ist aus dem Einzugsgebiet des Unternehmens weggezogen. In diesem Fall stehen keine Instrumente zur Verfügung, so dass ein gewisser Prozentsatz an Kundenverlustintensität unweigerlich hingenommen werden muss.
*   Abwanderung aus Unzufriedenheit:
    Hier sollte ein Unternehmen entsprechende Gegenmaßnahmen einleiten. Dazu zählen in erster Linie die Erhöhung der Kundenzufriedenheit, die Verbesserung des Beschwerdemanagements sowie die Rückgewinnung abgewanderter Kunden.
*   Variety-Seeking:
    Der Wunsch nach Abwechslung lässt auch zufriedene Kunden das Unternehmen wechseln.

In der Unternehmenspraxis ist immer wieder festzustellen, dass die meisten Mitarbeiter nur vage Vorstellungen darüber haben, wie viele Kunden jedes Jahr wegen mangelnder Zufriedenheit mit den Produkten und Serviceleistungen abwandern und welcher Profit ihrem Unternehmen dadurch verloren geht. Um den wirtschaftlichen Schaden, der durch den Verlust unzufriedener Kunden entsteht, abschätzen und damit letztlich den eigenen Mitarbeitern vermitteln zu können, sollte die Kundenabwanderungsrate mit dem →Kundenwert verknüpft werden.

Maßnahmen zur Beeinflussung
Um dem Kunden stärker an das Unternehmen zu binden und damit der Abwanderung entgegenzuwirken, muss ein Unternehmen die →Kundenzufriedenheit steigern. Daneben müssen die rechtlichen, ökonomischen, technischen und psychographischen Instrumente der Kundenbindung intensiver eingesetzt werden. Hierzu zählen:

*   Abschluss langfristiger Liefer- und Garantieverträge
*   Förderung der Abnehmertreue durch entsprechende Rabattsysteme
*   Einführung von Systemkonzepten (z. B. im EDV-Bereich)
*   Erschwerung des Lieferantenwechsels durch technische Vorkehrungen

- Aufbau persönlicher Verbindungen
- Aufbau und Unterhaltung von Kundenclubs.

Grenzen

- Bei der Bewertung der Kundenverlustintensität gilt es – wie auch bei der →Rückgewinnungsquote – zu berücksichtigen, dass ein bestimmter Anteil abgewanderter Kunden trotz aller Anstrengungen nicht mehr zurückgewonnen werden kann. Hierzu zählen beispielsweise diejenigen Kunden, die den Wohnort gewechselt haben und nun nicht mehr im Einzugsgebiet des Unternehmens ansässig sind, oder diejenigen, die keinen Bedarf mehr haben (z. B. im Falle von Babywindeln).
- Unter Renditegesichtspunkten kann es durchaus sinnvoll sein, dass unrentable Kunden abwandern. Deshalb sollte bei den Rückgewinnungsaktivitäten immer der jeweilige →Kundenwert im Blick behalten werden.

Kundenbestellwegquote, mengenabhängige
(in %)

Die mengenabhängige Kundenbestellwegquote zeigt auf, welchen Anteil ein bestimmter Bestellweg an den Gesamtbestellungen hat. Sie ist damit Indikator für die Bedeutung einzelner Bestellwege sowie für Änderungen im Kundenbestellverhalten.

$$= \frac{\text{Anzahl der Bestellungen über einen bestimmten Bestellweg}}{\text{Gesamtzahl der Bestellungen}} \times 100\,\%$$

Beispiel

Ein Unternehmen erhält in einem Monat 1.000 Bestellungen. Davon werden 340 auf schriftlichem Wege gestellt, 30 werden online über das Internet abgewickelt. Die mengenabhängige Kundenbestellwegquote für den Bestellweg des Briefes beträgt demnach 34 %. Die mengenabhängige Kundenbestellwegquote für das Internet beläuft sich auf 3 %.

$$= \frac{349 \text{ Bestellungen über Briefweg}}{1.000 \text{ Bestellungen insgesamt}} \times 100\,\% = 34,9\,\%$$

Quelle
Die Anzahl der Bestellungen und die Eingruppierung in die verschiedenen Bestellwege sollte das Vertriebswesen oder die Außendienstabteilung bereithaltcn. Bestellwege können zum Beispiel sein:
* persönliches Erscheinen des Kunden beim Unternehmen (z. B. bei Ladengeschäft oder Factory Outlet Centern)
* klassische Bestellwege wie Außendienst, schriftliche Bestellung des Kunden (Brief oder Postkarte), telefonische Bestellung (über ein Call Center), Bestellung über Telefax oder Bestellung während eines Messebesuchs
* Internet und E-Mail

Interpretation
* Die mengenabhängige Kundenbestellwegquote setzt den anzahlmäßigen Anteil eines bestimmten Bestellweges zu den Gesamtbestellungen ins Verhältnis. Sie zeigt damit auf, welche Bestellwege die Kunden des Unternehmens bevorzugen.
* Die Kennzahl ist insbesondere aussagekräftig im Zeitvergleich, da so Verschiebungen bei den Kundenbestellwegquoten ermittelt und entsprechende Veränderungen im Kundenbestellverhalten rechtzeitig erkannt werden.
* Insbesondere bei der Einführung und Durchsetzung von modernen Bestellverfahren wie Internet-Shopping hilft die mengenabhängige Kundenbestellwegquote zu erkennen, inwieweit sich die modernen Bestellwege bei den Kunden durchsetzen.
* Es empfiehlt sich, die Kennzahl auch für verschiedene Kundengruppen (Alter, Herkunft, Stammkunden, Neukunden) zu ermitteln, um so die Kundenbestellwege genau auf die Kundenbedürfnisse ausrichten zu können.

Maßnahmen zur Beeinflussung
Um die mengenabhängige Kundenbestellwegquote eines bestimmten Bestellweges zu erhöhen, ist es nötig, den Anteil dieser Bestellungen an den Gesamtbestellungen zu steigern. Folgende Maßnahmen sind dazu geeignet:
* Gewährung von Sonderkonditionen an Kunden, die über den gewünschten Bestellweg bestellt haben. Dies kann in Form von besonderen Rabatten, Zugaben oder Liefervorteilen geschehen.
* Intensivierung der Werbemaßnahmen, um diesen Bestellweg und die für den Kunden damit verbundenen Vorteile bekannter zu machen
* Abbau und Wegfall anderer Bestellwege

- Erschließung neuer Kundengruppen, die bevorzugt über den gewünschten Bestellweg bestellen

Grenzen

Die mengenabhängige Kundenbestellwegquote setzt nur die Anzahl der Bestellungen miteinander ins Verhältnis. Um die Umsatzbedeutung der einzelnen Bestellwege zu bewerten, sollte flankierend die umsatzabhängige Kundenbestellwegquote (→Kundenbestellwegquote, umsatzabhängige) gebildet werden.

Kundenbestellwegquote, umsatzabhängige
(in %)

Die umsatzabhängige Kundenbestellwegquote zeigt den Anteil eines bestimmten Bestellwegs am Gesamtumsatz auf. Diese Kennzahl vermittelt einen Einblick in die Bedeutung einzelner Vertriebswege sowie Änderungen im Kundenbestellverhalten.

$$= \frac{\text{Umsatz der Bestellungen über einen bestimmten Bestellweg}}{\text{Gesamtumsatz}} \times 100\,\%$$

Beispiel

Ein Unternehmen erhält in einem Monat Bestellungen mit einem Volumen von 30.000 €. Schriftliche Bestellungen umfassen Umsätze von 24.000 €, während über das Internet nur im Wert von 1.500 € bestellt wird. Die umsatzabhängige Kundenbestellwegquote für den schriftlichen Bestellweg beträgt demnach 80 %. Die entsprechende Kennzahl für den Bestellweg Internet beläuft sich auf 5 %.

$$= \frac{24.000\,\text{€ Umsatz über den Bestellweg Brief}}{30.000\,\text{€ Umsatz der Bestellungen insgesamt}} \times 100\,\% = 80\,\%$$

Quelle
- Die →Umsätze (ohne Umsatzsteuer und Erlösschmälerungen) kennt die Finanzbuchhaltung.
- Sind die Umsätze nicht nach Bestellwegen unterschieden, sollte die Finanzbuchhaltung mit verschiedenen Umsatzkonten entsprechend eingerichtet werden.
- Die Eingruppierung der Umsätze in die verschiedenen Bestellwege sollte das Vertriebswesen oder die Außendienstabteilung bereithalten. Bestellwege können zum Beispiel sein:
  - persönliches Erscheinen des Kunden beim Unternehmen (z. B. bei Ladengeschäft oder Factory Outlet Centern)
  - klassische Bestellwege wie Außendienst, schriftliche Bestellung des Kunden (Brief oder Postkarte), telefonische Bestellung (über ein Call Center), Bestellung über Telefax oder Bestellung während eines Messebesuchs
  - moderne Bestellwege wie Internet und E-Mail

Interpretation
- Die umsatzabhängige Kundenbestellwegquote setzt den Anteil eines bestimmten Bestellweges ins Verhältnis zum Gesamtumsatz. So wird deutlich, über welche Bestellwege dem Unternehmen die stärksten Umsätze zufließen.
- Die Kennzahl ist insbesondere aussagekräftig im Zeitvergleich, da so Verschiebungen bei den Kundenbestellwegquoten ermittelt und entsprechende Veränderungen im Kundenbestellverhalten rechtzeitig erkannt werden.
- Insbesondere bei der Einführung und Durchsetzung von modernen Bestellverfahren wie Internet-Shopping hilft die umsatzabhängige Kundenbestellwegquote zu erkennen, inwieweit sich die modernen Bestellwege bei den Kunden durchsetzen.
- Es empfiehlt sich, die Kennzahl auch für verschiedene Kundengruppen (Alter, Herkunft, Stammkunden, Neukunden) zu ermitteln, um so die Bestellwege spezifischer auf die Kundenbedürfnisse ausrichten zu können.

Maßnahmen zur Beeinflussung
- Um die umsatzabhängige Kundenbestellwegquote eines bestimmten Bestellweges zu erhöhen, kann einmal der Anteil dieser Bestellungen an den Gesamtbestellungen gesteigert werden.

- Zum anderen sollten Maßnahmen ergriffen werden, welche den Umsatz pro Bestellung (= durchschnittlicher Bestellwert) erhöhen. Hierfür bieten sich an:
  - Gewährung von Sonderkonditionen an Kunden, die über den gewünschten Weg bestellt haben. Dies kann in Form von besonderen Rabatten, Zugaben und/oder Liefervorteilen geschehen.
  - Intensivierung der Werbemaßnahmen, um den betreffenden Bestellweg und die für den Kunden damit verbundenen Vorteile bekannter zu machen
  - Abbau und Wegfall anderer Bestellwege
  - Erschließung neuer Kundengruppen, die bevorzugt über den gewünschten Weg bestellen

Grenzen

Die umsatzabhängige Kundenbestellwegquote sagt noch nicht darüber aus, wie gewinnträchtig die einzelnen Bestellwege sind. Falls es nicht mit einem unverhältnismäßig hohen Aufwand verbunden ist, können daher auch →Deckungsbeiträge als Grundlage dieser Kennzahl verwendet werden.

K

Kundenbindungsgrad

→Wiederkaufrate, Wiederkäuferrate

Kundenentwicklung
(in %)

Dieser Index gibt die Kundenzahlveränderungen zwischen zwei Zeitpunkten in Prozent der Kundenanzahl des Basiszeitpunktes an.

$$= \frac{\text{Kundenzahl im Ermittlungszeitpunkt}}{\text{Kundenzahl im Basiszeitpunkt}} \times 100\,\%$$

Beispiel

Ein Mobilfunkanbieter hatte im Basisjahr 2 Mio. Kunden. In den nächsten beiden Jahren stieg die Zahl auf 2,5 Mio. bzw. 2,8 Mio. Kunden. Damit betrug die Kundenentwicklung im ersten Jahr 125 % und im zweiten Jahr

140 %. An der Kundenentwicklung lässt sich die abnehmende Wachstumsdynamik des Unternehmens ablesen.

$$= \frac{2,5 \text{ Mio. Kunden im ersten Jahr}}{2 \text{ Mio. Kunden im Basisjahr}} \times 100 \% = 125 \%$$

Quelle
Die Daten für die Kundenentwicklung sind der Kundenstatistik zu entnehmen. Diese wird in aller Regel von der Vertriebsabteilung geführt.

Interpretation
Die Kundenentwicklung erlaubt einen Rückschluss auf das Wachstum eines Unternehmens. Dabei ist ein positives Wachstum normalerweise auf zwei Ursachen zurückzuführen: Ein Unternehmen kann →Marktanteile von seinen Wettbewerbern gewinnen und/oder sich erfolgreich in wachsenden Märkten bewegen.

Maßnahmen zur Beeinflussung
Hierzu zählt das gesamte Marketinginstrumentarium, das für die Neukundenakquisition eingesetzt wird, z. B. im Bereich der Produkt-, Programm- und Sortimentspolitik, der Preis-, Entgelt- und Kontrahierungspolitik, der Distributions- und Vertriebspolitik sowie der Kommunikationspolitik.

Grenzen
• Eine positive Kundenentwicklung kann darüber hinwegtäuschen, dass ein Unternehmen zwar wächst, die Konkurrenz aber stärker wächst. Aus diesem Grund sollte parallel zur Kundenentwicklung auch immer der →Marktanteil im Auge behalten werden.
• Die Kundenverlustintensität sagt nichts über die Rentabilität der gewonnenen bzw. verlorenen Kunden aus. Da die Neukundenakquisition im Regelfall ein sehr kostenintensives Unterfangen darstellt, muss unbedingt auch der →Deckungsbeitrag pro Kunde berechnet werden.

Kundenfluktuation
(in %)

Die Kundenfluktuation bringt das Verhältnis von neu gewonnenen zu verlorenen Kunden zum Ausdruck.

$$= \frac{\text{Zahl der neu gewonnenen Kunden}}{\text{Zahl der verlorenen Kunden}} \times 100\,\%$$

Beispiel

Ein Mobilfunkanbieter hat im Betrachtungszeitraum 900.000 neue Kunden gewonnen. Im gleichen Zeitraum haben 600.000 Kunden ihre Verträge gekündigt. Damit betrug die Kundenfluktuation 150 %. Demnach konnten 50 % mehr Kunden gewonnen werden als im gleichen Zeitraum abwanderten.

$$= \frac{900.000 \text{ gewonnene Kunden}}{600.000 \text{ abgewanderte Kunden}} \times 100\,\% = 150\,\%$$

Quelle

Die Daten für die Berechnung der Kundenfluktuation sind der Kundenstatistik zu entnehmen. Diese wird in aller Regel von der Vertriebsabteilung geführt.

Interpretation

- Eine Kundenfluktuation über 100 % bringt zum Ausdruck, dass mehr Kunden gewonnen als verloren werden. D. h. der Kundenstamm wächst, was insbesondere in wachsenden Märkten von hoher Bedeutung ist.
- Eine Kundenfluktuation kleiner als 100 % bedeutet, dass mehr Kunden abwandern als neue hinzugewonnen werden, d. h. der Kundenstamm schrumpft.

Maßnahmen zur Beeinflussung

Einer hohen Kundenfluktuation kann auf zwei Ebenen entgegengewirkt werden:

- Einmal kann verstärkt Neukundenakquisition betrieben werden, was insbesondere in stagnierenden bzw. schrumpfenden Märkten mit einem vergleichsweise hohen Kostenaufwand verbunden ist.
- Zum anderen kann der Abwanderungsbewegung entgegengewirkt werden. Hierfür bieten sich neben einer Steigerung der →Kundenzufriedenheit die ökonomischen, juristischen, technologischen und sozialen Instrumente der Kundenbindung an (z. B. der Aufbau persönlicher Verbindungen, die Unterhaltung von Kundenclubs, der Abschluss lang-

fristiger Lieferverträge, die Förderung der Abnehmertreue durch entsprechende Rabattsysteme, die Einführung von Systemkonzepten und die Erschwernis des Lieferantenwechsels durch technische Vorkehrungen).

Grenzen
Eine hohe Kundenfluktuation muss nicht unbedingt von Nachteil sein, da es durchaus ökonomisch sinnvoll sein kann, wenn unrentable Kunden abwandern. Deshalb muss unbedingt auch der →Deckungsbeitrag der abgewanderten Kunden im Blick behalten werden.

Kundenfrequenz

→Einkaufszeit

Kundenkonzentration

→ABC-Analyse

Kundenloyalität, Kundentreue

→Wiederkaufrate, Wiederkäuferrate

Kundenverlustintensität

→Kundenabwanderungsrate

Kundenwert
(auch Customer-Lifetime-Value; in €)

Kundenwert nennt man im Marketing den „Lebenszeitwert", der den Gewinnbeitrag pro Kunde innerhalb der voraussichtlichen Dauer einer Kundenbeziehung abschätzt. Damit gibt der Kundenwert an, wie viel Deckungsbeitrag über die gesamte Dauer der Beziehung zu einem Kunden erwirtschaftet werden kann.

$$= \frac{\text{Gesamtdeckungsbeitrag}}{\text{Anzahl der Kunden}} \times \text{ durchschn. Kundenverweildauer}$$

Der Kundenwertansatz ist in seiner komplexeren Form ein dynamisches Konzept, das auf der Kapitalwertmethode basiert und der Beurteilung der Wirtschaftlichkeit von Geschäftsbeziehungen dient. Dabei werden zukünftige Ein- und Auszahlungen, die sich durch eine Kundenbeziehung ergeben, prognostiziert, mit einem Kalkulationszinsfuß abgezinst und aufaddiert. Anhand des sich daraus ergebenden Kapitalwertes kann die Geschäftsbeziehung mit dem Kunden im Hinblick auf ihre Profitabilität beurteilt werden.

Die nachfolgende Grafik verdeutlicht den Verlauf des Kundenwertes mit der Dauer der Kundenbeziehung:

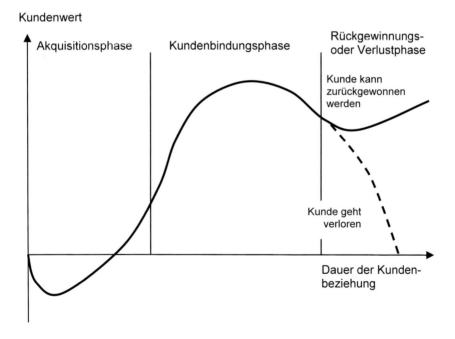

Abb. 9. Kundenbeziehungslebenszyklus

Den Kundenwertansatz nutzen in erster Linie Unternehmen, die über umfangreiche sowie aussagefähige Kundendaten verfügen (z. B. Versicherungen, Banken, Versicherungen, Telekommunikationsunternehmen und Energieversorger). Diese Firmen verfügen aus Sicht der Kunden über ein im Vergleich zur Konkurrenz nur schwer differenzierbares Leistungsspektrum. Vor diesem Hintergrund ist beim Kunden eine hohe Bereitschaft festzustellen, den Anbieter zu wechseln. Entsprechend hoch sind die Aufwendungen für Akquisition, Kundenbindung und Kundenrückgewinnung. Die Kundenwertbetrachtung soll in diesem Zusammenhang zum ökonomischen Einsatz der Ressourcen und damit zu einem rentablen Management der Kundenbeziehung beitragen.

Beispiel
- Ein Unternehmen erwirtschaftet im Betrachtungszeitraum einen Gesamtdeckungsbeitrag von 1.250.000 € und weist einen durchschnittlichen Kundenbestand von 2.500 Kunden auf. Die durchschnittliche Kundenverweildauer liegt bei 5 Jahren. Damit beträgt der durchschnittliche Kundenwert für fünf Jahre pro Kunde 2.500 €, die sich aus der Division von 1.250.000 € durch die Zahl der 2.500 Kunden ergibt. Im Jahresdurchschnitt brachte jeder Kunden dem Unternehmen mithin einen →Deckungsbeitrag von 500 € (Jahreskundenwert).
- Nach einer Studie der *Boston Consulting Group* ergeben sich folgende durchschnittliche Kundenwerte in verschiedenen Produktkategorien:

Tabelle 2. Kundenwerte ausgewählter Produktkategorien

Produktkategorie/ Branche	Potenzieller Lebensumsatz pro Kunde (in €)	Durchschn. Dauer der Kunden- beziehung (in Jahren)	Durchschn. realisierter Wert (in €)
Supermärkte	175.000	4,5	11.500
Automobile	105.000	20,0	35.000
Telekommunikation	50.000	50,0	50.000
Bier	10.000	4,0	1.000
Bankbeziehung	7.500	17,0	3.500
Haushaltsgeräte	7.500	20,0	3.700
Windeln	2.500	2,5	1.000
Wochenzeitungen	1.900	5,5	350

- Tabelle 2 lässt sich entnehmen, dass in zahlreichen Branchen nur ein Teil des möglichen Lebensumsatzes realisiert wird, d. h. den Unternehmen infolge der Abwanderung von Kunden, die zum größten Teil auf deren Unzufriedenheit zurückzuführen sein dürfte, erhebliche Umsätze verloren gehen. Besonders interessant erscheint in diesem Zusammenhang die Entwicklung im Telekommunikationssektor: Herrschte zum Untersuchungszeitpunkt in dieser Branche noch eine Monopolsituation, so ist die *Deutsche Telekom* mittlerweile von heftigen Abwanderungsbewegungen betroffen.

- Im Rahmen der *TARP*-Studien (*Technical Assistance Research Program*) wurde festgestellt, dass ein durchschnittlicher Verbraucher über sein ganzes Leben hinweg betrachtet einen Umsatz von 150.000 € für die Automobilindustrie bedeutet. Für den Lebensmitteleinzelhandel wurde ein Kundenlebensumsatz von 130.000 € festgestellt.

- Ein weiteres Beispiel soll den Rechenweg auf Basis der Kapitalwertmethode und damit den komplexeren Ansatz verdeutlichen: Ein Kunde kauft im Januar 2008 bei einem Autohändler einen Kleinwagen. Der Vertriebsleiter möchte den Customer-Lifetime-Value dieses Kunden auf einen Horizont von 10 Jahren berechnen. Hierzu zieht er den folgenden Auszug über den „typischen" Kleinwagenkunden aus der Vertriebsabteilung heran.

K

Tabelle 3. Charakteristika des durchschnittlichen Kleinwagenkunden

Umsatz	12.000 €
Einstandspreis	10.000 €
Vertriebskosten	400 €
Akquisitionskosten	500 €
Kundenbindungskosten p. a.	50 €
Nutzungsdauer (= nach dieser Zeit kauft der Kunde sicher ein neues Auto)	4
Abzinsungsfaktor p. a.	10 %
Wiederkaufrate (= Wahrscheinlichkeit, dass der Kunde bei dem betreffenden Unternehmen wieder ein Fahrzeug kauft)	60 %

Der Kundenwert des Kunden beträgt 1.426,10 € und berechnet sich folgendermaßen:

Tabelle 4. Schema zur Berechnung des quantitativen Kundenwerts (alle Angaben außer Abzinsungsfaktor in €)

	2008	2009	2010	2011	2012	2013
Verkaufspreis	12.000				12.000	
Einstandspreis	-10.000				-10.000	
Vertriebskosten	-400				-400	
Akquise	-500				-500	
Kundenbindung	-50	-50	-50	-50	-50	-50
K.-DB p. a.	1.050	-50	-50	-50	1.050	-50
Abzinsungsfaktor	1,00	0,91	0,83	0,75	0,68	0,62
Kundenwert	1.050	-45,5	-41,5	-37,5	714	-31,0
Wiederkaufrate					60 %	
Kundenwert	1.050	-45,5	-41,5	-37,5	428,4	-31,0

	2014	2015	2016	2017	Σ
Verkaufspreis			12.000		
Einstandspreis			-10.000		
Vertriebskosten			-400		
Akquise			-500		
Kundenbindung	-50	-50	-50	-50	
K.-DB p. a.	-50	-50	1.050	-50	2.400
Abzinsungsfaktor	0,56	0,51	0,47	0,42	
Kundenwert	-28,0	-25,5	493,5	-21,0	2.027,5
Wiederkaufrate			36 %		
Kundenwert	-28,0	-25,5	177,7	-21,0	1.426,1

Quelle
- Der zur Berechnung des →Deckungsbeitrags erforderliche →Umsatz aller Produkte nach Erlösschmälerungen ist der Summen- und Saldenliste zu entnehmen.
- Die Ermittlung der variablen Kosten setzt grundsätzlich eine Deckungsbeitragsrechnung mit Trennung in variable und fixe Kosten voraus. Im Handel können die variablen Kosten durch den Einsatz eines Warenwirtschaftssystems überschlägig ermittelt werden.
- Will man den Kundenwert einzelner Kunden berechnen, müssen die Kundendeckungsbeiträge in der Vertriebsabteilung ermittelt werden. Auch hier gestaltet sich die Ermittlung im Handel wesentlich einfacher, da ein leistungsfähiges Warenwirtschaftssystem in der Lage ist, die Deckungsbeiträge nach Kunden getrennt zu ermitteln.

- Die Anzahl der Kunden und die Kundenverweildauer sind der Kundendatenbank zu entnehmen. Eine solche Datenbank sollte grundsätzlich folgende Basisinformationen enthalten, die es nach unternehmensspezifischen Gegebenheiten sowie jeweiligem Analysezweck zu ergänzen gilt:
  - Kundenstatus (potenzieller Kunde, Neukunde, Stammkunde, abgewanderter Kunde)
  - Kundenadresse
  - Geburtsdatum (wichtig als Anknüpfungspunkt für erneute Kontaktaufnahme sowie für Aufspüren altersspezifischer Bedürfnisstrukturen)
  - Dauer der Beziehung zum Kunden
  - Zeitpunkt des letzten Kontakts/Kaufs
  - Kommunikationskanal (Schaufenster/Ausstellung, Mundpropaganda, Anzeige, Werbespot, Prospekt, Direct-Mail, Messe-Kontakt, Gelbe Seiten, Internet, Preisausschreiben)
  - Ansprechpartner im eigenen Haus (Liste mit Abteilungen oder Mitarbeitern vorgeben)
  - gegebenenfalls Angebote, Angebotserfolg, Ablehnungsgründe, Aufträge an Hauptwettbewerber
  - Bei Neukunden und Stammkunden: gekaufte Produkte und Zeitpunkt des (letzten) Kaufs; Umsatzvolumen des Kunden (falls möglich, Umsatzgrößenklassen vorgeben); weitere entscheidungsrelevante Eigenschaften des Kunden (z. B. Preissensibilität, Qualitätsbewusstsein)
  - Bei abgewanderten Kunden: Gründe für die Abwanderung, Abwanderung zu welchen Wettbewerbern
  - Gegebenenfalls muss die Kundenverweildauer durch Einschätzung erfahrener Mitarbeiter erfolgen.

Interpretation
Zu den zentralen Zielen, die mit der Berechnung des Kundenwerts verbunden sind, zählen:
- Ermittlung des individuellen Kundenwertes
- Bewertung des individuellen Kundenpotenzials
- Ableitung von individuellen Maßnahmen zur Ausschöpfung des Kundenpotenzials
- Optimierung der Kundenbeziehungen auf ein optimales Kundenportfolio

Der Kundenwert ist vielseitig nutzbar, wie die folgenden beiden Beispiele zeigen:

K

- Den Mitarbeitern kann mit Hilfe dieser Kennzahl vor Augen geführt werden, was ein Kunde für das Unternehmen wert ist und welch fatale Folgen es hat, wenn er wegen Unzufriedenheit frühzeitig abwandert.
- Ein Unternehmen kann mit Hilfe des Kundenwertes berechnen, inwieweit Kulanz gewährt werden soll. So kann beispielsweise die Frage beantwortet werden, ob es sinnvoll ist, auf eine Kulanzregelung in Höhe von 1.000 € zu verzichten, wenn mit diesem Kunden ein Wert von 100.000 € verknüpft ist. Ähnlich gelagert ist der Fall, wenn es darum geht, ob, und, falls ja, mit welchem finanziellen Aufwand ein Kunde zurückgewonnen werden soll. Schließlich kann es durchaus sinnvoll sein, sich von Kunden mit einem geringen bzw. niedrigen Kundenwert zu trennen und die vorhandenen Ressourcen auf lukrativere Zielgruppen zu fokussieren.

Maßnahmen zur Beeinflussung
Der Wert eines Kunden kann durch drei Maßnahmenbündel gesteigert werden:
- Verlängerung der Kundenverweildauer durch Erhöhung der →Kundenzufriedenheit und/oder Einsatz der ökonomischen, juristischen, technologischen und sozialen Instrumente der Kundenbindung. Hierzu zählen u. a. der Aufbau persönlicher Verbindungen, die Unterhaltung von Kundenclubs, der Abschluss langfristiger Lieferverträge, die Förderung der Abnehmertreue durch entsprechende Rabattsysteme und Kundenkarten, die Einführung von Systemkonzepten (z. B. in der EDV) und die Erschwernis des Lieferantenwechsels durch technische Vorkehrungen (z. B. durch das Setzen von Standards)
- Erhöhung des Umsatzes mit dem Kunden durch Steigerung der Verwendungsintensität der gekauften Produkte und/oder Weckung bzw. Befriedigung zusätzlicher Bedürfnisse
- Senkung der durch den Kunden entstehenden variablen Kosten. Beispielsweise kann bei Kunden mit einem geringen Umsatz von persönlicher Betreuung durch den Außendienst auf Telefonverkauf umgestellt werden.

Grenzen
Die Berechnung des Kundenwerts basiert auf einer Betrachtung des jetzigen Zustandes. Dabei bleibt unberücksichtigt, dass sich Kunden von ihrem Umsatzvolumen durchaus entwickeln können. Konkret bedeutet das nichts anderes, als dass Kunden, die vom heutigen Standpunkt einen geringen Kundenwert besitzen, durch gezielte Kundenentwicklung in Zukunft durchaus an Attraktivität gewinnen können.

Des Weiteren gestaltet es sich äußerst schwierig, die folgenden qualitativen Kundenwertfaktoren zu ermitteln:
- ausschöpfbares Up-Selling-Potenzial des Kunden (z. B. Entwicklung des Kunden hin zu einem höherwertigen Produkt)
- ausschöpfbares Cross-Selling-Potenzial des Kunden (Entwicklung des Kunden hin zu einem weiteren Produkt aus der Angebotspalette)
- Funktion des Kunden als Lead-Customer (= Meinungsführer in seinem Umfeld)
- Weiterempfehlungspotenzial (= positive Mundpropaganda in seinem Umfeld)

Kundenzufriedenheit

Kundenzufriedenheit ist das Ergebnis eines psychischen Vorgangs, bei dem der Kunde zwischen dem wahrgenommenen Leistungsniveau eines Unternehmens (= Ist-Leistung) und einem wie auch immer gearteten Standard, in der Regel seinen Erwartungen (= Soll-Leistung), vergleicht.
- Unzufriedenheit wird durch zu hohe Erwartungen des Kunden, eine zu geringe Leistung des Unternehmens oder eine Kombination aus beidem hervorgerufen.
- Zufriedenheit stellt sich ein, wenn die Erwartungen des Kunden an das Unternehmen erfüllt wurden.
- Begeisterung schließlich kann man dann beobachten, wenn ein Anbieter die Erwartungen deutlich übertroffen hat.

$$GZ = \sum_{i}^{n} EZ_i \cdot W_i$$

GZ   = Gesamtzufriedenheit des Kunden
EZ_i = Zufriedenheit mit einer Leistungskomponente (Einzelzufriedenheit)
W_i = Wichtigkeit der Leistungskomponente i
i   = Art der Leistungskomponente (z.B. Beratungsqualität, Öffnungszeiten, Sortiment, Mitarbeiterfreundlichkeit)

Beispiel
Ein Unternehmen möchte die Zufriedenheit seiner Kunden ermitteln. Die Kunden werden zu diesem Zwecke befragt und geben mit Hilfe der Schulnotenskala von 1 bis 6 an, wie zufrieden sie mit einzelnen Leistungskomponenten des Unternehmens sind. Dabei stehen die Note 1 für „sehr zufrieden" und die Note 6 für „völlig unzufrieden". Weil manche Leistungskomponenten wichtiger als andere sind, werden die Notendurchschnitte (Einzelzufriedenheiten EZ) vor ihrer Addition noch mit den Wichtigkeiten W gewichtet. Im Ergebnis aller Kunden ergibt sich eine Zufriedenheit von 2,05.

Tabelle 5. Beispiel zur Berechnung der Kundenzufriedenheit

Leistungskomponente i	Qualität	Preis	Beratung
Einzelzufriedenheit EZ$_i$	1,5	3	2,5
Wichtigkeit W	60 %	30 %	10 %
EZ x W	0,9	0,9	0,25
Kundenzufriedenheit	Summe = 0,9 + 0,9 + 0,25 = **2,05**		

Quelle
Die meisten Unternehmen beschränken sich aus Gründen der Einfachheit darauf, Kundenzufriedenheit aus Leistungsgrößen wie →Umsatz oder →Marktanteil abzuleiten. Dass diese Kennzahlen trotz des geringen Erhebungsaufwandes keine zuverlässigen Rückschlüsse auf die Zufriedenheit von Kunden zulassen, verdeutlichen die folgenden Beispiele:

• Der Umsatz eines Unternehmens kann konjunkturell, saisonal oder durch Preiserhöhungen bedingt gewachsen sein, ohne dass sich die Zufriedenheit der Kunden verändert hat.

• Der steigende Marktanteil eines Unternehmens muss nicht unbedingt darauf zurückzuführen sein, dass die Kunden nun zufriedener sind. Vielmehr ist es auch denkbar, dass die Verbraucher aufgrund kurzfristiger Lieferengpässe von Wettbewerbern notgedrungen dort einkaufen müssen.

Umsatz- und Marktanteilsveränderungen sind gemeinsam, dass sie nur einen sehr begrenzten Einblick in die Ursachen von (Un-)Zufriedenheit gewähren. Das heißt konkret: Im Idealfall weiß man zwar, dass das eigene Unternehmen besser oder schlechter geworden ist, es bleibt aber unklar, in welchen Bereichen bzw. warum.

Wenn man einen fundierten Einblick in die Zufriedenheit der Kunden gewinnen will, bieten sich grundsätzlich zwei Messansätze an:

- Objektorientierte Verfahren:
  Diese werden in der Unternehmenspraxis am häufigsten eingesetzt. Ob-
  jektorientiert bedeutet, dass Größen, die nicht auf der Einschätzung der
  Kunden basieren, sondern am betreffenden Unternehmen anknüpfen,
  herangezogen werden. Neben den Kennzahlen →Umsatz und →Markt-
  anteil, die – wie skizziert – mit erheblichen Mängeln behaftet sind, zählen zu dieser Kategorie die Analyse der Kundenloyalität (→Wieder-
  kaufrate, →Wiederkäuferrate), die Auswertung von Reklamationen und
  Garantiefällen (→Beschwerdequote) sowie die Durchführung von Qualitätskontrollen (beispielsweise Testkäufe).

- Subjektorientierte Verfahren:
  Diese Messansätze knüpfen unmittelbar an der Einschätzung des Sub-
  jekts, nämlich des Kunden an. Zu diesem Zweck bedient man sich der
  Kundenbefragung. Grundsätzlich lässt sich zwischen ereignisorientier-
  ten und merkmalsgestützten Verfahren unterscheiden. Bei ersteren wird
  der Kunde aufgefordert, positive bzw. negative Erfahrungen mit dem
  Unternehmen frei zu schildern. Im Gegensatz dazu wird er im Falle des
  zweiten Ansatzes gebeten, ein Unternehmen bzw. dessen Produkte als
  Ganzes (eindimensionale Messung) oder bestimmte Eigenschaften derselben (mehrdimensionale Messung) zu bewerten.

K

Objektorientierte Verfahren	Subjektorientierte Verfahren
Erfassung von Umsatz und Marktanteil	Ereignisorientierte Verfahren
	• Methode der kritischen Ereignisse
Analyse der Kundenloyalität	
Auswertung von Reklamationen, Garantiefällen und Beschwerden	Merkmalsgestützte Verfahren
	• Eindimensionale Messung
Durchführung von Qualitätskontrollen (z. B. Testkäufe, Werkstatt-Tests)	• Mehrdimensionale Messung

Abb. 10. Verfahren zur Ermittlung der Kundenzufriedenheit

Interpretation

Kundenzufriedenheit gilt als einer der zentralen Faktoren des Unternehmenserfolgs. Denn zufriedene und begeisterte Kunden:

- kaufen mehr und bleiben länger treu.
- kaufen bevorzugt beim Unternehmen ein, wenn es neue bzw. verbesserte Produkte und Dienstleistungen auf den Markt bringt. Damit steigt auch der →Umsatz, der mit dieser Geschäftsbeziehung erzielt werden kann (sog. Cross-Selling). Zur Überprüfung bietet sich die Berechnung der Cross-Selling-Quote (= Anzahl der Käufer von Produkt A, die zu einem späteren Zeitpunkt auch ein Produkt B, C und/oder D beim gleichen Unternehmen kaufen) an.
- reagieren weniger sensibel auf Preiserhöhungen. Kaum ein Kunde wird wegen einer Preissteigerung von 3 % die langjährige und fruchtbare Beziehung zu einem Anbieter zu Bruch gehen lassen. Beispielsweise hat man festgestellt, dass zufriedene Kunden für guten Service bis zu 9 % höhere Preise in Kauf nehmen.
- beachten die Angebote von Wettbewerbern seltener. Auf diese Weise können Wechselbarrieren aufgebaut werden.
- sind kostengünstiger zu betreuen, da sich die Beziehung mit ihnen eingespielt hat. Dadurch sinken im Regelfall die Marketing- und Vertriebskosten, der Informations- und Koordinationsbedarf nimmt ab.

Kundenzufriedenheit gewährt noch einen weiteren Vorteil: Durch die Weiterempfehlung zufriedener Kunden (positive Mundpropaganda) erhält das Unternehmen gleichsam auf kostenlosem Wege Werbung.

Ist der Kunde dagegen unzufrieden, entgehen dem betroffenen Unternehmen nicht nur Erlöse, sondern es fallen auch Aufwendungen für Nachbesserung, Kulanzregelungen sowie gelegentlich auftretende Regressansprüche an. Verantwortlich hierfür sind:

- Abwanderung, d. h. der Kunde wechselt bei Unzufriedenheit den Anbieter oder zumindest die Marke bzw. boykottiert ein Unternehmen im Extremfall.
- negative Mundpropaganda, d. h. er bringt seine Unzufriedenheit mit den Leistungen des Unternehmens bei Freunden, Bekannten und Kollegen zum Ausdruck. Untersuchungen belegen, dass unzufriedene Kunden bis zu 15 Bekannten, Freunden und Verwandten von ihrem negativen Erlebnis berichten.
- Beschwerden gegenüber Unternehmen und Dritten wie z. B. Verbraucherschutzeinrichtungen, Schiedsstellen und Medien (→Beschwerdequote).

Die folgende Abbildung vermittelt einen zusammenfassenden Überblick über die Reaktionen des Kunden auf (Un-)Zufriedenheit:

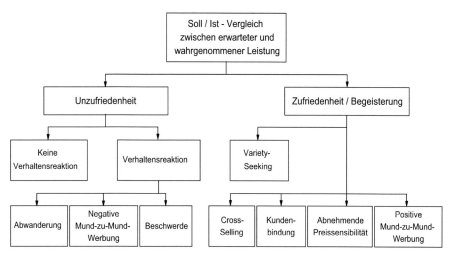

Abb. 11. Reaktionen des Kunden auf (Un-)Zufriedenheit

Maßnahmen zur Beeinflussung
Will man Ansatzpunkte für die Beeinflussung der Kundenzufriedenheit aufspüren, muss man sich die Funktionen der Erfassung von Kundenzufriedenheit vor Augen führen. Hier sind drei Aufgabenbereiche zu nennen, die im Unternehmensalltag eng miteinander verknüpft sind:

- Behebung von Einzelfällen (Reparaturfunktion):
  Zunächst konzentriert man sich darauf, einzelne Fälle von Unzufriedenheit aufzuspüren und unzufriedene Kunden in ihrem negativen Urteil über das Unternehmen sowie dessen Leistungen umzustimmen. Das Spektrum der Möglichkeiten reicht hier von Umtausch, Reparatur, Schadensersatz, Preisnachlass, Geld zurück sowie Beratungsleistungen über z. B. kleine Geschenke und Gutscheine bis hin zur Entschuldigung beim Kunden.

- Ermittlung von Verbesserungspotenzial (Lernfunktion):
  Wenn sich ein Unternehmen ausschließlich auf die Behebung von Einzelfällen beschränkt, ändert sich – lässt man einmal zufällige Schwankungen außen vor – im Grunde nichts an der zukünftigen Qualität der

Unternehmensleistungen. Die gleichen Fehler würden immer wieder auftreten. Getreu dem Motto: „Man darf jeden Fehler machen, aber eben nur einmal." gilt es vielmehr, aus den negativen Erfahrungen zu lernen und die Unternehmensleistung dahingehend zu verbessern, dass in Zukunft keine oder zumindest weniger Unzufriedenheit beim Kunden entsteht.

Dies erfordert eine fundierte Dokumentation, Auswertung und Diskussion der negativen Ereignisse. Denn nur so wird es gelingen, gemeinsam mit den Mitarbeitern aus den Fehlern zu lernen und Verbesserungspotenzial aufzudecken.

• Kennzahlen für das Personal-Management (Anreizfunktion):
Diese Funktion ist unmittelbar mit den beiden anderen Aufgabenbereichen vernetzt, sie unterstützt bzw. flankiert diese gleichsam. Wer argumentiert, dass höhere Kundenzufriedenheit dem Unternehmen einen erheblichen ökonomischen Nutzen beschert, muss konsequenterweise die Mitarbeiter im Sinne eines Intrapreneurship, eines Unternehmertums im Unternehmen, am Erfolg teilnehmen lassen. Hierfür eignet sich ein auf Kundenzufriedenheit basierendes Anreizsystem, das seinerseits die fundierte und kontinuierliche Erfassung der Kundenzufriedenheit voraussetzt.

Grenzen

In der Unternehmenspraxis ist immer wieder zu beobachten, dass Kunden aufgrund des Wunsches nach Abwechslung abwandern, obwohl sie zufrieden sind (sog. Variety-Seeking). In diesen Fällen kann von Kundenzufriedenheit nicht unbedingt auf Kundenloyalität geschlossen werden, d. h. hier müssen die ökonomischen, juristischen, technologischen und sozialen Instrumente der Kundenbindung an. Dazu zählen u. a.:

• Aufbau persönlicher Verbindungen
• Unterhaltung von Kundenclubs
• Abschluss langfristiger Lieferverträge
• Förderung der Abnehmertreue durch entsprechende Rabattsysteme
• Einführung von Systemkonzepten
• Erschwernis des Lieferantenwechsels durch technische Vorkehrungen

Kundenzuwanderungsrate

→Neukundenquote

L

Lagerbestand, durchschnittlicher
(in €)

Der durchschnittliche Lagerbestand ist eine wichtige Kennzahl des Vorratswesens und der Lieferbereitschaft.

$$= \frac{(\text{wertmäßiger Lagerbestand zu Beginn der Periode} + \text{wertmäßiger Lagerbestand am Ende der Periode})}{2}$$

Beispiel
Zu Beginn eines Monats lagern bei einem Unternehmen Produkte, Stoffe und Waren im Wert von 40.000 €. Am Monatsende enthält das Lager einen Bestand von 60.000 €. Der durchschnittliche Lagerbestand in diesem Monat beträgt 50.000 €.

$$= \frac{40.000\,€ + 60.000\,€}{2} = 50.000\,€$$

Quelle
- Die wertmäßigen Lagerbestände zu verschiedenen Zeitpunkten kennt die Lager- oder Finanzbuchhaltung.
- Um die Kennzahl genauer zu ermitteln, kann man auch die folgenden Formeln anwenden, die einzelne Teilperioden (Tage/Monate) innerhalb des Betrachtungszeitraums (Monat/Jahr) einschließen:
  - (Lagerbestand am Anfang des Monats + 30 Tagesendbestände) / 31
  - (Lagerbestand am Anfang des Jahres + 12 Monatsendbestände) / 13

Interpretation
- Der durchschnittliche Lagerbestand zeigt, welchen Wert Waren, Produkte und Stoffe, die sich im Lager eines Unternehmens befinden, durchschnittlich darstellen.
- Der durchschnittliche Lagerbestand kann damit als durchschnittlich gebundenes Kapital interpretiert werden, für das Opportunitätskosten in Form von Zinskosten anfallen. Daher sollten Unternehmen einen möglichst geringen durchschnittlichen Lagerbestand anstreben.
- Allerdings unterliegt diese absolute Mindesthöhe der Kennzahl den folgenden unternehmenseigenen Beschränkungen:
  - Sicherheitsbestände
  - Flexibilität und Lieferfähigkeit bei stark schwankenden Nachfragen
  - Haltbarkeit der Waren
- Die Kennzahl ist insbesondere im Zeitvergleich interessant, um Fehlentwicklungen rechtzeitig erkennen, ihre Ursachen analysieren und entsprechende Maßnahmen einleiten zu können.

Maßnahmen zur Beeinflussung
Um eine Senkung des durchschnittlichen Lagerbestandes zu erreichen, können folgende Maßnahmen angedacht werden:
- teilweise oder vollständige Fremdlagerung der Produkte, Waren oder Stoffe bei Lieferanten, Kunden oder sonstigen Dienstleistern
- Einführung und Ausbau von Just-in-time-Lieferungen
- Verringerung des Sicherheitsbestands

Grenzen
Die Kennzahl trifft keine Aussage über die Kosten der Lagerung, die durchschnittliche Lagerdauer (→Lagerdauer, durchschnittliche) und den Lagerumschlag bzw. die Lagerumschlagshäufigkeit (→Umsatz).

Lagerdauer, durchschnittliche
(in Tagen)

Die Lagerdauer zeigt an, wie lange Produkte, Waren oder Stoffe durchschnittlich im Lager liegen.

$$= \frac{\text{Durchschnittlicher Tageslagerbestand eines Produktes} \times 360 \text{ Tage}}{\text{Gesamtjahresumsatz des Produktes}}$$

Beispiel

In einem Jahr beträgt der durchschnittliche Lagerbestand eines bestimmten Produktes pro Tag 4.000 €. Der Jahresumsatz dieses Produktes beträgt 180.000 €. Die durchschnittliche Lagerdauer beläuft sich demnach auf 8 Tage.

$$= \frac{4.000 \text{ € Tageslagerbestand} \times 360 \text{ Tage}}{180.000 \text{ € Umsatz}} = 8 \text{ Tage}$$

Quelle

- Den durchschnittlichen Lagerbestand (→Lagerbestand, durchschnittlicher) zu verschiedenen Zeitpunkten kennt die Lager- oder Finanzbuchhaltung.
- Den Gesamtumsatz eines Produktes kennt die Finanzbuchhaltung oder das Vertriebswesen.

Interpretation

- Je höher die Lagerdauer ist, desto länger ist das Kapital gebunden, d. h. desto höher sind die anfallenden Zinskosten. Aus diesem Grund sollte ein Unternehmen bestrebt sein, eine möglichst geringe Lagerdauer zu erreichen.
- Die Kennzahl ist insbesondere im Zeitvergleich interessant, um Entwicklungen rechtzeitig erkennen, ihre Ursachen analysieren und entsprechende Maßnahmen einleiten zu können.

Maßnahmen zur Beeinflussung

- Die Lagerdauer kann nur durch Verringerung des durchschnittlichen Lagerbestandes (→Lagerbestand, durchschnittlicher) oder durch Erhöhung des Gesamtumsatzes gesenkt werden.
- Der Gesamtumsatz kann durch eine Intensivierung der Marketingbemühungen in der Produkt- bzw. Sortiments-, Preis-, Distributions- und Kommunikationspolitik erhöht werden.

Grenzen
Die Kennzahl trifft keine Aussage über die Kosten der Lagerung sowie den
Lagerumschlag bzw. die Lagerumschlagshäufigkeit (→Umsatz).

Lagerumschlag, Lagerumschlagsgeschwindigkeit

→Lagerumschlagshäufigkeit

Lagerumschlagshäufigkeit
(auch Lagerumschlagsgeschwindigkeit)

Die Lagerumschlagshäufigkeit ist eine Produktivitätskennziffer, mit der
die Ergiebigkeit des Produktionsfaktors Kapital, das in der Ware investiert
ist, gemessen wird. Die Kennzahl gibt an, wie oft der gesamte durchschnittliche Lagerbestand oder ein Teilbereich des Lagers, bezogen auf einen bestimmten Zeitraum, verkauft wird. Die Lagerumschlagshäufigkeit
kann auf zwei Arten berechnet werden:

$$= \frac{\text{Umsatz (pro Periode)}}{\text{Durchschnittlicher Lagerbestand}}$$
$$\text{zu Verkaufspreisen}$$

$$= \frac{\text{Wareneinsatz (pro Periode)}}{\text{Durchschnittlicher Lagerbestand}}$$
$$\text{zu Einkaufspreisen}$$

Hierbei gilt es zu beachten, dass die Dimensionen (zu Verkaufs- oder zu
Einkaufspreisen) in Zähler und Nenner stets gleich sein müssen.

Beispiel
Ein Juwelier verbucht einen durchschnittlichen Lagerbestand von 2 Mio. €
zu Verkaufspreisen. Im gesamten Jahr werden Umsätze von 2,5 Mio. € realisiert. Die Lagerumschlagshäufigkeit beträgt demnach 1,25.

$$= \frac{2{,}5 \text{ Mio. } \euro \text{ Umsatz}}{2 \text{ Mio. } \euro \text{ Lagerbestand zu Verkaufspreisen}} = 1{,}25$$

Quelle

- Der Umsatz ist der Finanzabteilung bekannt und kann der Gewinn- und Verlustrechnung entnommen werden.
- Der durchschnittliche Lagerbestand kann vereinfacht anhand der aktiven Bilanzpositionen zu den Vorräten berechnet werden, in dem die Summe vom Anfangsbestand und vom Endbestand einer Periode gebildet und diese Summe durch 2 dividiert wird. Alternativ kann eine exaktere Berechnung durchgeführt werden, wenn die Summe des Anfangsbestandes und der 12 Monatsbestände durch 13 geteilt wird. Moderne Warenwirtschaftssysteme errechnen die durchschnittlichen Bestände taggenau und automatisch.

Interpretation

- Der Lagerumschlagshäufigkeit unterstützt bei der Sortimentskontrolle sowie bei der Kontrolle der Lagerhaltungs- und Kapitalbindungskosten. Insbesondere Handelsbetriebe planen und steuern die Bestandshöhe anhand dieser Kennzahl. Grundsätzlich sollte eine hohe Umschlagshäufigkeit als Zielgröße gesetzt werden, da die Lagerung aus betriebswirtschaftlicher Sicht gebundenes Kapital darstellt, das dem Unternehmen nicht für andere Zwecke (z. B. Geldanlage, Investition, Schuldentilgung) zur Verfügung steht.
- Neben der hohen Liquiditätsbindung ist eine niedrige Lagerumschlagshäufigkeit gleichbedeutend mit verhältnismäßig großen Vorratsbeständen. Eine damit verbundene längere Lagerdauer fördert das Risiko von Verschmutzung, Beschädigung und/oder Verlust sowie die modische oder technische Veralterung von Produkten. Dies betrifft z. B. verderbliche Ware, Modeartikel sowie Computerkomponenten und Produkte der Unterhaltungselektronik. Da die gelagerten Waren mit der Zeit an Wert verlieren können, besteht die Gefahr, dass bilanzielle Wertberichtigungen erforderlich werden.
- Ein zu hoher Lagerumschlag kann den Umsatz schmälern, weil aktuelle Ware im Angebot fehlt bzw. es zu Out-of-Stock-Situationen kommt.
- Die Lagerumschlagshäufigkeit kann sich sowohl auf Rohstoffe oder Hilfsstoffe beziehen, die im eigenen Betrieb weiter verarbeitet werden, als auch auf Fertigprodukte bzw. Waren, die verkauft werden.

Maßnahmen zur Beeinflussung
Neben der Steigerung des Umsatzes, wofür grundsätzlich sämtliche Marketing-Instrumente in Frage kommen, lässt sich die Lagerumschlagshäufigkeit u. a. durch folgende Maßnahmen erhöhen:

* Umstellung auf Just-in-Time-Belieferung
* Verkürzung der Bestellzyklen bei Lieferanten
* Umstellung auf Versandhandel: Auf diese Weise reduzieren z. B. Discounter ihre Bestände an höherwertiger Non-Food-Ware in den Filialen.
* Führen von sog. „Renner- und Penner-Listen" und konsequente Auslistung von Langsamdrehern, wobei Verbundeffekte ins Kalkül zu ziehen sind.
* Entwicklung von Demand-and-Supply-Planning-Konzepten, deren vorrangiges Ziel es ist, über den zukünftigen Bedarf am Point of Sale die gesamte Lieferkette zu steuern, indem das herkömmliche Belieferungssystem durch einen an der tatsächlichen bzw. prognostizierten Nachfrage der Konsumenten orientierten, abgestimmten Prozess ersetzt wird.

Grenzen
Der durchschnittliche Lagerumschlag schwankt von Branche zu Branche stark. Manche Discounter erreichen einen Lagerumschlagshäufigkeit pro Jahr von 40. Einzelhändler aus der Möbelbranche verzeichnen zumeist nur einen von ungefähr 3 p. a., Juweliere häufig von unter 1 p. a. Demnach besitzt diese Kennzahl ohne Vergleichgrößen aus der Branche nur sehr begrenzte Aussagekraft.

Leser pro Ausgabe, Exemplar oder Seite (LpA, LpE, LpS)

→Reichweite

Liefereigenanteil

→Share-of-Wallet

Lieferzeit, durchschnittliche
(in Tagen)

Die durchschnittliche Lieferzeit sagt aus, wie lange die Kunden im Durchschnitt auf die Lieferung der bestellten Waren warten müssen.

$$= \frac{\text{Summe der Lieferzeiten aller Lieferungen}}{\text{Gesamtzahl der Lieferungen}}$$

Beispiel

In einem Monat werden vom Lieferservice eines Unternehmens insgesamt 400 Lieferungen abgewickelt. Rechnet man die Lieferzeiten der einzelnen Lieferungen zusammen, ergeben sich 2.600 Tage. Die durchschnittliche Lieferzeit beträgt demnach 6,5 Tage.

$$= \frac{2.600 \text{ Tage gesamte Lieferzeit}}{400 \text{ Lieferungen}} = 6,5 \text{ Tage pro Lieferung}$$

Quelle

- Die Anzahl der Lieferungen in einer Periode kennt die Vertriebsabteilung, die Lager- oder die Finanzbuchhaltung.
- Unter der Lieferzeit einer Lieferung versteht man die Zeitspanne zwischen der Erteilung des Auftrags (z. B. Bestellung durch den Kunden) und dem Erhalt der Ware.
- Die Lieferzeit kann sich – abhängig von der Vertriebsart – unter anderem zusammensetzen aus den Teilzeiten für
  - Auftragserstellung
  - Entgegennahme der Kundenbestellung
  - Bearbeitung des Auftrags bzw. der Bestellung
  - Zusammenstellen der Waren (Kommissionierung)
  - Verpacken der Waren
  - Verladung und Transport der Waren
  - Einlagerung der Waren beim Kunden

Interpretation

- Untersuchungen belegen übereinstimmend die große Bedeutung des Lieferservice von Industrie- und Handelsunternehmen. Nach der Produktqualität ist dies der wichtigste Einflussfaktor der Einkaufsentscheidung.
- Grundsätzlich sollte es das Bestreben eines Unternehmens sein, möglichst geringe Lieferzeiten zu erreichen. Geringe Lieferzeiten haben positive Effekte auf →Kundenzufriedenheit, weil sie bedeuten, dass die Kunden nicht lange auf ihre bestellten Produkte, Waren oder Stoffe war-

ten müssen. Gleichzeitig sind sie aber auch mit entsprechend hohen Kosten verbunden.

- Die Kennzahl ist insbesondere im Vergleich von Perioden und/oder zu Wettbewerbern (sog. Benchmarking) aussagekräftig.
- Die durchschnittliche Lieferzeit kann auch als Zielvorgabe dienen, mit der sich die Leistungsfähigkeit der Lieferabteilung überprüfen lässt.

Maßnahmen zur Beeinflussung
Um die durchschnittliche Lieferzeit zu verbessern, muss ein Unternehmen die Lieferzeiten der einzelnen Aufträge verringern. Dabei kann es auch die Aufgaben beeinflussen, die nicht selbst, sondern von einem Logistik-Dienstleister (z. B. Paketdienst, Spedition) ausgeführt werden.
Es lassen sich vier wesentliche Ansatzpunkte unterscheiden:

- Bestellungsabwicklungsbedingte Lieferzeit:
Die Regelung, wie die Bestellung innerhalb des Unternehmens ablauforganisatorisch abgewickelt wird, bestimmt den Zeitraum, der zwischen dem Eingang der Kundenbestellung und deren Weitergabe an das Lager liegt.
- Lagerbedingte Lieferzeit:
Von der verfolgten Vorratspolitik hängt es ab, wie lange eine an den Lagerbereich weitergeleitete Kundenbestellung auf ihre Kommissionierung und Versandvorbereitung warten muss. Dabei sollte zwischen den Vorteilen (schnellere Bedienung von Kundenbestellungen, keine Fehlmengen, höhere Lieferbereitschaft) und Nachteilen einer erhöhten Vorratshaltung (erhöhte Kapitalbindung und Zinskosten, geringere Aktualität der gelagerten Waren) abgewogen werden.
- Transportbedingte Lieferzeit:
Die Zeitspanne, welche die tatsächliche Auslieferung in Anspruch nimmt, ist sowohl abhängig von der Verfügbarkeit geeigneter Transportmittel (z. B. Spedition, eigene Transportfahrzeuge oder Paketdienst) als auch von der Geschwindigkeit, mit der die Ware zum Kunden transportiert wird.
- Standortabhängige Lieferzeit:
Auch der Standort eines Auslieferungslagers bestimmt die Länge der Lieferzeiten. Je weiter das Lager von den Kunden entfernt ist, desto länger werden die Waren für ihren Weg zum Kunden benötigen.

Grenzen
- Die durchschnittliche Lieferzeit trifft keine Aussage über die Kosten, die dem Unternehmen im Zuge der Auslieferung entstehen.

- Es empfiehlt sich, durch Kundenbefragungen sowie Wettbewerbsvergleiche herauszufinden, welche Lieferzeiten die Kunden als angemessen betrachten. Ansonsten besteht die Gefahr, dass ein Unternehmen die Lieferzeit über das notwendige Maß hinaus verringert.

Lieferzeitzuverlässigkeit
(in %)

Die Lieferzeitzuverlässigkeit drückt die Wahrscheinlichkeit aus, mit der eine bestimmte Lieferfrist vom Unternehmen eingehalten wird.

$$= \frac{\text{Anzahl der Lieferungen, die innerhalb einer bestimmten Lieferfrist ausgeliefert wurden}}{\text{Gesamtzahl der Lieferungen}} \times 100\,\%$$

Im Vergleich zur durchschnittlichen Lieferzeit (→Lieferzeit, durchschnittliche), die nur den Mittelwert betrachtet, vermittelt diese Kennzahl einen Einblick in die Spannweite bzw. Streuung der Lieferzeiten und macht damit auf „Ausreißer" aufmerksam.

Beispiel
In einem Monat liefert ein Unternehmen 200 Bestellungen aus. 166 davon können in einer Frist von 6 Tagen vollständig abgewickelt werden. 18 Bestellungen benötigen einen Tag länger, und die restlichen 16 Lieferungen erreichen 8 Tage nach Eingang der Bestellung den Kunden. Daraus ergeben sich folgende Lieferzuverlässigkeiten:
- 83 % der Lieferungen innerhalb von 6 Tagen (= 166 Bestellungen : 200 Bestellungen x 100)
- 92 % der Lieferungen innerhalb von 7 Tagen (184 Bestellungen : 200 Bestellungen x 100)
- 100 % der Lieferungen innerhalb von 8 Tagen

$$= \frac{\text{166 Bestellungen innerhalb von 6 Tagen}}{\text{200 Bestellungen insgesamt}} \times 100\,\% = 83\,\%$$

Quelle
- Die Anzahl der Lieferungen in einer Periode kennt die Vertriebsabteilung, die Lager- oder die Finanzbuchhaltung.
- Unter der Lieferzeit einer Lieferung versteht man die Zeitspanne zwischen der Erteilung des Auftrags (z. B. Bestellung durch den Kunden) und dem Erhalt der Ware.
- Die Lieferzeit kann sich - abhängig von der Distributionsart - unter anderem zusammensetzen aus den Teilzeiten für
  - Auftragserstellung
  - Entgegennahme der Kundenbestellung
  - Bearbeitung des Auftrags bzw. der Bestellung
  - Zusammenstellen der Waren (Kommissionierung)
  - Verpacken der Waren
  - Verladung und Transport der Waren
  - Einlagerung der Waren beim Kunden

Interpretation
- Untersuchungen belegen übereinstimmend die große Bedeutung des Lieferservice von Industrie- und Handelsunternehmen für den Kunden. Nach der Produktqualität ist dies der zweitwichtigste Einflussfaktor der Einkaufsentscheidung.
- Grundsätzlich sollte ein Unternehmen versuchen, bei möglichst geringen Lieferzeiten hohe Lieferzeitzuverlässigkeitsquoten zu erreichen. Geringe Lieferzeiten haben positive Effekte auf die →Kundenzufriedenheit, da die Kunden nicht lange auf ihre bestellten Produkte, Waren oder Stoffe warten müssen. Gleichzeitig sind kurze Lieferzeiten aber auch mit entsprechend hohen Kosten verbunden.
- Die Kennzahl ist insbesondere im Vergleich von Perioden und/oder zu Wettbewerbern (sog. Benchmarking) aussagekräftig.
- Die Lieferzeitzuverlässigkeit kann auch als Zielvorgabe dienen, anhand derer sich die Leistungsfähigkeit der Lieferabteilung überprüft lässt.

Maßnahmen zur Beeinflussung
Um die Lieferzeitzuverlässigkeit zu verbessern, muss ein Unternehmen die Lieferzeiten der einzelnen Aufträge verringern. Dabei kann es auch die Aufgaben beeinflussen, die nicht von ihm selbst, sondern von einem Logistik-Dienstleister (z. B. Paketdienst, Spedition) erfüllt werden.
Es lassen sich vier wesentliche Ansatzpunkte unterscheiden:
- Bestellungsabwicklungsbedingte Lieferzeit:
  Die Regelung, wie die Bestellung innerhalb des Unternehmens ablauforganisatorisch abgewickelt wird, bestimmt den Zeitraum, der zwischen

dem Eingang der Kundenbestellung und deren Weitergabe an das Lager liegt.

- Lagerbedingte Lieferzeit:
  Von der eingeschlagenen Vorratspolitik hängt es ab, wie lange eine an den Lagerbereich weitergeleitete Kundenbestellung auf ihre Kommissionierung und Versandvorbereitung warten muss. Dabei sollte zwischen den Vorteilen (schnellere Bedienung von Kundenbestellungen, keine Fehlmengen, höhere Lieferbereitschaft) und Nachteilen einer erhöhten Vorratshaltung (erhöhte Kapitalbindung und Zinskosten, geringere Aktualität der gelagerten Waren) abgewogen werden.

- Transportbedingte Lieferzeit:
  Die Zeitspanne, welche die tatsächliche Auslieferung in Anspruch nimmt, ist sowohl abhängig von der Verfügbarkeit geeigneter Transportmittel (z. B. Spedition, eigene Transportfahrzeuge oder Paketdienst) als auch von der Geschwindigkeit, mit der die Ware zum Kunden transportiert wird.

- Standortabhängige Lieferzeit:
  Auch der Standort eines Auslieferungslager bestimmt die Länge der Lieferzeiten. Je weiter das Lager von den Kunden entfernt ist, desto länger werden die Waren für ihren Weg benötigen.

Grenzen

- Bei pünktlichen Lieferungen kann es Schwierigkeiten mit der Lieferbeschaffenheit geben, wenn die Produkte den Kunden in der falschen Anzahl, in der falschen Sorte und/oder durch den Transport defekt versendet werden. Die Lieferzeitzuverlässigkeit trifft keine Aussage über die Häufigkeit dieser Fehler bei der Belieferung, die ebenfalls zur Unzufriedenheit von Kunden führen können. Zu diesem Zwecke sollte ergänzend die →Lieferzuverlässigkeit ermittelt werden.
- Die Lieferzeitzuverlässigkeit trifft keine Aussage über die Kosten, die dem Unternehmen im Zuge der Auslieferung entstehen.
- Die Lieferzeitzuverlässigkeit differenziert nicht nach Wichtigkeit und Umsatzgröße der verspäteten Lieferung und des betroffenen Kunden.
- Es empfiehlt sich, durch Kundenbefragungen sowie Wettbewerbsvergleiche herauszufinden, welche Lieferzeiten die Kunden als angemessen betrachten. Ansonsten besteht die Gefahr, dass ein Unternehmen die Lieferzeit über das notwendige Maß hinaus verringert.

Lieferzuverlässigkeit
(in %)

Die Lieferzuverlässigkeit drückt die Wahrscheinlichkeit aus, mit der die vom Unternehmen versprochenen und mit dem Kunden vereinbarten Lieferbedingungen eingehalten werden.

$$= \frac{\text{Anzahl der einwandfreien Lieferungen (ohne Überschreitung der Lieferzeit, ohne Mängel bei Lieferbeschaffenheit)}}{\text{Gesamtzahl der Lieferungen}} \times 100\,\%$$

Im Vergleich zur →Lieferzeitzuverlässigkeit, die ausschließlich auf die Einhaltung der Lieferzeit fokussiert, dokumentiert die Lieferzuverlässigkeit die Erfüllung sämtlicher Lieferversprechen.

Beispiel
Ein Spezialversender für Maschinenzubehör verspricht seinen gewerblichen Kunden eine Lieferzeit von sieben Tagen von der Bestellung bis zum Eingang der Ware. Von monatlich 200 Bestellungen konnten 190 in dieser Frist abgewickelt werden. Sechs pünktliche Lieferungen wurden vom Kunden beanstandet, weil die Menge oder die Sorte der gelieferten Schrauben nicht mit der Bestellung übereinstimmte. Insgesamt waren mithin 16 von 200 Lieferungen fehlerhaft. Die Lieferzuverlässigkeit beträgt 92 %.

$$= \frac{200\text{ Lieferungen} - 16\text{ fehlerhafte Lieferungen}}{200\text{ Lieferungen}} \times 100\,\% = 92\,\%$$

Quelle
- Die Anzahl der Lieferungen in einer Periode kennt die Vertriebsabteilung, die Lager- oder die Finanzbuchhaltung.
- Die wesentlichen Lieferbedingungen eines Unternehmens, die gleichzeitig Kundenversprechen darstellen, umfassen die Lieferzeit, die Lieferbeschaffenheit und die Lieferflexibilität.

- Unter der Lieferzeit einer Lieferung versteht man die Zeitspanne zwischen der Erteilung des Auftrags (z. B. Bestellung durch den Kunden) und dem Erhalt der Ware. Sie kann sich - abhängig von der Distributionsart - unter anderem zusammensetzen aus den Teilzeiten für
  - Auftragserstellung
  - Entgegennahme der Kundenbestellung
  - Bearbeitung des Auftrags bzw. der Bestellung
  - Zusammenstellen der Waren (Kommissionierung)
  - Verpacken der Waren
  - Verladung und Transport der Waren
  - Einlagerung der Waren beim Kunden
- Die Beschaffenheit der Lieferung kann fehlerhaft sein durch z. B.:
  - Lieferung einer falschen Sorte
  - Lieferung einer falschen Menge
  - Lieferung einer Ware, die durch den Transport zerstört oder in ihrer Funktion und Beschaffenheit beeinträchtigt wurde (z. B. durch Erschütterung, Staub, Flüssigkeit, Verderb)
- Die Lieferflexibilität umfasst alle Lieferversprechen, mit denen das Unternehmen auf Sonderwünsche des Kunden eingeht:
  - individuell vereinbarte Liefertermine („viertelstundengenau"), z. B. bei Cross-Docking-Kommissionierung und Just-in-time-Produktionsprozessen
  - individuell vereinbarte Verpackungseinheiten

Interpretation
- Untersuchungen belegen übereinstimmend die große Bedeutung des Lieferservice von Industrie- und Handelsunternehmen für den Kunden. Nach der Produktqualität ist dies der wichtigste Einflussfaktor der Einkaufsentscheidung.
- Wird ein bestimmter Lieferservice von einem Unternehmen zwar als Leistungsversprechen gegeben, aber dann in der Realität nicht eingehalten, spricht man von mangelnder Lieferzuverlässigkeit. Die Überschreitung von Lieferzeiten kann beim Kunden zu Unzufriedenheit, Kosten und Produktionsausfällen führen sowie Regressansprüche und Abwanderung des Kunden zur Folge haben.
- Grundsätzlich sollte ein Unternehmen versuchen, bei möglichst geringen Lieferzeiten hohe Lieferzuverlässigkeitsquoten zu erreichen. Eine hohe Lieferzuverlässigkeit hat positive Effekte auf die →Kundenzufriedenheit, ist gleichzeitig aber auch mit Kosten verbunden.
- Bei pünktlichen Lieferungen kann es Schwierigkeiten mit der Lieferbeschaffenheit geben, wenn die Produkte den Kunden in der falschen An-

zahl, in der falschen Sorte und/oder durch den Transport defekt versendet werden.

- Die Kennzahl ist insbesondere im Vergleich von Perioden und/oder zu Wettbewerbern (sog. Benchmarking) aussagekräftig.
- Die Lieferzuverlässigkeit kann auch als Zielvorgabe dienen, anhand derer sich die Leistungsfähigkeit der Lieferabteilung überprüft lässt.

Maßnahmen zur Beeinflussung
Um die Lieferzuverlässigkeit zu verbessern, muss ein Unternehmen die Lieferprozesse verbessern. Dabei kann es auch die Aufgaben beeinflussen, die nicht von ihm selbst, sondern von einem Logistik-Dienstleister (z. B. Paketdienst, Spedition) erbracht werden.
Bei der Verbesserung der Einhaltung von Lieferzeit lassen sich vier wesentliche Ansatzpunkte unterscheiden:

- Bestellungsabwicklungsbedingte Lieferzeit:
  Die Regelung, wie die Bestellung innerhalb des Unternehmens ablauforganisatorisch abgewickelt wird, bestimmt den Zeitraum, der zwischen dem Eingang der Kundenbestellung und deren Weitergabe an das Lager liegt.
- Lagerbedingte Lieferzeit:
  Von der eingeschlagenen Vorratspolitik hängt es ab, wie lange eine an den Lagerbereich weitergeleitete Kundenbestellung auf ihre Kommissionierung und Versandvorbereitung warten muss. Dabei sollte zwischen den Vorteilen (schnellere Bedienung von Kundenbestellungen, keine Fehlmengen, höhere Lieferbereitschaft) und Nachteilen einer erhöhten Vorratshaltung (erhöhte Kapitalbindung und Zinskosten, geringere Aktualität der gelagerten Waren) abgewogen werden.
- Transportbedingte Lieferzeit:
  Die Zeitspanne, welche die tatsächliche Auslieferung in Anspruch nimmt, ist sowohl abhängig von der Verfügbarkeit geeigneter Transportmittel (z. B. Spedition, eigene Transportfahrzeuge oder Paketdienst) als auch von der Geschwindigkeit, mit der die Ware zum Kunden transportiert wird.
- Standortabhängige Lieferzeit:
  Auch der Standort eines Auslieferungslager bestimmt die Lieferzeiten. Je weiter das Lager von den Kunden entfernt ist, desto länger werden die Waren für ihren Weg benötigen.

Bei mangelnder Lieferbeschaffenheit können folgende Maßnahmen ergriffen werden:

- Schulung der Mitarbeiter in Lager, Kommissionierung und Transport
- Einsatz stabilerer Verpackungen

- Verbesserung der Kommissionierprozesse, um falsche Mengen und Sorten zu verhindern

Grenzen
- Die Lieferzuverlässigkeit trifft keine Aussage über die Kosten, die dem Unternehmen im Zuge der Auslieferung entstehen.
- Die Lieferzuverlässigkeit differenziert nicht nach Wichtigkeit und Umsatzgröße der fehlerhaften Lieferung und des betroffenen Kunden.
- Es empfiehlt sich, durch Kundenbefragungen sowie Wettbewerbsvergleiche herauszufinden, welche Lieferbedingungen die Kunden als angemessen betrachten. Ansonsten besteht die Gefahr, dass ein Unternehmen die Lieferbedingungen über das notwendige Maß hinaus verbessert.

L

M

Markentreue

→Wiederkäuferrate, Wiederkaufrate

Markenwert
(auch Brand Equity; in €)

Unter dem Markenwert versteht man den finanzwirtschaftlichen Wert eines Markenartikels.

> = Barwert aller zukünftigen Einzahlungsüberschüsse,
> die ein Unternehmen aus einer Marke erwirtschaften kann

Ein Markenartikel zeichnet sich grundsätzlich durch folgende Eigenschaften aus:
- Markierung, d. h. sichtbare Kennzeichnung eines Produkts bzw. einer Dienstleistung mit einem Namen, Aufdruck, Symbol, Design oder einer Kombination aus diesen Merkmalen
- hohe und konstante Qualität
- Innovationskraft
- hoher Bekanntheitsgrad
- Überallerhältlichkeit (sog. Ubiquität)
- intensive Werbeanstrengungen und -aufwendungen

Demnach lässt sich ein Markenartikel aus Sicht der Konsumenten als Qualitätsgarantie und Versicherung gegen Produktenttäuschungen auffassen. Des Weiteren vermittelt eine Markenpersönlichkeit dem Kunden emotionale Erlebnisse. Er kann durch demonstrativen Konsum finanzielle Stärke und seine Zugehörigkeit zu einer bestimmten Zielgruppe mit einem entsprechenden Lebensstil zeigen. Dies alles macht letztlich den Markenwert aus.

Beispiel
Die Frage nach dem Markenwert lässt sich an folgendem Beispiel verdeutlichen: Vorausgesetzt, zwischen Coca-Cola und Pepsi-Cola würden keine geschmacklichen Unterschiede bestehen. Ist der Verbraucher dennoch bereit, für eine Marke mehr zu bezahlen als für die andere, und, falls ja, wie hoch ist dieser Betrag?

Quelle
Große Marktforschungsunternehmen bieten Programme zur Ermittlung von Markenwerten an.

Interpretation
- Seinen Ursprung hat der Begriff Markenwert Anfang der 80er Jahre in den USA. Vor dem Hintergrund steigender Marketingbudgets und der Kritik an den zumeist kurzfristigen Werbewirkungen konnte mit Hilfe des Markenwerts untermauert werden, dass es sich bei Marketingaufwendungen durchaus um Investitionen mit langfristigem Charakter handelt.
- Die Bedeutung des Markenwertes lässt sich nicht zuletzt auch an der zunehmenden Bedeutung der Marken- bzw. Produktpiraterie ablesen. Hierunter versteht man die Fälschung von Markenartikeln und insbesondere deren Warenzeichen, was letztlich als unrechtmäßige Partizipation an einem geschaffenen Markenwert verstanden werden kann. Der Schaden, der weltweit durch Markenpiraterie entsteht, wird auf rund 200 bis 300 Milliarden € beziffert. Schätzungen gehen davon aus, dass deutschlandweit rund 70.000 Menschen zusätzlich beschäftigt werden könnten, wenn es keine Plagiate geben würde.
- Der Markenwert lässt sich in drei Dimensionen aufspalten:
  - Höhere →Deckungsbeiträge und/oder Absatzmengen, mit denen die Abnehmer die Markenpolitik eines Herstellers honorieren
  - Wert, der sich durch Markentransfer verwirklichen lässt (sog. Brand Extension). Hierunter versteht man die Einführung neuer Produkte unter einem bereits am Markt etablierten Markennamen (z. B. *Nivea*)
  - Wert, der aus der Möglichkeit entsteht, anderen Unternehmen die kommerzielle Nutzung einer Marke gegen Bezahlung einzuräumen (sog. Brand Licensing)
- Markenwert definiert den Wert, der mit dem Namen (z. B. *McDonald's*) und/oder Logo einer Marke (z. B. die Golden Arches [goldene Bögen]

bei *McDonald's*) verbunden ist. Der Markenwert entspricht hierbei dem Wertunterschied, der zu einem technisch-physikalisch gleichen, aber namenlosen (No-Name-Produkt) oder wenig etablierten Produkt (klassische Handelsmarke) besteht. Die Messung einer solchen Differenz gestaltet sich in der Realität zugegebenermaßen schwer.

- Es kann zwischen nicht-monetären, d. h. nicht in Geldeinheiten bewerteten (etwa Markenimage, Markentreue oder Markenbekanntheit) und monetären Markenwertgrößen unterschieden werden. Letztere, auf denen das Augenmerk der weiteren Betrachtung liegt, verstehen sich im Sinne der Kapitalwertmethode als Barwert (d. h. auf den heutigen Zeitpunkt abgezinsten Wert) aller zukünftigen auf die Marke zurückführenden Einzahlungsüberschüsse (Brand Specific Earnings).

- Beim im Folgenden vorgestellten *Interbrand*-Ansatz, einer breit akzeptierten und weltweit angewendeten Methode, handelt es sich um ein praxisorientiertes Verfahren zur Ermittlung der Werte internationaler Marken, das auf dem Punktbewertungsverfahren basiert. In die Berechnung werden sieben Faktoren einbezogen, die sich wiederum aus einer Mehrzahl von Teilkriterien zusammensetzen. Die Gewichtung der Faktoren fällt unterschiedlich aus. Zur Ermittlung des Markenwertes wird der Gesamtpunktwert mit dem durchschnittlichen Gewinn der vergangenen drei Jahre multipliziert.

- Um überhaupt in das Ranking der wertvollsten 100 Marken der Welt von *Interbrand* zu gelangen, müssen die Unternehmen zunächst drei Hürden überwinden:
  - Der Wert der Marke muss über 1 Milliarde US-$ liegen.
  - Die Marken müssen global sein, d. h. sie müssen mindestens ein Drittel ihrer Umsätze außerhalb ihres Mutterlandes erwirtschaften und in Amerika, Europa und Asien in bedeutsamem Maß verbreitet sein.
  - Sie müssen ihre Marketing- und Finanzdaten der Öffentlichkeit zugänglich machen.

- Diese Kriterien erfüllen einige Marken wie z. B. *Visa, BBC* und *Mars* nicht.

- Der Ansatz von *Interbrand* bestimmt den Wert einer Marke auf Basis der zukünftig zu erwartenden Erträge. Diese prognostizierten Gewinne werden auf den gegenwärtigen Wert abgezinst. Der Zinssatz fällt umso höher und damit der Gegenwartswert umso geringer aus, je größer das Risiko ist, dass die Erträge in der Zukunft auch tatsächlich erwirtschaftet werden.

- Zu Beginn des Prozesses rechnet *Interbrand* zunächst die gesamten Umsätze der Marke aus. Im Falle von *McDonald's* ist die Marke das gesamte Unternehmen. In anderen Fällen, wie z. B. bei *Marlboro*, ist die

M

Marke nur ein Teil des Unternehmens. Im nächsten Schritt prognostiziert *Interbrand* mit Unterstützung der Analysten von *J.P. Morgan Chase & Co., Citigroup* und *Morgan Stanley* die Nettoeinkünfte einer Marke auf einen Horizont von 5 Jahren. Hiervon werden die Einkünfte abgezogen, die auf den Besitz der materiellen Vermögenswerte zurückzuführen sind. Diese Vorgehensweise basiert auf der Überlegung, dass sämtliche Einkünfte, die nunmehr übrig bleiben, auf immaterielle Faktoren wie Patente, Kundenlisten und natürlich die Marke zurückzuführen sind.

- Im nächsten Schritt gilt es, die Einkünfte, die auf die Marke zurückzuführen sind, von jenen zu trennen, die durch andere immaterielle Faktoren bedingt sind: Kauft ein Kunde z.B. bei *McDonald's* aufgrund des Markennamens oder weil das Restaurant für ihn bequem gelegen ist? Hierzu nutzt *Interbrand* die Marktforschung sowie Interviews mit Managern aus der Industrie.

- In der letzten Phase gilt es, die Markenstärke zu bestimmen, um auszurechnen, wie risikoreich die zukünftigen Markeneinkünfte sind. Um die Markenstärke zu berechnen, bedient sich Interbrand sieben Faktoren:
  - Stabilität der Marke,
  - Ausmaß der Marktführerschaft der Marke (absoluter und relativer Marktanteil, Positionierung, bearbeitete Segmente),
  - Fähigkeit der Marke, geographische und kulturelle Grenzen zu überwinden,
  - allgemeine Entwicklung der Marke (Entwicklung, Status, Planung),
  - Unterstützung der Marke durch das Marketing (Qualität, Stabilität, zukünftige Strategie),
  - rechtlicher Schutz der Marke (Namensrechte, Registrierung) sowie
  - Eigenschaft des für die Marke relevanten Marktes.

- Die Risikoanalysen entwickeln auf Basis eines Scoring-Modells, in welches die sieben Faktoren einbezogen werden, einen Abzinsungsfaktor, der dazu eingesetzt wird, die in der Zukunft liegenden Einkünfte der Marke auf einen realistischen Gegenwartswert abzudiskontieren. *Interbrand* ist davon überzeugt, dass dieses Modell dem komplexen Geflecht an Kräften, aus denen sich eine Marke zusammensetzt, am nächsten kommt.

- Es wird deutlich, dass amerikanische Unternehmen dieses Ranking dominieren: Acht der zehn wertvollsten Unternehmen kommen aus den USA. Lediglich ein Unternehmen, nämlich *Nokia*, ist in Europa angesiedelt.

Tabelle 6. Wertvollste Marken der Welt nach dem *Interbrand*-Ansatz

Rang 2005	Rang 2004	Rang 2003	Rang 2002	Marke	Markenwert 2005 (in Mio. €)	Ursprungs- land
1	1	1	1	*Coca-Cola*	56.046	USA
2	2	2	2	*Microsoft*	49.751	USA
3	3	3	3	*IBM*	44.302	USA
4	4	4	4	*General Electrics*	39.006	USA
5	5	5	5	*Intel*	29.538	USA
6	8	6	6	*Nokia*	21.955	Finnland
7	6	7	7	*Disney*	21.946	USA
8	7	8	8	*McDonald's*	21.592	USA
9	9	11	12	*Toyota*	20.615	Japan
10	10	9	9	*Marlboro*	17.587	USA

M

- Es soll jedoch nicht unerwähnt bleiben, dass Untersuchungen über den Wert von Marken unter Experten nicht unumstritten sind. Angesichts der Kritik entwickelt ein Arbeitsausschuss für Markenwertermittlung des *Deutschen Instituts für Normung (DIN)* ein Papier, das die Mindestanforderungen an Markenwertberechnungen festlegt.
- Deutlich höher ist der Anteil der deutschen Marken, wenn man sich die zwanzig wertvollsten Marken in Deutschland betrachtet, die von dem Beratungsunternehmen *Young & Rubicam* im Jahre 2006 ermittelt wurden (siehe Tabelle 7).

Maßnahmen zur Beeinflussung
Als wesentliche Faktoren des Markenwertes lassen sich neben intensiver Werbung und Investitionen in die Mitarbeiter eine Internationalisierung der Marketingaktivitäten ausmachen.

Tabelle 7. Markenwerte der wertvollsten Marken in Deutschland

Rang	Marke	Rang	Marke
1	ALDI	11	Dr. Oetker
2	Coca-Cola	12	Aspirin
3	Nivea	13	Ritter Sport
4	Volkswagen	14	Levi's
5	Milka	15	BMW
6	Mercedes-Benz	16	Porsche
7	Lego	17	Hohes C
8	Ikea	18	Lindt
9	Adidas	19	Langnese
10	Tempo	20	Deutsche Telekom

Grenzen
Die Bestimmung des Markenwertes gilt als höchst schwierig und unsicher, weshalb es in der Praxis zu großen Bewertungsunterschieden und Wertschwankungen kommen kann.

Marketing-Kennzahlen

Marketing-Kennzahlen lassen sich in gesamtmixbezogene und submixbezogene Kennzahlen unterscheiden. Gesamtmixbezogene Kennzahlen fokussieren auf die Wirkung des Marketing-Mix als Ganzes. Hier lassen sich nicht-ökonomische (z. B. →Kundenloyalität) und ökonomische Kennzahlen (z. B. →Umsatz) identifizieren. Die nicht-ökonomischen Kennzahlen fungieren als Frühindikatoren, die in einer Mittel-Zweck-Beziehung zu den ökonomischen Kennzahlen stehen, denen ihrerseits der Charakter von Spätindikatoren zukommt.

Die submixbezogenen Kennzahlen lassen sich jeweils einem der einzelnen Instrumente des Marketing-Mix (product, price, place, promotion) zuordnen. Die folgenden Beispiele dienen der Veranschaulichung:

- Produkt, Programm bzw. Sortiment: z. B. →Floprate
- Preis: z. B. →Preiselastizität der Nachfrage
- Distribution: z. B. →Distributionsquote
- Kommunikation: z. B. →Response

Marktabdeckung

→Feldanteil

Marktanteil, absoluter
(in %)

Der absolute Marktanteil ist definiert als absoluter →Absatz bzw. →Umsatz eines Unternehmens im Verhältnis zum Absatz bzw. Umsatz sämtlicher Unternehmen der relevanten Branche, dem →Marktvolumen. Der Marktanteil kann mithin sowohl in Wert- als auch in Mengeneinheiten gemessen werden.

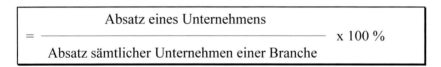

oder

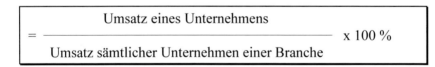

Der Marktanteil kann vertiefend nach einzelnen Produkten, Produktgruppen, Marktsegmenten, Vertriebswegen ermittelt werden. Die Kennzahl erlaubt Rückschlüsse auf die Position des eigenen Unternehmens im Vergleich zu den Wettbewerbern und gilt als eine der wichtigsten Kennzahlen im Marketing.

Neben der statischen Betrachtung des Marktanteils bietet die Analyse der Marktanteilsentwicklung weiterführende Einblicke in den Unternehmenserfolg. Dabei berechnet sich die Marktanteilsentwicklung folgendermaßen:

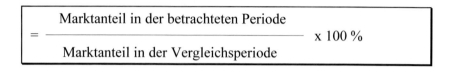

$$= \frac{\text{Marktanteil in der betrachteten Periode}}{\text{Marktanteil in der Vergleichsperiode}} \times 100\,\%$$

Die folgenden Abbildungen verdeutlichen den Zusammenhang von →Marktpotenzial, →Marktvolumen und absolutem Marktanteil in statischer Betrachtung.

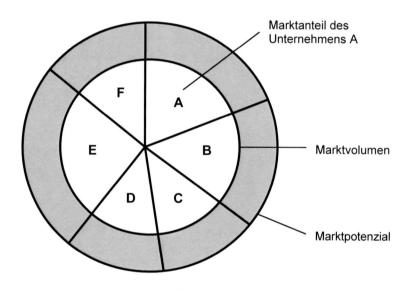

Abb. 12. Beziehung zwischen Marktanteil, Marktvolumen und Marktpotenzial

Beispiel
Ein Automobilhersteller verkauft in einer Region 4.000 Fahrzeuge. Insgesamt werden in diesem Gebiet 20.000 Fahrzeuge verkauft. Sein Marktanteil beträgt 20 %.

$$= \frac{4.000 \text{ Fahrzeuge}}{20.000 \text{ Fahrzeuge}} \times 100\% = 20\%$$

Quelle
- Die Berechnung des Marktanteils ist vollkommen unproblematisch, schwierig ist hingegen seine genaue Ermittlung. Prinzipiell kann der Marktanteil auf der Ebene
  - der Hersteller (Verwendung unternehmenseigener Absatzzahlen bzw. Absatzschätzungen),
  - des Handels (mit Hilfe von Händlerbefragungen) und
  - der Konsumenten bzw. der Nachfrager (durch Verbraucherbefragungen) ermittelt werden.
- Die Messung des Marktanteils basiert zumeist auf internen Daten, wobei das →Marktvolumen geschätzt oder aus Verbandsstatistiken und/oder Haushalts- sowie Handelspanels entnommen wird.

Interpretation
- Untersuchungen haben gezeigt, dass die Bedeutung des Marktanteils für Gebrauchsgüter, also langlebige Erzeugnisse wie Kraftfahrzeuge, Möbel oder Elektrogeräte, wesentlich größer ist als für solche Produkte, die in relativ kurzen Zeitabständen immer wieder erworben werden (z. B. Nahrungs- und Genussmittel, Kosmetika, Bürobedarf).
- Marktanteile werden sowohl im Bereich der Absatz- bzw. Nachfrageprognose als auch in der Marketingkontrolle sowie der Konkurrenzanalyse verwendet. Vor allem bei der Einführung neuer Produkte sowie der Erschließung neuer Märkte vermittelt der absolute Marktanteil wichtige Informationen über den Erfolg der durchgeführten Marketingmaßnahmen.
- Vorzüge des Marktanteils sind:
  - keine Verzerrung der Ergebnisse durch inflationäre Effekte
  - Relativierung der eigenen (Miss-)Erfolge an der gesamten Marktentwicklung
  - Verdeutlichung des am Markt erreichbaren Wachstums sowie der zu erwartenden Widerstände seitens der Wettbewerber
  - Auswirkungen der Konkurrenzaktivitäten auf den eigenen Absatzerfolg
- Des Weiteren hat sich in zahlreichen Studien (u. a. in der PIMS-Studie der *Boston Consulting Group*) herausgestellt, dass der Marktanteil eine Schlüsselgröße für den Unternehmenserfolg (z. B. →Return on Invest-

M

ment, →Cash Flow) darstellt. So konnte nachgewiesen werden, dass eine Erhöhung des Marktanteils um 10 % zu einer durchschnittlichen Steigerung des Returns on Investment (RoI) um 5 % führt. Hierfür sind folgende Gründe zu nennen, die sich als Erfahrungskurveneffekt im weiteren Sinne (= Economies-of-Scale-Effekt) zusammenfassen lassen:

- Ein Unternehmen, das einen hohen Marktanteil realisiert, verfügt im Regelfall im Vergleich zu kleineren Wettbewerbern über eine günstigere Kostenstruktur, da die Fixkosten pro Stück geringer ausfallen (= Fixkostendegression).
- Höhere Marktanteile bedingen höhere Einkaufsvolumina und damit bessere Konditionen (= Effekt der Marktmacht).
- Mit zunehmendem Marktanteil steigen die Erfahrungen im Unternehmen, was ein Kosteneinsparungspotenzial mit sich bringt (Erfahrungskurveneffekt im engeren Sinne).
- Hinweis: Beim Erfahrungskurveneffekt handelt es sich jedoch keinesfalls – wie häufig missverstanden wird – um eine Gesetzmäßigkeit, sondern lediglich um ein Stückkostensenkungspotenzial. Inwieweit dieses ausgeschöpft wird, hängt letztlich von der Leistungsfähigkeit der jeweiligen Unternehmung ab.

Maßnahmen zur Beeinflussung
Sinkende absolute Marktanteile weisen daraufhin, dass die Konkurrenz aus Sicht der Kunden bessere Leistungen als das eigene Unternehmen anbietet. Demnach müssen die Maßnahmen zur Beeinflussung des Marktanteils mit Hilfe von Stärken-Schwächen-Analysen identifiziert werden. Zu diesem Zweck wird ein Stärken-Schwächen-Profil aufgestellt, in dem sowohl das eigene Unternehmen als auch die Konkurrenz anhand bestimmter Eigenschaften (z. B. Qualität der Produkte, Preise, Service und Kundendienst, Standort) bewertet werden. Aus den Abweichungen zwischen den Unternehmen lassen sich die Stärken sowie Schwächen des jeweiligen Unternehmens ableiten und entsprechende Marketingmaßnahmen einleiten.

Grenzen
- Der Marktanteil sollte immer vor dem Hintergrund der gesamten Marktentwicklung, d. h. des →Marktwachstums bewertet werden. Denn steigende Marktanteile müssen relativiert werden, wenn man sich in einem schrumpfenden Markt befindet.
- Außerdem können auch Unternehmen mit einem kleinen Marktanteil erfolgreich sein. Dies beweisen immer wieder spezialisierte, flexible Nischenanbieter.

Marktanteil, relativer
(in %)

Der relative Marktanteil bestimmt das Verhältnis aus eigenem Marktanteil und dem Marktanteil des größten Konkurrenten.

$$= \frac{\text{Eigener Marktanteil}}{\text{Marktanteil des größten Wettbewerbers}} \times 100\,\%$$

Das gleiche Ergebnis erhält man, wenn die Leistungskennziffern des eigenen Unternehmens und die des größten Wettbewerbers unmittelbar ins Verhältnis zueinander gebracht werden:

$$= \frac{\text{Absatz eines Unternehmens}}{\text{Absatz des größten Wettbewerbers}} \times 100\,\%$$

oder

$$= \frac{\text{Umsatz eines Unternehmens}}{\text{Umsatz des größten Wettbewerbers}} \times 100\,\%$$

M

Beispiel
Ein Automobilhersteller A verkauft in einer Region 4.000 Fahrzeuge, sein größter Wettbewerber B hingegen 8.000 Fahrzeuge. Insgesamt werden in diesem Gebiet 20.000 Fahrzeuge verkauft. Demnach verfügt Automobilhersteller A über einen absoluten Marktanteil von 20 %. Bei seinem Konkurrenten B beläuft sich der absolute Marktanteil auf 40 %. Der relative Marktanteil des Automobilherstellers A beläuft sich auf 50 %.

$$= \frac{20\,\% \text{ abs. Marktanteil A}}{40\,\% \text{ abs. Marktanteil B}} \times 100\,\% = 50\,\%$$

oder

$$= \frac{4.000 \text{ Fahrzeuge}}{8.000 \text{ Fahrzeuge}} \times 100\,\% = 50\,\%$$

Unter der Annahme, dass Unternehmen A der zweitgrößte Anbieter am Markt ist, beträgt der relative Marktanteil des Wettbewerbers B 200 %, denn für Unternehmen B ist Unternehmen A der größte Wettbewerber. Das Beispiel verdeutlicht, dass der alleinige Marktführer immer über einen relativen Marktanteil von mehr als 100 % verfügt.

$$= \frac{40\,\% \text{ abs. Marktanteil B}}{20\,\% \text{ abs. Marktanteil A}} \times 100\,\% = 200\,\%$$

Quelle
- Die Berechnung des Marktanteils ist vollkommen unproblematisch, schwierig ist hingegen seine genaue Ermittlung. Prinzipiell kann der Marktanteil auf der Ebene
  - der Hersteller (Verwendung unternehmenseigener Absatzzahlen bzw. Absatzschätzungen),
  - des Handels (mit Hilfe von Händlerbefragungen) und
  - der Konsumenten bzw. der Nachfrager (durch Verbraucherbefragungen) ermittelt werden.
- Die Messung des Marktanteils basiert zumeist auf internen Daten, wobei das →Marktvolumen geschätzt oder aus Verbandsstatistiken und/oder Haushalts- sowie Handelspanels entnommen wird.

Interpretation
Der relative Marktanteil bietet gegenüber dem absoluten Marktanteil (→Marktanteil, absoluter) den Vorteil, dass er einen indirekten Einblick in die Struktur bzw. Größenverhältnisse des jeweiligen Marktes bietet. Denn ein absoluter Marktanteil von 20 % hat in einem Markt mit 20 Wettbewerbern einen ganz anderen Stellenwert, als wenn ein Unternehmen lediglich auf zwei Konkurrenten trifft.

Maßnahmen zur Beeinflussung
Sinkende relative Marktanteile weisen daraufhin, dass die Konkurrenz aus Sicht der Kunden bessere Leistungen als das eigene Unternehmen anbietet.

Demnach müssen die Maßnahmen zur Beeinflussung des Marktanteils mit Hilfe von Stärken-Schwächen-Analysen identifiziert werden. Zu diesem Zweck wird ein Stärken-Schwächen-Profil aufgestellt, in dem sowohl das eigene Unternehmen als auch die Konkurrenz anhand bestimmter Eigenschaften (z. B. Qualität der Produkte, Preise, Service und Kundendienst, Standort) bewertet werden. Aus den Abweichungen zwischen den Unternehmen lassen sich die Stärken sowie Schwächen des jeweiligen Unternehmens ableiten und entsprechende Marketingmaßnahmen einleiten.

Grenzen
- Der Marktanteil sollte immer vor dem Hintergrund der gesamten Marktentwicklung, d. h. des →Marktwachstums bewertet werden. Denn steigende Marktanteile müssen relativiert werden, wenn man sich in einem schrumpfenden Markt befindet.
- Außerdem können auch Unternehmen mit einem kleinen Marktanteil erfolgreich sein. Dies beweisen immer wieder spezialisierte, flexible Nischenanbieter.

Marktausschöpfungsgrad
(auch Potenzialausschöpfung; in %)

M

$$= \frac{\text{Absatz- bzw. Umsatzvolumen}}{\text{Absatz- bzw. Umsatzpotenzial}} \times 100\ \%$$

Der Marktausschöpfungsgrad stellt →Absatzvolumen und →Absatzpotenzial gegenüber und verdeutlicht hierdurch, zu wie viel Prozent das Unternehmen das mögliche Absatzpotenzial ausgeschöpft hat. Damit ist der Marktausschöpfungsgrad nichts anderes als der →Marktsättigungsgrad bezogen auf das einzelne Unternehmen. Der Marktausschöpfungsgrad kann sowohl in Mengen- als auch in Geldeinheiten berechnet werden.

Beispiel
Das derzeitige Absatzvolumen eines Unternehmens beläuft sich auf 15.000 Mengeneinheiten pro Jahr. Nach internen Einschätzungen der Vertriebsabteilung und unter Einschaltung eines Marktforschungsinstituts prognostiziert man das Absatzpotenzial auf 20.000 Mengeneinheiten pro Jahr. Damit liegt der Marktausschöpfungsgrad bei 75 %.

$$= \frac{15.000 \text{ Mengeneinheiten}}{20.000 \text{ Mengeneinheiten}} \times 100\% = 75\%$$

Quelle
Das Absatzvolumen liegt in der Vertriebsabteilung vor. Es lässt sich bestimmen anhand von:
- Branchenzeitschriften
- Verbandsstatistiken
- Fachmessen
- Veröffentlichungen des *Statistischen Bundesamtes* sowie der *Statistischen Landesämter*
- Untersuchungen von Marktforschungsinstituten
- Expertenanalysen sowie eigenen Schätzungen

Interpretation und Maßnahmen zur Beeinflussung
- Umso stärker der Marktausschöpfungsgrad gegen 100 % strebt, umso schlechter stehen die Wachstumsaussichten für ein Unternehmen. Demnach muss das Augenmerk auf der Kundenbindung liegen. Hierfür bieten sich neben einer Steigerung der →Kundenzufriedenheit durch Produktqualität und Kundendienst die ökonomischen, juristischen, technologischen und sozialen Instrumente der Kundenbindung an. Dazu zählen u. a.:
  - Aufbau persönlicher Verbindungen
  - Aufbau und Unterhaltung von Kundenclubs
  - Abschluss langfristiger Lieferverträge
  - Förderung der Abnehmertreue durch entsprechende Rabattsysteme
  - Einführung von Systemkonzepten
  - Erschwernis des Lieferantenwechsels durch technische Vorkehrungen
- Des Weiteren können die Maßnahmen zur Kundenbindung auf die Stimulierung bzw. Deckung von Ersatzbedarf abzielen. Hierzu zählen:
  - zeitlich begrenzte Sonderaktionen (Sondermodelle, -preise, -konditionen im Falle von Finanzierungen)
  - Inzahlungnahme des noch gebrauchsfähigen alten Produktes bei Kauf eines neuen Produktes (z. B. bei Rasierapparaten, Pkws)
  - modische Veralterung eines Produkts
- Schließlich empfiehlt sich die Erschließung von sog. Cross-Selling-Potenzial. Hierunter versteht man die bessere Ausschöpfung des Kundenpotenzials durch Angebot der gesamten Produktpalette und damit das Denken in Geschäftsbeziehungen, nicht in Einmalkontakten. Kon-

kret versucht man, einem Kunden, der Produkt A erworben hat, auch die Produkte B und C aus dem eigenen Sortiment bzw. Angebotsprogramm zu verkaufen.

- Tendiert der Marktausschöpfungsgrad hingegen gegen 0, ist er ein Indiz für hervorragende Wachstumsaussichten. In einem solchen Fall steht die Neukundenakquisition im Vordergrund.

Grenzen
Eine Erhöhung des Marktausschöpfungsgrades um jeden Preis macht keinen Sinn. Einmal müssen die Kosten der Neukundenakquisition berechnet werden, die normalerweise rund sechsmal so hoch sind wie die Kosten der Kundenbindung. Zum anderen muss der Wert der noch auszuschöpfenden Kunden untersucht werden. Denn was bringt es einem Unternehmen, wenn es seinen Marktausschöpfungsgrad zwar erhöht, aber nur Kunden mit einem geringen →Kundenwert gewinnt.

Marktdurchdringung

→Feldanteil

M

Marktkapazität
(in €)

= rein theoretische Größe, die ausdrückt, was ein Markt aufnehmen könnte, wenn jeder Haushalt ein unendlich hohes Budget hätte bzw. wenn das untersuchte Produkt nichts kosten würde

Wie unschwer zu erkennen ist, handelt es ich hierbei um eine Größe, die in der Unternehmenspraxis keine Beachtung findet.

Marktpenetration

→Feldanteil

Marktpotenzial
(in Stück bzw. €)

Als Marktpotenzial wird die überhaupt mögliche Aufnahmefähigkeit eines
Marktes für ein Produkt oder eine Dienstleistung bezeichnet.

> = auf einem Markt maximal zu erreichende Absatzmenge
>   bzw. maximal zu erreichender Umsatz

Das Marktpotenzial gibt somit an, wie viele Einheiten eines Produktes auf
einem Markt abgesetzt werden können bzw. wie viel →Umsatz auf diesem
Markt erzielbar sind, falls alle mit der erforderlichen Kaufkraft ausgestat-
teten Haushalte das jeweilige Produkt kaufen würden und die optimale
Form der Marktbearbeitung gefunden wird.

Beispiel
In Deutschland steht ein Zeckenimpfstoff kurz vor seiner Zulassung. In
den USA wurde der Impfstoff bereits vor vier Jahren eingeführt. Mittler-
weile lässt sich jeder 20. US-Amerikaner diesen Zeckenimpfstoff spritzen.
Da die diesbezüglichen Marktverhältnisse in den USA mit denen in
Deutschland grundsätzlich zu vergleichen sind, geht der vertreibende
Pharmahersteller bei einer Bevölkerungszahl von 80 Millionen von einem
Marktpotenzial in Deutschland von jährlich 4 Millionen Packungen aus.

Quelle
Als Quellen für die Bestimmung des Marktpotenzials können dienen:
• Branchenzeitschriften
• Verbandsstatistiken
• Fachmessen
• das *Statistische Bundesamt* sowie die *Statistischen Landesämter*
• Veröffentlichungen von Marktforschungsinstituten
• Expertenanalysen sowie eigene Schätzungen
Eventuell ist es sinnvoll, Analogieschlüsse auf der Basis anderer Länder zu
ziehen (wie im vorangegangenen Beispiel).

Interpretation
Im Unterschied zum →Marktvolumen ist das Marktpotenzial zukunftsori-
entiert und beschreibt, wie viel man in diesem Markt maximal absetzten

kann. Das Marktpotenzial vermittelt demnach einen ersten Hinweis auf die Aufnahmefähigkeit eines Marktes.

Maßnahmen zur Beeinflussung
Zur Beeinflussung des Marktpotenzials kommt das gesamte Spektrum an Marketingaktivitäten in Betracht:
- Produkt- bzw. Sortimentspolitik, in dem neue Produkte entwickelt bzw. ins Sortiment genommen werden
- Preispolitik, in dem durch eine Senkung des Preises neue Verbraucherschichten erschlossen werden
- Distributionspolitik, in dem neue Vertriebskanäle genutzt werden
- Kommunikationspolitik, in dem latente Bedürfnisse beim Verbraucher geweckt werden

Grenzen
Das Marktpotenzial sagt nichts über das Ausmaß der Marktsättigung aus. Aus diesem Grund ist es zweckdienlich, das →Marktvolumen (= von allen Anbietern pro Zeiteinheit realisierter Absatz) in Beziehung zum Marktpotenzial zu setzen. Auf diese Weise erhält man den →Marktsättigungsgrad, der von 0 bis 100 % reichen kann. Je mehr man sich den 100 % nähert, umso eher ist der Zustand der Marktsättigung erreicht.

M

Marktsättigungsgrad
(auch Marktverbreitungsgrad, Reifegrad, Sättigungsgrad; in %)

Diese Kennzahl bestimmt das Verhältnis von →Marktvolumen zu →Marktpotenzial. Der Marktausschöpfungsgrad bringt damit das noch unausgeschöpfte Marktpotenzial zum Ausdruck und kann zwischen 0 und 100 % liegen. Damit ist der Marktsättigungsgrad nichts anderes als der →Marktausschöpfungsgrad sämtlicher Unternehmen einer Branche.

$$= \frac{\text{Marktvolumen}}{\text{Marktpotenzial}} \times 100\,\%$$

Beispiel
Im Betrachtungszeitraum werden in Deutschland 2,8 Millionen Personenwagen abgesetzt. Experten gehen davon aus, dass sich das Marktpotenzial

in Deutschland auf 3,5 Millionen Neuzulassungen pro Jahr beläuft. Damit beläuft sich der Marktsättigungsgrad auf 80 %.

$$= \frac{2,8 \text{ Mio. Fahrzeuge}}{3,5 \text{ Mio. Fahrzeuge}} \text{ x } 100\ \% = 80\ \%$$

Quelle
Der Marktsättigungsgrad lässt sich bestimmen anhand von:
- Branchenzeitschriften
- Verbandsstatistiken
- Fachmessen
- Veröffentlichungen des *Statistischen Bundesamtes* sowie der *Statistischen Landesämter*
- Untersuchungen von Marktforschungsinstituten
- Expertenanalysen sowie eigenen Schätzungen

Interpretation
- Der Marktsättigungsgrad vermittelt einen Hinweis auf den Sättigungsgrad und damit die Aufnahmefähigkeit eines Marktes. Umso stärker die Marktsättigung gegen 100 % strebt, umso schlechter stehen die Wachstumsaussichten für ein Unternehmen. Demnach muss das Augenmerk – genauso wie bei einem hohen →Marktausschöpfungsgrad – auf der Kundenbindung liegen. Hierfür bieten sich neben einer Steigerung der →Kundenzufriedenheit durch Produktqualität und Kundendienst die ökonomischen, juristischen, technologischen und sozialen Instrumente der Kundenbindung an. Dazu zählen:
  - Aufbau persönlicher Verbindungen
  - Unterhaltung von Kundenclubs
  - Abschluss langfristiger Lieferverträge
  - Förderung der Abnehmertreue durch entsprechende Rabattsysteme
  - Einführung von Systemkonzepten
  - Erschwernis des Lieferantenwechsels durch technische Vorkehrungen
- Des Weiteren können die Maßnahmen zur Kundenbindung auf die Stimulierung bzw. Deckung von Ersatzbedarf abzielen. Hierzu zählen:
  - zeitlich begrenzte Sonderaktionen (Sondermodelle, -preise, -konditionen im Falle von Finanzierungen)
  - Inzahlungnahme des noch gebrauchsfähigen alten Produktes bei Kauf eines neuen Produktes (z. B. bei Rasierapparaten, Pkws)
  - modische Veralterung eines Produkts

- Schließlich empfiehlt sich die Erschließung des sog. Cross-Selling-Potenzials. Hierunter versteht man die bessere Ausschöpfung des Kundenpotenzials durch Angebot der gesamten Produktpalette und damit das Denken in Geschäftsbeziehungen, nicht in Einmalkontakten. Konkret versucht man einem Kunden, der Produkt A erworben hat, auch die Produkte B und C aus dem eigenen Sortiment bzw. Angebotsprogramm zu verkaufen.

- Tendiert der Marktausschöpfungsgrad hingegen gegen 0, ist die ein Indiz für hervorragende Wachstumsaussichten. In einem solchen Fall steht die Neukundenakquisition im Vordergrund.

Maßnahmen zur Beeinflussung
Zur Erhöhung des Marktsättigungsgrades kommt das gesamte Spektrum an Marketingaktivitäten in Betracht:
- Produkt- bzw. Sortimentspolitik, in dem neue Produkte entwickelt bzw. ins Sortiment genommen werden
- Preispolitik, in dem durch eine Senkung des Preises neue Verbraucherschichten erschlossen werden
- Distributionspolitik, in dem neue Vertriebskanäle genutzt werden
- Kommunikationspolitik, in dem latente Bedürfnisse beim Verbraucher geweckt werden

Grenzen
Eine Ausschöpfung unausgenutzten Marktpotenzials um jeden Preis macht keinen Sinn. Einmal müssen die Kosten der Neukundenakquisition berechnet werden, die normalerweise rund sechsmal so hoch sind wie die Kosten der Kundenbindung. Zum anderen sollte der Wert der noch auszuschöpfenden Kunden analysiert werden. Denn es bringt wenig, wenn ein Unternehmen zwar neue Kunden hinzugewinnt, diese Kunden aber einen nur geringen →Kundenwert aufweisen.

Marktverbreitungsgrad

→Marktsättigungsgrad

Marktvolumen

Das Marktvolumen ist jene Größe, die durch den →Umsatz bzw. →Absatz aller relevanten Anbieter (d. h. des eigenes Unternehmen und aller Mitbewerber) erreicht wird. Es kann wertmäßig, d. h. als Summe aller Umsätze, oder mengenabhängig, d. h. als Summe aller Absätze in Stück-, Volumen- oder Gewichtseinheiten, dargestellt werden.

> = realisierter Absatz bzw. Umsatz aller Anbieter auf einem Markt innerhalb eines bestimmten Zeitraums

Während das Marktvolumen den Ist-Zustand beschreibt, bezieht sich das →Marktpotenzial auf die Zukunft. Demnach handelt es sich beim Markt- volumen um den Teil des Marktpotenzials, den die gesamte Branche reali- siert hat. Setzt man beide Größen zueinander in Beziehung, ergibt sich daraus der →Marktsättigungsgrad.

Beispiel
Im Rückblick beliefen sich die Schätzungen der *Lebensmittel-Zeitung* für den Online-Lebensmittelmarkt auf folgende Volumina:

Tabelle 8. Geschätzte Marktvolumina für den Online-Lebensmittelmarkt für die Jahre 2000 und 2005 in ausgewählten Ländern (in €)

	2000	2005
Deutschland	202,7	2.399,7
Frankreich	369,0	6.227,8
Großbritannien	580,0	9.167,2
USA	1.792,8	32.322,3

Quelle
- Um das Marktvolumen zu bestimmen, muss man die Umsätze bzw. Ab- satzmengen aller Wettbewerber kennen und addieren. Wichtigste Quelle sind die Geschäftsberichte der Konkurrenten, Marktstatistiken und In- formationen der Industrie- und Handelskammern.
- Oft sind die Märkte aber nur teilweise transparent, und man verfügt zu- nächst nur über lückenhafte Informationen. Dann muss für die betref-

fende Dienstleistung bzw. das betreffende Produkt das Marktvolumen geschätzt werden.

- Findet man nur Informationen zu der Mitarbeiterzahl in einem bestimmten Markt, und hat man lediglich einzelne Geschäftsberichte von Wettbewerbern, ermittelt man aufgrund der Geschäftsberichte, wie hoch der →Umsatz bzw. →Absatz pro Mitarbeiter in den vergleichbaren Unternehmen ist, und multipliziert diesen Wert mit der Beschäftigtenzahl der Branche.

- Wenn überhaupt keine Umsatzzahlen von Wettbewerbern vorliegen, versucht man, den Kundenbedarf hochzurechnen: Zunächst werden die Anzahl der Kunden in dem betreffenden Markt und deren →Einkaufshäufigkeit pro Jahr geschätzt. Will man das wertmäßige Marktvolumen ermitteln, multipliziert man diese beiden Zahlen anschließend mit dem durchschnittlichen Preis des Produkts oder der Dienstleistung.

- Um sich mehr Sicherheit zu verschaffen, kann die eigene Marktforschung bzw. ein Marktforschungsinstitut eingeschaltet werden. Das wäre zwar der ideale, aber auch gleichzeitig kostenintensivste Weg zur Erkundung des Marktvolumens. Aus diesem Grund wird die Marktforschung vor der Neueinführung von Produkten und Dienstleistungen vornehmlich im Konsumgüterbereich eingesetzt, da sich Kundenverhalten und Marktvolumen hier nur schwer im Voraus abschätzen lassen.

- Zur Berechnung des Marktvolumens deutscher Märkte können folgende Informationsquellen herangezogen werden:
  - Fachverbände
  - Deutsche Großbanken, die regelmäßig Branchenanalysen veröffentlichen
  - *Sparkassen* und *Volks- und Raiffeisenbanken*
  - *Statistisches Bundesamt* und die *Statistischen Landesämter*

- Über ausländische Marktvolumina können folgende Institutionen informieren:
  - *OECD (Organisation für wirtschaftliche Entwicklung und Zusammenarbeit)*
  - *United Nations Economic Commission for Europe (ECE)*
  - *Statistisches Amt der Europäischen Gemeinschaften (Eurostat)*

Interpretation

An einem Markt interessiert vor allem dessen Größe. Darüber gibt das Marktvolumen, d. h. der von allen Anbietern pro Zeiteinheit realisierte Absatz bzw. Umsatz, Auskunft.

Maßnahmen zur Beeinflussung
Umso mehr bzw. weniger Anbieter auf einem Markt auftreten, desto weniger bzw. stärker kann das einzelne Unternehmen das Marktvolumen beeinflussen. Zur Beeinflussung des Marktvolumens kommt das gesamte Spektrum an Marketingaktivitäten in Betracht.

Grenzen
• Das Marktvolumen sagt nichts über das Ausmaß der Marktsättigung aus. Aus diesem Grund ist es zweckdienlich, das Marktvolumen in Beziehung zum →Marktpotenzial zu setzen. Auf diese Weise erhält man den →Marktsättigungsgrad, der von 0 bis 100 % reichen kann.
• Eine Schwierigkeit bei der Erhebung des Marktvolumens liegt in der unterschiedlichen zeitlichen und räumlichen Abgrenzung von Statistiken, die als Datenquellen genutzt werden. Auch unterschiedliche Eingrenzungen von Artikelgruppen erhöhen die Fehlerwahrscheinlichkeit. So kann sich das Marktvolumen, das man anhand einer Datenquelle ermittelt hat, um bis zu 40 % von dem Marktvolumen unterscheiden, dessen Grundlage eine andere Statistik ist. Dies führt dazu, dass Praktiker nicht selten dazu neigen, das Marktvolumen gefühlsmäßig abzuschätzen und auf eine fundierte Berechnung zu verzichten.

Marktwachstum
(in %)

Wächst ein Markt, ist das Marktwachstum größer als 0. Insbesondere neue, junge Märkte, die eine große Nachfrage verzeichnen, wachsen. Stagniert bzw. schrumpft ein Markt, beträgt das Marktwachstum gleich bzw. kleiner als 0.

$$= \frac{\text{Marktvolumen im Betrachtungszeitraum}}{\text{Marktvolumen im vergangenen Zeitraum}} \times 100\,\%$$

Beispiel
Der Markt für Telekommunikation und mp3-Player hat ein hohes Marktwachstum, das Marktwachstum für Schreibmaschinen und Schallplattenspieler hingegen ist negativ.

Quelle

- Um das →Marktvolumen zu bestimmen, muss man die Umsätze bzw. Absatzmengen aller Wettbewerber kennen und addieren. Wichtigste Quelle sind die Geschäftsberichte der Konkurrenten, Marktstatistiken und Informationen der *Industrie- und Handelskammern.*
- Oft sind die Märkte aber nur teilweise transparent, und man verfügt zunächst nur über lückenhafte Informationen. Dann muss für die betreffende Dienstleistung bzw. das betreffende Produkt das Marktvolumen geschätzt werden.
  - Findet man nur Informationen zu der Mitarbeiterzahl in einem bestimmten Markt, und hat man lediglich einzelne Geschäftsberichte von Wettbewerbern, ermittelt man aufgrund der Geschäftsberichte, wie hoch der →Umsatz bzw. →Absatz pro Mitarbeiter in den vergleichbaren Unternehmen ist, und multipliziert diesen Wert mit der Beschäftigtenzahl der Branche.
  - Wenn überhaupt keine Umsatzzahlen von Wettbewerbern vorliegen, versucht man, den Kundenbedarf hochzurechnen: Zunächst werden die Anzahl der Kunden in dem betreffenden Markt und deren →Einkaufshäufigkeit pro Jahr geschätzt. Will man das wertmäßige Marktvolumen ermitteln, multipliziert man diese beiden Zahlen anschließend mit dem durchschnittlichen Preis des Produkts oder der Dienstleistung.
  - Um sich mehr Sicherheit zu verschaffen, kann die eigene Marktforschung bzw. ein Marktforschungsinstitut eingeschaltet werden. Das wäre zwar der ideale, aber auch gleichzeitig kostenintensivste Weg zur Erkundung des Marktvolumens. Aus diesem Grund wird die Marktforschung vor der Neueinführung von Produkten und Dienstleistungen vornehmlich im Konsumgüterbereich eingesetzt, da sich Kundenverhalten und Marktvolumen hier nur schwer im Voraus abschätzen lassen.
- Zur Berechnung des Marktvolumens deutscher Märkte können folgende Informationsquellen herangezogen werden:
  - Fachverbände
  - Deutsche Großbanken, die regelmäßig Branchenanalysen veröffentlichen
  - *Sparkassen* und *Volks- und Raiffeisenbanken*
  - *Statistisches Bundesamt* und die *Statistischen Landesämter*
- Über ausländische Marktvolumina können folgende Institutionen informieren:
  - *OECD (Organisation für wirtschaftliche Entwicklung und Zusammenarbeit)*

M

- *United Nations Economic Commission for Europe (ECE)*
- *Statistisches Amt der Europäischen Gemeinschaften (Eurostat)*

Interpretation
Ein Markt ist umso attraktiver, je stärker er wächst. Dementsprechend gilt das Marktwachstum als eine der Haupteinflussgrößen des Unternehmenserfolges. Studien (u. a. die PIMS-Studie) belegen, dass sich das Marktwachstum positiv auf den →Gewinn, jedoch negativ auf den →Cash Flow auswirkt.

Maßnahmen zur Beeinflussung
- Da Märkte mit Wachstumspotenzial (=→Marktpotenzial größer als →Marktvolumen) als sehr attraktiv gelten, steigt im Regelfall auch die Anzahl neuer Wettbewerber, die an den steigenden Umsätzen und Gewinnen teilhaben möchten. Deshalb ist in einer solchen Marktsituation ein aggressives Wettbewerbsverhalten zu beobachten.
- Aus diesem Grund sollten Unternehmen Markteintrittsbarrieren aufbauen, um weitere Wettbewerber vom Markt fernzuhalten. Hierzu zählen beispielsweise:
  - Lieferantenbindung und damit für neu eintretende Wettbewerber schwieriger Zugang zu benötigten Ressourcen (z. B. Rohstoffe)
  - Bindung von qualifizierten Mitarbeitern
  - Absicherung des Know-How-Vorsprungs in der Fertigung durch Patente
  - Erfahrungskurveneffekte durch höhere Marktanteile (beispielsweise durch Fixkostendegression, Mengenrabatte, umfangreiche Erfahrungen bei Beschaffung, Fertigung und Absatz)
  - Festigung der Kundenpräferenzen durch kommunikationspolitische Aktivitäten (Werbung, Verkaufsförderung, Öffentlichkeitsarbeit)
  - Nutzung der besseren Konditionen auf dem Finanzmarkt, da das Risiko eines Start-Up-Unternehmens entfällt

Grenzen
Wachsende Märkte bergen die Gefahr in sich, dass sie den Blick auf ein sog. unterproportionales Wachstum verstellen. Hierunter versteht man die Situation, dass ein Unternehmen langsamer wächst als der Markt und damit mittelfristig ins Hintertreffen gerät. Um frühzeitig auf solche Fehlentwicklungen aufmerksam zu werden, sollte flankierend der →Marktanteil im Blick behalten werden.

Mean Time Between Failures
(in Stunden oder Tagen)

Einige Unternehmen produzieren ihre Werbemittel wie Kataloge, Prospekte oder Mailings selbst. Die Mean Time Between Failures gibt in diesem Zusammenhang an, wie lange eine Fertigungsanlage durchschnittlich läuft, ohne auszufallen.

$$= \frac{\text{Summe der Betriebszeit ohne Ausfälle}}{\text{Anzahl der Anlagenausfälle}}$$

Beispiel
Ein Hersteller von Versandhauskatalogen produziert seine Kataloge auf einer Druck- und Leimbindemaschine. Die Maschine hat nach 300 Tagen einen ersten Defekt, der eine Reparatur erfordert. Nach weiteren 400 Tagen, in denen Kataloge produziert werden, fällt die Maschine abermals aus. Die Mean Time Between Failures beträgt 350 Tage.

$$= \frac{300 \text{ Tage} + 400 \text{ Tage Betriebszeit}}{2 \text{ Anlagenausfälle}} = 350 \text{ Tage}$$

M

Quelle
Die Daten hält die Produktionsabteilung bereit.

Interpretation und Maßnahmen zur Beeinflussung
- Die Mean Time Between Failures (MTBF, mittlere Zeitspanne zwischen zwei Ausfällen) ist ein Indikator für die Zuverlässigkeit einer Anlage und gibt die durchschnittliche Anzahl der Betriebsstunden zwischen zwei Ausfällen eines Systems an. Die MTBF ist also der statistische Durchschnittswert für die ununterbrochen störungsfreie Betriebsdauer einer Anlage, einer Maschine, eines Netzes oder eines einzelnen Bauteils. Je höher die MTBF, desto weniger störungsanfälliger ist die Anlage und desto seltener fällt sie aus.
- Im Zeitablauf gibt die MTBF Hinweise auf den zunehmenden Verschleiß der Betriebsmittel.

Grenzen
- Die Durchschnittsbetrachtung verdeckt, dass bei günstigeren bzw. ungünstigeren Betriebsbedingungen (z. B. Umgebungstemperatur, Anzahl der Start-/Stopp Zyklen pro Tag, Einhaltung von Wartungsvorschriften) wesentlich höhere bzw. niedrigere MTBF-Werte auftreten können.
- Da es sich bei der MTBF um eine reine Zeitbetrachtung handelt, bleiben Kosten außen vor.

Mean Time to Repair
(in Minuten, Stunden, Tagen)

Einige Unternehmen produzieren ihre Werbemittel wie Kataloge, Prospekte oder Mailings selbst. Die Mean Time to Repair zeigt in diesem Zusammenhang an, wie viel Zeit im Durchschnitt benötigt wird, um eine Anlage nach einem Ausfall wieder in Gang zu setzen.

$$= \frac{\text{Reparaturzeit}}{\text{Anzahl der Anlagenausfälle}}$$

Beispiel
Ein Unternehmen der Handelsbranche stellt seine Kataloge selbst her. Bei einer Produktionsanlage für Versandhauskataloge kommt es in einem Jahr zu drei Ausfällen, die anschließend eine Reparatur nötig machen. Insgesamt fallen 36 Std. ungeplanter Reparaturzeit an, in denen die Maschine nicht genutzt werden konnte. Die Mean Time to Repair beträgt durchschnittlich 12 Stunden.

$$= \frac{36 \text{ Stunden Reparaturzeit}}{3 \text{ Anlagenausfälle}} = 12 \text{ Stunden je Reparatur}$$

Quelle
Die Daten hält die Produktionsabteilung bereit.

Interpretation und Maßnahmen zur Beeinflussung

- Die Mean Time To Repair (MTTR) wird als die mittlere Zeitspanne zur Wiederherstellung nach einem Ausfall eines Systems definiert. Sie ist somit eine wichtige Kennzahl für die Systemverfügbarkeit. Dagegen hängt die Systemzuverlässigkeit stark von der →Mean Time Between Failures (MTBF) ab. In der Wiederherstellung nach einem Ausfall ist auch das Planen der Aufgaben sowie der Betriebsmittel enthalten. Die MTTR sollte so kurz wie möglich gehalten werden.
- Die MTTR gibt Hinweise auf Prozessverbesserungen, die durch Beschleunigung der Reparaturen und besseres Störungsmanagement erreicht werden können.

Grenzen

- Da es sich bei der MTTR um eine reine Zeitbetrachtung handelt, bleiben Kosten außen vor.
- Die MTTR sagt nicht über die Ursachen der erforderlichen Reparatur aus.

Mediaanalyse

M

Die Kennzahlen der Mediaanalyse unterstützen Unternehmen bei der Entscheidung, welche Werbeträger bzw. Medien für eine Werbekampagne geeignet sind und dementsprechend belegt werden sollen. Die Kennzahlen werden für die verschiedenen Hörfunk, Fernseh- und Printmedien, das Internet sowie Kino und Außenwerbung (z. B. Plakate) erhoben.
Eine Reihe von Einrichtungen, wie z. B. die *Informationsgemeinschaft zur Feststellung der Verbreitung von Werbeträgern e.V. (IVW)* und die *Arbeitsgemeinschaft Media-Analyse e.V. (AG.MA)*, stellt die Kennzahlen systematisch und in regelmäßigen Abständen zur Verfügung. Die hierfür benötigten Daten werden durch Befragung (z. B. im Falle von Printmedien) oder (technisch automatisierte) Beobachtung (z. B. bei Fernsehen und Internet) erhoben. Die Medien wiederum stellen die Kennzahlen ihren Werbekunden zur Verfügung, so dass Unternehmen diese nicht selbst erheben müssen, sondern sich im Zuge der Sekundärforschung beschaffen.
Eine zentrale Rolle in der Mediaplanung kommt dem Werbeträger- bzw. Werbemittelkontakt zu. Kontakt bezeichnet jede noch so flüchtige Berührung einer Person oder eines Haushalts mit einem Werbeträger (z. B. Zeitung) oder Werbemittel (z. B. Anzeige).
Der Werbeträgerkontakt wird folgendermaßen gemessen:

- Printmedien: Der Kontakt mit Werbemitteln (Anzeigen) in Druckmedien wird mit Hilfe der bei Leserschaftsanalysen üblichen Befragungen gemessen. Dabei wird gefragt, ob eine Person ein bestimmtes Heft bzw. eine bestimmte Ausgabe einer Zeitung oder Zeitschrift gelesen oder durchgeblättert hat.
- Hörfunk: Beim Hörfunk gilt als Werbeträgerkontakt der Kontakt mit einer Stunde Werbezeit, in der ein Spot geschaltet ist. Der Kontakt wird zumeist mit Hilfe eines Tagesablaufschemas gemessen, durch das erhoben wird, ob eine Person einen bestimmten Sender oder eine bestimmte Sendung gehört hat.
- Fernsehen: Hier gilt als Werbeträgerkontakt der Kontakt mit einer halben Stunde Werbezeit, in der ein bestimmter Spot geschaltet wurde. Hierzu bedient man sich elektromechanischen Messgeräten, den sog. Telemetern.
- Internet: Hier wird auf technisch automatisiertem Wege der Sichtkontakt eines Websurfers mit einem Werbebanner ermittelt (sog. →AdImpression).
- Außenwerbung: Hier wird der Kontakt durch Verkehrszählungen, durch Befragungen zur Passierhäufigkeit oder auch durch Ermittlung von Blickkontakten mit Hilfe von Kameras erhoben.
- Kino: Kontakte mit den Werbemitteln der Kinowerbung (Diapositive, Werbefilme und Kinospots) werden durch Erhebung des Kinobesuchs innerhalb eines festgelegten Zeitraums erhoben.

Die Messung des Werbeträger- bzw. Werbemittelkontakts erfolgt anhand sog. Kontaktzahlen. Die quantitativen Kontaktzahlen geben in absoluten Zahlen oder Prozentsätzen an, wie viele Kontakte mit einem bestimmten Werbeträger erreicht werden können. Diese Kontakte werden in →Reichweiten und →Kontakthäufigkeiten ausgedrückt. Dabei beantworten die →Reichweiten die Frage, wie viele Personen in einem bestimmten Zeitraum Kontakt mit dem jeweiligen Werbeträger bzw. –mittel haben. →Kontakthäufigkeiten hingegen geben Auskunft darüber, wie oft Personen in einem bestimmten Zeitraum Kontakt mit einem bestimmten Werbeträger bzw. –mittel haben.

Die ökonomischen Kontaktzahlen berücksichtigen auch Kostengesichtspunkte. In der Praxis weit verbreitet ist dabei der →Tausenderpreis, der angibt, wie viel der Kontakt zu tausend Personen einer Leser- oder Hörergruppe kostet.

Mediareichweite

→Reichweite

Mengenintensität

→Kaufintensität, durchschnittliche

Mindestabsatz

→Break-Even-Point

M

N

Nachfrageelastizität

→Preiselastizität der Nachfrage

Nettoreichweite

→Reichweite

Neubesucherquote im Internet
(in %)

Mit Hilfe der IP-Adressen der zugreifenden Computer können Software- und Internettools zur Auswertung der Interneteffizienz (z. B. *Google Analytics*) den Anteil neuer Besucher im Internet ermitteln und Veränderungen im Zeitablauf grafisch abbilden. Die Neubesucherquote im Internet gibt Auskunft über den Erfolg der Neukundenakquisition im Internet. In Wachstumsmärkten steht hierbei die Akquisition von Erstkäufern im Vordergrund. In stagnierenden bzw. gesättigten Märkten gilt es, den Wettbewerbern Kunden abzuwerben.

$$= \frac{\text{Anzahl neuer Besucher einer Internetseite}}{\text{Anzahl aller Besucher einer Internetseite}} \times 100\,\%$$

Insbesondere beim Eintritt in den E-Commerce und in wachsenden Märkten ist die Neukundenakquisition ein zentraler Faktor des Unternehmenserfolges (→Neukundenquote).

Neukundenintensität

→Neukundenquote

Neukundenquote
(auch Kundenzuwanderungsrate, Zuwanderungsrate, Neukundenintensität; in %)

Diese Kennzahl gibt Auskunft über den Erfolg der Neukundenakquisition. In Wachstumsmärkten steht hierbei die Akquisition von Erstkäufern im Vordergrund. In stagnierenden bzw. gesättigten Märkten gilt es, den Wettbewerbern Kunden abzuwerben.

$$= \frac{\text{Anzahl neuer Kunden}}{\text{Anzahl aller Kunden}} \times 100\,\%$$

Beschränkt man die Berechnung der Neukundenquote ausschließlich auf die Anzahl der Kunden, kann es leicht zu einer falschen Setzung von Prioritäten kommen, da mit neuen Kunden vergleichsweise geringe Absätze bzw. Umsätze erzielt werden. Aus dieser Überlegung heraus erscheint es zweckdienlich, flankierend die Neukundenquote auf Basis der getätigten →Umsätze zu berechnen. Diese berechnet sich folgendermaßen:

$$= \frac{\text{Umsatz mit Neukunden}}{\text{Gesamtumsatz}} \times 100\,\%$$

Beispiel
Ein Unternehmen hat einen durchschnittlichen Bestand von 2.000 Kunden und gewinnt im Betrachtungszeitraum 400 neue Kunden hinzu. Die Neukundenquote beträgt 20 %.

$$= \frac{400 \text{ Neukunden}}{2.000 \text{ Kunden insgesamt}} \times 100\,\% = 20\,\%$$

Quelle
Die für die Berechnung der Neukundenquote erforderlichen Daten sind entweder Kundendatenbanken, evtl. flankiert von einem Kundenkartensystem, oder Haushaltspanels zu entnehmen. Als Panel bezeichnet man einen bestimmten, gleich bleibenden Kreis von Adressaten (im vorliegenden Fall Haushalte), bei dem wiederholt (in regelmäßig zeitlichen Abständen) Erhebungen zum (im Prinzip) gleichen Untersuchungsgegenstand durchgeführt werden. Das kann durch mündliche, schriftliche oder telefonische Befragung oder durch Beobachtung geschehen.

Interpretation
Insbesondere in frühen Phasen des Produktlebenszyklus eines Produktes und in wachsenden Märkten ist die Neukundenakquisition ein zentraler Faktor des Unternehmenserfolges. In stagnierenden bzw. schrumpfenden Märkten hingegen verliert die Neukundenintensität an Bedeutung, so dass hier die Pflege des Kundenstammes (→Kundenzufriedenheit, →Wiederkaufrate, →Wiederkäuferrate) an Bedeutung gewinnt.

Maßnahmen zur Beeinflussung
Wichtige Ansatzpunkte für die Erhöhung der Neukundenquote lassen sich aus der Produkt-Markt-Matrix von Ansoff ableiten.

Tabelle 9. Marktfeldstrategien nach Ansoff im Überblick

Produkte \ Märkte	gegenwärtig	neu
gegenwärtig	Marktdurchdringung	Produktentwicklung
neu	Marktentwicklung	Diversifikation

Wird die Neukundengewinnung mit gegenwärtigen Produkten auf gegenwärtigen Märkten angestrebt, spricht man von einer sog. Marktdurchdringungsstrategie. Neben der Erhöhung der Verwendungs- bzw. →Kaufintensität, die sich auf vorhandene Kunden bezieht, können neue Kunden durch folgende Maßnahmen gewonnen werden:

- Umwandlung von Nicht-Käufern zu Käufern, indem diese von den Vorteilen des jeweiligen Produkts überzeugt werden
- Gewinnung von neuen Zielgruppen in demselben Markt. Z. B. spricht *Ferrero* (u. a. Anbieter der *Kinder-Schokolade*) mit seinen Produkten zunehmend auch Erwachsene an.
- Abwerben von Kunden der Wettbewerber

Mit den gegenwärtigen Produkten kann ein Unternehmen auch nach neuen Märkten suchen (= Marktentwicklungsstrategie). Dies kann auf zwei Arten erfolgen:

- Erschließung neuer geographischer Gebiete (z. B. ausländische Märkte im Zuge einer Internationalisierungsstrategie)
- Nutzung neuer Distributionskanäle: Dies wäre beispielsweise der Fall, wenn die Restaurantkette *McDonald's* das Catering für die Reisenden bei der *Deutschen Bahn* übernehmen würde.

Eine Produktentwicklungsstrategie liegt vor, wenn ein Unternehmen mit neuen Produkten auf gegenwärtigen Märkten tätig ist. Hier kann das Unternehmen seine Produkte verbessern (sog. Produktmodifikation) und/oder völlig neue Produkte einführen (sog. Produktinnovation).

Schließlich können neue Kunden dadurch gewonnen werden, dass Unternehmen neue Märkte mit neuen Produkten bearbeiten. Ein Beispiel hierfür ist die ehemalige *Mannesmann AG*. Lag der Schwerpunkt der Unternehmenstätigkeit traditionell auf der Produktion von Röhren, entwickelte man sich seit Ende der 90er Jahre parallel dazu zu einem der weltweit wichtigsten Telekommunikationsanbieter, der vor einigen Jahren vom britischen Mobilfunkkonzern *Vodafone* übernommen wurde.

Grenzen

Bei der Interpretation dieser Kennzahl gilt es zu berücksichtigen, dass die Neukundenakquisition erheblich höhere Kosten verursacht als die Stammkundenpflege. Studien sprechen in diesem Zusammenhang von einem bis zu sechsmal höheren Kostenaufwand.

Neuproduktquote

→Innovationsquote, mengenabhängige
→Innovationsquote, umsatzabhängige

Nutzenschwelle

→Break-Even-Point

N

O

Out-of-Stock-Quote
(auch Fehlmengenquote; in %)

Die Out-of-Stock-Quote gibt den Anteil der nicht verfügbaren Artikel an der Gesamtzahl der geführten bzw. nachgefragten Artikel an.

$$= \frac{\text{Anzahl der nicht verfügbaren Artikel}}{\text{Anzahl der geführten bzw. nachgefragten Artikel}} \times 100\,\%$$

Beispiel
Ein Internetversender konnte von den im vergangenen Monat insgesamt bestellten 156.117 Artikeln 3.517 Artikel nicht innerhalb der zugesagten 3 Tage nach Bestellung zusenden. Die Out-of-Stock-Quote beträgt demnach 2,3 %.

$$= \frac{3.517\ \text{Fehlartikel}}{156.117\ \text{Artikel}} \times 100\,\% = 2,3\,\%$$

Quelle
Je nachdem, auf welche Ursachen die Out-of-Stock-Situation zurückzuführen ist, bieten sich drei Zugangsmöglichkeiten:
- Inventur bzw. visuelle Kontrolle der Regale
- Warenwirtschaftssystem
- Hinweise von Kunden

Interpretation
Die Kennzahl lässt Rückschlüsse auf die Qualität der Absatzplanung sowie der Logistik/Warenwirtschaft zu. Außerdem ergeben sich Hinweise auf Umsatzverluste durch nicht befriedigte Nachfrage sowie Imageverluste.

Maßnahmen zur Beeinflussung
- Um die Out-of-Stock-Quote bei fehlendem Bestand im Warenwirtschaftsystem zu reduzieren, gilt es folgende Schwachstellen auszuschalten:
    - Verzögerungen in der Supply Chain bis zur Filiale
    - Bestandsfehler im System
    - Fehler bei der Bestellung
    - zu kleines Marktlayout für den gelisteten Artikel
    - Artikel bewusst nicht bestellt
- Bei fehlendem Bestand im Warenwirtschaftsystem bieten sich folgende Ansatzpunkte:
    - Logistik: z. B. Verkürzung der Bestellrhythmen und/oder Verringerung der Mindestbestellmengen, woraus geringere Wareneingänge resultieren, was wiederum eine direkte Verräumung der Ware in das Regal ermöglicht
    - Personal: z. B. bessere Schulung, Verbesserung der Personaleinsatzplanung
    - Lagerhaltung: Vermeidung einer unordentlichen Lagerhaltung, damit Ware überhaupt/schneller gefunden werden kann

Grenzen
- Ist eine visuelle Kontrolle nicht möglich, werden Out-of-Stock-Situationen nur über das Warenwirtschaftsystem entdeckt.
- Out-of-Stock-Situationen aufgrund von Bestandsfehlern werden nur durch eine Inventur aufgedeckt.
- Wird eine Regallücke durch visuelle Kontrolle entdeckt, bedeutet das nicht unbedingt, dass der Kunde diese Produkte auch nachgefragt hat.
- Bei der Verringerung der Out-of-Stock-Quote gilt es immer die damit verbundenen Kosten ins Kalkül zu ziehen.

Overall Equipment Effectiveness
(auch Anlageneffizienz oder Gesamtanlageneffizienz; in %)

Einige Unternehmen produzieren ihre Werbemittel wie Kataloge, Prospekte oder Mailings selbst. Die Kennzahl, welche die Effizienz der Produktion von Marketing-Medien bewertet, ist die Overall Equipment Effectiveness (OEE). Sie errechnet sich aus den drei Kennzahlen →Anlagenverfügbarkeit, →Anlagenleistung und →Anlagenausbeute.

=   Anlagenverfügbarkeit (in %)
  x Anlagenleistung   (in %)
  x Anlagenausbeute   (in %)

---

oder

$$= \frac{\text{Tatsächliche Produktionsmenge einer Anlage}}{\text{Optimal mögliche Produktionsmenge einer Anlage}} \times 100\%$$

Beispiel
Ein Unternehmen des Versandhandels produziert seine Kataloge selbst. Für eine Druck- und Leimbindeanlage errechnet es die folgenden Kennzahlen:

- Von 125 geplanten Betriebsstunden läuft die Anlage wegen ungeplanter Stillstände nur 120 Stunden. Die Anlagenverfügbarkeit beträgt 96 %.
- Statt 200 geplanter Kataloge stellt die Maschine durchschnittlich nur 180 Kataloge in der Betriebsstunde her. Die Anlagenleistung beträgt 90 %.
- Von den stündlich produzierten 180 Katalogen sind neun wegen fehlerhaftem Druck nicht zu gebrauchen. So werden je Betriebsstunde nur 171 dem Qualitätsstandard entsprechende Kataloge hergestellt. Die Anlagenausbeute beträgt 95 %.

In der Verknüpfung dieser drei Kennzahlen ergibt sich für die Druck- und Leimbindeanlage eine OEE von 82,08 %.

= 96 % x 90 % x 95 % x 10.000 = 82,08 %

Es gibt noch eine zweite Möglichkeit, die OEE zu berechnen. Die optimale Produktionskapazität der Druck- und Leimbindeanlage liegt bei 25.000 Katalogen. Sie würde erreicht, wenn die geplante Betriebszeit von 125

Stunden voll ausgenützt und die optimale Leistung von 200 Katalogen je Stunde ohne Leistungs- und Qualitätseinbußen erreicht würde.

$$= \frac{200 \text{ fehlerfreie Kataloge}}{1 \text{ Betriebsstunde}} \times 125 \text{ Betriebsstd.} = 25.000 \text{ Kataloge}$$

Tatsächlich aber werden lediglich 171 gut gefertigte Kataloge je Betriebsstunde in nur 120 Betriebsstunden produziert. Die tatsächliche Produktionsmenge beträgt also 20.520 Kataloge. Im Vergleich zur optimalen Produktionskapazität von 25.000 Katalogen ergibt sich eine Overall Equipment Effectiveness von 82,08 %.

$$= \frac{171 \text{ fehlerfreie Kataloge}}{1 \text{ Betriebsstunde}} \times 120 \text{ Betriebsstd.} = 20.520 \text{ Kataloge}$$

$$= \frac{20.520 \text{ tatsächlich gefertigte Kataloge}}{25.000 \text{ optimal mögliche Kataloge}} \times 100 \% = 82,08 \%$$

Quelle
* Die Daten zur optimalen Produktionskapazität und zur tatsächlichen Produktionsmenge hält die Produktionsabteilung bereit.
* Bei Vorliegen der drei Kennzahlen →Anlagenverfügbarkeit, →Anlaeneistung und →Anlagenausbeute ist die OEE einfach durch Multiplikation zu ermitteln.

Interpretation
Die Overall Equipment Effectiveness (OEE) bewertet die tatsächliche Leistung einer Anlage und kann sowohl auf eine einzelne Maschine als auch auf eine ganze Fertigungsanlage bezogen werden. Sie ergibt sich aus dem Produkt der jeweiligen Anlagenverfügbarkeit, der jeweiligen Anlagenleistung und der jeweiligen Anlagenausbeute. Die OEE zeigt also an, wie viel von der optimalen Produktionskapazität, die in der geplanten Betriebszeit zu erreichen gewesen wäre, tatsächlich durch Verfügbarkeits-, Leistungs- und Qualitätsverluste eingebüßt wurde.

Maßnahmen

- Die OEE gibt Aufschluss über Gesamteffizienz einer Anlage. Maßnahmen zu ihrer Verbesserung müssen der →Anlagenverfügbarkeit, der →Anaenleistung und der →Anlagenausbeute gelten.
- Bei einer dauerhaft niedrigen OEE sollte das Unternehmen auch ins Kalkül ziehen, die Produktion der Marketing-Medien an einen unternehmensfremden Dienstleister zu übertragen (Outsourcing).

Grenzen

- Die Berechnung der OEE benötigt in seiner einfachen Form das Vorliegen dreier weiterer Kennzahlen (→Anlagenverfügbarkeit, →Anlagenleistung, →Anlagenausbeute).
- Die OEE lässt keine Beurteilung der Mitarbeiter im Produktionsbereich zu.

O

P

PageImpression
(auch Seitenaufrufe, PageView)

> = Seitenaufrufe einer potenziell werbeführenden Internetseite,
>   d. h. Anzahl der Nutzung einzelner Seiten eines Angebots

Tools zur Internetstatistik (z. B. *Google Analytics*) helfen, die PageImpression zeitgenau auszuwerten. Seitenaufrufe, die durch die automatische Aktualisierung von Inhalten zustande kommen (z. B. bei Live-Tickern und Realtime-Börsenkursen), sollten nicht als weitere PageImpressions gezählt werden.
Bei der PageImpression handelt es sich um eine wichtige Kennzahl für die Reichweitenanalyse von Online-Angeboten.

PageImpression per Visit
(auch Seitenzugriffe pro Besuch)

Die Kennzahl wird im Bereich des E-Commerce erhoben und sagt aus, wie viele einzelne Seiten des Internetangebots eines Unternehmens dessen Besucher im Durchschnitt anschauen. Software- und Internettools zur Auswertung der Interneteffizienz (z. B. *Google Analytics*) ermitteln die PageImpression per Visit Besuchszeit und stellen Veränderungen im Zeitablauf grafisch dar.

PageView

→PageImpression

Penetration
(in %)

$$= \frac{\text{Anzahl der mit einer (Werbe-)Botschaft erreichten Empfänger}}{\text{Anzahl aller möglichen Kontakte}} \times 100\,\%$$

bzw. →Feldanteil

Performance Efficiency

→Anlagenleistung

Postenzahl, durchschnittliche
(in Stück)

Die durchschnittliche Postenzahl gibt an, wie viele Stückeinheiten bei einem Verkaufsakt abgesetzt werden.

$$= \frac{\text{Anzahl der abverkauften Produkte}}{\text{Anzahl der Verkaufsakte}}$$

Beispiel
Ein Supermarkt setzt im Betrachtungszeitraum 25.000 Artikel ab. Die Zahl der Verkaufsakte beläuft sich auf 9.000. Die durchschnittliche Postenzahl liegt demnach bei 2,8 Artikeln je Verkaufsakt.

$$= \frac{25.000 \text{ Artikel}}{9.000 \text{ Verkaufsakte}} = 2{,}8 \text{ Artikel je Verkaufsakt}$$

Quelle
Die erforderlichen Daten lassen sich dem Warenwirtschaftssystem entnehmen.

Interpretation
Die durchschnittliche Postenzahl erlaubt Rückschlüsse auf die Attraktivität des Sortiments. Außerdem lässt sich der Erfolg von Cross-Selling-Aktitäten messen. Nicht zuletzt kann die Kennzahl zur Steuerung des Außendienstes/der Verkaufsmannschaft genutzt werden. Die durchschnittliche Postenzahl gewinnt durch Betriebs- und/oder Zeitvergleiche an Aussagekraft.

Maßnahmen zur Beeinflussung
Zur Erhöhung der durchschnittlichen Postenzahl bieten sich an:
- Verbreiterung/Vertiefung des Sortiments
- Mengenrabatte
- Schulung des Personals im Falle von (Teil-)Bedienung
- EC-/Kreditkartenzahlung, da hier im Regelfall mehr pro Verkaufsakt gekauft wird als im Falle der Barzahlung

Grenzen
- Die Kennzahl lässt keine Aussagen über →Umsatz oder →Gewinn pro Verkaufsakt zu.

Potenzialausschöpfung

→Marktausschöpfungsgrad

Preiselastizität der Nachfrage
(siehe auch →Elastizität, →Kreuzpreiselastizität →Einkommenselastizität der Nachfrage und →Werbeelastizität)

Die Preiselastizität der Nachfrage gibt darüber Auskunft, um wie viel Prozent der Absatz steigt, wenn der Preis um ein Prozent sinkt, bzw. umgekehrt, um wie viel Prozent der Absatz sinkt, wenn der Preis um ein Prozent steigt. Mit dieser Kennzahl lässt sich nachvollziehen, wie sich eine Preisänderung (= unabhängige Variable) auf die Nachfrage (= abhängige Variable) auswirkt.

$$= \frac{\text{Relative Nachfrageänderung}}{\text{Relative Preisänderung}}$$

Die relative Nachfrageänderung ist definiert als:

$$= \frac{\text{Neue Nachfragemenge} - \text{Alte Nachfragemenge}}{\text{Alte Nachfragemenge}} \times 100\,\%$$

Die relative Preisänderung ist definiert als:

$$= \frac{\text{Neuer Preis} - \text{Alter Preis}}{\text{Alter Preis}} \times 100\,\%$$

Dabei unterscheidet man zwischen einem Preis- und einem Mengeneffekt. Unter dem Preiseffekt versteht man den →Umsatz, der durch eine Preissenkung bzw. -erhöhung verloren bzw. hinzugewonnen wird. Unter Mengeneffekt versteht man den Umsatz, der durch die mehr bzw. weniger abgesetzte Menge hinzukommt bzw. abnimmt.

Bei der Preiselastizität unterscheidet man drei Ausprägungen:
- Preiselastizität kleiner als −1:
  Hierbei handelt es sich um eine elastische Nachfrage. Der Mengeneffekt übersteigt den Preiseffekt, d. h eine Preissenkung führt zu steigenden Erlösen, eine Preiserhöhung zu sinkenden Erlösen.
- Preiselastizität = −1:
  Diesen Zustand bezeichnet man als indifferente Nachfrage. Hier wird der maximale Erlös erzielt.
- Preiselastizität größer als −1:
  Hierbei handelt es sich um eine unelastische Nachfrage. Der Preiseffekt überkompensiert den Mengeneffekt, d. h. eine Preissenkung führt zu sinkenden Erlösen, eine Preiserhöhung zu steigenden Erlösen.

Beispiel

Ein Anbieter senkt die Preise für Produkt A von 12 auf 9 €. Dadurch steigt der Absatz von 10.000 auf 15.000 Stück.

Die relative Preisänderung beträgt – 25 %.

$$= \frac{9\ € - 12\ €}{12\ €} \text{ x } 100\ \% = -25\ \%$$

Die relative Nachfrageänderung beträgt + 50 %:

$$= \frac{15.000\ \text{Stück} - 10.000\ \text{Stück}}{10.000\ \text{Stück}} \text{ x } 100\ \% = +\ 50\ \%$$

Die Preiselastizität der Nachfrage beträgt mithin – 2.

$$= \frac{+\ 50\ \%}{-\ 25\ \%} = -2$$

Es handelt sich um eine elastische Nachfrage, d. h. der Mengeneffekt übersteigt den Preiseffekt. Die Preissenkung bewirkt, dass der Umsatz von 120.000 € (= 12 € x 10.000 Stück) auf 135.000 € (9 € x 15.000 Stück) steigt.

Quelle

Um die Preiselastizität der Nachfrage in der Praxis zu ermitteln, bieten sich drei Ansatzpunkte:

- Einschätzung der Experten (z. B. Wirtschaftswissenschaftler, erfahrene Mitarbeiter, Unternehmensberater)
- Ermittlung der Preisbereitschaft des Kunden durch Befragung:
  - „Was wäre der höchste Preis, den Sie für Produkt X zu zahlen bereit sind?"
  - „Was wäre der niedrigste Preis, den Sie für Produkt X ausgeben würden, ohne Zweifel an dessen Qualität zu hegen?"

P

- Ermittlung der Preiselastizität der Nachfrage mittels Produkt-, Laden- und Markttests:
  Beispielsweise kann ein Unternehmen in einer seiner Filialen innerhalb von zwei Zeiträumen (z. B. für jeweils eine Woche) für ein und dasselbe Produkt zwei unterschiedliche Preise verlangen. Können Störgrößen weitgehend ausgeschlossen werden, dann ist eine etwaige unterschiedliche Nachfrage auf die unterschiedlichen Preise zurückzuführen, so dass die Preiselastizität gemessen werden kann.

Wie man dabei konkret vorgeht, verdeutlicht beispielhaft folgende Tabelle:

Tabelle 10. Beispiel für die Ermittlung der Preiselastizität der Nachfrage

Preis vorher (in €)	Preis nachher (in €)	Absatz vorher (in Stück)	Absatz nachher (in Stück)	Absatz-änderung (in %)	Umsatz-änderung (in %)	Preis-elastizität
Preiserhöhung						
4,59	4,99	11.900	9.400	- 21,0	- 14,1	- 3,05
4,79	5,19	13.800	6.300	- 54,3	- 50,5	- 6,51
Preissenkung						
4,29	3,99	19.900	25.400	+ 27,6	+ 21,6	- 3,95
4,29	4,19	18.800	19.700	+ 4,9	+ 2,3	- 2,09

Erläuterung:
- Bei einer Erhöhung des Preises für Produkt A von 4,59 € auf 4,99 € sinkt der Absatz von 11.900 auf 9.400 Stück. Das entspricht einer Absatzänderung von –21,0 % und einer Umsatzänderung von –14,1 %. Erhöht man den Preis hingegen von 4,79 € auf 5,19 €, als auch um 0,2 €, überschreitet dabei aber eine Preisschwelle, fallen die Absatz- (–54,3 %) und Umsatzänderungen (–50,5 %) deutlich dramatischer aus.
- Ähnlich sieht es bei Preissenkungen aus. Bei einer Preissenkung für Produkt A von 4,29 € auf 3,99 € (= Überschreiten einer Preisschwelle) steigen der Absatz um 27,6 % und der Umsatz um 21,6 %. Bei einer Preisreduzierung von 4,29 € auf 4,19 € erhöhen sich der Absatz hingegen nur um 4,9 % und der Umsatz um 2,3 %. Man erkennt hier im Ver-

gleich zur ersten Preissenkung unschwer, dass die Steigerung unterproportional ausfällt.

Die entsprechenden Daten erhalten Groß- und Einzelhandelsunternehmen aus den Abverkaufszahlen, die dem Warenwirtschaftssystem zu entnehmen sind. Schwieriger wird es für Hersteller, da diese keinen unmittelbaren Einblick in die Abverkaufszahlen des Handels haben. In diesem Fall muss man sich die Daten aus sog. Handelspanels (Längsschnittuntersuchungen bei Handelsunternehmen) beschaffen. Solche Handelspanels werden beispielsweise von der *GfK* durchgeführt.

Maßnahmen zur Beeinflussung
Produkte, die eine elastische Nachfrage aufweisen, zeichnen sich u. a. durch eine oder mehrere der folgenden Eigenschaften aus:
- hohe Verfügbarkeit von Ausweichprodukten
- hohe Lagerfähigkeit des Produktes
- hoher Anteil der Ausgaben für das Produkt an den Gesamtausgaben von Haushalten
- geringe Dringlichkeit des Bedürfnisses, d. h. die Verbraucher benötigen das Produkt nicht unbedingt (sofort)

Ob eine elastische oder eine unelastische Nachfrage für ein Unternehmen von Vorteil ist, hängt von der jeweils verfolgten Marketingstrategie ab.
- So zielen preisaggressive Unternehmen darauf ab, den Preis in den Mittelpunkt ihrer Marketingstrategie zu stellen (sog. Preis-Mengen-Strategie). Dies erhöht die Preissensibilität der Verbraucher, was letztlich zu einer elastischeren Nachfrage führt.
- Positioniert sich ein Anbieter hingegen im Premium- und damit im Hochpreissegment (sog. Differenzierungsstrategie), wird er versuchen, die Preiselastizität der Nachfrage möglichst unelastisch zu halten. In diesem Zusammenhang bietet sich zum Beispiel die Möglichkeit, der Austauschbarkeit durch den Verbraucher mittels entsprechender Zusatznutzenkomponenten (z. B. Image) entgegenzuwirken.
- Außerdem bietet sich der Ansatzpunkt, den Verbraucher eher auf der gefühlsmäßigen und damit weniger auf der rationalen Ebene anzusprechen. Man denke in diesem Zusammenhang z. B. an Kleidung (Preiselastizität = 0 und damit unelastisch). In diesem Bereich steht der Preis nur selten im Mittelpunkt der Kaufentscheidung.
- Schließlich können eine geringe Preissensibilität und damit eine unelastische Nachfrage durch →Kundenzufriedenheit sowie den Einsatz der ökonomischen, juristischen, technologischen und sozialen Instrumente der Kundenbindung gewährleistet werden. Hierzu zählen u. a. der Aufbau persönlicher Verbindungen, die Unterhaltung von Kundenclubs, der

P

Abschluss langfristiger Lieferverträge, die Förderung der Abnehmertreue durch entsprechende Rabattsysteme, die Einführung von Systemkonzepten und nicht zuletzt die Erschwernis des Lieferantenwechsels
durch technische Vorkehrungen.

Grenzen

Bei der Berechnung der Preiselastizität darf keinesfalls vernachlässigt
werden, dass hier nur Erlös- und damit Umsatzveränderungen betrachtet
werden. Demnach lässt sich aus der Einkommenselastizität kein Rückschluss auf die Gewinnveränderung ziehen.

Beispielsweise kann durch eine Preissenkung zwar durchaus der Umsatz
steigen, gleichzeitig führt aber die höhere Absatzmenge zu überproportionalen Kostensteigerungen (z. B. durch den Ausbau von Kapazitäten), was
in Extremfällen einen Gewinnrückgang bewirken kann. Folglich lässt sich
eine gewinnoptimale Lösung nur durch eine flankierende Einbeziehung
der Kosten berechnen.

Preisindex
(in %)

Der Preisindex gibt die Preisveränderung zwischen Basis- und Ermitt-
lungszeitpunkt in Prozent des Preises zum Basiszeitpunkt wieder. Diese
Kennzahl vermittelt demnach einen Einblick, wie sich die Preise für ein
Produkt im Zeitablauf entwickeln.

$$= \frac{\text{Preis zum Ermittlungszeitpunkt}}{\text{Preis zum Basiszeitpunkt}} \times 100\,\%$$

Beispiel

Ein Schokoladenhersteller führt einen neuen Schokoriegel mit einem Abgabepreis an den Handel von 0,40 € in den umkämpften Markt ein. Nach
einem Jahr mussten weitere Preiszugeständnisse eingeräumt werden, so
dass der Abgabepreis an den Handel nur noch 0,35 € beträgt.

Der Preisindex beläuft sich auf 87,5 %. Offensichtlich gelingt es dem
Schokoladenhersteller nicht, seine Preisvorstellungen am Markt durchzu-
setzen.

$$= \frac{0{,}35 \text{ € Abgabepreis nach einem Jahr}}{0{,}40 \text{ € Abgabepreis bei Markteintritt}} \times 100\,\% \ = \ 87{,}5\,\%$$

Quelle
Die zur Berechnung dieser Kennzahl erforderlichen Daten muss die Vertriebsabteilung liefern.

Interpretation
- Der Preisindex gibt Auskunft darüber, inwieweit die jeweils eingeschlagene Preisstrategie auch tatsächlich umgesetzt werden konnte. So bietet sich dem Anbieter einer Innovation die Möglichkeit, entweder eine Skimming- oder eine Penetrationsstrategie einzuschlagen.
- Bei der Skimming-Strategie wird das Produkt zu einem vergleichsweise hohen Preis in den Markt eingeführt, der im Verlauf des Lebenszyklus i. d. R. abfällt. Ein Beispiel hierfür ist der Markt für Unterhaltungselektronik, in dem Produkte in aller Regel fallende Preisindices aufweisen. Bei der Penetrationsstrategie hingegen steigt ein Anbieter mit einem niedrigen bzw. aggressiven Preis in den Markt ein und versucht, diesen schnell zu durchdringen und einen hohen →Marktanteil zu erzielen. Hat sich der Kunde dann an das Produkt gewöhnt (sog. Habitualisierung), nimmt seine Sensibilität gegenüber dem Preis ab. Dies eröffnet Preisspielräume nach oben, was sich letztlich in einem steigenden Preisindex niederschlägt.
- Des Weiteren vermittelt der Preisindex einen Einblick in die Wettbewerbsintensität auf einem Markt. Fallende Preisindices sind ein Zeichen für eine hohe Wettbewerbsintensität, die darin zum Ausdruck kommt, dass sich die Wettbewerber bis hin zu Untereinstandspreisverkäufen gegenseitig unterbieten und damit das Preisniveau nach unten ziehen. Ein Beispiel hierfür ist der Lebensmitteleinzelhandel in Deutschland, der nicht selten die Grenzen zu einem ruinösen Preiswettbewerb überschreitet.

Maßnahmen zur Beeinflussung
Will ein Unternehmen den Preisindex für ein Produkt positiv beeinflussen, muss es sich dem Preiswettbewerb, d. h. dem ausschließlichen Verkaufen über den Preis, entziehen und einen vom Kunden wahrgenommenen Nutzenvorteil vor der Konkurrenz aufbauen. Als mögliche Nutzendimensionen kommen in Betracht:
- Image/Prestige

- Größe (z. B. bei Handys)
- Komplexität (z. B. Handy als Zugang zum Internet, Medium für SMS-Nachrichten, Infrarotschnittstelle zum Computer usw.)
- Effizienz (z. B. das 3-Liter-Auto)
- Kapazität (z. B. Speicherkapazität von Computern)
- Dichte (z. B. Waschmittelkonzentrate)

Eine weitere Möglichkeit liegt darin, den Kunden an den Gewohnheitskauf heranzuführen. In diesem Fall nimmt seine Preissensibilität ab, was einen Preisspielraum nach oben eröffnet.

Grenzen
Bei einer fundierten Analyse des Preisindex muss die Inflationsrate in die Überlegungen einbezogen werden. So kann eine Zunahme des Preisindex u. a. darauf zurückzuführen sein, dass die Geldentwertung zugenommen hat und real der gleiche Preis wie in der Vorperiode bezahlt wird.

Preisnachlassquote

→Bonusquote, Rabattquote, Skontoquote

Produktivität
(in %)

Produktivität bezeichnet das Verhältnis zwischen dem Produktionsergebnis (Output: z. B. →Umsatz, →Gewinn) und den eingesetzten Produktionsfaktoren (z. B. Raum, Arbeit, Kapital). Als Messzahl gibt die Produktivität Auskunft über die Effizienz von Produktionsprozessen bzw. die Leistungsfähigkeit von Produktionsfaktoren.

$$= \frac{\text{Output (z. B. Umsatz, Ertrag)}}{\text{Input (z. B. eingesetzte Fläche, Zahl der Mitarbeiter, eingesetztes Kapital)}}$$

Je nachdem, welcher Produktionsfaktor betrachtet wird, erhält man z. B. die →Flächenproduktivität oder die Kapitalproduktivität (→Return on Investment).

Produktreklamationsquote
(in %)

Die Produktreklamationsquote erfasst den Anteil der Produkte an der Gesamtproduktion, die im Rahmen der unternehmensinternen Qualitätsüberprüfung zwar als fehlerfrei beurteilt, von Kunden aber reklamiert wurden.

$$= \frac{\text{Anzahl der von Kunden reklamierten Produkte}}{\text{Anzahl der hergestellten Produkte}} \times 100\,\%$$

Beispiel
Ein Unternehmen stellt am Tag 3.100 Stück eines Produkts her. Davon werden 100 Stück wegen Fehlern aussortiert. Von den übrigen 3.000 Stück, die in den regulären Verkauf gehen, reklamieren Kunden aufgrund von Mängeln bei 60 Stück. Die Produktreklamationsquote beträgt demnach 2 %.

$$= \frac{60 \text{ reklamierte Produkte}}{3.000 \text{ verkaufte Produkte}} \times 100\,\% = 2\,\%$$

Quelle
- Die Höhe der Gesamtproduktion sollte die Produktionsabteilung bereithalten.
- Die Zahl der Reklamationen kann der Kundendienst, der Außendienst oder eine spezielle Beschwerdeabteilung nennen.
- Bei der Ermittlung der Reklamationen gilt es folgende Aspekte zu beachten:
  - Es dürfen nur die Reklamationen in die Kennzahl eingehen, die auf mangelhafter Qualität der Produkte basieren. Andere Beschwerdegründe wie falsche Erwartungen der Kunden aufgrund von Außen-

dienst- und/oder Werbeaktivitäten sagen nichts über die Qualität des Produktionsprozesses aus und spielen demnach hier keine Rolle.
- Die Gründe für Reklamation können bei der schriftlichen, telefonischen oder persönlichen Aufnahme direkt oder nachträglich mit Hilfe eines Fragebogens erfasst werden. Im Falle der Rücksendung der Ware (z. B. bei Versandhäusern) können die Reklamationsgründe in standardisierter Form dokumentiert werden.

Interpretation
- Die Produktreklamationsquote zeigt, wie viele Produkte bei der Qualitätsendkontrolle als fehlerfrei eingestuft werden und dennoch aufgrund von Mängeln Anlass für Reklamationen gaben. Mittels dieser Kennzahl beurteilt man also nicht nur die Güte des Produktionsprozesses, sondern auch die des Qualitätsmanagements. Demnach sollte ein Unternehmen immer eine möglichst niedrige Produktreklamationsquote anstreben.
- Interessant ist die Analyse der Produktreklamationsquote insbesondere im Zeitvergleich, da sich so Verschlechterungen frühzeitig erkennen und rechtzeitig Gegenmaßnahmen ergreifen lassen.

Maßnahmen zur Beeinflussung
Einer steigenden Produktreklamationsquote kann wie folgt entgegengewirkt werden:
- Verbesserung der Qualität im Produktionsprozess
  - Wartung und Reparatur der Betriebsmittel (Maschinen, Werkzeuge)
  - Neuinvestition in Betriebsmittel, wenn mit diesen nicht mehr die gewünschte Qualität erzielt werden kann
  - Einweisung und verstärkte Schulung der Mitarbeiter
  - Schaffung eines Qualitätsbewusstseins bei den Mitarbeitern
  - Einführung variabler Entlohnungskomponenten in Abhängigkeit von der Qualität
- Verbesserung der Qualitätsmanagements
  - Qualitätskontrollen in kürzeren Zeitabständen
  - häufigere Qualitätskontrollen während des Produktionsprozesses
  - verstärkte Qualitätskontrollen, insbesondere am Ende des Produktionsprozesses

Grenzen
Die Produktreklamationsquote bezieht sich nur auf das zugrunde gelegte Produkt. Demnach ist diese Kennzahl in Bezug auf die →Kundenzufriedenheit nur teilweise aussagekräftig, da weitere zentrale Leistungsbestandteile (z. B. Beratungsqualität, Freundlichkeit, Standort, Öffnungszeiten,

Service) sowie das Preis-Leistungs-Verhältnis außen vor bleiben. Einen tiefergehenden Einblick in die Ursachen von Kundenunzufriedenheit gewähren hier die →Beschwerdequote bzw. die →Reklamationsquote.

P

Q

Qualitätsquote
(in %)

Die Qualitätsquote erfasst den Anteil der Produkte an der Gesamtproduktion, die als fehlerfrei gekennzeichnet werden konnten. Diese Kennzahl ist
somit ein Leistungsmaßstab für die Güte des Fertigungsprozesses.

$$= \frac{\text{Anzahl fehlerfreier Produkte}}{\text{Anzahl der hergestellten Produkte}} \times 100\,\%$$

Beispiel
Ein Unternehmen produziert am Tag 3.000 Stück eines Produkts. Bei der
Endkontrolle wurde bei 2.700 Stück kein Fehler gefunden. Die Qualitäts-
quote beträgt demnach 90 %.

$$= \frac{2.700 \text{ fehlerfrei hergestellte Produkte}}{3.000 \text{ hergestellte Produkte}} \times 100\,\% = 90\,\%$$

Q

Quelle
- Sowohl die Daten zu den fehlerfreien Stückzahlen als auch die Angaben
  zu der Gesamtproduktion sollte die Produktionsabteilung bereithalten,
  welche die Qualitätskontrolle am Ende des Produktionsprozesses durch-
  führt.
- Die Gewinnung der Daten kann entweder automatisch (durch Zählung)
  oder individuell (durch Berichte der zuständigen Mitarbeiter) vonstatten
  gehen.

Interpretation

- Die Qualitätsquote zeigt an, wie viel Produkte einen Produktionsprozess verlassen und den Qualitätsansprüchen des Unternehmens genügen. Durch aussortierte, weil fehlerhafte Produkte entstehen die gleichen Produktionskosten wie bei Erzeugnissen, die qualitativ in Ordnung sind. Mit aussortierten Produkten wird jedoch kein Erlös erzielt (Ausnahme: Produkte 2. und 3. Wahl, die über alternative Vertriebswege wie Fabrikverkauf vermarktet werden), so dass grundsätzlich eine möglichst hohe Qualitätsquote angestrebt werden sollte.
- Interessant ist die Analyse der Qualitätsquote:
  - Zu verschiedenen Tages- und Nachtzeiten sowie an verschiedenen Wochentagen: Auf diese Weise kann ermittelt werden, ob qualitative Unterschiede wegen der Tageszeit (vormittags, nachmittags, nachts) oder des Wochentags (sog. Montags- bzw. Freitagsprodukte) auftreten. Besonders die Zeiten vor und nach Pausen weisen oft vergleichsweise niedrige Qualitätsquoten auf.
  - Bei verschiedenen Schichten: So können die Mitarbeiter besser bezüglich ihrer Sorgfalt kontrolliert und auch motiviert werden. Letzteres wird beispielsweise dadurch erreicht, dass man eine höhere Qualitätsquote über eine Lohnzusatzleistung honoriert.
  - In festen Abständen (Zeitvergleich): Dadurch lassen sich Verschlechterungen bei der Qualitätsquote frühzeitig erkennen und rechtzeitig Gegenmaßnahmen ergreifen.

Maßnahmen zur Beeinflussung

Einer sinkenden bzw. geringen Qualitätsquote kann wie folgt entgegengewirkt werden:

- Wartung und Reparatur der Betriebsmittel (Maschinen, Werkzeuge usw.)
- Neuinvestition in Betriebsmittel, wenn diese nicht mehr die gewünschte Qualität produzieren
- Einweisung und verstärkte Schulung der Mitarbeiter
- Schaffung eines Qualitätsbewusstseins bei den Mitarbeitern
- Einführung variabler Entlohnungskomponenten in Abhängigkeit von der Qualität
- Aufbau eines Qualitätsmanagements mit regelmäßigen Qualitätskontrollen
- Änderung der Pausenregelung, wenn vor und/oder nach Pausen besonders niedrige Qualitätsquoten auftreten
- Änderung der Schichtpläne, wenn in bestimmten Schichten besonders niedrige Qualitätsquoten auftreten

Grenzen

Die Qualitätsquote misst die Qualität der Produkte am Ende des Produktionsprozesses und damit die Güte der marktreifen Leistung. Sie ist somit Abschlussergebnis des gesamten Produktionsvorganges, gibt aber keinen Aufschluss über den Entstehungsort von Minderqualität. Um die Qualitäten der Produkte auf verschiedenen Stufen des Herstellungsprozesses zu ermitteln, sollten deshalb die →Ausschussquote, die →Ausschussstruktur und die →Anlagenausbeute verschiedener Fertigungsanlagen ermittelt werden.

Quality Efficiency

→Anlagenausbeute

Q

R

Rabattkundenquote
(in %)

Die Rabattkundenquote sagt aus, wie häufig der Rabatt als Mittel zur Preisdifferenzierung eingesetzt wird. Diese Kennzahl gewinnt vor dem Hintergrund des Wegfalls von Rabattgesetz und Zugabeverordnung immens an Bedeutung.

$$= \frac{\text{Anzahl der Kunden,}}{\text{Gesamtzahl der Kunden}} \times 100\,\%$$

Beispiel
Ein Unternehmen verkauft seine Produkte in einem Monat an 2.000 Kunden. Dabei wird 1.200 Kunden ein Rabatt gewährt. Die Rabattkundenquote beträgt demnach 60 %.

$$= \frac{1.200 \text{ Kunden}}{2.000 \text{ Kunden}} \times 100\,\% = 60\,\%$$

R

Quelle
Die Gesamtkundenzahl sowie die Zahl der Kunden, denen ein Rabatt eingeräumt wurde, hält das (eventuell entsprechend eingerichtete) Vertriebswesen bereit.

Interpretation
- Ein hoher Kennzahlenwert weist darauf hin, dass die Verkaufsmitarbeiter bei einem erheblichen Teil der Kunden Rabatte einsetzen (müssen). Das kann auf folgende Gefahren hinweisen:
  - unrealistisch hohe Listenpreise mit entsprechend negativer Außenwirkung,
  - Absatz des Produktes durch Preisnachlass, um die mangelnde Konkurrenzfähigkeit (Qualitätsmängel, veralteter technischer Standard, Imageprobleme) zu überdecken,
  - Planungsschwierigkeiten und -abweichungen aufgrund nicht vorausberechneter Rabatte,
  - Gewöhnungseffekt bei den Kunden bezüglich der Rabattgewährung und/oder
  - verschärfter Preisdruck auf den Märkten.
- Diese Kennzahl ist besonders aussagekräftig im Vergleich zwischen:
  - Perioden,
  - Produkten und/oder
  - Verkaufsmitarbeitern.

Maßnahmen zur Beeinflussung
Bei steigender Rabattkundenquote gibt es mehrere Sachverhalte, die es zu überprüfen gilt:
- Auswirkungen der hohen Rabattkundenquote auf die Rentabilität des Unternehmens
- Entwicklung der Rabattkundenquote im Zeitablauf
- Vergleich der Rabattkundenquoten zwischen verschiedenen Mitarbeitern und/oder Produkten
- Anteil der neu gewonnenen Kunden durch Gewährung von Rabatten
- Rabattgewährung als Reaktion auf verschärften Preiskampf
- Schulung der Verkaufsmitarbeiter (Verkaufstraining), um Verkauf über den Preis zu verringern
- variable Entlohnungskomponente für die Verkaufsmitarbeiter in Abhängigkeit von den nicht gewährten Rabatten
- Gewährung von Niedrigstpreisgarantien, um der Rabattforderung des Kunden argumentativ begegnen zu können

Grenzen
- Die Rabattkundenquote kann nur als erster Anhaltspunkt dienen, da sie nichts über die Höhe der gewährten Rabatte und damit über die Konsequenzen für die Entwicklung des →Gewinns aussagt.

- Einer weitergehenden Analyse dienen →Umsatz, →Marktanteil, →Rabattquote sowie weitere Rentabilitätskennzahlen wie z. B. →Gewinn, →Deckungsbeitrag und →Return on Investment.

Rabattquote
(in %)

Die Kennzahl stellt dar, wie hoch der Anteil des Gesamt-Rabattwerts am Bruttoumsatz ist. Damit gibt die Rabattquote den Durchschnittsrabatt an, der den Kunden gewährt wurde.

$$= \frac{\text{Summe der gewährten Rabatte}}{\text{Bruttoumsatzerlöse}} \times 100\,\%$$

Beispiel
Ein Unternehmen erzielt in einem Monat Umsatzerlöse von 80.000 €. Dabei wurden insgesamt Rabatte von 4.000 € gewährt. Die Rabattquote beträgt demnach 5 %.

$$= \frac{4.000\,€\ \text{Rabattwert}}{80.000\,€\ \text{Umsatz}} \times 100\,\% = 5\,\%$$

Quelle
- Die Summe aller gewährten Rabatte hält die Finanzbuchhaltung bereit. Dabei gilt es zu beachten, dass Boni und Skonti keine Rabatte sind.
- Zur eingehenden Analyse können die Rabatte auch je Produkt, Kunde, Verkaufsmitarbeiter und/oder nach Rabattart (Mengen-, Treue-, Großhandelsrabatt o. ä.) erfasst werden.
- Den Bruttoumsatz, der vor der Gewährung vor Rabatten berechnet wird, ermittelt die Finanzbuchhaltung.

Interpretation
- Eine hohe Rabattquote kann aus mehreren Gründen problematisch sein:
  - Das Unternehmen schafft es nur durch die Gewährung von hohen Rabatten, seine Produkte am Markt zu verkaufen.

- Die Listenpreise sind unrealistisch hoch angesetzt und können am Markt nicht erzielt werden.
- Bei der Unternehmensplanung führen nicht eingeplante Rabatte zu negativen Planabweichungen beim →Umsatz.
• Die Rabattquote ist besonders aussagekräftig im Vergleich zwischen verschiedenen
  - Zeitperioden,
  - Produkten,
  - Verkaufsmitarbeitern,
  - Kunden und/oder
  - Rabattarten (Mengen-, Treue-, Großhandelsrabatt o. ä.)
• Die Kennzahl kann auch interpretiert werden als:
  - mittlerer Rabatt
  - Durchschnittsrabatt.
• Insofern sind auch Abweichungen der Rabattquote je Verkaufsmitarbeiter, Produkt oder Kunde vom durchschnittlichen Rabatt aussagekräftig.

Maßnahmen zur Beeinflussung
Die Rabattquote hat durch Wegfall von Rabattgesetz und Zugabeverordnung deutlich an Stellenwert gewonnen. Bei steigender Rabattquote gilt es mehrere Aspekte zu prüfen:
• Auswirkungen der hohen Rabatte auf die Rentabilität des Unternehmens
• Verteilung der Rabatte auf bestimmte Mitarbeiter, Kunden und/oder Produkte
• Gewinnung neuer Kunden durch Gewährung von hohen Rabatten
• Rabattgewährung als Reaktion auf verschärften Preiskampf
• Schulung der Verkaufsmitarbeiter (Verkaufstraining), um Verkauf über den Rabatt zu verringern
• Entlohnung der Verkaufsmitarbeiter in Abhängigkeit von den nicht gewährten Rabatten
• Richtlinien zur Höhe der Rabattgewährung (Höchstrabatt, Rabattrahmen)
• Gewährung von Niedrigstpreisgarantien, um der Rabattforderung des Kunden argumentativ begegnen zu können

Grenzen
Die Rabattquote allein lässt noch keinen endgültigen Schluss auf die Veränderungen des Erfolgs eines Unternehmens zu. Einer weitergehenden Analyse dienen →Umsatz, →Marktanteil sowie Rentabilitätskennzahlen wie →Gewinn, →Deckungsbeitrag und →Return on Investment (RoI).

Reaktionszeit bei Beschwerden bzw. Reklamationen, durchschnittliche
(in Stunden, Tagen)

Die Kennzahl bringt zum Ausdruck, welchen Stellenwert die →Kundenzufriedenheit in einem Unternehmen einnimmt. Dabei versteht man unter Beschwerdebearbeitung nicht die endgültige Lösung des Kundenproblems. Vielmehr geht es darum, dem Kunden zu signalisieren, dass seine Beschwerde beim Unternehmen angekommen ist und man sich um eine schnellstmögliche Lösung des Problems bemüht.

> = Zeitraum zwischen Beschwerde bzw. Reklamation und Beschwerde- bzw. Reklamationsbearbeitung

Beispiel
Ein Unternehmen ermittelt im Rahmen seines Beschwerdemanagements, dass die endgültige Bearbeitung einer Beschwerde im Durchschnitt neun Werktage dauert.

Quelle
Die Berechnung der durchschnittlichen Reaktionszeit bei Beschwerden bzw. Reklamationen erfordert eine entsprechende Beschwerdedokumentation. Vergleiche hierzu →Beschwerdequote.

Interpretation
Eine Verkürzung der durchschnittlichen Reaktionszeit bei Beschwerden bzw. Reklamationen hat für das betreffende Unternehmen folgende positiven Effekte:
- Reduzierung der schädlichen Effekte durch negative Mundpropaganda
- Förderung positiver Mundpropaganda
- Erhöhung der Kundenzufriedenheit und damit Kundenloyalität
- Verringerung der Aufwendungen für Neukundengewinnung

Maßnahmen zur Beeinflussung
- Eine Verkürzung der durchschnittlichen Reaktionszeit bei Beschwerden bzw. Reklamationen erfordert ein Beschwerdecontrolling (= Soll-Ist-Vergleich) einschließlich einer Beschwerdedokumentation. Hierzu müssen entsprechende Standards gesetzt (Soll-Größe: z. B. 24- bzw. 48-

Stunden-Prinzip) und die durchschnittliche Reaktionszeit erfasst werden (= Ist-Größe).

• Um die Mitarbeiter dazu zu motivieren, die Standards einzuhalten bzw. zu übertreffen, können Prämienzahlungen eingesetzt werden. Umgekehrt kann es durchaus zweckmäßig sein, bei Nichteinhaltung der Standards Sanktionen gegenüber dem betreffenden Mitarbeiter zu ergreifen. Reagieren die Mitarbeiter eines bekannten Softwareherstellers beispielsweise nicht innerhalb von 24 Stunden auf eine Kundenbeschwerde, wird ihr Computerarbeitsplatz automatisch gesperrt und eine entsprechende Information an den Vorgesetzten weitergeleitet.

Grenzen
Die durchschnittliche Reaktionszeit bei Beschwerden bzw. Reklamationen sagt noch nichts über die Qualität der Beschwerdebearbeitung aus. Aus diesem Grund sollte flankierend die →Beschwerdezufriedenheit erfasst werden.

Reaktivierungsquote
(in %)

Die Reaktivierungsquote bringt zum Ausdruck, wie viele der ruhenden Kunden durch entsprechende Maßnahmen wieder aktiviert werden können. Grundsätzlich handelt es sich hierbei um einen vergleichbaren Sachverhalt wie bei der →Rückgewinnungsquote.

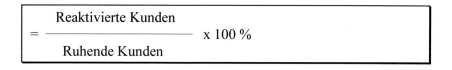

$$= \frac{\text{Reaktivierte Kunden}}{\text{Ruhende Kunden}} \times 100\,\%$$

Beispiel
Ein Versandhandelsunternehmen weiß aus der Kundenstatistik, dass 8.000 Kunden seit mehr als 24 Monaten nichts mehr bestellt haben. In einer Mailing-Aktion werden diese Kunden gesondert angeschrieben. Daraufhin geben 800 Kunden eine neue Bestellung auf. Die Reaktivierungsquote beträgt 10 %.

$$= \frac{800 \text{ reaktivierte Kunden}}{8.000 \text{ ruhende Kunden}} \text{ x } 100 \% = 10 \%$$

Quelle
Im Falle von schriftlichen, telefonischen oder mündlichen Kündigungen liegen die Adressen der Kunden unmittelbar vor. Eine weitere Datenquelle bietet die Kundendatenbank. Hat ein Kunde über einen gewissen Zeitraum hinweg nichts mehr gekauft, kann er kontaktiert und über seine Beweggründe befragt werden.

Interpretation
Grundsätzlich ist eine hohe Reaktivierungsquote anzustreben. Auf Basis der Kundenwertbetrachtung (→Kundenwert) und der Prognose der Reaktivierungswahrscheinlichkeit sollte dann eine Klassifizierung des ruhenden Kunden durchgeführt werden (→ABC-Analyse). Nun müssen die passiven Kunden entsprechend ihren Ratings, d. h. ihrer Einstufung nach Kundenwert, von Telefonvertriebsprofis kontaktiert werden.

Maßnahmen zur Beeinflussung
Um ruhende Kunden zurückzugewinnen, bieten sich folgende Ansatzpunkte an:
- Befragung nach den Gründen für die Passivität und Beseitigung der Ursachen
- spezielle Serviceleistungen im Sinne eines Upgrading (= Aufwertung des Kunden)
- Incentives, kleine Geschenke

Grenzen
- Bei der Rückgewinnung gilt es zu berücksichtigen, dass ein bestimmter Anteil ruhender Kunden trotz aller Anstrengungen nicht mehr zurückgewonnen werden kann.
- Unter Renditegesichtspunkten kann es durchaus sinnvoll sein, dass unrentable Kunden nicht mehr kaufen. Deshalb sollte bei den Rückgewinnungsaktivitäten immer der jeweilige →Kundenwert im Blick behalten werden.

R

Recall, Recognition

→Bekanntheitsgrad

Reichweite
(auch Mediareichweite; in %)

Die Reichweite bzw. Mediareichweite ist die bedeutendste quantitative Kontaktzahl und damit zentrale Grundlage der Mediaplanung.

> = Anteil einer Zielgruppe (Einzelpersonen oder Haushalte), der zu einem bestimmten Zeitpunkt oder in einem bestimmten Zeitraum Kontakt mit einem Werbeträger hat bzw. hatte

Dabei ist zu berücksichtigen, dass es durch die Belegung verschiedener Werbeträger (z. B. verschiedene Zeitschriften) und die Nutzung eines bestimmten Werbeträgers (z. B. mehrmalige Belegung einer Zeitschrift) zu Reichweitenüberschneidungen kommen kann. Die Beachtung und systematische Nutzung solcher Überschneidungen sind für das optimale Werbetiming von großer Bedeutung (→Kontakthäufigkeit).
Im Falle der einmaligen Nutzung eines Werbeträgers ergibt sich die Reichweite als
- Leser pro Ausgabe (Print)
- Hörer pro Zeiteinheit (Radio)
- Zuschauer pro Zeiteinheit (TV, Kino)
- Besucher pro Zeiteinheit (Internet)
- Passant pro Dekade (Plakate)

Je nach Auftreten von externen und internen Überschneidungen ist zwischen der Nettoreichweite und der Bruttoreichweite (Summe sämtlicher Einzelreichweiten) eines Werbeträgers zu unterscheiden. Je nach Anzahl der durchgeführten Einschaltungen und der Anzahl der eingesetzten Medien ergeben sich folgende Reichweitenmaße:
- Einzelreichweite: die Reichweite einer Einschaltung in einem Werbeträger (Leser pro Nummer, Hörer pro Zeiteinheit usw.)
- Nettoreichweite: die Reichweite von je einer Einschaltung in mehreren Werbeträgern

- Kumulierte Reichweite: die Reichweite von mehreren Einschaltungen in einem Werbeträger, d. h. der prozentuale Anteil der Personen, die bei Mehrfachschaltung in einem Medium mindestens einmal angesprochen werden
- Kombinierte Reichweite: die Reichweite von mehreren Einschaltungen in mehreren Werbeträgern

	Einfachbelegung	Mehrfachbelegung
Ein Werbeträger	Einzelreichweite	Kumulierte Reichweite = Bruttoreichweite – interne Überschneidungen
Mehrere Werbeträger	Nettoreichweite = Bruttoreichweite – externe Überschneidungen	Kombinierte Reichweite = Bruttoreichweite – externe Überschneidungen – interne Überschneidungen

Abb. 13. Reichweitenmaße im Überblick

Des Weiteren unterscheidet man zwischen quantitativer und qualitativer Reichweite:

- Unter der quantitativen Reichweite wird die Anzahl der Personen pro Zeiteinheit verstanden, die mit dem Medium in Kontakt kommen bzw. gekommen sind (z. B. Seher/Hörer pro Stunde, Leser pro Nummer). Im Falle einer Zeitschrift sind dies beispielsweise verkaufte Auflage x Leser pro Exemplar.
- Die qualitative Reichweite hingegen zeigt die Anzahl der Mitglieder der Zielgruppe pro Zeiteinheit auf, die mit dem Medium in Kontakt kommen bzw. gekommen sind (= quantitative Reichweite x Anteil der Zielgruppe an Nutzern des Mediums).

Schließlich gibt es noch die räumliche Reichweite, d. h. das geographische Gebiet, das ein Werbeträger abdeckt. Um die Streuverluste möglichst gering zu halten, sollten das Absatzgebiet eines Unternehmens und die räumliche Reichweite möglichst deckungsgleich sein.

Allen Reichweitebegriffen ist gemeinsam, dass eine Person nur einmal gerechnet wird, gleichgültig, ob sie einmal oder mehrmals Kontakt mit der Werbebotschaft hat. Dies hat zur Folge, dass die Reichweite nichts darüber aussagt, wie häufig die einzelne Person mit der Werbebotschaft konfrontiert wird. Da dies jedoch einen wesentlichen Einfluss auf die Werbewirkung hat, muss flankierend zur Reichweite die →Kontakthäufigkeit erhoben werden.

Zentrale Kennzahlen der Reichweitenermittlung sind:

• Leser pro Ausgabe (LpA):

= Anzahl der Leser einer durchschnittlichen Ausgabe
    einer Zeitschrift

• Leser pro Exemplar (LpE):

Der LpE-Wert gibt die durchschnittliche Anzahl der Personen an, die das gleiche Exemplar einer Zeitschrift oder Zeitung lesen.

$$= \frac{\text{LpA-Wert}}{\text{Verkaufte Auflage}}$$

• Leser pro Nummer (LpN):

Bei wöchentlich erscheinenden Zeitschriften (z. B. *Spiegel, Stern, Focus*) wird erhoben, wie viele Personen die Zeitschrift innerhalb der letzten Woche gelesen haben.

= Anzahl der Personen, die eine Zeitschrift im letzten
    Erscheinungsintervall genutzt haben

- Leser pro Seite (LpS):

Diese Kennzahl gibt die Anzahl der Leser einer durchschnittlichen Seite einer Zeitschrift an. Ein Leser, der beim Durchblättern einer Zeitschrift nur jede vierte Seite betrachtet, gilt als ein Viertel Seitenleser.

> = Leser pro Ausgabe multipliziert mit dem Anteil jener Seiten, die ein Leser aufschlägt

- Weitester Leserkreis (WLK):

Diese Kennzahl fasst die Zahl der regelmäßigen, gelegentlichen und seltenen Leser zusammen.

> = Summe aller Personen, die mindestens eine von zwölf Ausgaben einer Publikation gelesen haben

- K_1-Wert:

> = durchschnittliche Leserschaft einer Zeitschrift auf Basis der Lesehäufigkeit des weitesten Leserkreises

R

Reifegrad

→Marktsättigungsgrad

Reklamationsquote

→Beschwerdequote

Rendite, Rentabilität

→Return on Investment

Resonanz

→Response

Response
(auch Resonanz, Reaktion, Rücklauf)

> = unmittelbare Auswirkungen einer Marketingaktivität
>   auf den Markt

Diese Reaktion kann zum Beispiel die einer Werbekampagne oder einer Preissenkung direkt zurechenbare Absatzsteigerung sein.
Der Response kann anhand verschiedener Kennzahlen überprüft werden. Besondere Verbreitung finden solche Kennzahlen im Direktmarketing, weil in diesem Bereich die Response- bzw. Rücklaufquoten bestimmter Werbemittel (z. B. Werbebriefe bzw. Direct-Mails) leicht erfassbar und zurechenbar sind.
In diesem Zusammenhang sind u. a. folgende Kennzahlen zu nennen, die sich immer auf eine bestimmte Marketing-Aktivität und deren unmittelbare Auswirkungen beziehen.

- Anfragequote nach Marketingaktion:

$$= \frac{\text{Anzahl der Anfragen}}{\text{Anzahl der verbreiteten Werbemittel}} \times 100\,\%$$

- Bestellquote nach Marketingaktion:

$$= \frac{\text{Anzahl der Bestellungen}}{\text{Anzahl der verbreiteten Werbemittel}} \times 100\,\%$$

- Durchschnittlicher Bestellwert nach Marketingaktion:

$$= \frac{\text{Umsatzvolumen aller Bestellungen}}{\text{Anzahl der Bestellungen}} \times 100\,\%$$

- Umwandlungsrate nach Marketingaktion:

$$= \frac{\text{Anzahl der Bestellungen}}{\text{Anzahl der Anfragen}} \times 100\,\%$$

Response im Internet geschieht durch den Mausklick auf einen Hyperlink, ein meist unterstrichener interaktiver Text- oder Bild-Bereich (→Ad-Click).

Retourenquote
(in %)

R

Die Retourenquote gibt das Verhältnis zwischen retournierter bzw. verweigerter Ware und insgesamt verkaufter Ware an. Die Retourenquote lässt sich sowohl monetär (in Geldeinheiten) als auch mengenmäßig (in Stück) berechnen.

$$= \frac{\text{Anzahl/Geldwert der Retouren}}{\text{Anzahl/Geldwert der Gesamtverkäufe}} \times 100\,\%$$

Im Direkt-Marketing bezeichnet die Retourenquote den Anteil nicht zu-
stellbarer Sendungen bei einem Mailing.

Beispiel
Ein Textilversender verzeichnet im Untersuchungszeitraum einen Gesamtabsatz von 300.000 Artikeln. Hiervon senden die Kunden 90.000 Artikel
zurück. Demnach beläuft sich die Retourenquote auf 30 %.

$$= \frac{90.000 \text{ Retouren}}{300.000 \text{ Artikel}} \times 100\,\% = 30\,\%$$

Quelle
• Die erforderlichen Daten hält die Versand- bzw. Vertriebsabteilung vor.
• Die Retourenquote kann sich auf einzelne Artikel, aber auch auf Ver-
  sandeinheiten (z. B. Pakete, Paletten) beziehen.

Interpretation
• Die Retourenquote sollte möglichst gering gehalten werden, da die Wie-
  dervereinnahmung der Produkte sehr kostspielig ist. Kosten entstehen
  z. B. bei der Sortierung und Kontrolle der retournierten Ware, der neuer-
  lichen Einlagerung, der Überarbeitung der Ware sowie der Verwaltung
  der Gutschriften.
• Weitere Kosten verursacht die seit 2000 existierende gesetzliche Regelung, dass „Kosten und Gefahr der Rücksendung ... der Unternehmer
  trägt." Diese einseitige Kostentragungspflicht ist außer in Deutschland
  nur noch in Finnland gesetzlich verankert.
• Da die Retourenquote je nach Betriebstyp und/oder Branche erheblich
  differieren kann, bieten sich neben Längsschnittuntersuchungen (im
  Zeitablauf) Betriebsvergleiche an.

Maßnahmen zur Beeinflussung
• Sicherstellung der Produkt- und Versandqualität, um objektiv fehlerhafte bzw. beschädigte Produkte (Reklamationen) zu vermeiden
• realistische Präsentation der Produkte im Katalog/Internet, um Fehlein-
  schätzungen durch den Kunden zu vermeiden
• monetäre Anreize (Rabatte, Boni) für Kunden, die eine geringe Retourenquote aufweisen
• Anleitungen für den Kunden, z. B. die richtige Kleider- oder Schuhgrö-
  ße im Vorfeld der Bestellung zu ermitteln. So schreibt z. B. der Versen-

der *Lands' End* in seinem Katalog: „Die richtige Größe zu finden ist wirklich easy. Damit Ihnen Ihre *Lands' End*-Bekleidung richtig gut passt und Sie keine Zeit für unnötige Umtausche verlieren, haben wir unsere Kundenberater gründlich geschult. Gemeinsam mit Ihnen finden sie ganz sicher Ihre Bestellgröße."

- Begrenzung der pro Lieferung versendeten gleichen Artikel in unterschiedlichen Größen

Grenzen

- Die Kennzahl liefert keine Details über die Ursachen für Retouren. Deshalb sollten flankierend die Gründe für Retouren erhoben und analysiert werden.
- Geringe Retourenquoten sind nicht unbedingt ein Gradmesser für →Kundenzufriedenheit. Versandhandelskunden fehlt z. B. bei Textilien und Schuhen die gewünschte Haptik. Deshalb bestellen sie häufig mehrere Produkte und Größen, um sich zu Hause ohne Zeitdruck entscheiden zu können. Vor diesem Hintergrund müssen Versender eine gewisse Retourenquote akzeptieren.

Return on Investment
(auch RoI, Kapitalrentabilität, Rentabilität, Rendite; in %)

Der Return on Investment ist das Verhältnis des Gewinns zum eingesetzten Kapitals. Der Return on Investment entspricht damit der Multiplikation von Umsatzrentabilität mit dem Kapitalumschlag. Dabei wird der Gewinn vor Zinsen und Steuern zugrunde gelegt, das Gesamtkapital berechnet sich aus der Summe von Eigen- und Fremdkapital.

R

$$= \frac{\text{Gewinn}}{\text{Gesamtkapital}} \times 100\,\%$$

$$= \frac{\text{Gewinn}}{\text{Umsatz}} \times \frac{\text{Umsatz}}{\text{Gesamtkapital}} \times 100\,\%$$

Weiterhin lässt sich mit Hilfe des RoI berechnen, wie lange es dauert, bis das investierte Kapital wieder erwirtschaftet ist. Hierzu dient die Berechnungsformel der Rückflussdauer des investierten Kapitals (in Jahren):

$$= \frac{100\,\%}{\text{RoI (p. a.)}}$$

Beispiel
Ein Unternehmen erwirtschaftet mit einem Kapital von 500.000 € bei einem Umsatz von 1.000.000 € einen Gewinn von 25.000 €. Der RoI beträgt 5 %.

$$= \frac{25.000\,\text{€ Gewinn}}{500.000\,\text{€ Kapital}} \times 100\,\% = 5\,\%.$$

Die Rückflussdauer beträgt 20 Jahre.

$$= \frac{100\,\%}{5\,\%\,\text{p. a.}} = 20\,\text{Jahre}$$

Quelle
Der →Gewinn lässt sich der Gewinn- und Verlustrechnung entnehmen. Das durchschnittliche Gesamtkapital wird berechnet aus den Bilanzsummen des vergangenen Jahres und des laufenden Jahres, die addiert und durch 2 dividiert werden.

Interpretation
Der RoI ist die in den USA gebräuchliche Bezeichnung für die Gesamtkapitalrentabilität, d. h. den Gewinn, den das Unternehmen mit dem eingesetzten Kapital erwirtschaftet. Er wird in Kennzahlensystemen häufig als oberste Kennzahl herangezogen und ist demnach die zentrale Maßgröße für den Unternehmenserfolg. So ist der RoI u. a. die Spitzenkennzahl im →Du-Pont-Kennzahlensystem.

Maßnahmen zur Beeinflussung
Zerlegt man den RoI stufenweise in seine Bestimmungsgrößen, erschließen sich unmittelbare Anknüpfungspunkte, um diesen zu erhöhen:

- Steigerung des →Umsatzes:
  Dies kann einmal durch eine Erhöhung des Preises, zum anderen durch eine Steigerung des Absatzes mittels Intensivierung der Marketingaktivitäten (Produkt- bzw. Sortiments-, Preis bzw. Konditionen-, Distributions- und Kommunikationspolitik) bewerkstelligt werden.
- Verringerung des Umlauf- und Anlagevermögens:
  Unter Umlaufvermögen versteht man kurzfristig im Unternehmen verweilende Werte wie Vorräte, fertige Erzeugnisse, Kasse. Anlagevermögen ist langfristig gebundenes Vermögen wie Grundstücke, Gebäude und Maschinen und kann nur mittel- bis langfristig abgebaut werden.
- Senkung der Selbstkosten des Umsatzes durch striktes Kostenmanagement
- Weitere Ansatzpunkte zur Beeinflussung des RoI bieten die bekannten PIMS-Studien (Profit Impact of Market Strategies) des *Strategic Planning Institute*, bei denen seit Beginn der siebziger Jahren rund 300 Unternehmen aus verschiedenen Wirtschaftszweigen auf die Ursachen ihres (Miss-)Erfolgs untersucht werden. Hier konnte nachgewiesen werden, dass mit zunehmendem →Marktanteil ein höherer RoI einhergeht. Als Ursachen hierfür können die von einem zunehmenden Absatz ausgehenden Wirkungen angeführt werden:
  - Abnahme der Fixkosten pro Stück
  - Zunahme des Know-Hows der Mitarbeiter (sog. Erfahrungskurveneffekt)
  - Kostenvorteile im Einkauf aufgrund höherer Mengenrabatte
  - Einsatz effektiverer Technologien ab einem bestimmten Absatzvolumen
- Neben dem Ausbau des →Marktanteils wirken sich eine Verbesserung der Qualität der erstellten Produkte bzw. Dienstleistungen sowie eine Optimierung des Herstellungsprozesses positiv auf den RoI aus. Ein hohes Investitionsvolumen hingegen beeinflusst den RoI negativ.

Grenzen
- Um den RoI kurzfristig zu verbessern, senken einige Unternehmen ihr Investitionsvolumen. Dies birgt die Gefahr in sich, dass dringend erforderliche Ersatz- und Erweiterungsinvestitionen unterbleiben, was langfristig fatale Folgen für den Unternehmenserfolg haben kann.
- Der RoI sagt nichts über die Verzinsung des Eigenkapitals aus, weil der Gewinn vor Steuern und Zinsen zugrunde gelegt wird.

Return on Sales

→Umsatzrendite

Rohgewinn

→Handelsspanne

RoI

→Return on Investment

RoS

→Umsatzrendite

Rückflussdauer des investierten Kapitals

→Return on Investment

Rückgabequote
(in %)

Die Rückgabequote setzt den Wert der von Kunden wieder zurückgegebe-
nen Produkte ins Verhältnis zum Gesamtumsatz und ist somit Ausweis der
nachträglichen Umsatz- und damit Gewinnverluste, die nach dem Kauf
entstanden sind.

$$= \frac{\text{Wert der zurückgegebenen Produkte}}{\text{Gesamtumsatz}} \times 100\,\%$$

Beispiel

Ein Unternehmen verbucht in einem Monat Umsätze in Höhe von 340.000 €. Gleichzeitig tauschen Kunden aus verschiedenen Gründen Waren im Wert von 6.800 € wieder gegen Geld um. Daraus ergibt sich eine Rückgabequote von 2 %.

$$= \frac{6.800 \text{ € Umtauschwert}}{340.000 \text{ € Umsatz}} \times 100\ \% = 2\ \%$$

Quelle

- Den Gesamtumsatz hält die Finanzbuchhaltung bereit. Dabei dürfen sämtliche Erlösschmälerungen wie Boni, Skonti oder nachträgliche Gutschriften nicht herausgerechnet werden. Einzig die Umsatzsteuer muss abgezogen werden.
- Werden obige Erlösschmälerungen im Rahmen des Rechnungswesens automatisch vor der Verbuchung abgezogen, müssen sie dem Gesamtumsatz wieder hinzugerechnet werden.
- Um einen kausalen Zusammenhang zwischen den Umsatzvorgängen und den Rückgabewerten herzustellen, kann es empfehlenswert sein, die Umtauschleistungen eines Monats mit den Umsätzen des Vor- oder Vorvormonats zu vergleichen, je nachdem wie lange nach dem eigentlichen Geschäft eine Rückgabe erfahrungsgemäß durchgeführt wird.

Interpretation

- Die Rückgabequote zeigt dem Unternehmen, welchen Anteil des →Umsatzes es wieder in Folge von Rückgaben verliert.
- Viele Unternehmen bieten ihren Kunden heute ein uneingeschränkte Geld-zurück-Garantie, d. h. die Kunden können erworbene Waren innerhalb einer bestimmten Frist ohne Angabe von Gründen wieder umtauschen und erhalten ihr Geld zurück.
- Grundsätzlich sollte eine niedrige Rückgabequote Ziel eines Unternehmens sein. Sie spricht für die Qualität der Produkte sowie die Effizienz der Vertriebsorganisation und bietet die Chance einer hohen →Kundenzufriedenheit.
- Die Kennzahl ist insbesondere interessant:
  - im Zeitvergleich
  - im Vergleich zu anderen Unternehmen (falls Daten bekannt)
  - geordnet nach Produktgruppen, Produkten, Verkaufsgebieten oder Ursachen für den Umtausch

R

Maßnahmen zur Beeinflussung
Um die Rückgabequote zu senken, kann das Unternehmen zwei Ansätze verfolgen:
- Marktforschung zur exakten Ermittlung der Kundenwünsche, um diese mit geeigneten Produkten besser befriedigen zu können.
- Einführung eines Qualitätsmanagements, um mangelhafte Produktqualität als Umtauschursache zu verringern

Rückgewinnungsquote
(in %)

Die Rückgewinnungsquote bringt zum Ausdruck, wie viele der abgewanderten Kunden durch entsprechende Maßnahmen wieder zurückgewonnen werden konnten.

$$= \frac{\text{Anzahl der zurückgewonnenen Kunden}}{\text{Anzahl der abgewanderten Kunden}} \times 100\,\%$$

Beispiel
Ein Mobilfunkanbieter verliert pro Jahr 250.000 Kunden. Durch entsprechende Aktivitäten können 50.000 Kunden zurückgewonnen werden. Die Rückgewinnungsquote liegt bei 20 %.

$$= \frac{50.000 \text{ Kunden}}{250.000 \text{ Kunden}} \times 100\,\% = 20\,\%$$

Quelle
- Im Falle von schriftlichen, telefonischen oder mündlichen Kündigungen liegen die Adressen der Kunden unmittelbar vor. Eine weitere Datenquelle bietet die Kundendatenbank.
- Hat ein Kunde über einen gewissen Zeitraum hinweg nichts mehr gekauft, kann er kontaktiert und über seine Beweggründe befragt werden.

Interpretation
Nach einer Studie von *Booz, Allen & Hamilton* liegt die durchschnittliche →Kundenabwanderungsrate im Mobilfunkbereich bei jährlich 20 bis 25 %. Angesichts eines solch hohen Kundenverlusts hat *E-Plus* den Manager für Kundenrückgewinnung installiert. Dessen Aufgabe ist es, die Abwanderungsquote zu senken und den Abwanderungsmotiven auf den Grund zu gehen.

Zu diesem Zweck wird die schriftliche Kündigung von einem externen Dienstleister eingescannt und ohne Zeitverlust als digitale Information an den Back-Office-Bereich geliefert. Dieser startet eine Kundenrecherche. Auf Basis der Kundenwertbetrachtung (→Kundenwert) und der Prognose der Rückgewinnungswahrscheinlichkeit wird dann eine Klassifizierung des abgewanderten Kunden durchgeführt (→ABC-Analyse). Nun treten die Telefonvertriebsprofis auf den Plan mit der Zielsetzung, die absprungbereiten Kunden entsprechend ihres Ratings, d. h. ihrer Einstufung nach Kundenwert, zu kontaktieren. Immerhin rund ein Viertel kann zurückgewonnen werden. Neben persönlichem Service sind dabei ein Upgrading in Form eines neuen Handys, ein kostenloser Tarifwechsel oder Geschenke wie Regenschirme oder Rucksäcke zweckdienliche Instrumente.

Maßnahmen zur Beeinflussung
Um abgewanderte Kunden zurückzugewinnen, bieten sich folgende Ansatzpunkte an:
- Befragung nach den Gründen für die Abwanderung und Beseitigung der Ursachen
- spezielle Serviceleistungen im Sinne eines Upgrading (= Aufwertung des Kunden)
- Incentives, kleine Geschenke

Grenzen
- Bei der Rückgewinnung abgewanderter Kunden gilt es zu berücksichtigen, dass ein bestimmter Anteil abgewanderter Kunden trotz aller Anstrengungen nicht mehr zurückgewonnen werden kann. Hierzu zählen beispielsweise diejenigen Kunden, die den Wohnort gewechselt haben und nun nicht mehr im Einzugsgebiet des Unternehmens ansässig sind.
- Unter Renditegesichtspunkten kann es durchaus sinnvoll sein, dass unrentable Kunden abwandern. Deshalb sollte bei den Rückgewinnungsaktivitäten immer der jeweilige →Kundenwert im Blick behalten werden.

Rücklastschriftquote

(in %)

Die Rücklastschriftquote gibt den Anteil der Rücklastschriften an sämtlichen Lastschriften an. Die Kennzahl lässt sich sowohl mengenmäßig nach der Anzahl der Rücklastschriften als auch wertmäßig nach deren Wert berechnen.

$$= \frac{\text{Anzahl der Rücklastschriften}}{\text{Anzahl sämtlicher Lastschriften}} \times 100\,\%$$

$$= \frac{\text{Wert der Rücklastschriften}}{\text{Wert sämtlicher Lastschriften}} \times 100\,\%$$

Beispiel
Ein Versender von Freizeitkleidung verzeichnet in der vergangenen Periode bei insgesamt 50.000 Lastschriften, die sich auf insgesamt 2,5 Mio. € belaufen, 1.000 Rücklastschriften im Wert von 75.000 €.
Die mengenmäßige Rücklastschriftquote beläuft sich demnach auf 2 %. Mit 3 % fällt die monetäre Rücklastschriftquote deutlich höher aus. Das bedeutet, dass die Zahlungsausfälle insbesondere bei höheren Rechnungsbeträgen zu verzeichnen sind.

$$= \frac{1.000 \text{ Rücklastschriften}}{50.000 \text{ Lastschriften}} \times 100\,\% = 2\,\%$$

$$= \frac{75.000 \text{ € Wert der Rücklastschriften}}{2.500.000 \text{ € Wert der Lastschriften}} \times 100\,\% = 3\,\%$$

Quelle
Die erforderlichen Daten hält die Finanzbuchhaltung bereit.

Interpretation
Die Rücklastschriftquote ist von erheblichem Stellenwert bei Betriebstypen, bei denen nicht bar bezahlt wird. Dies gilt insbesondere für den Versandhandel. Eine hohe Rücklastschriftquote geht mit dem Verlust von Warenwerten einher, der durch Erträge aus dem Verkauf anderer Artikel kompensiert werden muss.

Maßnahmen zur Beeinflussung
Die Rücklastschriftquote läst sich durch eine Qualifizierung der Kundenadressen reduzieren.

- Bei Bestandskunden wird das bisherige Zahlungsverhalten ausgewertet und gegebenenfalls die Belieferung eingestellt.
- Im Falle von Neukunden kann neben den Informationen von Auskunfteien (z. B. *Schufa*) die mikrogeografische Segmentierung unterstützen. Hierbei werden Daten für jedes einzelne Haus ermittelt. Daten auf Hausebene liefern die feinräumigste Betrachtung, die nach dem deutschen Bundesdatenschutzgesetz zulässig ist. Durch die Identifizierung potenzieller Kunden kann die Rücklastschriftquote erheblich reduziert werden, da hausnummerngenau die Bonität bzw. das Zahlungsverhalten der Bewohner abgeschätzt werden kann. Hierbei werden beispielsweise soziodemographische Daten mit externen Zusatzinformationen (z. B. Informationen zu Einkommen und Familienstruktur; psychographische Daten aus der Marktforschung) angereichert. „Wackelkunden" müssen die Lieferung dann bei Lieferung bar begleichen (per Nachnahme).

Grenzen
Eine Minimierung der Rücklastschriftquote kann dazu führen, dass zu hohe Bonitätsanforderungen an Neukunden gestellt werden, so dass zahlreiche Geschäftsabschlüsse mit Neukunden überhaupt nicht zustande kommen.

Rücklauf

→ Response

Rücklaufquote

(siehe auch →Response)

Die Berechnung der Rücklaufquote erfolgt in erster Linie bei schriftlichen Befragungen. In diesem Zusammenhang unterscheidet man grundsätzlich zwischen Brutto- und Nettorücklaufquote. Erstere bezieht sich auf alle zurückgesandten Fragebögen, letztere nur auf die Fragebögen, die vollständig ausgefüllt sind und demnach auch in die Datenauswertung einbezogen werden können.

$$= \frac{\text{Anzahl der zurückgesandten bzw. vollständig ausgefüllten Fragebögen}}{\text{Anzahl der verschickten Fragebögen}} \times 100\,\%$$

Beispiel

Im Zuge einer schriftlichen Befragung der gewerblichen Kunden eines Unternehmens werden 2.000 Fragebögen verschickt. Von diesen werden 500 zurückgesandt, wobei letztlich 400 in die Auswertung einbezogen werden können. Die Bruttorücklaufquote beträgt 25 %. Die Nettorücklaufquote, die nur die auswertbaren Fragebögen in die Berechnung einbezieht, beläuft sich auf 20 %.

$$= \frac{500 \text{ zurückgesandte Fragebögen}}{2.000 \text{ verschickte Fragebögen}} \times 100\,\% = 25\,\%$$

$$= \frac{400 \text{ zurückgesandte Fragebögen}}{2.000 \text{ verschickte Fragebögen}} \times 100\,\% = 20\,\%$$

Quelle

Die Rücklaufquote muss während der Befragungsdauer statistisch ermittelt werden.

Interpretation
- Geringe Rücklaufquoten und damit Stichprobenausfälle können je nach Ursache erhebliche Gefahren in sich bergen.
- Die sog. unechten oder stichprobenneutralen Ausfälle (z. B. Kunden, die aus dem Einzugsgebiet eines Unternehmens weggezogen sind) stellen nichts anderes als eine Bereinigung des Adressmaterials dar und sind im Regelfall unproblematisch.
- Anders sieht es bei den echten Ausfällen (sog. Antwortverweigerungen) aus, die zu einer erheblichen Verzerrung der Befunde führen können (sog. Non-Response-Problem). Aus diesem Grund sollte man versuchen, eine möglichst hohe Rücklaufquote zu erzielen.

Maßnahmen zur Beeinflussung
Zur Erhöhung der Rücklaufquote bieten sich folgende Ansatzpunkte:
- überwiegender Einsatz von Fragen, die konkrete Antwortmöglichkeiten vorgeben (sog. geschlossene Fragen; empfohlenes Verhältnis zwischen geschlossenen und offenen Fragen: 80/20-Regel)
- optische Verkleinerung des Fragebogens (Bedrucken der Vorder- sowie Rückseite des Blattes, Verwenden kleinerer Schrifttypen)
- Zeitaufwand für das Ausfüllen des Fragebogens (bei privaten Kunden max. 15 Minuten, bei gewerblichen Kunden max. 30 Minuten)
- Vorabtest (= Pretest) zur Kontrolle der Verständlichkeit der Fragen sowie des formalen Aufbaus des Fragebogens
- Einrichten einer Hotline für Rückfragen der Befragungsteilnehmer
- Anleitung zum Ausfüllen des Fragebogens
- Individualisierung des Anschreibens und eigenständige Unterschriften
- im Begleitschreiben Untersuchungszweck erklären, das zugrunde liegende Auswahlverfahren erläutern, dem Adressaten Anonymität zusichern und ihm bereits im Vorfeld für seine Teilnahmebereitschaft danken
- Hinweis im Begleitschreiben auf Zeitpunkt, zu dem der Fragebogen spätestens zurückgeschickt werden sollte (14 Tage bis drei Wochen)
- Beilage einen bereits adressierten und frankierten Rückumschlags
- materielle Anreize (sog. Incentives) für die Befragungsteilnehmer (z. B. Teilnahme an einer Verlosung; Gutscheine)
- Wahl eines günstigen Versandzeitpunkts (für die Befragung privater Haushalte Donnerstag und Freitag; stressintensive Zeiten wie Vorurlaubs- und Urlaubszeit, Vorweihnachtszeit meiden)
- gegebenenfalls Nachfassaktion in einer zweiten und dritten Welle; Beilage eines neuen Fragebogens

R

S

Sättigungsgrad

→Marktsättigungsgrad

Schreibtischforschung

Bei der Ermittlung von Kennzahlen stellt sich die Aufgabe, die hierfür erforderlichen Daten zu ermitteln. Hierfür bieten sich grundsätzlich zwei Wege an: Entweder kann auf bereits vorhandenes Datenmaterial zurückgegriffen werden (sog. Schreibtischforschung bzw. Desk Research), oder die entsprechenden Informationen müssen erst erhoben werden (sog. Feldforschung bzw. Field Research).
Im Falle der Schreibtischforschung bilden die Finanzbuchhaltung (externes Rechnungswesen) sowie die Kosten- und Leistungsrechnung (internes Rechnungswesen) die Hauptquellen. Diese werden beispielsweise bei Kennzahlen wie →Deckungsbeitrag, →Gewinn, →Return on Investment und →Umsatz herangezogen.
Derartige Informationen müssen nicht selten durch Daten aus einzelnen betrieblichen Funktionsbereichen (z. B. Vertriebs- und Marketingabteilungen oder Personalwesen) ergänzt werden. Dies wäre z. B. der Fall bei der Berechnung des →durchschnittlichen Außendienst-Umsatzes pro Reisetag. Liegen zu einer bestimmten Kennzahl keine internen Informationen vor, muss man sich auf die Suche außerhalb des Unternehmens machen. Dies ist der Fall bei Kennzahlen wie →Marktvolumen, →Marktanteile von Wettbewerbern, →Marktpotenzial oder →Marktsättigungsgrad.
Zahlreiche Daten können Unternehmen dabei selbst recherchieren. Andere bezieht man am besten von Experten, die sich auf Marktforschung, die Erhebung von Brancheninformationen und/oder Betriebsvergleiche spezialisiert haben.

S

Die Kontaktadressen zu den im Folgenden aufgeführten Informationsquellen finden sich im hinteren Teil des Buches.

- Öffentliche Einrichtungen und Behörden wie das *Statistische Bundesamt*, die *Statistischen Landesämter* oder das *Bundeswirtschaftsministerium* stellen interessierten Unternehmen Informationen zur Verfügung, die mitunter sogar kostenfrei bezogen werden können.

- Die *Bundesstelle für Außenhandelsinformationen* in Köln recherchiert und verkauft Informationen über Marktchancen und Branchenentwicklungen zu ungefähr 40 Branchen in über 100 Ländern der Erde. Auch die *Auslandshandelskammern (AHK)* halten Informationen zu 76 Ländern und ihren Märkten bereit.

- Die *Industrie- und Handelskammern (IHK)* führen eigene Marktuntersuchungen in ihren jeweiligen Kammerbezirken durch. Die Ergebnisse benutzen die Kammermitarbeiter im Rahmen ihrer kostenlosen Beratungen.

- Die *Handwerkskammern (HWK)* halten die Kennzahlen der Betriebsvergleiche ihrer Mitglieder bereit und analysieren die Marktsituation in ihrem Kammerbezirk.

- Der *Zentralverband des deutschen Handwerks (ZdH)* fasst die Ergebnisse aller Bezirke zu bundesweiten (nicht frei verkäuflichen, aber kostenlos einsehbaren) Konjunkturberichten zusammen.

- Zudem verfügen die *Handwerkskammern* über das Datenbanksystem *MauSI* (Markt- und Standort-Informationssystem). Es enthält die in die Handwerksrolle eingetragenen Betriebe sowie regionale Daten wie z. B. Einwohnerzahl, Kaufkraft und Betriebsdichte. Das System ist nicht öffentlich zugänglich. Allerdings unterstützt es die Berater der Kammern darin, Unternehmen darüber zu informieren, ob die Gründung an einem Standort erfolgversprechend ist oder nicht. Diese Beratung ist ebenfalls kostenfrei.

- Die Schriftenreihen des *Deutschen Handwerksinstituts (DHI)* und seiner angeschlossenen Forschungseinrichtungen enthalten umfangreiche und detaillierte Untersuchungen zur Lage bestimmter Branchen. Interessenten können Publikationslisten anfordern und einzelne Schriftenreihen gegen Bezahlung bestellen.

- Viele Berufs- und Branchenfachverbände (Bundesverbände, Bundesfachverbände, Bundesinnungsverbände sowie ihre Landesverbände) stellen mehr oder weniger umfangreiche allgemeine Marktdaten zusammen und bieten weitere Leistungen zur Unterstützung der Mitgliedsunternehmen.

- Empfehlenswert sind auch Veröffentlichungen von diversen Marktforschungsinstituten, die Marktinformationen erheben und anwendungsorientiert aufbereiten.
- Die meisten Kreditinstitute stellen eigene Marktinformationen zusammen. Die Veröffentlichungen der *Sparkassen* sowie *Volks- und Raiffeisenbanken* werden zum Beispiel sowohl von den *Industrie- und Handelskammern* auch von den *Handwerkskammern* genutzt und verteilt.
- Die *Sparkassenorganisation* verfasst sog. Branchenberichte zur konjunkturellen Entwicklung einzelner Branchen. Diese enthalten Aussagen zu Strukturen und Trends, zur aktuellen Lage sowie zu den kurz- und mittelfristigen Aussichten in der betreffenden Branche. Die Berichte basieren auf Daten der Wirtschaftsforschungsinstitute, des *Statistischen Bundesamtes* und der betreffenden Verbände. Außerdem fließt das Bilanzmaterial der *Sparkassenorganisation* ein.
- Die genossenschaftlichen *Volks- und Raiffeisenbanken* bieten zwei Branchendienste an: „Branchen special" und die „Branchen-Briefe". Beide sind auch für Nichtkunden erhältlich. Die Ausgaben der „Branchen special" berichten detailliert über die 100 wichtigsten Branchen der mittelständischen Wirtschaft, werden halbjährlich überarbeitet und sind in der Regel kostenlos. Die „Branchen-Briefe" fassen darüber hinaus spezielle Informationen für Existenzgründer in einer Branche zusammen (z. B. besondere Anforderungen, Probleme, Hilfen, überregionale und regionale Förderung und Kontakte).
- Wirtschaftsdatenbanken sind eine preisgünstige und schnelle Möglichkeit, im Internet Informationen zu recherchieren. Als Beispiel sei die Firma *Genios* genannt: *Genios* bietet Interessenten rund 500 Datenbanken mit Informationen über Konkurrenz- und Marktbeobachtung. Sie enthalten mehr als 750.000 deutsche Firmenprofile, aktuelle Berichte und Hintergründe aus 120 Pressequellen.
- Die *DATEV* ist ein Rechenzentrum und Softwarehaus für Steuerberater. Sie liefert Informationen zu konkreten Unternehmensprojekten. Privatpersonen können die Informationen über ihren Steuerberater abrufen lassen. Für die Standardrecherche sichtet die *DATEV* das vorhandene Material im eigenen Datenpool. Für individuelle Anfragen recherchiert sie auch in externen Datenbanken. Anfallende Kosten richten sich je nach Aufwand; den Kontakt zur *DATEV* kann der Steuerberater herstellen.

Im Zuge der Kennzahlenanalyse stehen Unternehmen immer wieder vor dem Problem, an vergleichbare Daten der Wettbewerber heranzukommen und dadurch einen Maßstab für die eigene Leistungsfähigkeit zu erhalten.

- Sind die konkurrierenden Wettbewerber aufgrund ihrer Rechtsform oder ihrer Größe publizitätspflichtig, müssen sie nach Ablauf des Geschäftsjahres die gesetzlich vorgeschriebenen Informationen zur Entwicklung ihres Unternehmens veröffentlichen. So kann der Geschäftsbericht meistens über die Internet-Homepage des Wettbewerbers angefordert werden.

- Zahlreiche Informationen über den Markt und seine Wettbewerber findet man in Fach- und Branchenzeitschriften, die auch Hinweise auf weiterführende Marktstudien und Literatur geben. Zusätzliche Quellen sind offizielle Statistiken, zum Beispiel von den *Statistischen Landesämtern,* sowie Veröffentlichungen von Industrieverbänden oder Marktforschungsinstituten.

- Des Weiteren gibt es in vielen Unternehmen Mitarbeiter, die zuvor für Konkurrenten tätig waren und Hinweise zur Geschäftspolitik sowie zu Stärken und Schwächen geben können. Um möglichst viel über die Wettbewerber zu erfahren, sollten Gespräche mit gemeinsamen Vertriebspartnern, Lieferanten, Kunden oder Werbeagenturen geführt werden.

- Beim Vergleich des eigenen Unternehmens mit der Konkurrenz bieten auch das *Institut für Handelsforschung (IfH)* in Köln und andere Einrichtungen der Handelsforschung ihre Unterstützung an. Hierbei übermitteln die teilnehmenden Unternehmen ihre Daten wie z. B. Umsätze, Zahl der Mitarbeiter und Kosten. Die Institute anonymisieren die erhaltenen Informationen, erstellen Übersichten und berechnen Durchschnittswerte der Branche. Diese kann das teilnehmende Unternehmen dann mit den eigenen Daten vergleichen. Je mehr Betriebe an solchen Benchmarks teilnehmen, desto aussagekräftiger sind die Ergebnisse.

Abschließend stellt sich die Frage, ob ein Unternehmen eine Feldstudie in Eigenregie durchführen oder besser den Auftrag an ein versiertes Marktforschungsunternehmen vergeben soll. Grundsätzliche Empfehlungen können hier aufgrund der unternehmens- und brancheneigenen Besonderheiten nicht ausgesprochen werden. Entscheidungshilfe können aber die im Folgenden aufgeführten Vor- und Nachteile der Fremd- und Eigenforschung bieten.

Als Vorteile von Marktforschungsinstituten bei der Durchführung von Feldstudien gelten:
- keine Betriebsblindheit der Forschenden
- geringere Gefahr interessengefärbter Ergebnisse und damit höhere Objektivität

- Einsatz von Spezialisten (z. B. bei Fragebogengestaltung, bei statistischer Auswertung der Ergebnisse)
- Aktualität des Fachwissens

Für die Durchführung einer Studie in Eigenregie dagegen sprechen diese Vorteile:
- größere Vertrautheit mit dem Problem
- höhere Praxisrelevanz der Analyse
- größere Einfluss- und Kontrollmöglichkeiten der Geschäftsführung auf den Ablauf der Untersuchung
- geringere Kommunikationsprobleme
- Job-Enrichment für die eingesetzten Mitarbeiter
- höhere Diskretion über die Untersuchungsergebnisse
- uneingeschränkter Verbleib der Kenntnisse, Forschungserfahrungen und Erste-Hand-Informationen im eigenen Haus

Seitenaufrufe

(→PageImpression)

Seitenzugriffe pro Besuch

(→ PageImpression per Visit)

Selbstabholquote

→Vertriebswegquote, umsatzabhängige

Serviceintensität
(in %)

S

Die Serviceintensität ist eine wichtige Kennziffer für Dienstleistungsunternehmen mit Kundenverkehr. Je höher diese Kennzahl ausfällt, desto besser ist der Service einzustufen.

$$= \frac{\text{Anzahl der Beratungsplätze, Kassen, Schalter}}{\text{Anzahl der (potenziellen) Kunden}} \times 100\,\%$$

Beispiel
Ein Fachmarkt für Unterhaltungselektronik verfügt über vier Verkaufsmitarbeiter, welche die Kunden im Verkaufsraum beraten. Im Durchschnitt befinden sich 40 potenzielle Kunden im Verkaufsraum. Die Serviceintensität beträgt 10 %.

$$= \frac{4\ \text{Berater}}{40\ \text{potenzielle Kunden}} \times 100\,\% = 10\,\%$$

Quelle
- Die Daten für die Berechnung der Serviceintensität müssen vor Ort erhoben werden.
- Bei der Berechnung der Serviceintensität ist es von zentraler Bedeutung, dass nicht die durchschnittliche Anzahl der Kunden betrachtet, sondern den Nachfrageschwankungen entsprechende Beachtung geschenkt wird. Beispielsweise wird in einem Verbrauchermarkt auf der grünen Wiese in der Mittagspause, nach Büroschluss oder an Samstagen eine ganz andere Nachfrage herrschen als während der normalen Arbeitszeit.
- Die Berücksichtigung der Nachfragespitzen gewinnt umso mehr Bedeutung, wenn ein Unternehmen beispielsweise mit kurzen Wartezeiten im Kassenbereich wirbt und bei Überschreiten einer bestimmten Zeitspanne eine Entschädigungszahlung garantiert („Wenn Sie länger als 10 Minuten an der Kasse warten, bezahlen wir Ihnen 5 €.").

Interpretation
Eine pauschale Aussage über die optimale Serviceintensität erscheint wenig zweckmäßig, da es branchen- und unternehmensspezifische Aspekte zu berücksichtigen gilt. Hierzu zählen z. B. die →Verweildauer des Kunden im Unternehmen (z. B. in Verbrauchermärkten), die Dauer der Beratung und der Kassenabrechnung pro Kunde.

Maßnahmen zur Beeinflussung
- Um die Serviceintensität zu steigern, kann einmal die Kapazität (z. B. Schalter, Kassenplätze) ausgebaut werden.

- Zum anderen können aber auch Nachfragespitzen reduziert werden, in dem den Kunden Anreize geboten werden, um das Unternehmen in auslastungsschwachen Zeiten aufzusuchen. Ansatzpunkte bietet hier beispielsweise der Wegfall des Rabattgesetzes, so dass Unternehmen nunmehr ihre Preise tageszeitlich variieren können (Preisnachlässe in auslastungsschwachen Zeiten).

Grenzen
Der Service für den Kunden kann verbessert werden, ohne dass sich die Kennzahl Serviceintensität ändert. Als Beispiele können hier Express-Kassen bzw. –schalter oder Informationstheken angeführt werden, die den Kundenstrom je nach Anliegen an spezialisierte Einheiten weiterleiten.

Share-of-Wallet
(auch Liefereigenanteil; in %)

Die Kennzahl gibt an, wie hoch der Anteil eines Unternehmens als Lieferant am gesamten Einkaufsvolumen des belieferten Kunden ist.

$$= \frac{\text{Umsatzvolumen des Lieferanten mit dem Kunden}}{\substack{\text{Gesamtes Einkaufsvolumen des Kunden} \\ \text{(ggf. in der Warengruppe)}}} \times 100\,\%$$

Beispiel
Ein Mineralwasserproduzent liefert im Betrachtungszeitraum Produkte im Wert von 3 Mio. € an einen Verbrauchermarkt. Insgesamt kauft der Verbrauchermarkt Mineralwasser im Wert von 12 Mio. € ein. Der Share-of-Wallet des Unternehmens beim Verbrauchermarkt in der Warengruppe Mineralwasser beträgt 25 %.

$$= \frac{\text{3 Mio. € Umsatz des Verbrauchermarkts}}{\substack{\text{12 Mio. € Einkaufsvolumen} \\ \text{des Verbrauchermarkts}}} \times 100\,\% = 25\,\%$$

Quelle
- Der Umsatz mit einem einzelnen Kunden kann der Finanzbuchhaltung entnommen werden.
- Das gesamte Einkaufsvolumen des Kunden kann aufgrund von Marktbeobachtungen, Branchenberichten und Erfahrungswerten in den meisten Fällen recht genau geschätzt werden.

Interpretation und Maßnahmen der Beeinflussung
Der Share-of-Wallet spielt bei der im Zuge der Kundenbewertung eingesetzten Variante der Portfolioanalyse eine wichtige Rolle. Hierbei werden die Kunden anhand der Kriterien „Umsatzanteil" und „Geschätzter eigener Anteil als Lieferant" in vier Felder eingeordnet:

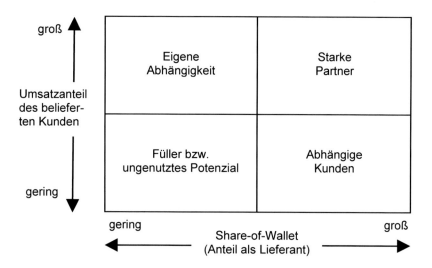

Abb. 14. Portfolioanalyse zur Kundenbewertung

Für die einzelnen Felder bieten sich folgende Betreuungsstrategien an:
- Links-Unten-Position: „Füller bzw. ungenutztes Potenzial"
  Dieses Kundensegment muss intensiv durchleuchtet werden. Denn hier befinden sich zum einen „Zeitdiebe", deren Betreuung deutlich zurückgenommen werden sollte. Zum anderen schlummern hier Umsatzpotenziale, die es zu entdecken gilt.

- Rechts-Unten-Position: „Abhängige Kunden"
  Hier sollten die Betreuungsintensität deutlich reduziert werden, da es sich aufgrund des geringen Umsatzanteils auf den ersten Blick nicht lohnt, hier noch weitere Lieferantenanteile zu erkämpfen.
- Links-Oben-Position: „Eigene Abhängigkeit"
  Dies sind die Kunden, die zwar einen hohen Anteil des Umsatzes auf sich vereinen. Die Position als Lieferant ist jedoch aufgrund des geringen Anteils am Einkaufsvolumen des Kunden vergleichsweise schwach. Hier müssen Lieferantenpositionen durch beispielsweise intensives Key-Account-Management ausgebaut werden.
- Rechts-Oben-Position: „Starke Partner"
  Hier sollte die Betreuungsintensität aufrechterhalten werden, um in diesem Segment die Position des Unternehmens zu festigen.

Grenzen
- Da die Kennzahl auf Umsatzgrößen basiert, bleiben Ertragsgesichtspunkte außen vor.
- Verfolgt der Kunde eine Multi-Sourcing-Strategie, kann der Share-of-Wallet auch mit noch so großen Marketing- und Vertriebsanstrengungen nicht erhöht werden.

Sicherheitsgrad

→Break-Even-Point

Skontoquote
(in %)

Die Kennzahl bestimmt den Anteil des Gesamt-Skontowerts am Bruttoumsatz. Damit gibt die Skontoquote den durchschnittlichen Skontosatz an, der den Kunden gewährt wurde, weil sie ihre Rechnungen innerhalb der Skontofrist beglichen haben.

$$= \frac{\text{Summe der gewährten Skonti}}{\text{Bruttoumsatzerlöse}} \times 100\,\%$$

Beispiel
Ein Unternehmen erzielt in einem Monat Umsatzerlöse von 80.000 €. Dabei wurden insgesamt Skonti von 2.000 € gewährt. Die Skontoquote beträgt demnach 2,5 %.

$$= \frac{2.000 \text{ € Skontowert}}{80.000 \text{ € Umsatz}} \times 100\% = 2,5\%$$

Quelle
• Die Summe aller gewährten Skonti hält die Finanzbuchhaltung bereit.
• Hierbei ist zu beachten, dass Boni und Rabatte nicht zu den Skonti gehören.
• Den Bruttoumsatz, der vor der Gewährung von Skonti berechnet wird, bietet die Finanzbuchhaltung.

Interpretation
• Eine hohe Skontoquote sollte zur Überprüfung der folgenden Gesichtspunkte veranlassen:
  - Die Skontofristen, innerhalb derer den Kunden Skonto gewährt wird, sind eventuell zu lang.
  - Die Listenpreise sind unrealistisch hoch angesetzt und können am Markt nicht erzielt werden. Um die Listenpreise mittelbar zu senken, werden hohe Skontosätze angeboten.
  - Die schnelle Zahlungsbereitschaft der Kunden wird unterschätzt und daher unnötigerweise durch hohe Skontogewährung angeregt.
• Eine sinkende Skontoquote hingegen kann darauf hinweisen, dass sich wichtige Kunden in Zahlungsschwierigkeiten befinden und notgedrungen den vergleichsweise teuren Lieferantenkredit in Anspruch nehmen müssen, indem sie nicht mehr skontieren.

Sortimentsbreite

Sortimentsbreite bezeichnet die Anzahl verschiedener Warengruppen, die ein Unternehmen im Sortiment bzw. Angebotsprogramm führt.

> =   Zahl der Warengruppen in einem Sortiment
> bzw. Angebotsprogramm

Als Sortiment bezeichnet man grundsätzlich die Struktur und Auswahl aller angebotenen Artikel eines Handelsunternehmens. Sind die gefertigten Produkte eines produzierenden Betriebes gemeint, spricht man von Angebotsprogramm.

Beispiel
Warengruppen sind in einem Handelsunternehmen z. B. Frischobst und Frischgemüse, Molkereiprodukte, Fleisch- und Wurstprodukte, Konserven, Tiefkühlprodukte, alkoholische Getränke und Spirituosen, nichtalkoholische Getränke, Süßwaren, Brot, Kosmetika und Haushaltsbedarf.

Quelle
Die zur Berechnung dieser Kenzahl erforderlichen Daten können dem Warenwirtschaftssystem entnommen werden.

Interpretation
- Die Sortimentsbreite wird über die Anzahl der verschiedenen Warengruppen in einem Sortiment definiert. Eine Warengruppe setzt sich aus Artikeln zusammen, die thematisch zusammengehören. Hat ein Unternehmen viele verschiedene Warengruppen - also Produkte verschiedener Kategorien - spricht man von einem breiten Sortiment. Konzentriert sich das Unternehmen dagegen auf ein oder wenige Produktarten, handelt es sich um ein schmales Sortiment.
- Ein breites Sortiment bieten typischerweise Warenhäuser an. Von Lebensmitteln, Haushaltsgeräten, Bekleidung bis hin zu Möbeln werden viele verschiedene Produktarten verkauft. Breit ist auch das Angebotsprogramm von *Volkswagen*. Vom Kleinwagen bis hin zur Luxuslimousine werden viele verschiedene Produktarten angeboten. Demgegenüber ist das Sortiment von *Porsche* schmal.
- In der Regel bedingt eine größere Sortimentsbreite eine geringere Sortimenttiefe, das heißt, die Auswahl innerhalb bestimmter Warengruppen im Hinblick auf Modellvielfalt, Qualitäten, Preislagen, Größen nimmt zu Gunsten der Vielzahl unterschiedlicher Waren („Alles unter einem Dach") ab.

Maßnahmen zur Beeinflussung
Die Sortimentbreite kann durch die Listung neuer bzw. Auslistung vorhandener Warengruppen vergrößert bzw. verkleinert werden.

S

Grenzen

• Die Sortimentsbreite hängt in hohem Maße vom Betriebstyp sowie von der Branche ab.
• Die optimale Sortimentsbreite lässt sich nur vor dem Hintergrund der Bedürfnisse der Kunden und deren Verhalten bestimmen.

Sortimentsmächtigkeit

Sortimentsmächtigkeit bezeichnet die Anzahl der Stücke pro Sorte oder Position, die ein Unternehmen im Sortiment bzw. Angebotsprogramm führt.

> = Zahl der Stücke pro Produkt in einer Warengruppe
>   in einem Sortiment bzw. Angebotsprogramm

Als Sortiment bezeichnet man grundsätzlich die Struktur bzw. Auswahl aller angebotenen Artikel eines Handelsunternehmens. Sind die gefertigten Produkte eines produzierenden Betriebes gemeint, spricht man von Angebotsprogramm.

Beispiel
Die Filiale eines Lebensmitteleinzelhändlers hat in der Spargelzeit im Durchschnitt 45 Packungen Sauce Hollandaise im Saucenregal und noch einmal 30 Packungen als Zweitplatzierung in einem Display in der Obst- und Gemüseabteilung. Die Sortimentsmächtigkeit beträgt 75 Einheiten.

Quelle
Die zur Berechnung dieser Kennzahl erforderlichen Daten können dem Warenwirtschaftssystem entnommen werden.

Interpretation
Eine hohe Sortimentsmächtigkeit erzielt bei Kunden eine hohe Aufmerksamkeitswirkung. Fehlt jedoch die entsprechende Nachfrage, führt dies zu einer sinkenden Flächenproduktivität sowie steigenden Kosten infolge der hohen Kapitalbindung.

Maßnahmen zur Beeinflussung
- Durch Verkürzung der Bestellzyklen und damit häufige Belieferungen lässt sich die Sortimentsmächtigkeit reduzieren. Dies erfordert jedoch eine häufige Bestandsaufnahme.
- Durch fundierte Marktforschung und damit höhere Prognosegenauigkeit können die Warenbestände genauer an der Nachfrage ausgerichtet werden.

Grenzen
- Die Sortimentsmächtigkeit hängt in hohem Maße vom Betriebstyp sowie von der Branche ab.
- Die optimale Sortimentsmächtigkeit lässt sich nur vor dem Hintergrund der Bedürfnisse der Kunden und deren Verhalten bestimmen. Dabei ist aber zu beachten, dass bei einer steigenden Sortimentsmächtigkeit die Handlings- und Kapitalbindungskosten steigen und die Flächenproduktivität sinken kann.

Sortimentstiefe

Die Sortimentstiefe bezeichnet die Anzahl verschiedener Artikel innerhalb einer Warengruppe, die ein Unternehmen im Sortiment bzw. Angebotsprogramm führt.

= Zahl der Produkte einer Warengruppe in einem Sortiment bzw. Angebotsprogramm

Als Sortiment bezeichnet man grundsätzlich die Struktur bzw. Auswahl aller angebotenen Artikel eines Handelsunternehmens. Sind die gefertigten Produkte eines produzierenden Betriebes gemeint, spricht man von Angebotsprogramm.

Beispiel
In der Warengruppe Molkereiprodukte gibt es 60 verschiede Artikel (z. B. Käse-, Joghurt-, Milch-, Quark- und Rahmsorten; Milchmixgetränke).

Quelle
Die zur Berechnung dieser Kenzahl erforderlichen Daten können dem Warenwirtschaftssystem entnommen werden.

S

Interpretation

- Die Sortimentstiefe hängt davon ab, wie viele Varianten an Artikeln (z. B. verschiedene Typen, Größen, Farben, Qualitätsstufen) in einer Warengruppe angeboten werden. Ein Supermarkt bietet ein tiefes Sortiment, da es hier zahlreiche verschiedene Ausführungen eines Artikels gibt (z. B. Milch mit verschieden Fettgehalten, in verschiedenen Packungsgrößen).

- Das Sortiment eines sog. Klein- und Nahversorgers („Tante-Emma-Laden") hingegen ist flach. Hier gibt nur eine sehr geringe oder gar keine Auswahl des einzelnen Artikels, z. B. nur normales Shampoo und nicht zusätzlich noch das Angebot von Apfel-, Glanz- oder Antischuppenshampoo.

- In der Regel bedingt eine höhere Sortimentstiefe eine geringere Sortimentsbreite, das heißt die Vielzahl unterschiedlicher Waren („Alles unter einem Dach") nimmt zu Gunsten der Auswahl innerhalb bestimmter Warengruppen im Hinblick auf Modellvielfalt, Qualitäten, Preislagen, Größen ab.

Maßnahmen zur Beeinflussung

Die Sortimentstiefe kann durch die Listung neuer bzw. Auslistung vorhandener Artikel pro Warengruppe vergrößert bzw. verkleinert werden.

Grenzen

- Die Sortimentstiefe hängt in hohem Maße vom Betriebstyp sowie von der Branche ab.

- Die optimale Sortimentstiefe lässt sich nur vor dem Hintergrund der Bedürfnisse der Kunden und deren Verhalten bestimmen. Dabei ist zu beachten, dass eine zunehmende Sortimentstiefe üblicherweise kostentreibend wirkt.

Spanne

(auch Warenrohertrag, Bruttoertrag, Ertragskraft)

Bei der Berechnung der Spanne lassen sich drei Arten unterscheiden:

- Betragsspanne (in €):

	Umsatz (bereinigt um die Umsatzsteuer)
−	Wareneinstandspreis der abgesetzten Artikel (abzüglich Vorsteuer)

- Abschlagspanne (in %):

$$= \frac{\text{Betragsspanne}}{\text{Umsatz abzüglich Umsatzsteuer}} \times 100\,\%$$

- Aufschlagspanne (in %, auch Kalkulationsauf- oder -zuschlag):

$$= \frac{\text{Betragsspanne}}{\substack{\text{Wareneinstandspreis der abgesetzten Artikel} \\ \text{(abzüglich Vorsteuer)}}} \times 100\,\%$$

Der Vorteil der Berechnung der Spanne liegt darin, dass im Vergleich zum →Umsatz die Wareneinstandskosten mit in die Überlegungen einbezogen werden. Auf diese Weise erhält man einen ersten Einblick in den tatsächlich erwirtschafteten Ertrag.

Nachteilig ist, dass die variablen Kosten der Warenbewegung (z. B. innerbetrieblicher Transport der Waren vom Lager in die Regale) sowie die Inanspruchnahme von Kapazitäten (z. B. Personal, Regalfläche) außen vor bleiben.

Stammkundenquote

→Wiederkäuferrate, Wiederkaufrate

Stückdeckungsbeitrag

→Deckungsbeitrag

Stückspanne

→Handelsspanne, Spanne

T

Tausenderpreis
(in €)

Der Tausenderpreis zählt zu den wichtigsten Kennzahlen in der Mediaplanung. Er dient dazu, das Preis-Leistungs-Verhältnis von Werbemedien miteinander zu vergleichen und damit die Planung deren Belegung zu erleichtern. Dem Tausenderpreis liegt die Erkenntnis zugrunde, dass für die Werbungtreibenden der absolute Preis eines Werbemittels nur wenig aussagekräftig ist und deshalb in Verhältnis zu seinem Nutzen gesetzt werden muss.

Die verschiedenen Varianten der Berechnung von Tausenderpreisen stellen alle den Versuch dar, den unterschiedlichen Kontaktqualitäten Rechnung zu tragen. Als Beispiele können genannt werden:

- Undifferenzierter Tausenderpreis:
  Diese Kennzahl bringt zum Ausdruck, was die Schaltung einer Anzeige in 1.000 verkauften Exemplaren einer Zeitschrift kostet. Dadurch können Zeitschriften bzw. Zeitungen mit unterschiedlicher Auflagenhöhe miteinander verglichen werden.

$$= \frac{\text{Anzeigenpreis}}{\text{Verkaufte Auflage}} \times 1.000$$

- Tausend-Leser-Preis:
  Der Tausend-Leser-Preis gibt an, wie viel für eine Anzeige pro 1.000 Leser der Zeitung bzw. Zeitschrift aufgewendet werden muss. Wird jedes Exemplar von einer Zeitschrift bzw. Zeitung nur von einer Person gelesen, entsprechen sich Tausend-Leser-Preis und undifferenzierter Tausenderpreis. Lesen hingegen durchschnittlich mehr als eine Person

ein Exemplar eines Printmediums, liegt der Tausend-Leser-Preis unter dem unqualifizierten Tausenderpreis.

$$= \frac{\text{Anzeigenpreis}}{\text{Anzahl der Leser}} \times 1.000$$

- Tausend-Kontakte-Preis:
  Der Tausend-Kontakte-Preis ist bei einmaliger Belegung mit dem Tausend-Leser-Preis identisch. Bei mehrfacher Belegung klaffen die beiden Werte je nach dem Ausmaß der externen oder internen Überschneidungen mehr oder minder stark auseinander. In diesem Fall übersteigt der Tausend-Kontakte-Preis den Tausend-Leser-Preis. Je nach Vergleichsobjekt wird anstelle einer Anzeigenseite auch der Preis für eine Anzeige bestimmter Größe oder Farbigkeit oder für eine Millimeterzeile zugrunde gelegt.

$$= \frac{\text{Anzeigenpreis}}{\text{Anzahl der Kontakte}} \times 1.000$$

Für andere Werbeträger werden analog die Sendezeiten des Fernsehspots, die Vorführdauer von Werbefilmen, der Preis für die Belegung einer Ganzstelle pro Tag bei Plakaten usw. herangezogen, so dass – allgemeiner formuliert – der Tausenderpreis das Maß der Werbekosten pro 1.000 Zielgruppeneinheiten (Leser, Hörer, Zuschauer, Erwachsene, Hausfrauen usw.) ist, die ein Werbemittel oder ein Werbeträger erreicht. So wird für den Tausenderpreis des Werbefernsehens anstelle des Anzeigenpreises für 1/1 Seite der Preis für einen 30-Sekunden-Werbespot und anstelle der Auflagenziffer die Zahl der eingeschalteten Fernsehgeräte zugrunde gelegt.
Demnach kann man je nach zu untersuchendem Werbemedium analog zum Tausend-Leser-Preis den Tausend-Seher- und Tausend-Hörer-Preis berechnen. Gegenüber dem quantitativen Tausenderpreis werden diejenigen Kennzahlen, bei denen die unterschiedlichen Kontaktqualitäten berücksichtigt werden, qualitative Tausenderpreise genannt.

Bezogen auf das Internet bzw. die Online-Werbung versteht man unter dem quantitativen Tausend-Kontakte-Preis die Kosten pro tausend →Ad-Impressions. Damit bringt diese Kennzahl zum Ausdruck, was das werbungtreibende Unternehmen aufwenden muss, damit 1.000 Internet-Nutzer sein Werbebanner sehen. Der qualitative Tausend-Kontakte-Preis dagegen ist definiert als die Kosten pro Tausend →AdClicks. Diese Kennzahl bringt zum Ausdruck, was 1.000 Klicks auf eine Online-Anzeige, mit der die Homepage des werbenden Unternehmens erreicht wird, kosten.

Trotz aller Verfeinerungen bleibt festzuhalten, dass die Tausenderpreise ein relativ grobes Maß für die Effizienz eines Werbeträgers sind. Nach dem Kriterium des Tausenderpreises allein sind Publikumszeitschriften günstige und der Hörfunk der mit weitem Abstand günstigste Werbeträger. Die Tausenderpreise für Tageszeitungen und Filmtheater sind relativ hoch. Nach dem Kriterium des Tausenderpreises wäre die Direktwerbung außerordentlich teuer. Vor diesem Hintergrund wird nachvollziehbar, dass nicht nur die Kosten, sondern auch der Nutzen von Werbeträgerkontakten bei der Media- bzw. Werbeplanung in die Überlegungen einbezogen werden muss (sog. →Response).

Termintreue, Termintreuerate

→Lieferzuverlässigkeit

T

U

Überstundenquote der Vertriebsmitarbeiter
(in %)

Die Überstundenquote gibt den Anteil der Überstunden an der insgesamt geleisteten Arbeitszeit der Vertriebsmitarbeiter an.

$$= \frac{\text{Anzahl der Überstunden}}{\text{Anzahl der Arbeitsstunden insgesamt}} \times 100\,\%$$

Beispiel
In einem Unternehmen werden in einem Monat 5.000 Arbeitsstunden geleistet. Darunter fallen auch 500 geleistete Überstunden. Die Überstundenquote beträgt folglich 10 %.

$$= \frac{500\ \text{Überstunden}}{5.000\ \text{Arbeitsstunden insgesamt}} \times 100\,\% = 10\,\%$$

Quelle
- Die Anzahl der Überstunden und der gesamten Arbeitsstunden halten die Personalabteilung und/oder die Lohnbuchhaltung bereit.
- Um tatsächlich nur die erfolgschmälernden Überstunden in die Kennzahl einzurechnen, dürfen nur diejenigen Überstunden herangezogen werden, die tatsächlich mit Kosten verbunden sind. Überstunden leitender Angestellter, die nicht entlohnt werden und damit keinen Kostenfaktor darstellen, bleiben beispielsweise außen vor.

U

Interpretation
- Arbeitsstunden, die über die tarif- oder individualvertraglich vereinbarte Arbeitszeit hinausgehen, werden zumeist - neben der normalen Bezahlung - mit Zuschlägen entlohnt. So führt eine hohe Überstundenquote häufig auch zu erheblichen Zusatzkosten.
- Die Kennzahl ist insbesondere interessant im Vergleich zwischen
  - Zeiteinheiten,
  - Abteilungen und/oder
  - einzelnen Mitarbeitern.

Maßnahmen zur Beeinflussung
- Ist die Überstundenquote gestiegen, hat der Anteil der Überstunden an der gesamten Arbeitszeit zugenommen. Dies sollte zum Anlass genommen werden zu überprüfen, ob die geleisteten Überstunden tatsächlich begründet und damit notwendig waren.
- Eine effektivere Arbeitszeiteinteilung führt im Regelfall auch zur Verminderung der Überstunden. Vor diesem Hintergrund können eine fachliche Schulung sowie einer Vermittlung von Know-How in Zeitmanagement geboten sein.
- Gegebenenfalls muss eine hohe Überstundenquote zum Anlass genommen werden, über Neueinstellungen, zum Beispiel von Teilzeitkräften, und/oder Outsourcing an externe Dienstleister nachzudenken.

Grenzen
Eine hohe bzw. gestiegene Überstundenquote muss unter bestimmten Umständen akzeptiert werden, ohne dass man entsprechende Gegenmaßnahmen einleitet. Dies ist beispielsweise der Fall, wenn nur für kurze Zeit Kapazitätsspitzen erreicht werden, die danach wieder abfallen, und/oder die zukünftige Auftragslage nur schwerlich zu schätzen ist.

Umsatz
(auch Erlös, Umsatzerlös, Umsatzvolumen; in €)

Der Umsatz erfasst das wertmäßige, also mit Verkaufspreisen bewertete Verkaufsvolumen eines Unternehmens innerhalb eines bestimmten Zeitraums (z. B. Tages-, Quartals- oder Jahresabsatz).

$$= \quad \text{Absatzmenge} \ \times \ \text{Verkaufspreis}$$

- Der Bruttoumsatz schließt die Mehrwertsteuer ein und klammert sämtliche direkten und indirekten Erlösschmälerungen (z. B. Rabatte, Werbekostenzuschüsse) aus. Im Gegensatz dazu drückt der Nettoumsatz den endgültigen Zahlungsmittelzufluss aus.
- Speziell in der Konsumgüterindustrie wird zwischen dem Fabrikumsatz (= Absatz ab Werk zu Werksabgabepreisen, üblicherweise ohne Umsatzsteuer) und dem Endverbraucherumsatz (= Absatz an Endverbraucher zu Endverbraucherpreisen, üblicherweise inklusive Umsatzsteuer) unterschieden.
- Der Umsatz stellt eines der wichtigsten Marketingziele und dient u. a. als Basis für alle Formen der Deckungsbeitragsrechnung (→Deckungsbeitrag). Diese Kennzahl lässt sich unter Bezugnahme auf entsprechende Kriterien weiter aufschlüsseln und gewinnt dadurch an Aussagekraft.
- Da der absolute Umsatz nur wenig Aussagekraft besitzt, wird zumeist die Umsatzentwicklung betrachtet. Diese berechnet sich folgendermaßen:

$$= \frac{\text{Aktueller Umsatz}}{\text{Umsatz des Vergleichsjahres}} \times 100\,\%$$

- Außerdem wird der Umsatz häufig ins Verhältnis zu anderen Bezugsgrößen (z. B. Kunde, Mitarbeiter, Verkaufsfläche) gesetzt. Hierbei gilt für alle Umsatzkennzahlen allgemein:

$$= \frac{\text{Umsatz}}{\text{Bezugsgröße}} \times 100\,\%$$

Zur Berechnung von Umsatzkennzahlen werden in der Praxis u. a. die Bezugsgrößen Auftrag, Maschinenstunde, Produkt, Verkaufsbezirke, Mitarbeiter oder Verkaufsfläche herangezogen. Die ermittelten Kennzahlen können miteinander verglichen werden (z. B. Umsatzkennzahlen verschiedener Kunden, Mitarbeiter, Filialen). Auch Veränderungen im Zeitablauf (Zeitvergleich) sind aussagekräftig. Auch kann der Umsatz pro Kunde

U

(Ausgangspunkt für die →ABC-Analyse), pro Auftrag, pro Bestellung, pro Kauf und pro Posten berechnet werden.

Umsatzkennzahl	Bezugsgröße	Aussagekraft
Kapitalumschlag	durchschn. Warenbestand zu Einstandspreisen	Gesamtkapitaleffizienz
Lagerumschlag	durchschn. Lagerbestand zu Einstandspreisen	Lagereffizienz
Mitarbeiterproduktivität	durchschnittliche Anzahl der Mitarbeiter	Personaleffizienz
Vertriebspersonal-produktivität	durchschnittliche Anzahl der Vertriebsmitarbeiter	Vertriebspersonaleffizienz
Flächenproduktivität	Gesamtfläche des Verkaufsraumes	Raumeffizienz
Regalproduktivität	Verkaufswirksame Fläche (meist Regalfläche)	Verkaufsflächeneffizienz

Abb. 15. Ausgewählte Umsatzkennzahlen und deren Aussagekraft

Beispiel
Ein Unternehmen des Bio-Einzelhandels erwirtschaftet in einem Jahr einen Umsatz von 3,78 Mio. €. Es beschäftigt durchschnittlich 36 Mitarbeiter. Es ergibt sich somit eine Mitarbeiterproduktivität von 105.000 € je Mitarbeiter.

$$= \frac{3.780.000 \text{ € Umsatz}}{36 \text{ Mitarbeiter}} \times 100\,\% = 105.000 \text{ € Umsatz je Mitarbeiter}$$

Quelle
- Der Umsatz kann in der Finanzbuchhaltung der Summen- und Saldenliste entnommen werden.
- Andere Kennzahlengrößen wie z. B. Verkaufsfläche, Anzahl der Mitarbeiter kennen die verantwortlichen Abteilungen des Unternehmens.

Interpretation
Vorteile des Umsatzes sind:
- relativ unaufwendige, preiswerte und genaue Ermittlung von Umsatzwerten
- Umsätze der Wettbewerber ebenfalls verhältnismäßig einfach zu ermitteln
- wertmäßiger Charakter und damit verbundene Verrechenbarkeit mit anderen Größen
- Umsatz ist Bestandteil aller relevanten Kenngrößen (z. B. →Marktanteil, →Return on Investment)
- zentrale Funktion von Umsatzplänen als Vorgabe für andere Bereiche (z. B. Einkauf und Produktion)
- enger, aber nicht zwangsläufiger Bezug des Umsatzes zu Wachstum und Ertrag

Maßnahmen zur Beeinflussung
Hier bietet sich das gesamte Spektrum an Marketingaktivitäten (Produkt-, Preis-, Vertriebs- und Kommunikationspolitik) an. Dazu zählen:
- Schaffung eines neuen Marktes durch eine Innovation
- Ausweitung des Absatzvolumens durch Eindringen in neue Absatzgebiete (z. B. im Zuge der Internationalisierung)
- Gewinnung neuer Zielgruppen
- Entdeckung neuer Einsatzgebiete der Produkte
- Erhöhung der Verbrauchsintensität
- Stimulierung von Ersatzbedarf
- Substitution anderer Produkte
- Vergrößerung des →Marktanteils
- Sicherung des Erfolgs durch Kundenbindung (→Wiederkaufrate, →Wiederkäuferrate)
- Errichtung von Markteintrittsbarrieren (z. B. durch Abschluss langfristiger Lieferverträge)
- Kooperation mit anderen Unternehmen

U

Grenzen

- Ohne eine Absatzmengenstatistik ist nicht zu erkennen, inwieweit eine Veränderung des Umsatzes auf die Mengen- oder Preiskomponente zurückzuführen ist (→Preiselastizität der Nachfrage).
- Eine ausschließliche Analyse des Umsatzes klammert aus, dass einzelne Produkte unterschiedliche →Handelsspannen bzw. →Deckungsbeiträge haben.
- Die Analyse des Umsatzes lässt unberücksichtigt, dass die einzelnen Produkte bzw. Sortimentsteile die Kapazitäten eines Unternehmens in unterschiedlichem Maße in Anspruch nehmen.
- Eine moderate Umsatzsteigerung in einem stark wachsenden Umfeld kann leicht darüber hinwegtäuschen, dass ein Unternehmen nur unterdurchschnittlich erfolgreich agiert.
- In gesättigten Märkten sowie bei qualitativem Wachstum verliert der Umsatz gegenüber Ertragszielen an Stellenwert.
- Der Umsatz kann konjunkturell, saisonal oder durch Preiserhöhungen bedingt gewachsen sein, ohne dass sich die Leistungsfähigkeit eines Unternehmens verändert hat.
- Der Umsatz bietet nur einen sehr begrenzten Einblick in die Ursachen für den (Miss-)Erfolg eines Unternehmens. Das heißt konkret: Im Idealfall weiß man zwar, dass das eigene Unternehmen besser oder schlechter geworden ist, es bleibt aber unklar, in welchen Bereichen bzw. warum.
- Beim Umsatz handelt es sich um einen Spätindikator, d. h. er weist erst zeitversetzt auf mögliche Schwachstellen hin.
- Der Umsatz steht häufig in Konkurrenz zu anderen Unternehmenszielen. Ein typisches Beispiel für einen solchen Konflikt ist die langfristig ausgerichtete Kundenorientierung auf der einen und die kurzfristig ausgerichtete Umsatzorientierung auf der anderen Seite.
- Der Umsatz liefert keinerlei Auskunft über den tatsächlich erwirtschafteten →Gewinn. Deshalb müssen dringend immer noch weitere Kennzahlen zur Analyse hinzugezogen werden.

Umsatzerlös

→Umsatz

Umsatzrendite
(auch Umsatzrentabilität, Vorsteuermarge, Return on Sales; in %)

Die Umsatzrendite bezeichnet das Verhältnis von →Gewinn zu →Umsatz innerhalb einer Periode.

$$= \frac{\text{Gewinn}}{\text{Umsatz}} \times 100\,\%$$

Beispiel
Ein Unternehmen erzielt in der Betrachtungsperiode bei einem Umsatz in Höhe von 1 Mio. € einen Gewinn in Höhe von 100.000 €. Demnach beläuft sich die Umsatzrendite auf 10 %. Für den Betrachter der Umsatzrendite wird deutlich, wie viel Gewinn ein Unternehmen pro Euro Umsatz im betrachteten Zeitraum erzielt hat. Die hier vorliegende Umsatzrendite von 10 % bedeutet, dass je Euro Umsatz 10 Cent Gewinn erwirtschaftet werden konnten.

$$= \frac{100.000\ \text{€ Gewinn}}{1.000.000\ \text{€ Umsatz}} \times 100\,\% = 10\,\%$$

Quelle
- Gewinn und Umsatz können der Finanzbuchhaltung entnommen werden.
- Konzerne setzen als Gewinn nicht den Konzernjahresüberschuss, sondern den Jahresüberschuss vor Abzug des Anteils Konzernfremder ein.
- Freiberufler setzen den Gewinn abzüglich eines eigenen, fiktiven Gehalts (sog. kalkulatorischer Unternehmerlohn) ein.

Interpretation
- Die Umsatzrendite ist die Maßzahl für die Profitabilität eines Unternehmens. Je höher die Prozentzahl, desto profitabler arbeitet das Unternehmen.
- Sofern keine außerordentlichen Faktoren vorliegen, vermittelt die Umsatzrendite Hinweise auf die Position eines Unternehmens im Markt. Je ausgeprägter dessen Alleinstellungsmerkmale, desto größer die erzielba-

re Umsatzrendite. Eine schwache Umsatzrendite - im unteren einstelligen Prozentbereich - weist in der Regel auf einen hart umkämpften, wettbewerbsintensiven Markt hin.

- Der Gewinn von Unternehmen mit hoher Umsatzrendite ist grundsätzlich weniger anfällig für Schwankungen von Wechselkursen, Zinssätzen, Rohstoffpreisen und sonstigen Aufwandspositionen. Eine hohe Umsatzrendite stellt eine Art Kostenreserve dar, mit der unerwartete Kostensteigerungen aufgefangen werden können, ohne dass ein Jahresverlust die Folge ist.

Maßnahmen zur Beeinflussung

Neben der Senkung der Kosten lässt sich der Gewinn durch eine Erhöhung des Umsatzes positiv beeinflussen. Hier bietet sich das gesamte Spektrum an Marketingaktivitäten an. Dazu zählen z. B.:

- Schaffung eines neuen Marktes durch eine Innovation
- Ausweitung des Absatzvolumens durch Eindringen in neue Absatzgebiete (z. B. im Zuge der Internationalisierung)
- Gewinnung neuer Zielgruppen
- Entdeckung neuer Einsatzgebiete der Produkte
- Erhöhung der Verbrauchsintensität
- Stimulierung von Ersatzbedarf
- Substitution anderer Produkte
- Vergrößerung des Marktanteils
- Sicherung des Erfolgs durch Kundenbindung (Wiederkaufrate, Wiederkäuferrate)
- Errichtung von Markteintrittsbarrieren (z. B. durch Abschluss langfristiger Lieferverträge)
- Kooperation mit anderen Unternehmen

Grenzen

- Wenn die Umsatzrendite wie oben angegeben berechnet wird, unterliegt sie Schwankungen des Steuersatzes, zum Beispiel bei Steuernachzahlungen oder der Nutzung von Verlustvorträgen. Für die vergleichende Bewertung der Rentabilität verschiedener Unternehmen oder Rechnungsperioden empfiehlt sich daher der Gewinn vor Steuern.
- Möchte man die Fremdkapitalkosten bei der Betrachtung der operativen Rentabilität ignorieren, kann man auch den Gewinn auch vor Zinsen und Steuern ermitteln.

Umsatzrentabilität

→Umsatzrendite

Umsatzvolumen

→Umsatz

Umsetzungsquote der Verbesserungsvorschläge
(in %)

Die Umsetzungsquote der Verbesserungsvorschläge zeigt auf, wie viel Prozent der Verbesserungsvorschläge, die Mitarbeiter unterbreitet haben, tatsächlich umgesetzt wurden. Sie ist somit Messlatte für die Qualität der eingereichten Vorschläge.

$$= \frac{\text{Anzahl der umgesetzten Verbesserungsvorschläge}}{\text{Anzahl der eingereichten Verbesserungsvorschläge}} \times 100\,\%$$

Beispiel
Die Vertriebsmitarbeiter eines Unternehmens reichen in einem Jahr 50 Verbesserungsvorschläge ein. Nach eingehender Prüfung werden 40 Vorschläge davon im Unternehmen umgesetzt. Die Umsetzungsquote der Verbesserungsvorschläge beläuft sich demnach auf 80 %.

$$= \frac{40 \text{ umgesetzte Verbesserungsvorschläge}}{50 \text{ eingereichte Verbesserungsvorschläge}} \times 100\,\% = 80\,\%$$

U

Quelle
• Über die Anzahl der eingereichten Verbesserungsvorschläge im betrachteten Zeitraum und die Anzahl der davon umgesetzten Verbesserungsvorschläge verfügt die Abteilung, die das betriebliche Vorschlagswesen koordiniert.

- Bei der Ermittlung der Kennzahl ist darauf zu achten, dass sich die umgesetzten Verbesserungsvorschläge nicht auf den betrachteten Zeitraum, sondern auf die eingereichten Verbesserungsvorschläge beziehen. Ein Verbesserungsvorschlag, der erst nach Ende des betrachteten Zeitraums geprüft und umgesetzt wird, muss demnach der Periode der Einreichung des Vorschlags zugerechnet werden.

Interpretation
- Die Kennzahl ist aussagekräftig im Vergleich:
  - zu vorherigen Perioden,
  - zwischen einzelnen Unternehmensbereichen und/oder
  - zu konkurrierenden Unternehmen, falls entsprechende Daten zugänglich sind.
- Je höher die Umsetzungsquote der Verbesserungsvorschläge ist, desto mehr Verbesserungsvorschläge aus Reihen der Mitarbeiter haben sich als geeignet erwiesen und wurden realisiert. Eine hohe Umsetzungsquote spricht also für die Qualität der eingereichten Vorschläge.
- Gleichzeitig sorgt eine hohe Umsetzungsquote dafür, dass weniger Vorschläge vergeblich geprüft werden, was - ob umgesetzt oder abgelehnt - immer mit Kosten verbunden ist.
- Die mit einer hohen Umsetzungsquote einhergehenden Prämienleistungen an die Mitarbeiter werden zumeist durch die mit der Verbesserung verbundenen Einsparungen erheblich kompensiert.

Maßnahmen zur Beeinflussung
Um die Qualität der Verbesserungsvorschläge und damit die Umsetzungsquote zu erhöhen, müssen die Richtlinien, die für die Vorschläge gelten, entsprechend angepasst werden. Dies muss aber so geschehen, dass die Anforderungen nicht zu hoch geschraubt werden und dadurch die Motivation der Mitarbeiter, Verbesserungsvorschläge zu unterbreiten, zurückgeht.

Umwandlungsrate

(→Konversionsrate, Response)

Unique Visit
(auch Visit, Einzelbesuch einer Homepage)

Der Unique Visit ist eine Kennzahl, welche die Zahl der Besuche einer Internetseite bemisst. Dabei wird jeder Besuch einer Internetseite in einem
bestimmten Zeitraum nur ein einziges Mal gezählt, auch wenn der Besucher die Homepage in diesem Zeitraum mehrfach öffnet. Internationaler
Standard für diesen Zeitraum ist eine Dauer von 30 Minuten. Kommt der
Nutzer z. B. schon nach fünfzehn Minuten wieder auf eine Homepage,
wird dies nicht erneut als Besuch gewertet.
Unique Visits werden anhand der IP-Adressen der zugreifenden Computer
gezählt. Aus diesem Grund kann die Zahl der Unique Visits von der tatsächlichen Zahl der Besucher abweichen, weil entweder mehrere Besucher
über einen Computer (und damit mit der gleichen IP-Adresse) auf eine
Homepage zugreifen oder ein und derselbe Besucher mit mehreren IP-
Adressen im Internet unterwegs ist.

Unique Visitors
(auch Visitor, Einzelbesucher einer Homepage)

Ebenso wichtig wie die Zahl der Besuche, die eine Internetseite zu verzeichnen hat (→Unique Visits), ist die Zahl der Besucher. Sie unterschei-
det sich von der Zahl der Besuche, wenn die Besucher eine Homepage im
Betrachtungszeitraum mehrere Male besuchen.
Um die Kennzahl Unique Visitors richtig zu ermitteln, ist es nötig, die Besucher eindeutig zu identifizieren und damit unterscheiden zu können.
Dies gestaltet sich aber technisch schwierig, da mit einem Computer (d. h.
einer IP-Adresse) mehrere Besucher auf eine Homepage zugreifen können.
Recht einfach ist die Ermittlung der Unique Visitors dann, wenn sich der
Besucher einer Homepage mittels einer Registrierung oder Cookies ein-
deutig identifizieren lässt.

Unterhaltsintensität
(in %)

Einige Unternehmen produzieren ihre Werbemittel wie Kataloge, Prospekte oder Mailings selbst. Die Unterhaltsintensität ist in diesem Zusammenhang eine wichtige Kennzahl, die den maschinenbedingten Reparatur- und
Instandhaltungsaufwand einzuordnen hilft.

U

$$= \frac{\text{Aufwand für Reparatur und Instandhaltung}}{\text{Wiederbeschaffungswert der Anlage}} \times 100\,\%$$

Beispiel
Die Kosten für Reparatur und Instandhaltung einer Druck- und Leimbindemaschine für Versandhauskataloge belaufen sich auf 300.000 €. Eine neue Maschine würde zu aktuellen Wiederbeschaffungspreisen 1.500.000 € kosten. Damit beträgt die Unterhaltsintensität 20 %.

$$= \frac{300.000\ \text{€ Reparatur-/Instandhaltungsaufwand}}{1.500.000\ \text{€ Wiederbeschaffungswert}} \times 100\,\% = 20\,\%$$

Quelle
Die Daten hält die Finanzbuchhaltung bereit. Die Wiederbeschaffungskosten der Anlage kennt die Beschaffungs- oder Investitionsabteilung.

Interpretation und Maßnahmen zur Beeinflussung
- Die Unterhaltsintensität erlaubt Aussagen über die Qualität der Produktionsanlagen sowie deren Reparatur- und Instandhaltungsaufwand. Sie kann sowohl auf einzelne Maschinen als auch auf ganze Fertigungsanlagen bezogen werden. Besonders aussagekräftig ist die Unterhaltsintensität im Zeitvergleich.
- Je höher die Unterhaltsintensität ausfällt, desto schlechter ist dies für das betroffene Unternehmen. Mit Hilfe der Unterhaltintensität lassen sich Entscheidungen über Investitionen in die Erneuerung von Produktionsanlagen und Betriebsmitteln treffen. Des Weiteren lässt sich berechnen, inwieweit Leasingverträge (einschließlich Wartung und Reparatur) dem Kauf und damit dem Eigentumserwerb vorzuziehen sind.

Grenzen
- Eine hohe Unterhaltsintensität kann am Ende des Produktlebenszyklus durchaus akzeptabel sein.
- Die Unterhaltsintensität sagt nichts über die Ursachen der erforderlichen Reparatur (z. B. Verschleiß und/oder Bedienungsfehler) aus.

V

Verbesserungsvorschläge pro Mitarbeiter

Die Kennzahl sagt aus, wie viel Verbesserungsvorschläge ein Mitarbeiter innerhalb des betrachteten Zeitraums im Durchschnitt abgegeben hat. Diese Kennzahl ermöglicht Einblicke in die Akzeptanz des Vorschlagswesens und die Motivation, dieses zu nutzen.

$$= \frac{\text{Anzahl der Verbesserungsvorschläge}}{\text{Gesamtzahl der Mitarbeiter}}$$

Beispiel
Ein Unternehmen beschäftigt im Jahresdurchschnitt 200 Mitarbeiter. In einem Jahr werden 20 Verbesserungsvorschläge eingereicht. Im Durchschnitt reicht jeder Mitarbeiter mithin 0,1 Verbesserungsvorschläge ein.

$$\frac{\text{20 Verbesserungsvorschläge pro Jahr}}{\text{200 Mitarbeiter}} = 0,1 \text{ Verb.vorschläge pro Mitarbeiter}$$

Quelle
- Die Anzahl der Verbesserungsvorschläge innerhalb des betrachteten Zeitraums nennt die Abteilung, die das betriebliche Vorschlagswesen koordiniert.
- Um die permanenten Veränderungen der Mitarbeiterzahl durch aufgelöste Arbeitsverhältnisse und Neueinstellungen nicht miteinzubeziehen, sollte der Durchschnitt der beschäftigen Mitarbeiter im betrachteten

V

Zeitraum gebildet werden. Über die entsprechenden Informationen verfügt die Personalabteilung.

Interpretation

- Die Kennzahl ist aussagekräftig im Vergleich zu
  - vorherigen Perioden,
  - zu anderen Unternehmensbereichen und/oder
  - konkurrierenden Unternehmen, sofern die entsprechenden Daten zugänglich sind.
- Grundsätzlich ist eine höhere Anzahl an Verbesserungsvorschlägen pro Mitarbeiter besser als eine niedrige. Denn das kann als Beleg dafür gelten, dass sich die Mitarbeiter für ihr Unternehmen engagieren, indem sie Verbesserungsvorschläge unterbreiten.

Maßnahmen zur Beeinflussung

- Um die Anzahl der Verbesserungsvorschläge zu erhöhen, muss die Beteiligung der Mitarbeiter am betrieblichen Vorschlagswesen gefördert werden. Zu diesem Zweck kann zunächst der Bekanntheitsgrad des betrieblichen Vorschlagswesens innerhalb des Unternehmens durch entsprechende Anzeigen, Plakate oder Broschüren erhöht werden. Auch und gerade Multiplikatoren wie Vorgesetzte und/oder Betriebsräte sollten verstärkt auf das Vorschlagswesen hinweisen und dafür werben.
- Des Weiteren sollte überprüft werden, ob die Anreize, die für einen erfolgreichen Verbesserungsvorschlag geboten werden, für die Motivation der Mitarbeiter ausreichen. Hier können die vorhandenen Prämien oder Gratifikationen erhöht oder aber attraktiver gestaltet werden. Auch über den Einsatz von Incentives (z. B. Produktzuwendungen, Urlaubsgutscheine) muss in diesem Zusammenhang nachgedacht werden. Schließlich sollten auch die nicht-monetären Anreizstrukturen (z. B. Portrait in der Firmenzeitschrift, Wahl zum Mitarbeiter des Monats) optimiert werden.
- Über eine progressive Gestaltung des Prämiensystems kann erreicht werden, dass ein einzelner Mitarbeiter mehr Verbesserungsvorschläge einreicht.

Grenzen

- Um die Qualität der Verbesserungsvorschläge zu beurteilen, muss die →Umsetzungsquote der Verbesserungsvorschläge gebildet werden.
- Im Unterschied zur →Verbesserungsvorschlagsquote gibt die Kennzahl Verbesserungsvorschläge pro Mitarbeiter auch Information darüber, ob es Mitarbeiter gibt, die mehrere Vorschläge innerhalb des Betrachtungs-

zeitraumes eingereicht haben. Dies ist immer dann der Fall, wenn die Anzahl der Verbesserungsvorschläge pro Mitarbeiter höher ist als die Verbesserungsvorschlagsquote. Hat hingegen jeder am Vorschlagswesen teilnehmende Mitarbeiter nur einen Verbesserungsvorschlag eingereicht, sind beide Kennzahlen identisch.

Verbesserungsvorschlagsquote
(in %)

Die Kennzahl bestimmt den Anteil der Mitarbeiter, die sich am betrieblichen Vorschlagswesen beteiligen. Dies ermöglicht einen Einblick in die Akzeptanz des Vorschlagswesens.

$$= \frac{\text{Anzahl der Mitarbeiter, die Verbesserungsvorschläge eingereicht haben}}{\text{Gesamtzahl der Mitarbeiter}} \times 100\,\%$$

Beispiel
Ein Unternehmen beschäftigt im Durchschnitt 200 Mitarbeiter. In einem Jahr reichen 30 Mitarbeiter Verbesserungsvorschläge ein. Die Verbesserungsvorschlagsquote beträgt demnach 15 %.

$$= \frac{\text{30 Mitarbeiter, die Verb.vorschläge eingereicht haben}}{\text{200 Mitarbeiter}} \times 100\,\% = 15\,\%$$

Quelle
Die Abteilung, die das betriebliche Vorschlagswesen koordiniert, kennt die Zahl der Mitarbeiter, die innerhalb eines Zeitraums Verbesserungsvorschläge eingereicht haben. Dabei gilt es folgende Aspekte zu beachten:
- Zur Ermittlung der Verbesserungsvorschlagsquote darf nicht die absolute Zahl der Verbesserungsvorschläge herangezogen werden, sondern die Zahl der Mitarbeiter, die Verbesserungen vorgeschlagen haben.
- Um die permanenten Veränderungen der Mitarbeiterzahl durch aufgelöste Arbeitsverhältnisse und Neueinstellungen nicht miteinzubeziehen,

sollte der Durchschnitt der beschäftigen Mitarbeiter im betrachteten Zeitraum gebildet werden. Über diese Daten verfügt die Personalabteilung.

Interpretation
- Das betriebliche Vorschlagswesen ist im Regelfall eine effiziente Möglichkeit, die Geschäftsprozesse zu optimieren. Denn die eigenen Mitarbeiter beschäftigen sich täglich mit den Geschäftsvorgängen und können Verbesserungsmöglichkeiten besser aufspüren und einschätzen, als z. B. ein externer Berater dazu in der Lage wäre.
- Zudem sind Verbesserungsvorschläge aus Reihen der eigenen Mitarbeiter, die mit Prämien oder Gratifikationen dotiert werden, viel kostengünstiger als das Honorar eines Unternehmensberaters.
- Die ausgezahlten Prämien wirken zusätzlich motivierend über das Vorschlagswesen hinaus, weil der Mitarbeiter erkennt, dass er im Unternehmen Veränderungen in Gang setzen kann und seine zusätzliche Leistung entsprechend gewürdigt wird.
- Die Verbesserungsvorschlagsquote ist aussagekräftig im Vergleich:
  - zu vorherigen Perioden,
  - zwischen einzelnen Unternehmensbereichen und/oder
  - zu Wettbewerbern, falls die entsprechenden Daten zugänglich sind.
- Grundsätzlich gilt folgende Faustregel: Eine hohe Verbesserungsvorschlagsquote ist besser als eine niedrige, weil sie zum Ausdruck bringt, dass sich viele Mitarbeiter für ihr Unternehmen engagieren, indem sie Verbesserungsvorschläge unterbreiten.

Maßnahmen zur Beeinflussung
Um die Verbesserungsvorschlagsquote zu erhöhen, müssen der Bekanntheitsgrad des betrieblichen Vorschlagswesens erhöht und die damit verbundenen Anreizstrukturen optimiert werden. Vergleiche hierzu →Verbesserungsvorschläge pro Mitarbeiter.

Grenzen
- Die Verbesserungsvorschlagsquote sagt nichts über die Qualität der Verbesserungsvorschläge aus. Hierzu muss die →Umsetzungsquote der Verbesserungsvorschläge errechnet werden.
- Die Kennzahl gibt keine Auskunft darüber, ob es Mitarbeiter gibt, die innerhalb des Betrachtungszeitraumes mehrere Vorschläge eingereicht haben. Aufschluss über diesen Sachverhalt geben die →Verbesserungsvorschläge pro Mitarbeiter. Hat jeder am Vorschlagswesen teilnehmen-

de Mitarbeiter nur einen Verbesserungsvorschlag eingereicht, sind beide Kennzahlen identisch.

Verkaufsförderungsintensität
(in %)

Die Verkaufsförderungsintensität setzt die Kosten für die Verkaufsförderung ins Verhältnis zum Gesamtumsatz.

$$= \frac{\text{Verkaufsförderungsaufwand}}{\text{Umsatz}} \times 100\,\%$$

Beispiel
Ein Unternehmen gibt in einem Jahr 180.000 € für Maßnahmen der Verkaufsförderung aus. Im gleichen Jahr werden Umsätze in Höhe von 3.000.000 € erzielt. Aus diesen Werten ergibt sich eine Verkaufsförderungsintensität von 6 %.

$$= \frac{180.000\ \text{€ Aufwand für Verkaufsförderung}}{3.000.000\ \text{€ Umsatz}} \times 100\,\% = 6\,\%$$

Quelle
- Den Gesamtumsatz (ohne Umsatzsteuer) hält die Finanzbuchhaltung bereit.
- Ob Erlösschmälerungen wie Rabatte, Boni und Skonti vom Gesamtumsatz abgezogen werden oder nicht, wirkt sich auf die Aussagekraft der Kennzahl grundsätzlich nicht aus. Es muss lediglich sichergestellt sein, dass bei der Analyse von Zeitreihen, Kunden, Produkten usw. immer dieselbe Umsatzermittlung zugrunde gelegt wird.
- Die Kosten für Verkaufsförderung sind in der Buchhaltung auf dem entsprechenden Aufwandskonto zu finden. Auch die Marketing-Abteilung hält eventuell aufbereitetes Datenmaterial bereit.
- Wichtig ist die exakte Bestimmung des Begriffs „Verkaufsförderung". Darunter fasst man alle Maßnahmen im Rahmen der Kommunikationspolitik, die eine möglichst schnelle Absatzsteigerung zum Ziel haben.

V

Verkaufsförderung ist also kurzfristig orientiert und richtet sich meist unmittelbar an Handel, Verbraucher und/oder den eigenen Außendienst.

- Verkaufsförderungsmaßnahmen, die sich an Händler richten, sind:
  - Mailings
  - Kunden- und Lieferantenzeitschriften
  - Messe- und Ausstellungspräsentationen
  - Schaufensterwettbewerbe
  - Unterstützung bei der Schaufensterdekoration
  - Bereitstellung einer besonderen Warenpräsentation (Displays)
  - Plakate
  - Verkaufswettbewerbe mit Prämien und Gewinnmöglichkeiten für die Händler
  - Promotion-Veranstaltungen, Verkaufsseminare
  - besondere Produktinformationen
- Zu den verbraucherbezogenen Verkaufsförderungsmaßnahmen zählen:
  - direkte Ansprache des Kunden im Handelsgeschäft
  - Probierstände
  - Produktdemonstrationen und -zugaben
  - Event-Marketing
  - Treue- und Rabattaktionen
  - Verbrauchermessen
  - Mailings
  - Preisausschreiben
- Auf den eigenen Außendienst gerichtete Verkaufsförderungsmaßnahmen schließlich sind:
  - Verkaufstraining und Schulungen
  - verstärkte Informationsveranstaltungen
  - Leistungswettbewerbe mit Prämien und Incentives (z. B. Reisen, Produkte)
  - leistungsabhängige Provisionen
- Die Verkaufsförderung muss insbesondere gegenüber der Werbung eindeutig abgegrenzt werden. Letztere ist eher langfristig ausgelegt und bezweckt die mittelbare Ansprache der Verbraucher sowie des Handels über Massenkommunikationsmittel wie Zeitung, Plakate und Fernsehen.

Interpretation

- Die Kennzahl informiert über den Erfolg der Verkaufsförderungsmaßnahmen und dient damit der nachträglichen Beurteilung solcher Aktivitäten.
- Steigt die Verkaufsförderungsintensität an, hat sich das Verhältnis von Verkaufsförderungskosten zum erzielten →Umsatz verschlechtert. So

kann einer hoher Kennzahlenwert bedeuten, dass ein Produkt nur noch mit Hilfe eines großen Verkaufsförderungsaufwands abgesetzt werden kann. In diesem Fall muss analysiert werden, warum die Verkaufsförderungsmaßnahmen nicht effektiv gewirkt haben.

• Aber auch bei einem Sinken der Verkaufsförderungsintensität muss untersucht werden, ob diese grundsätzlich positive Entwicklung nicht auf andere, den Umsatz beeinflussende Faktoren zurückzuführen ist (z. B. konjunkturelles Wachstum, Schwächen der Wettbewerber, Einkommenszuwächse bei den Abnehmern).

• Auch Verkaufsförderungsmaßnahmen, die sich nur auf ein bestimmtes Produkt, einen bestimmten Absatzkanal oder eine bestimmte Region beziehen, können mit Hilfe dieser Kennzahl untersucht werden. Hierzu werden die beiden Größen Verkaufsförderungsaufwand und Umsatz auf die entsprechende Bezugsgröße (z. B. Produkt, Absatzkanal, Region) bezogen.

• Es empfiehlt sich eine regelmäßige Ermittlung der Kennzahl, um durch eine Zeitreihenanalyse Abweichungen und Entwicklungen rechtzeitig erkennen und Maßnahmen ergreifen zu können.

Grenzen
• Umsatzveränderungen können im Normalfall nicht ausschließlich auf den Einsatz eines einzigen Marketinginstruments - im vorliegenden Fall der Verkaufsförderung - zurückgeführt werden.

• Eine Schwierigkeit ergibt sich bei der Abgrenzung der betrachteten Zeiträume. Verkaufsförderungsmaßnahmen wirken mitunter auch oder erst in späteren Perioden. Damit es in diesem Fall nicht zu Fehlinterpretationen kommt, empfiehlt es sich, einen entsprechend großen Betrachtungszeitraum zu wählen. Allerdings ist dieses Zurechnungsproblem relativ klein, da Verkaufsförderung kurzfristig angelegt ist und wirken soll.

• Die Kennzahl bietet einen Anhaltspunkt für die Beurteilung der Maßnahmen, die als Verkaufsförderung bezeichnet werden. Sie erlaubt keine Aussage über die Rentabilität der Maßnahmen. Hierzu müssen diejenigen →Deckungsbeiträge, die durch die Umsatzsteigerung erwirtschaftet werden, exakt analysiert werden.

Verschuldungsgrad, dynamischer

→Cash Flow

Vertriebskostenquote, variable
(in %)

Bei der Berechnung der Vertriebskostenstruktur setzt man die variablen Vertriebskosten ins Verhältnis zu den gesamten Vertriebskosten. Hierdurch lässt sich kurzfristiges Einsparpotenzial im Vertriebsbereich aufdecken.

$$= \frac{\text{Variable Vertriebskosten}}{\text{Gesamte Vertriebskosten}} \times 100\,\%$$

Beispiel
Ein Unternehmen ermittelt für einen Monat Vertriebskosten in Höhe von 240.000 €. Davon entfallen 96.000 € auf variable Kostenanteile. Die variable Vertriebskostenquote beläuft sich auf 40 %.

$$= \frac{96.000\,\text{€ variable Vertriebskosten}}{240.000\,\text{€ gesamte Vertriebskosten}} \times 100\,\% = 40\,\%$$

Quelle
Zu den Vertriebskosten zählen:
- Kosten für Sach- und Betriebsmittel für die Debitorenbuchhaltung sowie für die Vertriebs-, Distributions- und Mahnabteilung
- Personalkosten der obigen Abteilungen. Bei mehreren Aufgabenbereichen – beispielsweise Verwaltung und Vertrieb – müssen diese nach Arbeitszeit anteilig berechnet werden.
- Lagerkosten
- Transport-, Versand- und Verpackungskosten
- Kosten der Logistik
- Kosten für Handelsvertreter, Reisende und andere Absatzhelfer
Variable Vertriebskosten sind solche Kosten, deren Höhe direkt von der abgesetzten Menge abhängt, wie z. B.:
- umsatzabhängige Provisionen an Vertreter oder Händler,
- Verpackungskosten bei Versand der Produkte,
- Versandkosten bei Einzelversand der Produkte,

- Kosten für Spedition sowie
- Transportversicherungen.

Es empfiehlt sich, die interne Kostenstellenrechnung so einzurichten, dass alle Vertriebskosten auf einer Kostenstelle zusammenlaufen.

Interpretation

- Je höher der Anteil der variablen Vertriebskosten ausfällt, desto flexibler und schneller kann ein Unternehmen auf Absatzänderungen reagieren, die durch Markt- und Beschäftigungsentwicklungen hervorgerufen sein können.
- Je geringer der Anteil der variablen Vertriebskosten ist, desto stärker ist ein Unternehmen von den fixen Vertriebskosten abhängig. Fixe Vertriebskosten können nicht kurzfristig abgebaut werden und beeinflussen die Gewinnentwicklung des Unternehmens bei einer anhaltend ungenügenden Absatz- oder Umsatzentwicklung negativ.

Maßnahmen zur Beeinflussung

Um den Anteil der variablen Vertriebskosten zu steigern und damit die Kennzahl zu erhöhen, kann das Unternehmen u. a.:

- fixe in variable Vertriebskosten umwandeln (z. B. Beschäftigung von Selbstständigen, die umsatzabhängige Provisionen erhalten, statt von abhängig beschäftigten Gehaltsempfängern; Outsourcing von bislang selbst durchgeführten Dienstleistungen an externe Unternehmen) und
- fixe Vertriebskosten einsparen (z. B. bei Werbung, Verkaufsförderung, Marktforschung und im Personalbereich).

Vertriebsqualität
(in %)

Die Vertriebsqualität zeigt an, wie viele der gegebenen Aufträge später vom Kunden wieder storniert werden.

$$= \frac{\text{Zahl der stornierten Aufträge}}{\text{Gesamtzahl der Aufträge}} \times 100\,\%$$

V

Ein hoher Anteil stornierter Aufträge deutet darauf hin, dass der Vertrieb sich ausschließlich darauf konzentriert, den potenziellen Käufer zu überrumpeln und schnell zu einem Abschluss zu bringen (sog. Hard-Selling). Eine solche Strategie ist allenfalls dann empfehlenswert, wenn keine langfristige Kundenbeziehung aufgebaut zu werden braucht (z. B. bei Haustürgeschäften wie dem Verkauf von Zeitschriften, Lexika).

Sollen hingegen langfristige Beziehungen zum Kunden aufgebaut bzw. gehalten werden, weist eine hohe Anzahl von stornierten Aufträgen auf Defizite in der Verkaufstechnik hin. In diesen Fällen empfiehlt sich eine Intensivierung des Soft-Selling. Dieser Verkaufstechnik folgend unterstützt der Verkäufer den potenziellen Kunden bei der Bewältigung seiner Probleme und schließt ein Geschäft nur dann ab, wenn dies eine gute Lösung für den Kunden darstellt.

Vertriebswegquote, mengenabhängige
(in %)

Die mengenabhängige Vertriebswegquote ermittelt den Anteil eines bestimmten Vertriebswegs an den Gesamtbestellungen. Sie ist damit Indikator für die Bedeutung einzelner Vertriebswege sowie für Änderungen im Vertriebssystem.

$$= \frac{\text{Anzahl der Bestellungen, die über einen bestimmten Vertriebsweg abgewickelt werden}}{\text{Gesamtzahl der Bestellungen}} \times 100\,\%$$

Beispiel
Ein Unternehmen erhält in einem Monat 1.000 Bestellungen. Davon werden 340 über den Großhandel abgewickelt, 30 werden von den Kunden selbst beim Unternehmen abgeholt. Die mengenabhängige Vertriebswegquote für den Vertriebsweg des Großhandels beträgt demnach 34 %. Die mengenabhängige Vertriebswegquote für die Selbstabholung als Vertriebsweg beläuft sich auf 3 %.

$$= \frac{340 \text{ Bestellungen über Vertriebsweg Großhandel}}{1.000 \text{ Bestellungen insgesamt}} \times 100\,\% = 34\,\%$$

Quelle
- Die Anzahl der Bestellungen und die Eingruppierung in die verschiedenen Vertriebswege sollte das Vertriebswesen oder die Außendienstabteilung bereithalten.
- Vertriebswege können zum Beispiel sein:
  - Großhandel
  - Einzelhandel
  - Factory Outlet Center
  - Werksverkauf
  - Vertrieb über den Außendienst
  - Eigenlieferung an Kunden
  - Fremdlieferung an Kunden
  - Abholung durch Kunden
  - Moderne Telekommunikationsmittel (bei Dienstleistungen):
    - Telefon (Hotline, Call Center)
    - Fax (Fax on demand, Polling)
    - E-Mail (Newsletter)
    - Internet (Softwarelösungen, Softwareferndiagnose)

Interpretation
- Die mengenabhängige Vertriebswegquote setzt den mengenabhängigen Anteil eines bestimmten Vertriebsweges zu den Gesamtbestellungen ins Verhältnis. Sie zeigt damit auf, welche Vertriebswege die Kunden des Unternehmens bevorzugen.
- Die Kennzahl ist insbesondere aussagekräftig im Zeitvergleich, da so Verschiebungen bei den Vertriebswegquoten ermittelt und entsprechende Veränderungen rechtzeitig erkannt werden.
- Insbesondere bei der Einführung und Durchsetzung von neuen Vertriebswegen hilft die mengenabhängige Vertriebswegquote zu erkennen, inwieweit sich die modernen Vertriebswege bei den Kunden durchsetzen.
- Es empfiehlt sich, die Kennzahl auch für verschiedene Kundengruppen (z. B. Alter, Herkunft, Stammkunden, Neukunden) zu ermitteln, um so die Vertriebswege spezifischer auf die Kundenbedürfnisse ausrichten zu können.

Maßnahmen zur Beeinflussung
Um die mengenabhängige Vertriebswegquote eines bestimmten Vertriebsweges zu erhöhen, ist es nötig, den Anteil dieser Vertriebsmethode an den Gesamtbestellungen zu steigern. Folgende Maßnahmen sind dazu geeignet:

- Gewährung von Sonderkonditionen an Kunden, die über den gewünschten Vertriebsweg bestellt haben. Dies kann in Form von besonderen Rabatten, Zugaben oder Liefervorteilen erfolgen.
- Intensivierung der Werbemaßnahmen, um diesen Vertriebsweg und die für den Kunden damit verbundenen Vorteile bekannter zu machen
- Abbau und Wegfall anderer Vertriebswege
- Erschließung neuer Kundengruppen, die bevorzugt über den gewünschten Vertriebsweg bestellen

Grenzen
Die mengenabhängige Vertriebswegquote berücksichtigt nur die Anzahl der Bestellungen. Um Fehlinterpretationen zu vermeiden und auch die Gewichte der einzelnen Vertriebswege für die wirtschaftliche Ertragskraft zu beachten, sollte flankierend die umsatzabhängige Vertriebswegquote (→Vertriebswegquote, umsatzabhängige) gebildet werden.

Vertriebswegquote, umsatzabhängige
(in %)

Die umsatzabhängige Vertriebswegquote bestimmt den Anteil bestimmter Vertriebswege am Gesamtumsatz. Diese Kennzahl weist damit auf Änderungen im Vertriebssystem hin.

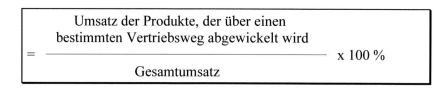

$$= \frac{\text{Umsatz der Produkte, der über einen bestimmten Vertriebsweg abgewickelt wird}}{\text{Gesamtumsatz}} \times 100\,\%$$

Beispiel
Ein Unternehmen verkauft in einem Monat Waren im Wert von 160.000 €. Davon werden 140.000 € über den Großhandel abgewickelt, 20.000 € werden im Werksverkauf vertrieben und von den Kunden selbst abgeholt. Die umsatzabhängige Vertriebswegquote für den Vertriebsweg des Großhandels beträgt demnach 87,5 %. Die umsatzabhängige Vertriebswegquote für die Selbstabholung als Vertriebsweg beläuft sich auf 12,5 %.

$$= \frac{140.000 \, \text{€ Umsatz mit Großhandel}}{160.000 \, \text{€ Gesamtumsatz}} \times 100 \, \% = 87,5 \, \%$$

Die *Philip Morris Marktforschung* ermittelte die folgenden umsatzabhängigen Vertriebswegquoten für die Zigarettenindustrie in Deutschland:

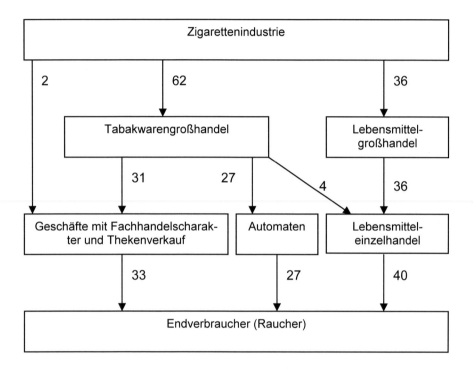

Abb. 16. Vertriebswegquoten in der Zigarettenindustrie (in %)

Quelle
- Die →Umsätze (ohne Umsatzsteuer und Erlösschmälerungen) kennt die Finanzbuchhaltung.
- Sind die Umsätze nicht nach Vertriebswegen aufgeschlüsselt, muss die Finanzbuchhaltung mit entsprechend verschiedenen Umsatzkonten eingerichtet werden. Die Eingruppierung der Umsätze in die verschiedenen

V

Vertriebswege sollte das Vertriebswesen oder die Außendienstabteilung bereithalten. Vertriebswege können zum Beispiel sein:
- Großhandel
- Einzelhandel
- Factory Outlet Center / Fabrik- oder Werksverkauf
- Vertrieb über den Außendienst
- Eigenlieferung an Kunden
- Fremdlieferung an Kunden
- Selbstabholung durch Kunden
- Moderne Telekommunikationsmittel (bei Dienstleistungen):
    - Telefon (Hotline, Call Center)
    - Fax (Fax on demand, Polling)
    - E-Mail (Newsletter)
    - Internet (Softwarelösungen, Softwareferndiagnose)

Interpretation
- Die umsatzabhängige Vertriebswegquote setzt den Anteil eines bestimmten Vertriebsweges zum Gesamtumsatz ins Verhältnis. Sie zeigt damit auf, über welche Vertriebswege dem Unternehmen die stärksten Umsätze zufließen.
- Die umsatzabhängige Vertriebswegquote kann auch nach dem jeweiligen Vertriebsweg benannt werden, wie die folgenden Beispiele verdeutlichen:
    - Großhandelsquote
    - Einzelhandelsquote
    - Außendienstquote
    - Selbstabholungsquote
    - Eigentransportquote
    - Fremdtransportquote
- Die Kennzahl gewinnt im Zeitvergleich an Aussagekraft, da so Verschiebungen bei den Vertriebswegquoten aufgedeckt und entsprechende Veränderungen rechtzeitig erkannt werden.
- Die umsatzabhängige Vertriebswegquote liefert insbesondere bei der Einführung und Durchsetzung neuer Vertriebskonzepte Anhaltspunkte, inwieweit sich diese bei den Kunden durchsetzen.
- Es empfiehlt sich, die Kennzahl auch für verschiedene Kundengruppen (z. B. Alter, Herkunft, Stammkunden, Neukunden) zu ermitteln, um so die Vertriebswege speziell an den Kundenbedürfnissen ausrichten zu können.

Maßnahmen zur Beeinflussung
Um die umsatzabhängige Vertriebswegquote eines bestimmten Vertriebs-weges zu erhöhen, ist es nicht nur nötig, den Anteil dieses Vertriebswegs an den Gesamtbestellungen zu steigern. Flankierend dazu sollten auch Maßnahmen ergriffen werden, die das Umsatzvolumen einer über diesen Kanal zugeflossenen Bestellung (Bestellwert) erhöhen. Folgende Maß-nahmen sind geeignet:

- Gewährung von Sonderkonditionen an Kunden, die den entsprechenden Vertriebsweg akzeptieren. Dies kann in Form von besonderen Rabatten, besonderen Zugaben und/oder Liefervorteilen erfolgen.
- Intensivierung der Werbemaßnahmen, um diesen Vertriebsweg und die für den Kunden damit verbundenen Vorteile bekannter zu machen
- Abbau und Wegfall anderer Vertriebswege
- Erschließung neuer Kundengruppen, die bevorzugt den entsprechenden Vertriebsweg wünschen

Grenzen
Die umsatzabhängige Vertriebswegquote sagt noch nichts darüber aus, wie gewinnträchtig die einzelnen Vertriebswege sind. Falls es nicht mit einem unverhältnismäßig hohen Aufwand verbunden ist, können daher auch →Deckungsbeiträge als Grundlage dieser Kennzahl verwendet werden.

Verweildauer, durchschnittliche
(in Zeiteinheiten)

1. siehe →Einkaufsdauer, durchschnittliche

2. Durchschnittliche Verweildauer pro Seite (in Minuten oder Sekunden)

= Dauer der Nutzung eines Werbeträgers durch den Mediennutzer

Die durchschnittliche Verweildauer ist die in Minuten oder Sekunden ge-messene Zeitdauer, die ein Nutzer eines Werbeträgers im Durchschnitt damit verbringt, dieses Medium innerhalb eines festgesetzten Zeitraums zu nutzen, also z. B. fernzusehen, Radio zu hören oder eine Zeitschrift bzw. eine Zeitung zu lesen. Für die elektronischen Medien Hörfunk und Fernse-hen wird die Verweildauer in der Regel als durchschnittliche Hör- bzw. Sehdauer pro Tag angegeben.

V

- Das Medium mit der höchsten Verweildauer pro Tag ist der Hörfunk (rund drei Stunden), dicht gefolgt vom Fernsehen. Für die Lektüre der Tageszeitung (rund 35 Minuten) wenden die Bundesbürger weniger Zeit als für Fernsehen und Hörfunk auf. Dabei ist festzustellen, dass die Verweildauer bei Zeitungen seit den 60er Jahren deutlich zurückgegangen ist.
- Bei Printmedien ist folgender Zusammenhang festzustellen: Je höher der Heftumfang, umso geringer ist im Allgemeinen die durchschnittliche Verweildauer pro Seite. Mit steigendem Heftumfang eines Titels sinkt also die Beachtungschance der redaktionellen und werblichen Inhalte.
- Hohe Nutzungsintensität und hohe durchschnittliche Verweildauer pro Seite sind Voraussetzungen für wirksame Werbemittelkontakte. Vor diesem Hintergrund interessiert die durchschnittliche Verweildauer pro Seite (= die in Sekunden gemessene Zeit, die ein Leser eines Druckmediums im Durchschnitt damit verbringt, eine beliebige Seite zu betrachten). Nach einschlägigen Untersuchungen liegt die durchschnittliche Verweildauer pro Seite der Leser von Abonnementzeitungen bei 90 Sekunden, während sie bei Zeitschriften vielfach nur zwischen 20 und 30 Sekunden beträgt.

Visit

→Unique Visit

Visitor

→Unique Visitor

Visits per Visitor
(auch Einzelbesuche je Einzelbesucher einer Homepage)

Die Kennzahl setzt die Zahl der Einzelbesuche einer Homepage (→Unique Visits) ins Verhältnis zur Zahl der Einzelbesuche (→Unique Visits) und gibt damit an, wie oft ein Internetnutzer in einem definierten Zeitraum durchschnittlich die Internethomepage des Unternehmens besucht.
Die Kennzahl Visits per Visitor erlaubt Rückschlüsse auf die Bindung und Treue der Nutzer der eigenen Homepage. Gleichzeitig kann sie dazu die-

nen, die Werbeeffizienz einer Homepage, auf der ein Unternehmen Werbung schalten möchte, zu bemessen.

Vorsteuermarge

→Umsatzrendite

W

Warenrohertrag

→Spanne

Weitester Leserkreis

→Reichweite

Werbeelastizität
(siehe auch →Elastizität, →Preiselastizität der Nachfrage, →Einkommenselastizität der Nachfrage, , →Kreuzpreiselastizität und)

Mit der Kennzahl der Werbeelastizität lässt sich nachvollziehen, wie sich eine Änderung des Werbeaufwands (= unabhängige Variable) auf den →Umsatz eines Produkts (= abhängige Variable) auswirkt.

$$= \frac{\text{Relative Umsatzänderung}}{\text{Relative Werbeaufwandsänderung}}$$

Die relative Umsatzänderung ist definiert als:

$$= \frac{\text{Neuer Umsatz} - \text{Alter Umsatz}}{\text{Alter Umsatz}} \times 100\,\%$$

W

Die relative Werbeaufwandsänderung ist definiert als:

$$= \frac{\text{Neuer Werbeaufwand} - \text{Alter Werbeaufwand}}{\text{Alter Werbeaufwand}} \times 100\,\%$$

Die Werbeelastizität gibt mithin darüber Auskunft, um wie viel Prozent der Umsatz steigt, wenn die Werbeaufwendungen um ein Prozent steigen, bzw. um wie viel Prozent der Umsatz sinkt, wenn die Werbeaufwendungen um ein Prozent sinken.

Bei der Werbeelastizität unterscheidet man drei Ausprägungen:

- Werbeelastizität kleiner als 0:
  Die Intensivierung der Werbeaktivitäten war ein Misserfolg, der Umsatz ist sogar zurückgegangen. Hierfür können Faktoren wie z. B. Aktivitäten der Konkurrenz, sinkende Realeinkommen und Reaktanz (Verbraucher ist von der massiven Werbung „genervt") verantwortlich sein.
- Werbeelastizität zwischen 0 und 1:
  Hier handelt es sich um die sog. starre Werbeelastizität. Die prozentuale Umsatzveränderung liegt unter der sie verursachenden prozentualen Werbebudgetveränderung.
- Werbeelastizität größer als 1:
  Der Umsatz steigt prozentual stärker an als die verursachende Werbebudgetveränderung. Diesen Zustand bezeichnet man als flexible Werbeelastizität.

Beispiel
Bei einem Unternehmen für Milchprodukte ist der Werbeaufwand gegenüber der Vorperiode von 200.000 € auf 220.000 € (= 20 %) gestiegen. Der Umsatz ist nach der Erhöhung des Werbeaufwands von 4.000.000 € auf 4.200.000 € angewachsen.

Die relative Werbeaufwandsänderung beträgt + 20 %.

$$= \frac{220.000\,€ - 200.000\,€}{200.000\,€} \times 100\,\% = +20\,\%$$

Die relative Umsatzänderung beträgt + 5 %:

$$= \frac{4.200.000 - 4.000.000 \text{ €}}{4.000.000 \text{ €}} \times 100 \% = +5 \%$$

Die Werbeelastizität beträgt mithin 0,25.

$$= \frac{+5 \%}{+20 \%} = 0,25$$

Die Kennzahl liegt zwischen 0 und 1. Hierbei handelt es sich mithin um eine starre Werbeelastizität. Die prozentuale Umsatzveränderung liegt unter der sie verursachenden prozentualen Werbebudgetveränderung.

Quelle
- Sowohl die Veränderungen der Werbeaufwendungen als auch die Veränderung des Gesamt-, Gebiets- oder Produktumsatzes können der Summen- und Saldenliste entnommen werden.
- Der Umsatz sollte ohne Mehrwertsteuer berechnet werden.
- Aus Vereinfachungsgründen bietet es sich an, etwaige Erlösschmälerungen (z. B. Boni, Skonti, Rabatte) unberücksichtigt zu lassen.

Interpretation
- Die Werbeelastizität ist ein Maßstab für den ökonomischen Erfolg von Werbemaßnahmen. Diese Kennzahl gibt Aufschluss darüber, ob sich eine Erhöhung des Werbebudgets auch in einer entsprechenden Umsatzsteigerung niederschlägt. Damit dient sie einmal der Kontrolle des Erfolges bereits durchgeführter Kampagnen. Zum anderen spielt sie aber auch bei der Planung zukünftiger Aktivitäten eine zentrale Rolle. Deshalb sollte diese Kennzahl in regelmäßigen Abständen berechnet werden. Auf diese Weise lassen sich Zeitreihenanalysen durchführen.
- Die Werbeelastizität kann für das gesamte Werbebudget und den Gesamtumsatz berechnet werden. Einen genaueren Einblick in den Erfolg der Werbeaktivitäten gewinnt man jedoch, wenn die Werbeelastizität spezifisch für einzelne Produkte, Regionen, Werbekampagnen und/oder Werbemedien berechnet wird.

W

Maßnahmen zur Beeinflussung

Der Erfolg einer Werbemaßnahme und damit die Werbeelastizität werden durch folgende Faktoren beeinflusst:

- Werbeinhalt: Wie wird geworben, welcher Werbestil wird gewählt (z. B. informativ oder unterhaltsam)?
- Werbeträger und –mittel: In welchen Medien wird geworben?
- Werbetiming: Zu welchem Zeitpunkt und in welchen Abständen wird geworben?

Grenzen

- Bei der Berechnung der Werbeelastizität darf keinesfalls vernachlässigt werden, dass hier – wie bei allen Elastizitäten – nur Erlös- und damit Umsatzveränderungen betrachtet werden. Demnach lässt sich aus der aus der Werbeelastizität kein Rückschluss auf eine Veränderung des →Gewinns ziehen.
- Umsatzveränderungen sind im Regelfall nicht ausschließlich auf Werbeaktivitäten, sondern auf ein Bündel von Faktoren (z. B. die Aktivitäten der Wettbewerber) zurückzuführen.
- Bei der Beurteilung des Erfolgs von Werbemaßnahmen müssen drei Phänomene berücksichtigt werden:
  - Werbung für ein bestimmtes Produkt kann auf andere Produktbereiche des Unternehmens ausstrahlen (sog. Spill-Over- bzw. Ausstrahlungs-Effekt).
  - Werbung in einer Periode wirkt sich normalerweise auch auf den Umsatz der Folgeperioden aus (sog. Wirkungsverzögerung bzw. Carry-Over-Effekt). Beispielsweise kann sich ein Verbraucher, der heute einen Werbespot sieht, zu einem späteren Zeitpunkt, an dem er einen entsprechenden Kaufwunsch empfindet, an das beworbene Produkt erinnern und es erst dann kaufen.
  - Auch dem sog. Beharrungs- oder Decay-Effekt muss Rechnung getragen werden. Denn eine Umsatzsteigerung tritt weder unmittelbar mit dem Beginn einer Werbekampagne ein, noch bildet sie sich nach deren Beendigung unmittelbar zurück. Demnach wirken vorangegangene Werbekampagnen in aller Regel noch nach, was zu einer Überschätzung des Erfolgs der zuletzt getroffenen Werbemaßnahmen führt.

Werbekosten pro Kunde bzw. verkaufter Einheit
(in €)

Die Kennzahl gibt an, wie hoch die Werbekosten pro Kunde in einer bestimmten Periode ausfallen.

$$= \frac{\text{Gesamtwerbekosten}}{\text{Anzahl der Kunden}}$$

Statt der Anzahl der Kunden kann auch die Zahl der verkauften Einheiten als Vergleichsmaßstab herangezogen werden:

$$= \frac{\text{Gesamtwerbekosten}}{\text{Anzahl der verkauften Einheiten}}$$

Beispiel
Ein Hersteller von gewerblichen Spezialmaschinen, der im Durchschnitt 1.200 Kunden hat, investiert in einem Jahr 144.000 € in Werbung. Die Werbekosten pro Kunde belaufen sich auf 120 €. Wenn im betrachteten Jahr insgesamt 2.400 Spezialmaschinen verkauft werden konnten, betragen die Werbekosten je verkaufter Einheit 60 €.

$$= \frac{144.000 \text{ € Werbekosten}}{1.200 \text{ Kunden}} = 120 \text{ € Werbekosten pro Kunde}$$

$$= \frac{144.000 \text{ € Werbekosten}}{2.400 \text{ Spezialmaschinen}} = 60 \text{ € Werbekosten pro Verkaufseinheit}$$

Quelle
Die erforderlichen Daten halten die Marketing- und die Vertriebsabteilung bereit.

W

Interpretation

- Im Zuge der Werbewirksamkeitskontrolle geben die Werbekosten pro Kunde mittelbaren Aufschluss über den Erfolg einer Werbekampagne. Kennt man die Werbekosten pro Kunde und legt den anzuvisierenden Kundenzuwachs für die nächste Periode fest, lassen sich anhand dieser Kennzahl außerdem die zukünftigen Werbebudgets planen.

- Die Kennzahl kann gut am Beispiel der Automobilindustrie erläutert werden: Pro verkauftem Auto in Deutschland werden rund 2,2 % des durchschnittlichen Kaufpreises in Werbung investiert. Dabei fallen die Werbekosten pro Einheit umso höher aus, je geringer der Marktanteil ist. Dies führt dazu, dass Importmarken pro verkaufte Einheit vergleichsweise viel in die Werbung investieren, um auf diese Weise den geringeren →Bekanntheitsgrad gegenüber deutschen Marken zu kompensieren. Deutsche Hersteller verhalten sich grundsätzlich eher prozyklisch, d. h. in Zeiten einer Absatzflaute reduzieren sie ihre Werbeaufwendungen, in Boomzeiten erhöhen sie ihre Werbebudgets. Die Produzenten der Importmarken hingegen verhalten sich tendenziell eher antizyklisch, was zu einem beträchtlichen Ausbau der Marktposition geführt hat und unter anderem darauf zurückzuführen ist, dass die eigenen Aktionen im Umfeld abnehmender Werbeintensität stärker auffallen.

Maßnahmen zur Beeinflussung

- Systematische Auswahl von Zielgebiet und Zielgruppe, um Streuverluste zu vermeiden:
  - Bezüglich des Zielgebiets muss festgelegt werden, ob regional, national, international oder global geworben wird.
  - Parallel hierzu müssen die anvisierten Zielgruppen definiert werden. Als Kriterien für die Auswahl und Beschreibung von Zielgruppen sind soziodemographische (z. B. Alter, Geschlecht, Einkommen, Beruf, Region, Ortsgröße), psychographische Motive (z. B. Einstellungen, Lebensstile, Werte) sowie Konsummerkmale (z. B. Käufer und Nichtkäufer, Kaufvolumen, Markentreue, Preisverhalten, Einkaufsstättenwahl) zu nennen.
  - Die Merkmale der unterschiedlichen Zielgruppen geben konkrete Hinweise auf die weitere Planung der Kommunikationspolitik, z. B. für die Botschaftsgestaltung und Mediaselektion, und bilden den Ausgangspunkt zur Formulierung von Kommunikationsstrategien.
- Auswahl effizienter Werbeträger und –mittel:
  - Ein Werbeträger ist definiert als Medium, durch das ein Werbemittel an die Umworbenen herangetragen wird. Hierzu zählen Zeitung, Zeitschrift, Anzeigen- bzw. Offertenblätter, TV und neue elektronische

(audio-)visuelle Medien (z. B. Videotext), Rundfunk, Kino, Internet, Plakatwand, (Öffentliche) Verkehrsmittel (Busse, Bahnen, Taxis), Verpackungen, Geschenke, Schaufenster, Messestand sowie Telekommunikationsverzeichnisse (Adress- und Telefonbücher, Branchen-Telefonbücher wie z. B. Gelbe Seiten).

- Ein Werbemittel ist die Ausgestaltung bzw. Kombination von Kommunikationsmitteln (z. B. Wort, Ton, Bild, Symbol), mit denen eine Werbebotschaft dargestellt wird. Dies sind beispielsweise Anzeigen, TV- und Rundfunkspots, Banner-Werbung im Internet, Plakate, Aufdrucke, Warenpräsentationen sowie Telefon- und Adressbuchwerbung.

- Wahl einer geeigneten Beeinflussungsstrategie:
  - Um die Aufmerksamkeit der Verbraucher zu wecken, bieten sich u. a. Originalität, Humor, erotische Reize sowie Angst bzw. Schockierung an.
  - Um die Werbewirkung zu verstärken, empfehlen sich z. B. die Verwendung von Leitbildern (z. B. Sportler, Künstler), „Slice-of-Life"-Technik (Ausschnitt aus dem täglichen Leben), Testimonial-Werbung (Prominenter oder „der Mann von der Straße" testen das Produkt), Presenter (Ein Sprecher stellt das Produkt vor), Analogien (z. B. „Wenn ein Baum keine Rinde mehr hat, ist er schutzlos der Witterung ausgesetzt. Genauso ist es bei Zähnen, wenn die Zahnhälse freiliegen."), Special Effects (z. B. Zeichentrick), Kaschierung von Anzeigen als redaktionelle Beiträge (sog. Advertorials).
  - Werbetiming: Zeitpunkt (Jahreszeit, Woche, Tag, Uhrzeit), Intensität im Zeitablauf (gleich bleibende, punktuelle oder pulsierende Werbung) und Abstände der Werbung (komprimiert oder verteilt)

Grenzen
Ohne Branchen- und/oder Zeitvergleiche bzw. weitere Relationen (z. B. Werbekosten im Verhältnis zu →Umsatz) haben die Werbekosten pro Kunde lediglich begrenzte Aussagekraft.

Werberesponse

→Response

W

Wiederkäuferrate

(auch Einkaufsstättentreue, Kundenbindungsgrad; in %)

Die Wiederkäuferrate bringt zum Ausdruck, wie hoch der Anteil der Erst-käufer der Marke A ist, die in der nächsten Periode wieder die Marke A kaufen. Damit dient die Wiederkäuferrate neben der →Wiederkaufrate der Ermittlung der Markentreue von Kunden und ist letztlich eine Kennzahl für das Ausmaß der Kundenbindung und →Kundenzufriedenheit. Daraus lässt sich die Stammkundenquote ableiten.

$$= \frac{\text{Zahl der Wiederholungskäufer der Marke in Periode 2}}{\text{Zahl der Erstkäufer der Marke A in Periode 1}} \times 100\,\%$$

Beispiel
Eine neue Marke für Kartoffelchips wird auf dem deutschen Markt einge-führt. Im ersten Jahr kaufen 500.000 Personen dieses Produkt. Von diesen Erstkäufern bleiben im zweiten Jahr 125.000 Kunden der Marke treu, der Rest wendet sich anderen Produkten zu. Demnach beträgt die Wiederkäu-ferrate 25 %.

$$= \frac{125.000 \text{ Wiederholungskäufer}}{500.000 \text{ Erstkäufer}} \times 100\,\% = 25\,\%$$

Quelle
• Der Einsatz dieser Kennzahl ist an die Voraussetzung geknüpft, dass die Erst- und Wiederholungskäufer in der betrieblichen Praxis identifiziert werden können. Dies kann über die in Haushaltspanels erhobenen Daten geschehen. Als Panel bezeichnet man einen bestimmten, gleich bleiben-den Kreis von Adressaten (im vorliegenden Fall Haushalte), bei dem wiederholt (in regelmäßig zeitlichen Abständen) Erhebungen zum (im Prinzip) gleichen Untersuchungsgegenstand durchgeführt werden. Hier-bei werden mündliche, schriftliche oder telefonische Befragung oder Beobachtung eingesetzt. *GfK* und *Nielsen* führen solche Haushaltspanels durch.

- Entsprechende Daten können bei Vorhandensein auch einer Kundendatenbank entnommen werden, die eventuell vom Einsatz einer Kundenkarte flankiert wird.

Interpretation

Die Wiederkäuferrate spielt eine wichtige Rolle im *Parfitt-Collins-Modell*. Hierbei handelt es sich um eine Planungshilfe, die auf einer Zerlegung des →Marktanteils in drei Komponenten basiert: Neben der Wiederkäuferrate werden auch der →Feldanteil sowie die →Kaufintensität in die Analyse einbezogen.

Auf diese Weise gelingen instruktive Einblicke in die Ursachen des Marktanteils. Denn es ist etwas ganz anderes, ob ein hoher Marktanteil auf einer hohen Zahl von Erstkäufern, einer hohen Anzahl von Wiederholungskäufern oder einer hohen Anzahl von Intensivkäufern beruht.

Maßnahmen zur Beeinflussung

Hierfür bieten sich neben einer Steigerung der →Kundenzufriedenheit die ökonomischen, juristischen, technologischen und sozialen Instrumente der Kundenbindung an. Dazu zählen u. a.:

- Aufbau persönlicher Verbindungen
- Unterhaltung von Kundenclubs
- Abschluss langfristiger Lieferverträge
- Förderung der Abnehmertreue durch entsprechende Rabattsysteme
- Einführung von Systemkonzepten
- Erschwernis des Lieferantenwechsels durch technische Vorkehrungen

Grenzen

- Bei der Berechnung der Wiederkäuferrate wird allgemein davon ausgegangen, dass zufriedene Kunden das Produkt bei Bedarf erneut kaufen, wohingegen unzufriedene Kunden abwandern. Dieser Zusammenhang gilt jedoch nur in den Fällen, in denen die Kunden nicht durch andere (ökonomische, juristische, technologische und soziale) Instrumente gebunden sind. In solchen Fällen birgt die Fokussierung auf die Wiederkäuferrate die Gefahr in sich, dass unzufriedene Kunden in dem Moment abwandern, in dem die geschilderten Kundenbindungsinstrumente nicht mehr greifen.
- Bei der Interpretation der Wiederkäuferrate muss ins Kalkül gezogen werden, dass dabei das Ziel der Kundenbindung im Vordergrund steht. Die Neukundenakquisition hingegen bleibt bei der Betrachtung dieser Kennzahl außen vor. Demnach birgt eine ausschließliche Betrachtung der Wiederkäuferrate insbesondere in wachsenden Märkten erhebliche

Risiken in sich, so dass auch der →Feldanteil in die Betrachtung einbezogen werden muss.

Wiederkaufrate

(auch Einkaufsstättentreue, Kundenbindungsgrad; in %)

Die Wiederkaufrate misst das mengenabhängige Ausmaß, mit dem Käufer einer Marke (sog. Erstkäufer) diese auch wiederkaufen. Demnach lässt sich diese Kennzahl interpretieren als Marktanteil der Marke A im Segment der Erstkäufer von Marke A. Damit dient die Wiederkaufrate der Erfassung der Markentreue und der Prognose des langfristigen →Marktanteils.

$$= \frac{\text{Die von den Erstkäufern bei Wiederholungskäufen gekaufte Menge, die auf Marke A entfällt}}{\text{Gekaufte Menge in der Produktklasse, die von A-Käufern nach Erstkauf getätigt wird}} \times 100\,\%$$

Beispiel
Die Erstkäufer der Hautpflegecreme A kaufen im folgenden Jahr insgesamt 10 Dosen à 200 g Hautpflegecreme ein, davon erneut 6 Dosen der Hautpflegecreme A. Die Wiederkaufrate beträgt 60 %.

$$= \frac{1{,}2 \text{ kg gekaufte Hautpflegecreme A}}{2{,}0 \text{ kg insgesamt eingekaufte Hautpflegecreme}} \times 100\,\%$$

Quelle
• Der Einsatz dieser Kennzahl ist an die Voraussetzung geknüpft, dass die Erst- und Wiederholungskäufer und deren Kaufmengen in der betrieblichen Praxis identifiziert werden können. Dies kann über die in Haushaltspanels erhobenen Daten geschehen. Als Panel bezeichnet man einen bestimmten, gleich bleibenden Kreis von Adressaten (im vorliegenden Fall Haushalte), bei dem wiederholt (in regelmäßig zeitlichen Abständen) Erhebungen zum (im Prinzip) gleichen Untersuchungsgegenstand durchgeführt werden. Hierbei werden mündliche,

schriftliche oder telefonische Befragung oder Beobachtung eingesetzt. *GfK* und *Nielsen* führen solche Haushaltspanels durch.

- Entsprechende Daten können bei Vorhandensein auch einer Kundendatenbank entnommen werden, die eventuell vom Einsatz einer Kundenkarte flankiert wird.

Interpretation
Im Vergleich zur →Wiederkäuferrate bietet die Wiederkaufrate den Vorteil, dass sie einen Einblick in die →Kaufintensität vermittelt. Es wird also nicht nur nachvollziehbar, ob ein Erstkäufer die Marke noch einmal kauft, sondern auch, wie viel davon er im Betrachtungszeitraum erwirbt.

Maßnahmen zur Beeinflussung
Hierfür bieten sich neben einer Steigerung der →Kundenzufriedenheit die ökonomischen, juristischen, technologischen und sozialen Instrumente der Kundenbindung an. Dazu zählen u. a.:

- Aufbau persönlicher Verbindungen
- Unterhaltung von Kundenclubs
- Abschluss langfristiger Lieferverträge
- Förderung der Abnehmertreue durch entsprechende Rabattsysteme
- Einführung von Systemkonzepten
- Erschwernis des Lieferantenwechsels durch technische Vorkehrungen

Grenzen
- Bei der Berechnung der Wiederkaufrate wird allgemein davon ausgegangen, dass zufriedene Kunden das Produkt bei Bedarf erneut kaufen, wohingegen unzufriedene Kunden abwandern. Dieser Zusammenhang gilt jedoch nur in den Fällen, in denen die Kunden nicht durch andere (ökonomische, juristische, technologische und soziale) Instrumente gebunden sind. Hier birgt die Fokussierung auf die Wiederkaufrate die Gefahr in sich, dass unzufriedene Kunden in dem Moment abwandern, in dem die geschilderten Kundenbindungsinstrumente nicht mehr greifen.
- Bei der Interpretation der Wiederkaufrate muss ins Kalkül gezogen werden, dass dabei das Ziel der Kundenbindung im Vordergrund steht. Die Neukundenakquisition hingegen bleibt bei der Betrachtung dieser Kennzahl außen vor. Demnach birgt eine ausschließliche Betrachtung der Wiederkaufrate insbesondere in wachsenden Märkten erhebliche Risiken in sich, so dass auch der →Feldanteil in die Betrachtung einbezogen werden muss.

Z

Zahlungsziel, durchschnittliches
(in Tagen)

Das durchschnittliche Zahlungsziel gibt Aufschluss darüber, nach wie vielen Tagen im Durchschnitt eine vom Unternehmen an den Kunden gestellte Rechnung fällig wird.

$$= \frac{\text{Summe der einzelnen Zahlungsziele}}{\text{Anzahl der Rechnungen}}$$

Beispiel
Ein Unternehmen stellt in einem Monat 300 Rechnungen aus. Dabei werden insgesamt 2.100 Tage als Zahlungsziel eingeräumt. Das durchschnittliche Zahlungsziel beträgt demnach 7 Tage.

$$= \frac{2.100 \text{ Tage Summe der Zahlungsziele}}{300 \text{ Rechnungen}} = 7 \text{ Tage}$$

Quelle
Das Vertriebswesen hält sowohl die Anzahl der gestellten Rechnungen als auch die Zahlungsfristen bereit.

Interpretation
- Zahlungsziele sind ein Instrument der Preis- und Konditionenpolitik eines Anbieters.
- Dabei hat die Einräumung verlängerter Zahlungsziele (Valutavereinbarungen, Absatzkredite) keine unmittelbaren Konsequenzen für den Net-

Z

to-Rechnungsbetrag. Allerdings führen verlängerte Zahlungsziele zu verspäteten Zahlungseingängen. Die entsprechenden Mittel können nicht angelegt werden können bzw. müssen zwischenfinanziert werden. Ein hoher Kennzahlenwert bedeutet demnach eine geringere Planungssicherheit bezüglich der Liquidität.

- Viele Unternehmen bieten ihren Kunden bei besonders zügiger Zahlungsabwicklung eine Vergütung für die Nichtinanspruchnahme des Zahlungsziels (Skonto).
- Die Kennzahl ist insbesondere interessant im Vergleich zwischen:
  - Perioden,
  - Unternehmensbereichen,
  - Wettbewerbern (falls die Daten zugänglich sind),
  - Produkten und Produktgruppen sowie
  - Kunden und Kundengruppen.

Maßnahmen zur Beeinflussung

Ein hoher Kennzahlenwert bedeutet, dass das Unternehmen seinen Kunden durchschnittlich sehr lange Fristen einräumt, innerhalb derer diese ihre Rechnungen bezahlen müssen. Als Vergleichsmaßstab kann insbesondere der Branchendurchschnitt herangezogen werden, der von den zuständigen Verbänden (Handwerkskammer, Industrie- und Handelskammer) mitgeteilt wird. Folgende Gesichtspunkte sind zu prüfen:

- Bei einer Neuverhandlung der Zahlungskonditionen können kürzere Zahlungsziele vereinbart werden.
- Eventuell steht hinter den langen Zahlungszielen eine Fehleinschätzung des Unternehmens über die Zahlungsmoral der Kunden.

Grenzen

Das durchschnittliche Zahlungsziel ergibt sich aus der Gestaltung der Zahlungskonditionen durch das Unternehmen selbst. Sie sagt nichts über die Einhaltung der Zahlungsziele durch die Kunden aus. Zu diesem Zweck sollte die →Zahlungszielabweichung berechnet werden.

Zahlungszielabweichung
(in Tagen)

Die Zahlungszielabweichung trifft eine Aussage darüber, ob und in welchem Maße die Kunden die gesetzten Zahlungsziele (nicht) einhalten. Sie ist somit Kennzahl für die Zahlungsmoral der Kunden.

> Summe der positiven Abweichungen der Zahlungen
> vom Zahlungsziel
> − Summe der negativen Abweichungen der Zahlungen
> vom Zahlungsziel

Beispiel
Die Tage, welche die Kunden eines Unternehmens ihre Rechnungen vor dem Zahlungsziel beglichen haben, addieren sich auf 30 Tage. Gleichzeitig haben andere Kunden ihre Rechnungen insgesamt 25 Tage nach Ablauf der Zahlungsfrist gezahlt. Die Zahlungszielabweichung beträgt + 5 Tage, die sich als Differenz der positiven Zahlungszielabweichungen von + 30 Tagen und der negativen Zahlungszielabweichungen von − 25 Tagen ergeben.

Quelle
- Das nötige Datenmaterial sollte die Vertriebs- oder Rechnungsabteilung bereithalten. Die Abweichungen können meistens mit Hilfe der Fakturierungs- und Buchhaltungssoftware automatisch errechnet werden.
- Positive Abweichung bedeutet, dass der Kunde die Rechnung früher als das Zahlungsziel beglichen hat. Bei einer negativen Abweichung hat der Kunde die Rechnung erst nach Überschreiten des Zahlungsziels beglichen.

Interpretation
- Ein negativer Kennzahlwert bedeutet, dass die Kunden ihre Rechnungen insgesamt nicht innerhalb der Zahlungsfristen begleichen. Verspätete Zahlungseingänge haben zur Konsequenz, dass die entsprechenden Mittel nicht angelegt werden können bzw. zwischenfinanziert werden müssen. Weitere Kosten entstehen durch das Mahnwesen, das bei Überschreiten der Zahlungsziele eingeschaltet wird.
- Ein positiver Kennzahlenwert spricht für eine gute Zahlungsmoral der Kunden. Dies sollte zum Anlass genommen werden, über eine Verkür-

Z

zung der Zahlungsfristen nachzudenken. Hierdurch könnte ein Teil der Skonto-Vergütungen eingespart werden.

- Die Kennzahl vermittelt vertiefende Einblicke im Vergleich zwischen:
  - Perioden,
  - Unternehmensbereichen,
  - Wettbewerbern (falls die Daten zugänglich sind),
  - Produkten und Produktgruppen sowie
  - Kunden und Kundengruppen.

Maßnahmen zur Beeinflussung
Bei einem negativen Kennzahlenwert sollten folgende Maßnahmen in Betracht gezogen werden:

- Überprüfung der Zahlungsziele im Vergleich zu branchenüblichen Zahlungsfristen
- Einführung oder Erhöhung der Skonto-Vergütung, um Anreize für eine frühere Zahlung zu bieten. Hierbei muss jedoch die Rentabilität einer solchen Maßnahme beachtet werden.
- verstärkter Hinweis an die Kunden, mit welchen Kosten ein Mahnverfahren auch für sie verbunden ist
- entsprechende Schulung der Außendienstmitarbeiter

Grenzen
In jedem Falle muss analysiert werden, ob der Kennzahlenwert nicht durch Ausreißer in positiver oder negativer Hinsicht (besonders früh oder spät gezahlte Rechnungen) verzerrt wurde. Sollten besonders große Zahlungszielabweichungen einmaliger Natur entdeckt werden, empfiehlt es sich, diese Zahlungszielabweichungen aus der Berechnung der Kennzahl herauszunehmen.

Zurückgewinnungsrate

→Rückgewinnungsquote

Zuwanderungsrate

→Neukundenquote

Kontaktadressen zur Datenerhebung

Behörden des Bundes, der Bundesländer und der Europäischen Union

Statistisches Amt der Europäischen Gemeinschaften (Eurostat)
europa.eu.int/eurostat.html

Bundesministerium für Wirtschaft und Technologie
www.bmwi.de

Statistisches Bundesamt
www.destatis.de

Bundesagentur für Außenwirtschaft
www.bfai.de

Statistisches Landesamt Baden-Württemberg
www.statistik.baden-wuerttemberg.de

Bayerisches Landesamt für Statistik und Datenverarbeitung
www.bayern.de/lfstad

Amt für Statistik Berlin-Brandenburg
www.statistik-berlin-brandenburg.de

Statistisches Landesamt Bremen
www.statistik.bremen.de

Statistisches Amt für Hamburg und Schleswig-Holstein
www.fhh.hamburg.de
www.statistik-nord.de

Hessisches Statistisches Landesamt
www.hsl.de

Z

Statistisches Amt Mecklenburg-Vorpommern
www.statistik-mv.de

Niedersächsisches Landesamt für Statistik
www.nls.niedersachsen.de

Landesamt für Datenverarbeitung und Statistik Nordrhein-Westfalen
www.lds.nrw.de

Statistisches Landesamt Rheinland-Pfalz
www.statistik.rlp.de

Statistisches Amt Saarland
www.statistik.saarland.de

Statistisches Landesamt des Freistaates Sachsen
www.statistik.sachsen.de

Statistisches Landesamt Sachsen-Anhalt
www.stala.sachsen-anhalt.de

Thüringer Landesamt für Statistik
www.tls.thueringen.de

Zentrale und nach Branchen geordnete Einrichtungen des Handwerks

Zentralverband des Deutschen Handwerks e.V. (ZDH)
www.zdh.de, www.handwerk.de

Der Zentralverband des Deutschen Handwerks bietet auf seiner Homepage auch die Kontaktdaten der *Handwerkskammern (HWK)* in Deutschland.

Deutsches Handwerksinstitut e.V.
www.dhi.zdh.de

Zentralverband der Augenoptiker e.V.
ww.zva.de

Zentralverband des Deutschen Bäckerhandwerks e.V.
www.baeckerhandwerk.de

Zentralverband des Deutschen Baugewerbes e.V.
www.zdb.de

Bundesverband Deutscher Bestatter e.V.
www.bestatter.de

Deutscher Boots- und Schiffbauerverband e.V.
www.dbsv.de

Zentralverband des Deutschen Dachdeckerhandwerks
Fachverband Dach-, Wand- und Abdichtungstechnik e.V.
www.dachdecker.de

Verband des Deutschen Drechsler- und Holzspielzeugmacher-
handwerks e.V.
www.drechsler.org/de

Zentralverband der Deutschen Elektro- und Informationstechnischen
Handwerke
www.zveh.de

Hauptverband Farbe Gestaltung Bautenschutz e.V.
www.farbe.de

Verband des Deutschen Fass-und Weinküfer-Handwerks e.V.
www.kuefer.org

Deutscher Fleischerverband e.V.
www.fleischerhandwerk.de

Zentralverband des Deutschen Friseurhandwerks e.V.
www.friseurhandwerk.de

Bundesinnungsverband der Galvaniseure, Graveure und Metallbildner
www.biv.org

Bundesinnungsverband des Gebäudereiniger-Handwerks
www.gebaeudereiniger.de

Bundesverband Gerüstbau
www.geruestbauhandwerk.de

Bundesinnungsverband des Glaserhandwerks
www.glaserhandwerk.de

Zentralverband der Deutschen Goldschmiede, Silberschmiede
und Juweliere e.V.
www.zv-gold.de

Bundesinnung der Hörgeräte-Akustiker
www.biha.de

Bundesverband des holz- und kunststoffverarbeitenden Handwerks e.V.
www.bhkh.de

Bundesinnungsverband des Tischlerhandwerks
www.tischler.org

Bundesinnungsverband des Deutschen Kälteanlagenbauerhandwerks
www.biv-kaelte.de

Zentralverband Karosserie- und Fahrzeugtechnik e.V.
www.zkf.com

Deutscher Konditorenbund e.V.
www.konditoren.de

Zentralverband Deutsches Kraftfahrzeuggewerbe e.V. (ZDK)
www.kfzgewerbe.de

Die deutschen Kürschnerinnungen
www.kuerschner-innung.de

Bundesinnungsverband des Deutschen Landmaschinenmechaniker-
Handwerks
www.landmaschinenverband.de

Bundesverband des Maßschneiderhandwerks e.V.
www.bundesverband-mass-schneider.de

Bundesverband Metall e.V. – Vereinigung Deutscher Metallhandwerker
www.metallhandwerk.de

Bundesinnungsverband des Deutschen Modellbauerhandwerks
www.modellbauer-handwerk.de

Verband Deutscher Mühlen e.V.
www.muehlen.org

Bundesinnungsverband für Orthopädie-Schuhtechnik
www.biv-os.de

Bundesinnungsverband für Orthopädie-Technik
www.ot-forum.de

Zentralverband Parkett- und Fußbodentechnik e.V.
www.zv-parkett.de

Zentralverband Raum und Ausstattung e.V. – Bundesinnungsverband für
das Raumausstatter-, Sattler- und Feintäschnerhandwerk
www.zvr.de

Bundesverband Rolladen und Sonnenschutz e.V.
www.bv-rolladen.de

Zentralverband Sanitär Heizung Klima e.V.
www.wasserwaermeluft.de

Bundesverband Schneid- u. Schleiftechnik e.V.
www.bau-gewerbe.de

Bundesverband des Schornsteinfegerhandwerks e.V. –
Zentralinnungsverband
www.schornsteinfeger.de

Bundesinnung für das Siebdrucker-Handwerk
www.siebdruckinnung.org

Union der italienischen Speiseeishersteller e.V. (UNITEIS)
www.uniteis.it

Bundesinnungsverband des Deutschen Steinmetz-, Stein- und Holzbildhauerhandwerks
www.biv-steinmetz.de

Deutscher Textilreinigungs-Verband e.V.
www.dtv-bonn.de

Zentralverband Werbetechnik e.V.
Bundesinnungsverband der Schilder- und Lichtreklamehersteller
www.werbetechniker.de

Verband Deutscher Zahntechniker-Innungen
www.vdzi.de

Zentrale und nach Branchen geordnete Einrichtungen der Industrie

Deutscher Industrie- und Handelskammertag (DIHK)
www.dihk.de

Der *Deutsche Industrie- und Handelskammertag* hält auch die Kontaktadressen der *Industrie- und Handelskammern (IHK)* bereit.

Die Adressen der *Auslandshandelskammern (AHK)* finden sich auf der Homepage www.ahk.de.

Bundesverband der Deutschen Industrie e.V. (BDI)
www.bdi-online.de

Verband der Deutschen Automatenindustrie e.V.
www.vdai.de

Verband der Automobilindustrie e.V. (VDA)
www.vda.de

Hauptverband der Deutschen Bauindustrie e.V.
www.bauindustrie.de

Bundesverband Baustoffe Steine Erden e.V.
www.bv-baustoffe.de

Bundesverband Bekleidungsindustrie e.V.
www.bbi-online.de

Vereinigung Rohstoffe und Bergbau e.V.
www.v-r-b.de

Börsenverein des Deutschen Buchhandels e.V.
www.boersenverein.de

Verband der Chemischen Industrie e.V.
www.vci.de

Verband der Cigarettenindustrie e.V.
www.vdc-bonn.de

Bundesverband Druck und Medien e.V.
www.bvdm-online.de

Zentralverband Elektrotechnik- und Elektronikindustrie e.V. (ZVEI)
www.zvei.de

Zentralverband Oberflächentechnik e.V.
www.zvo.org

Bundesverband der Deutschen Entsorgungswirtschaft e.V. (BDE)
www.bde-berlin.org

Wirtschaftsverband Erdöl- und Erdgasgewinnung e.V.
www.erdoel-erdgas.de

Bundesvereinigung der Deutschen Ernährungsindustrie e.V.
www.bve-online.de

Deutscher Industrieverband für optische, medizinische und Mechatronische Technologien e.V. (Spectaris)
www.feinoptik.de

Deutscher Gießereiverband
www.dgv.de

Bundesverband Glasindustrie e.V.
www.bvglas.de

Hauptverband der Deutschen Holz und Kunststoffe verarbeitenden Industrie und verwandter Industriezweige e.V. (HDH) –
Verband der Deutschen Säge- und Holzindustrie e.V. (VDS)
www.hdh-ev.de

Bundesverband Informationswirtschaft Telekommunikation
und neue Medien e.V. (BITKOM)
www.bitkom.org

Wirtschaftsverband der deutschen Kautschukindustrie e.V. (wdk)
www.wdk.de

Verband der Keramischen Industrie e.V.
www.keramverband.de

Gesamtverband kunststoffverarbeitende Industrie e.V. (GKV)
www.gkv.de

Verband der Deutschen Lederindustrie e.V.
www.vdl-web.de

Bundesverband der Deutschen Luft- und Raumfahrtindustrie e.V.
www.bdli.de

Verband Deutscher Maschinen- und Anlagenbau e.V. (VDMA)
www.vdma.org

WirtschaftsVereinigung Metalle
www.wv-m.de

Mineralölwirtschaftsverband e.V.
www.mwv.de

Verband Deutscher Papierfabriken e.V. (VDP)
www.vdp-online.de

Hauptverband Papier und Kunststoffverarbeitung e.V. (HPV)
www.hpv-ev.org

Verband für Schiffbau und Meerestechnik e.V. (VSM)
www.vsm.de

Bundesverband Schmuck und Uhren e.V.
www.bv-schmuck-uhren.de

Wirtschaftsvereinigung Stahl
www.stahl-online.de

Wirtschaftsverband Stahlbau und Energietechnik e.V. (SET)
www.set-online.de

WSM Wirtschaftsverband Stahl- und Metallverarbeitung e.V.
www.wsm-net.de

Gesamtverband Textil + Mode
www.gesamttextil.de

Verband der deutschen Verbundwirtschaft e.V.
www.bdi-online.de

Wirtschaftliche Vereinigung Zucker
Verein der Zuckerindustrie
www.zuckerwirtschaft.de

Zentrale und nach Branchen geordnete Einrichtungen des Handels

Bundesverband des Deutschen Briefmarkenhandels e.V. (APHV)
www.aphv.de

Bundesverband Bürowirtschaft e.V. (BBW)
www.bbw-online.de

Deutscher Caravan-Handels-Verband e.V. (DCHV)
www.dchv.de

Verband Deutscher Drogisten e.V. (VDD)
www.drogistenverband.de

Hauptverband des Deutschen Einzelhandels e.V. (HDE)
www.einzelhandel.de

Bundesverband Farben- und Tapetenhandel e.V.
www.farbenverband.de

Bundesverband des Deutschen Foto-Fachhandels e.V.
www.bv-foto.de

Bundesverband für den Gedeckten Tisch, Hausrat und Wohnkultur e.V. (GPK)
www.gpk-online.de

Bundesverband der Juweliere, Schmuck, und Uhrenfachgeschäfte e.V.
www.bv-juweliere.de

Bundesverband des Deutschen Lebensmittelhandels e.V. (BVL)
www.lebensmittelhandel-bvl.de

Bundesverband des Deutschen Lederwaren-Einzelhandels e.V.
www.lederwareneinzelhandel.de

Bundesverband des Deutschen Möbel-, Küchen- und Einrichtungsfachhandels e.V. (BVDM)
www.bwb-online.de

Gesamtverband Deutscher Musikfachgeschäfte e.V. (GDM)
www.musik-netz/gdm

Bundesverband Parfümerien e.V.
www.parfuemerieverband.de

Neuform – Vereinigung deutscher Reformhäuser e.G.
www.reformhaus.de

Bundesverband des Deutschen Schuheinzelhandels e.V.
www.bdse.org

Bundesverband Schwimmbad & Wellness e.V.
www.bsw-web.de

Bundesverband des Spielwaren-Einzelhandels e.V. (BVS)
www.bvt-ev.de

Verband Deutscher Sportfachhandel e.V. (VDS)
www.vds-sportfachhandel.de

Bundesverband des Tabakwaren-Einzelhandels e.V. (BTWE)
www.tabakwelt.de

Bundesverband Tankstellen und Gewerbliche Autowäsche Deutschland e.V.
www.btg-minden.de

Bundesverband Technik des Einzelhandels e.V. (BVT)
www.bvt-ev.de

Bundesverband des Deutschen Textileinzelhandels e.V. (BTE)
www.bte.de

Verband des Deutschen Zweiradhandels e.V.
www.vdz2rad.de

Gewerkschaften

Deutscher Gewerkschaftsbund
www.dgb.de

Industriegewerkschaft Bauen-Agrar-Umwelt
www.igbau.de

Industriegewerkschaft Bergbau, Chemie, Energie
www.igbce.de

Industriegewerkschaft Metall
www.igmetall.de

Gewerkschaft der Polizei
www.gdp.de

Gewerkschaft Erziehung und Wissenschaft
www.gew.de

Gewerkschaft Nahrung-Genuss-Gaststätten
www.ngg.net

Transnet
www.transnet.org

Vereinigte Dienstleistungsgewerkschaft (ver.di)
www.verdi.de

Marktforschungsinstitute

Steinbeis-Transferzentrum Marktforschung und Marketing-Kompetenz
stz826@stw.de

ADM Arbeitskreis Deutscher Markt- und Sozialforschungsinstitute e.V.
www.adm-ev.de

AMR - Advanced Market Research GmbH
www.amr-research.com

Aris Umfrageforschung Markt-, Media- und Sozialforschungsges. mbH
www.arisumfrageforschung.de

ASK Gesellschaft für Sozial- und Konsumforschung mbH
www.ask-de.com

Bik Aschpurwis + Behrens GmbH
www.bik-gmbh.de

Bik Marplan Intermedia GmbH
www.bikmarplan.de

Bonner Institut für Markt-, Meinungs-, Absatz- und Sozialforschung
marmas bonn GmbH
www.marmasbonn.de

C.M.R. Institut für Communication- & Marketing-Research AG
www.cmr.de

CATI-HAUS GmbH
www.cati-haus.de

Compagnon Marktforschung GmbH & Co.KG,
Institut für psychologische Marketing- und Werbeforschung
www.compagnon.de

CZAIA Marktforschung GmbH – TECUM
www.czaia-marktforschung.de

data field Marktforschung Feldservice GmbH
www.data-field.de

Dr. von Keitz GmbH Institut für Kommunikations-Forschung
www.vonkeitz.com

ENIGMA GfK Medien- und Marketingforschung GmbH
www.enigma-gfk.de

facit Marketing-Forschung GmbH
www.facit-mafo.de

Foerster & Thelen Marktforschung Feldservice GmbH
www.ftmafo.de

forsa Gesellschaft für Sozialforschung und statistische Analysen mbH
www.forsa.de

ForschungsWerk GmbH
www.forschungswerk.de

Gelszus rmm Marketing Research GmbH
www.gelszus-rmm.com

Genactis GmbH
www.genactis.com

GfK AG
www.gfk.com

Icon Added Value GmbH
www.icon-added-value.com

IFAK Institut GmbH & Co. KG
www.ifak.com

Impulse Forschungsgesellschaft für Marketing und Organisation mbH
www.impulse-research.net

Infas Institut für angewandte Sozialwissenschaft GmbH
www.infas.de

Infratest dimap Gesellschaft für Trend- und Wahlforschung mbH
www.infratest-dimap.de

Institut für Demoskopie Allensbach GmbH
www.ifd-allensbach.de

Institut für Marktforschung GmbH IM Leipzig
www.imleipzig.de

Interview + Exploration Julia Otte GmbH
www.interview-exploration.de

Ipsos GmbH
www.ipsos.de

IRES Gesellschaft für Unternehmens-, Marketing- und Kommunikations-forschung mbH
www.ires.de

IWD Marktforschung M. Körner & I. Körner GbR
www.iwd-marktforschung.de

Krämer Marktforschung GmbH
www.kraemer-germany.com

LINK Institut für Markt- und Sozialforschung GmbH
www.link-institut.de

M & E Pretesting GmbH
www.mue-pretesting.de

*MAFO-Institut Institut für Markt- Meinungs- und Absatzforschung
Dr. E. Bruckert GmbH & Co. KG*
www.mafo-institut.de

Marplan Forschungsgesellschaft mbH
www.marplan.de

*mc markt-consult institut für strukturforschung und marketingberatung
GmbH*
www.markt-consult.de

Media Markt Analysen GmbH & Co. KG
www.mma-frankfurt.de

mifm München - Institut für Marktforschung GmbH
www.mifm.de

Millward Brown Germany GmbH
www.millwardbrown.com

OmniQuest Gesellschaft für Befragungsprojekte mbH
www.omniquest.de

*PhoneResearch Schwermer & Meier Kommanditgesellschaft für
Marktforschung*
www.phoneresearch.de

polis+sinus Gesellschaft für Sozial- und Marktforschung mbH
www.polis-sinus.de

Produkt + Markt Gesellschaft für Marktforschung und Marketingberatung mbH & Co.KG
www.ProduktundMarkt.de

Psyma Group AG
www.psyma.com

puls Marktforschung GmbH
www.puls-navigation.de

result gmbh
www.result.de

rheingold Institut für qualitative Markt- und Medienanalysen
www.rheingold-online.de

RSG Marketing Research Dr. Rudolf Sommer GmbH
www.rsg.ddf.de

Schaefer market research GmbH
www.schaefer-marketresearch.com

Sinus Sociovision GmbH
www.sinus-sociovision.de

Skopos - Institut für Markt- und Kommunikationsforschung GmbH & Co.KG
www.skopos.de

SMR Solid Marketing Research GmbH
www.smr-solid.de

Synovate GmbH
www.synovate.com/germany

TEMA-Q Technik und Management für Qualität GmbH
www.tema-q.de

TNS Emnid Medien- und Sozialforschung GmbH
www.tns-emnid.com

TNS Healthcare GmbH
www.tns-healthcare.com

TNS Infratest GmbH
www.tns-infratest.com

Unabhängiges Meinungsforschungsinstitut INFO GmbH
www.infogmbh.de

USUMA GmbH
www.usuma.com

Datenbanken und weitere Informationsquellen

GENIOS Wirtschaftdatenbanken
Internet: www.genios.de

Hoppenstedt online
www.hoppenstedt.de

DufaIndex Handelsregisterinformationen Online
www.dufaindex.de

LexisNexis Rechts- und Wirtschaftsinformationen
www.lexisnexis.de

Institut für Handelsforschung an der Universität zu Köln (IfH)
IfH Gesellschaft für Markt- und Unternehmensanalysen mbH
www.ifh-koeln.de

EHI Retail Institute
www.ehi.org

Institut für Handel & Internationales Marketing an der Universität des Saarlandes
www.hima.uni-saarland.de

MittelstandDirekt – Informationen für Unternehmer
www.mittelstanddirekt.de

Sparkassen-Finanzgruppe
www.sparkassen-finanzgruppe.de

Bundesverband der Deutschen Volks- und Raiffeisenbanken
www.bvr.de

Literaturhinweise

Becker, Jochen: Marketing-Konzeption. Grundlagen des strategischen Marketing-Managements, 8. Aufl., München 2006

Berndt, Ralph / Fantapié Altobelli, Claudia / Sander, Matthias: Internationales Marketing-Management, Berlin 2007

Bruhn, Manfred: Kommunikationspolitik, 4. Aufl., München 2007

Diller, Hermann (Hrsg.): Vahlens Großes Marketing Lexikon, 2. Aufl., München 2001

Diller, Hermann: Preispolitik, 4. Aufl., Stuttgart u. a. 2007

Förster, Anja / Kreuz, Peter: Offensives Marketing im E- Business. Loyale Kunden gewinnen – CRM-Potenziale nutzen, Berlin 2007

Fritz, Wolfgang / von der Oelsnitz, Dietrich: Marketing, 4. Aufl., Stuttgart 2006

Gehringer, Joachim / Michel, Walter J.: Frühwarnsystem Balanced Scorecard, Düsseldorf/Berlin 2000

Hennig, Alexander / Hennig, Christoph: 100 bedeutende Unternehmensrisiken, Wiesbaden 2008

Hennig, Alexander / Schneider, Willy u. a.: 100 Kennzahlen der Balanced Scorecard, Wiesbaden 2008

Hofmann, Markus / Mertiens, Markus (Hrsg.): Customer-Lifetime-Value-Management, Wiesbaden 2000

Kaplan, Robert. S. / Norton, David P.: Balanced Scorecard, Stuttgart 1997

Kotler, Philip / Bliemel, Friedhelm: Marketing-Management, 10. Aufl., Stuttgart 2005

Kroeber-Riel, Werner / Weinberg, Peter: Konsumentenverhalten, München 2003

Link, Jörg / Tiedtke, Daniela: Erfolgreiche Praxisbeispiele im Online Marketing. Strategien und Erfahrungen aus unterschiedlichen Branchen, Berlin 2007

Meffert, Heribert: Marketing, 10. Aufl., Wiesbaden 2007

Meyer, Claus: Betriebswirtschaftliche Kennzahlen und Kennzahlensysteme, 4. Aufl., Stuttgart 2006

Nieschlag, Robert / Dichtl, Erwin / Hörschgen, Hans: Marketing, 19. Aufl., Berlin 2002

Ossola-Haring, Claudia (Hrsg.): Handbuch Kennzahlen zur Unternehmensführung, 3. Aufl., Landsberg am Lech 2006

Porter, Michael E.: Wettbewerbsstrategie, 10. Aufl., Frankfurt am Main 1999

Porter, Michael E.: Wettbewerbsvorteile, 6. Aufl., Frankfurt am Main 2000

Reichmann, Thomas: Controlling mit Kennzahlen und Management-Tools, 7. Aufl., München 2006

Schneck, Ottmar: Lexikon der Betriebswirtschaft, 7. Aufl., München 2007

Schneider, Willy: Arbeitsbuch Marketing-Management und Käuferverhalten, München 2008

Schneider, Willy: Marketing und Käuferverhalten, 2. Aufl., München 2006

Schneider, Willy: Marketing, Heidelberg 2007

Schneider, Willy / Hennig, Alexander: 100 Kennzahlen für profitable Kundenbeziehungen, Wiesbaden 2008

Schneider, Willy / Kornmeier, Martin: Balanced Management. Tool-Box für erfolgreiche Unternehmensführung, Berlin 2006

Schneider, Willy / Kornmeier, Martin: Kundenzufriedenheit. Konzept, Messung, Management, Bern 2006

Simon, Hermann: Preismanagement, 3. Aufl., Wiesbaden 2008

Specht, Günter / Fritz, Wolfgang: Distributionsmanagement, 4. Aufl., Stuttgart u. a. 2005

Winkelmann, Peter: Vertriebskonzeption und Vertriebssteuerung: die operativen Elemente des Marketing, 3. Aufl., München 2005

Wirtz, Bernd W.: Multi-Channel-Marketing. Grundlagen – Instrumente – Prozesse, Wiesbaden 2007

Zerres, Michael P. / Zerres, Christopher: Handbuch Marketing-Controlling, Berlin 2007

Ziegenbein, Klaus: Controlling, 9. Aufl., Ludwigshafen am Rhein 2007

Über die Autoren

Prof. Dr. Willy Schneider ist Studiengangsleiter Handel an der Berufsakademie Mannheim (University of Cooperative Education) und lehrt dort Be-
triebswirtschaftslehre, insbesondere Marketing. Außerdem ist er Gründer
und Leiter des Steinbeis-Transferzentrums für Marktforschung und Marketing-Kompetenz in Heidelberg. In zahlreichen Publikationen hat er sich
mit betriebswirtschaftlichen Fragestellungen auseinandergesetzt und Unternehmen verschiedenster Branchen bei der Durchführung von Marktfor-
schungsprojekten beraten. Darüber hinaus hält er Vorträge und Manage-
mentseminare.

Dr. Alexander Hennig berät als Diplom-Volkswirt und Diplom-Betriebs-
wirt Unternehmen des Lebensmitteleinzelhandels und der Dienstleistungs-
branche. Er ist Projektleiter im Steinbeis-Transferzentrum für Marktforschung und Marketing-Kompetenz in Heidelberg und war zuvor im
Lebensmitteleinzelhandel sowie als Geschäftsführer eines universitären
Executive MBA-Studiengangs tätig. Darüber hinaus ist er seit vielen Jahren Lehrbeauftragter an mehreren Berufsakademien (University of Cooperative Education) in Baden-Württemberg.

Printed by Books on Demand, Germany